马克思主义理论系列教材

当代资本主义概论

陈江生　张汉飞◎主编

中共中央党校出版社

图书在版编目（CIP）数据

当代资本主义概论 / 陈江生，张汉飞主编 . -- 北京：
中共中央党校出版社，2021.6 （2021.11 重印）
ISBN 978-7-5035-7166-4

Ⅰ . ① 当…　Ⅱ . ① 陈…　② 张…　Ⅲ . ① 资本主义—概
论—现代—教材　Ⅳ . ① D033.3

中国版本图书馆 CIP 数据核字（2021）第 126331 号

当代资本主义概论

策划统筹	冯　研
责任编辑	闫　莉　李俊可
责任印制	陈梦楠
责任校对	王　微
出版发行	中共中央党校出版社
地　　址	北京市海淀区长春桥路 6 号
电　　话	（010）68922815（总编室）　　　　　（010）68922233（发行部）
传　　真	（010）68922814
经　　销	全国新华书店
印　　刷	北京盛通印刷股份有限公司
开　　本	710 毫米 ×1000 毫米　1/16
字　　数	441 千字
印　　张	27.25
版　　次	2021 年 6 月第 1 版　　2021 年 11 月第 2 次印刷
定　　价	72.00 元

微 信 ID：中共中央党校出版社　　　邮　　箱：zydxcbs2018@163.com

序　言

中共中央党校（国家行政学院）马克思主义学院是党中央批准成立的全国重要马克思主义理论教学研究机构，在教育战线尤其是干部教育领域发挥着重要而独特的作用。2015 年 12 月 11 日，习近平总书记在全国党校工作会议上指出："中央批准中央党校成立马克思主义学院，就是坚持党校姓'马'姓'共'之举。"校（院）委会对马克思主义学院建设提出明确要求，要着力把学院建成一流的马克思主义教学基地、一流的马克思主义研究高地、一流的马克思主义思想阵地；在用马克思主义理论教学育人方面走在前列，在研究阐释 21 世纪马克思主义、当代中国马克思主义方面走在前列，在加强思想理论引领、构建中国特色话语体系方面走在前列；进而在国内乃至国际上产生重要的政治影响力、学术影响力、社会影响力。

为贯彻落实中央和校（院）委会关于马克思主义学院建设的要求，学院在教育培训、科研咨询、理论引领、智库建设和研究生教育等方面持续努力，一直在探索有自己特色的发展道路，制定了五年发展规划，也有不少感悟和收获。在为迎接新中国成立 70 周年编写出版的"马克思主义理论研究丛书"（共 22 本）的基础上，根据《中国共产党党校（行政学院）工作条例》"建立与教学布局相适应的党校（行政学院）教材体系"的具体要求，结合自身实际，组织编写出版适合党政干部和研究生教育的"马克思主义理论系列教材"，力争体现并达到"国家标准、党校特色"，作为向中国共产党 100 周年华诞的献礼。

　　马克思主义理论学科是中国哲学社会科学体系中的基础性、支柱性、引领性学科，是整个学科体系的灵魂，是"学科的学科"。教材建设既是学科建设的基础性工作，也是提高教学质量的奠基性工程。这套"马克思主义理论系列教材"一共包括10本，涵盖了马克思主义理论的主要二级学科，特别是突出回应了马克思主义理论研究中的一系列重大理论和现实问题，分别是《马克思主义基本原理概论》《马克思主义中国化概论》《当代中国国家治理概论》《当代国外马克思主义概论》《21世纪马克思主义概论》《新时代政治经济学概论》《马列经典著作精选导读》《马克思主义社会发展理论简史》《当代意识形态问题概论》《当代资本主义概论》，力争体现集学理性、研究性、前沿性、时代性于一体的教材特点，力争体现本领域的最新研究进展和前沿研究成果。

　　"马克思主义理论系列教材"是马克思主义学院全体教研人员集体努力、共同合作的成果。参与这套丛书编写的人员以马克思主义学院教研人员为主，同时适当吸收了校内外、党校系统的同行知名专家学者。这套丛书设立编委会，每本教材设立编写组，由编写人员组成；实行双主编制，每本教材均由学院一位具有正高职称的院领导和一位负责具体事务的同志担任主编，共同负责拟定写作提纲、组织编写队伍和人员分工、督促写作进度、控制写作质量等。当然，我们深知这套教材的编写出版是一次尝试和探路，由于时间紧张，编者的水平有限，难免存在这样或那样的瑕疵，还请各位读者不吝赐教，您的建议和意见将是我们进一步努力修订、完善的动力所在。

　　"马克思主义理论系列教材"从设想、谋划到写作、出版，得到了中共中央党校（国家行政学院）分管日常工作的副校（院）长李书磊同志、中共中央党校（国家行政学院）分管日常工作的原副校（院）长何毅亭同志、副校（院）长甄占民同志的关心和指导，校（院）兄弟单位教务部、科研部、研究生院等部门也提供了具体支持，校（院）许多专家学者都参与了教材的审读和修改。在此一并表示衷心感谢！

目　　录

第一章　当代资本主义的发展与特点 ⋯⋯⋯⋯⋯⋯⋯⋯⋯⋯⋯⋯⋯⋯ 1

第一节　当代资本主义的发展阶段 ⋯⋯⋯⋯⋯⋯⋯⋯⋯⋯⋯⋯⋯ 3

　　一、当代资本主义的含义 ⋯⋯⋯⋯⋯⋯⋯⋯⋯⋯⋯⋯⋯⋯⋯ 3

　　二、资本主义发展阶段的划分 ⋯⋯⋯⋯⋯⋯⋯⋯⋯⋯⋯⋯⋯ 4

　　三、当代资本主义处于国家垄断资本主义阶段 ⋯⋯⋯⋯⋯⋯ 8

第二节　当代资本主义的基本特点 ⋯⋯⋯⋯⋯⋯⋯⋯⋯⋯⋯⋯⋯ 11

　　一、当代资本主义经济继续发展 ⋯⋯⋯⋯⋯⋯⋯⋯⋯⋯⋯⋯ 11

　　二、当代资本主义科技加速发展 ⋯⋯⋯⋯⋯⋯⋯⋯⋯⋯⋯⋯ 14

　　三、当代资本主义经济全球化 ⋯⋯⋯⋯⋯⋯⋯⋯⋯⋯⋯⋯⋯ 18

　　四、当代资本主义政治多极化 ⋯⋯⋯⋯⋯⋯⋯⋯⋯⋯⋯⋯⋯ 22

　　五、当代资本主义仍然是资本主义 ⋯⋯⋯⋯⋯⋯⋯⋯⋯⋯⋯ 24

第三节　当代资本主义的新变化 ⋯⋯⋯⋯⋯⋯⋯⋯⋯⋯⋯⋯⋯⋯ 26

　　一、经济运行和经济调节的新变化 ⋯⋯⋯⋯⋯⋯⋯⋯⋯⋯⋯ 26

　　二、生产资料所有制和资本占有形式的新变化 ⋯⋯⋯⋯⋯⋯ 28

　　三、分配关系和社会福利的新变化 ⋯⋯⋯⋯⋯⋯⋯⋯⋯⋯⋯ 30

　　四、企业管理制度和劳资关系的新变化 ⋯⋯⋯⋯⋯⋯⋯⋯⋯ 31

　　五、社会阶层和阶级结构的新变化 ⋯⋯⋯⋯⋯⋯⋯⋯⋯⋯⋯ 33

　　六、政治制度和国家职能的新变化 ⋯⋯⋯⋯⋯⋯⋯⋯⋯⋯⋯ 34

第二章　当代资本主义的生产方式 ································· 37

　　第一节　当代资本主义的生产力 ··························· 39

　　　　一、生产力内涵 ····································· 39

　　　　二、当代资本主义生产力发展概况 ··················· 43

　　　　三、当代资本主义生产力发展特点 ··················· 44

　　第二节　当代资本主义所有制 ····························· 48

　　　　一、当代资本主义所有制的形式 ····················· 48

　　　　二、当代资本主义所有制的新特点 ··················· 55

　　　　三、当代资本主义所有制形式变化的成因 ············· 57

　　第三节　当代资本主义的剩余价值生产 ····················· 60

　　　　一、当代资本主义剩余价值生产的新变化 ············· 60

　　　　二、当代资本主义剩余价值生产的新特点 ············· 65

第三章　当代资本主义的阶级结构 ····························· 69

　　第一节　阶级划分标准的再认识 ··························· 71

　　　　一、阶级划分标准的讨论 ··························· 71

　　　　二、马克思主义的阶级划分标准 ····················· 75

　　第二节　当代资本主义的阶级新变化 ······················· 81

　　　　一、当代资本主义资产阶级的新变化 ················· 81

　　　　二、当代资本主义工人阶级的新变化 ················· 86

　　　　三、当代资本主义中的"中间阶层" ··················· 89

　　第三节　当代资本主义劳资关系的调整 ····················· 92

　　　　一、当代资本主义劳资关系的演变发展 ··············· 92

　　　　二、资本主义劳资关系调整的内在逻辑 ··············· 99

第四章　当代资本主义的收入分配 ———————————— 103

　第一节　当代资本主义的剩余价值去向 —————————— 105

　　一、当代资本主义贫富差距持续拉大 ————————— 105

　　二、当代资本主义剩余价值分配的变化 ——————— 107

　　三、当代资本主义在全球获取剩余价值 ——————— 109

　第二节　当代资本主义的初次分配 ——————————— 111

　　一、当代资本主义的工资性收入变化 ——————— 111

　　二、当代资本主义的财产性收入流向 ——————— 114

　第三节　当代资本主义的再分配 ———————————— 116

　　一、当代资本主义税收政策调整 —————————— 116

　　二、欧洲在高福利陷阱中面临难题 ———————— 119

　　三、当代资本主义教育公平走向 —————————— 123

　第四节　当代资本主义收入分配改革 —————————— 126

　　一、当代资本主义慈善的实质 ——————————— 127

　　二、德国社会保障制度的改革 ——————————— 129

　　三、美国医疗保险体系改革之困 —————————— 130

第五章　当代资本主义的经济危机 ———————————— 137

　第一节　当代资本主义经济危机的特征 ————————— 139

　　一、金融危机成为主要表现形式 —————————— 139

　　二、结构性经济危机日益突出 ——————————— 140

　　三、经济危机的系统性更强 ———————————— 141

　　四、经济危机往往与社会性危机并存 ——————— 142

　　五、经济危机的效果具有黏滞性 —————————— 143

　　六、经济危机让资本主义国家陷入"两难"的政策困境 —— 144

第二节　当代资本主义经济危机变化的原因 —————— 146

一、资本主义的基本矛盾无法从根源上消除 —————— 147

二、收入不平等造成资本主义国家有效需求不足 —————— 149

三、当代资本主义的经济体系高度金融化 —————— 150

四、当代资本主义的货币过剩常态化 —————— 152

五、国家垄断资本主义加速了经济危机的扩散 —————— 153

六、全球化及国际分工格局影响深远 —————— 155

第三节　当代资本主义经济危机的发展趋势 —————— 157

一、传统的经济危机仍是基础性危机 —————— 157

二、经济危机频繁爆发让低增长和不稳定成为
资本主义常态 —————— 159

三、引发对"资本主义向何处去"的深刻思考 —————— 161

第六章　当代资本主义的政治制度 —————— 165

第一节　当代资本主义的选举制度 —————— 167

一、选举制度的基本原则 —————— 167

二、选举方式 —————— 169

三、选举类型 —————— 170

四、选举组织 —————— 172

五、选举参与 —————— 173

六、选区划分 —————— 175

第二节　当代资本主义的政党制度 —————— 176

一、政党的含义与特征 —————— 177

二、政党制度 —————— 181

三、一党制及其比较分析 —————— 182

四、两党制及其比较分析 —————— 183

五、多党制及其比较分析 —————— 186

第三节　当代资本主义的议会制度 ⸻ 187
　一、议会的主体 ⸻ 188
　二、议会的结构 ⸻ 189
　三、议会的组织机构 ⸻ 190
　四、议会的职权 ⸻ 191
　五、议会的会议 ⸻ 192
　六、议会的议事规则 ⸻ 194

第四节　当代资本主义的行政制度 ⸻ 196
　一、国家元首 ⸻ 196
　二、中央政府 ⸻ 199
　三、公务员制度 ⸻ 203

第七章　当代资本主义法治 ⸻ 207
第一节　当代资本主义法治概述 ⸻ 209
　一、当代资本主义法治形成的历史背景 ⸻ 209
　二、当代资本主义法治的概念和特点 ⸻ 211

第二节　当代资本主义法治观念与法治模式 ⸻ 212
　一、当代资本主义法治观念 ⸻ 213
　二、主要资本主义国家的法治观 ⸻ 217
　三、当代资本主义法治模式 ⸻ 221

第三节　当代资本主义法律制度 ⸻ 225
　一、当代资本主义法律制度的新变化 ⸻ 225
　二、当代资本主义国家的议会制度 ⸻ 229
　三、当代资本主义国家的政府制度 ⸻ 233
　四、当代资本主义国家的司法制度 ⸻ 238

第八章　当代资本主义的文化 —————————— 245

第一节　当代资本主义的文化体制 ——————— 247
一、当代西方资本主义软实力 —————————— 247
二、当代资本主义的意识形态 —————————— 248
三、当代资本主义意识形态霸权 ———————— 251
四、当代资本主义意识形态的衰落 —————— 255
五、当代资本主义的价值观与道德观 ———— 260

第二节　当代资本主义的文学艺术 ——————— 261
一、当代资本主义文学艺术路径 ———————— 261
二、当代资本主义文学艺术理论 ———————— 262
三、当代资本主义文学艺术手法 ———————— 262

第三节　当代资本主义的文化产业 ——————— 264
一、当代资本主义文化产业的繁盛 —————— 264
二、当代资本主义大众文化产品 ———————— 267
三、当代资本主义文化市场 —————————— 271
四、服从资本主义控制 ————————————— 274
五、凸显技术性依赖 —————————————— 277

第九章　当代资本主义国家的社会治理与社会保障体系 —————— 281

第一节　当代资本主义国家的社会治理与社会保障体系 ————— 283
一、社会治理的概念及相关理论 ———————— 283
二、社会保障的概念及相关理论 ———————— 292

第二节　当代资本主义国家的社会治理与社会保障体系
的运行 ————————————————————— 303

第三节　当代资本主义国家的社会治理与社会保障体系
存在的问题 ————————————————— 309

一、当代资本主义国家的社会治理存在的问题 ———— 310

二、当代资本主义国家的社会保障存在的问题 ———— 311

第十章　当代资本主义的生态治理 ———— 315

第一节　生态问题的提出 ———— 317

一、工业文明的发展与生态问题的出现 ———— 317

二、当代资本主义对生态问题的理论回应 ———— 320

第二节　当代资本主义的生态治理实践 ———— 323

一、发展循环经济与生态治理的新型工业化 ———— 324

二、建设生态城市与生态治理的新型城市化 ———— 327

三、倡导绿色消费与生态治理的新型现代化 ———— 332

第三节　当代资本主义的生态治理制度 ———— 339

一、以命令控制型手段为主的强制性生态治理制度 ———— 339

二、以经济激励手段为主的选择性生态治理制度 ———— 340

三、以寻求合作的多元化生态治理制度 ———— 342

第四节　当代资本主义生态治理的评析 ———— 343

一、当代资本主义生态危机的根源是资本逻辑的
普遍支配 ———— 343

二、辩证分析当代资本主义的生态治理 ———— 345

三、当代资本主义生态治理的启示 ———— 347

第十一章　当代资本主义的发展模式 ———— 349

第一节　当代资本主义发展的不平衡性与多样性 ———— 351

一、马克思主义关于资本主义发展不平衡的概述 ———— 351

二、当代资本主义发展不平衡的表现 ———— 352

三、当代资本主义发展不平衡的原因 ———— 353

四、当代资本主义发展不平衡对世界经济政治格局的影响 —— 353

五、当代资本主义发展的多样性 —— 354

第二节　当代资本主义几种主要发展模式 —— 358

一、自由放任资本主义模式——以美国为例 —— 358

二、社会市场经济模式——以德国为例 —— 366

三、政府导向型资本主义模式——以日本为例 —— 371

四、出口导向型模式——以"亚洲四小龙"为例 —— 378

第三节　当代资本主义主要发展模式比较分析 —— 383

第十二章　当代资本主义的历史命运 —— 391

第一节　当代资本主义的历史地位 —— 393

一、第二次世界大战后主要资本主义国家经济建设
和福利国家建设取得巨大成就 —— 393

二、资本主义国家战后取得的成就并没有改变
资本主义的剥削本质 —— 400

第二节　当代资本主义的基本矛盾 —— 401

一、资本主义基本矛盾的产生与发展 —— 401

二、资本主义基本矛盾与经济危机的爆发 —— 405

第三节　当代资本主义的发展趋势 —— 408

后　记 —— 419

第 一 章

当代资本主义的发展与特点

考察当代资本主义，首先要考察它的发展历程和特点。本章力图通过把握当代资本主义所处的发展阶段，透过当代资本主义发展的基本特点去探寻当代资本主义发生新的变化的内在逻辑，以为后续各章的研究打下基础。

第一节　当代资本主义的发展阶段

对当代资本主义的分析是基于不同的历史发展阶段的，因此，明晰当代资本主义的内涵以及不同发展阶段的划分，有助于科学地理解和把握资本主义的发展脉络。

一、当代资本主义的含义

资本主义是以生产资料私有制为基础的社会制度。在资本主义制度中，占有生产资料的资产阶级通过购买劳动力进行生产，依靠占有劳动者在剩余劳动时间内创造的剩余价值进行剥削，实现发财致富的目的。在资本主义社会中，无论是用于购买劳动力和生产资料的货币资本，以生产资料形式存在的生产资本，还是以产品形式存在的商品资本，都掌握在资产阶级手中，用作获取剩余价值的工具。资本主义作为一种社会制度，是由经济、社会、文化等构成的一个制度体系。在资本主义制度下，生产力和生产关系、经济基础和上层建筑两对矛盾继续推动资本主义社会向前发展演变。

当代资本主义，是指 20 世纪 40 年代中期以后，二战结束以来的资本主义。这一阶段的资本主义，与 15 世纪到 18 世纪中叶的以工场手工业为特征的资本主义，与 18 世纪 60 年代到 19 世纪 70 年代第一次工业革命推动的以自由竞争为特征的资本主义，与 19 世纪 80 年代到 20 世纪 40 年代第二次工业革命推动的、爆发两次世界大战的以私人垄断为特征的资本主义，有着显著不同的特征。这个特征就是国家垄断资本在政治经济生活中发挥着主导作用。因此，把二战后的资本主义看作一个新的发展阶段，称为当代资本主义。

当代资本主义，垄断资本与国家政权密切结合，是国家垄断资本主义。19 世纪末 20 世纪初，自由竞争资本主义转变为垄断资本主义的时候，国家垄断资本主义开始萌芽。第一次世界大战及 1929—1933 年的经济大危机，使国家垄断资本主义在主要资本主义国家发展起来。第二次世界大战后，国家垄断资本主义迅速发展，成为西方发达资本主义国家经济政治生活的支配力量。国家干预主义成为主流的宏观经济政策选择，国家的经济职能空前加强，国家资本直接参与社会再生产过程。

当代资本主义国家，既包括发达资本主义国家，也包括实行资本主义制度的发展中国家。全球范围的资本主义国家，既包括起步早、发展早、现代化程度高的发达资本主义国家，也包括走上资本主义道路晚、现代化程度较低的发展中资本主义国家。在全球 200 个国家中，发达资本主义国家仅 30 多个，发展中资本主义国家有 160 多个，还有中国、越南、朝鲜、古巴等社会主义国家。虽然从数量上看发达资本主义国家占少数，但它们在世界经济政治生活中发挥着主导作用，在历史发展中是全球格局塑造的关键影响者，其现实反映着资本主义发展的趋势。

二、资本主义发展阶段的划分

（一）资本主义生产关系的萌芽阶段

资本主义生产关系的萌芽是 14—15 世纪在欧洲地中海沿岸城市，如热那亚、威尼斯、米兰、佛罗伦萨首先出现的，其标志是资本主义性质的工场手工业的兴起和发展。14—16 世纪，文艺复兴、新航线的开辟、宗教改革打开了人们的眼界，解放了人们的思想，资产阶级思想文化逐渐兴起，东西方的交流逐步增强，西欧封建社会逐渐解体，开始向资本主义社会过渡。15 世纪以后，随着新航路的开辟，海外市场的扩大，加速了资本主义工场手工业的发展。对殖民地的征服和对农民的剥夺的圈地运动推动了资本主义的原始资本积累。14—16 世纪是欧洲的资本主义萌芽阶段。

（二）资本主义制度的初步确立阶段

17—18 世纪是资本主义制度的初步确立阶段。在英国、法国等西欧国家，资本主义性质的工场手工业加快发展。这标志着生产力有了进一步的发展。随着商品经济的发展，城市逐步发展起来，资本主义经济获得较快发展，资产阶级的力量逐步壮大。资本主义经济的初步发展反映到思想领域，法国兴起了启蒙运动。这是文艺复兴之后又一次思想解放运动。它以理性之光驱散愚昧的黑暗，批判封建专制、宗教愚昧及特权主义，宣传自由、民主和平等思想，为欧洲资产阶级革命做了思想准备和舆论宣传。

随着新兴资产阶级力量的壮大，他们的利益和要求必然在政治上得到体现。这一时期，爆发了英国的资产阶级革命、美国的独立战争、法国大革命，在英国、美国、法国确立了资本主义性质的国家政权。英国的《权利法案》、美国的《独立宣言》、法国的《人权宣言》是三部重要的反封建的资产阶级法律文献，奠定了资产阶级国家的基本理念、基本结构，开启了现代法治社会的先河。

（三）资本主义的自由竞争阶段

18 世纪 60 年代到 19 世纪 70 年代，是资本主义自由竞争阶段，也是资本主义制度最终确立阶段。18 世纪 60 年代，在英国首先开始了工业革命。英国人瓦特改良了蒸汽机，由一系列技术革命引起手式劳动向动力机器生产转变的重大飞跃。随后工业革命向欧洲大陆和北美传播。蒸汽机的使用、煤炭的大量开采、铁和钢的大量生产是工业革命的主要推动因素。工业革命使资本主义生产由工场手工业变为机器大工业，大促进了生产力的发展。

"资产阶级在它的不到一百年的阶级统治中所创造的生产力比过去一切世代创造的全部生产力还要多，还要大。"[1] 马克思在《共产党宣言》中对工

---

[1]《马克思恩格斯选集》第 1 卷，人民出版社 2012 年版，第 405 页。

业革命促进资本主义社会的生产力发展这样描述。工业革命加快了资本主义生产力的发展，为资本主义制度最终确立奠定了经济基础，铲除封建势力复辟的条件。"大工业建立了由美洲的发现所准备好的世界市场。世界市场使商业、航海业和陆路交通得到了巨大的发展。这种发展又反过来促进了工业的扩展，同时，随着工业、商业、航海业和铁路的扩展，资产阶级也在同一程度上发展起来，增加自己的资本，把中世纪遗留下来的一切阶级排挤到后面去。"[①]"取而代之的是自由竞争以及与自由竞争相适应的社会制度和政治制度、资产阶级的经济统治和政治统治。"[②]马克思在《共产党宣言》中对工业革命使资本制度最终确立这样描述。

这一时期，俄国通过1861年改革，日本通过明治维新，走上资本主义发展的道路。这一时期的主要特征是：自由竞争占据主导地位，工业资本占统治地位，商品输出是对外输出的主要形式，在对殖民地进行经济掠夺的同时，开始了对世界领土的瓜分和占领。自由竞争一方面刺激了资本家改进技术、提高劳动生产率的积极性，促进了资本主义的发展；另一方面也造成了商品生产者的两极分化，使生产和资本日益集中，从而加剧了资本主义的基本矛盾，必然导致周期性经济危机的爆发。

（四）资本主义的私人垄断阶段

19世纪70年代到20世纪四五十年代，是资本主义的私人垄断阶段。19世纪六七十年代开始，随着资本主义经济的发展，自然科学研究取得重大进展，各种新技术、新发明层出不穷，被应用于工业领域，促进了经济的进一步发展，以发电机和内燃机的发明和电力的应用为标志的第二次工业革命蓬勃兴起，人类进入电气时代。第二次工业革命不同于第一次工业革命之处在于，自然科学的新发展和工业生产紧密结合，科学技术在生产力发展中发挥更为重要的作用，使第二次工业革命取得更为巨大的成果。电力工业、石油工业、化学工业等新兴工业部门发展起来。第二次工业革命在几个先进的资本主义国家同时展开。德国、日本等新兴资本主义国家，第一次工业革命尚

[①] 《马克思恩格斯选集》第1卷，人民出版社2012年版，第401—402页。
[②] 《马克思恩格斯选集》第1卷，人民出版社2012年版，第405页。

未完成，第二次工业革命已经开始，同时吸收两次工业革命的成果，经济迅速发展。

在第二次工业革命的推动下，资本主义经济开始发生重大变化，资本主义生产社会化的趋势加强，生产的社会化使较大规模的企业建立起来，企业间的相互竞争加剧，采用新技术的企业不断淘汰技术落后的企业，生产出现向少数大企业集中的趋势。大企业依靠资本积聚和资本集中两种形式扩大自己的规模。采用先进技术的企业能够在竞争中获得更多的剩余价值从而有能力扩大自己的规模，并且依靠自己的技术优势形成的竞争优势不断吞并中小企业扩大自己的规模。竞争和信用是资本集中的两大杠杆。生产和资本集中到一定程度就会产生垄断。在竞争中发展起来的少数大企业，就产量、价格和市场范围达成协议，形成垄断组织。最初出现的卡特尔、辛迪加等流通领域的垄断组织，然后出现了生产领域的托拉斯，最后出现了超级垄断组织康采恩。

列宁在《帝国主义是资本主义的最高形态》对私人垄断资本主义进行描述："资本主义最典型的特点之一，就是工业蓬勃发展，生产集中愈来愈大的企业的过程进行得非常迅速。"[1] "生产的集中；从集中生长起来的垄断；银行和工业日益融合或者说长合在一起，——这就是金融资本产生的历史和这一概念的内容。"[2] "对自由竞争占统治地位的旧资本主义来说，典型的是商品输出。对垄断占统治地位的最新资本主义来说，典型的则是资本输出。"[3] "资本家的垄断同盟卡特尔、辛迪加、托拉斯，首先瓜分国内市场，把本国的生产差不多完全掌握在自己手里。但是在资本主义制度下，国内市场必然是同国外市场相联系的。……所以随着资本输出的增加，随着最大垄断同盟的国外联系、殖民地联系和'势力范围'的极力扩大，这些垄断同盟就'自然地'走向达成世界性的协议，形成国际卡特尔。"[4] "……因为一方面，金融资本就是工业家垄断同盟的资本融合起来的少数垄断性的最大银行的银行资本；另一方面，瓜分世界，就是由无阻碍地向未被任何一个资本主义大国占据的

---

[1] 《列宁选集》第2卷，人民出版社2012年版，第584页。
[2] 《列宁选集》第2卷，人民出版社2012年版，第613页。
[3] 《列宁选集》第2卷，人民出版社2012年版，第626页。
[4] 《列宁选集》第2卷，人民出版社2012年版，第631页。

地区推行的殖民政策，过渡到垄断地占有已经瓜分完了的世界领土的殖民政策。"①

私人垄断资本主义阶段是资本主义发展并走向成熟的阶段，其主要特点是：生产力出现飞跃性发展；市场机制为垄断组织操纵，垄断取代了自由竞争，私人垄断成为社会经济结构的主体；资本社会化程度提高，大量的资本输出促进了生产和资本国际化；世界被帝国主义列强瓜分完毕，形成了以殖民体系为基础的国际经济关系。19世纪末20世纪初，主要资本主义国家美、德、英、法、日、俄等，相继进入了帝国主义阶段。由于资本主义世界发展的不平衡，该阶段发生了两次世界大战，资本主义世界不断地进行争夺殖民地的战争。第二次世界大战以后，资本主义发展进入国家垄断资本主义阶段。

三、当代资本主义处于国家垄断资本主义阶段

（一）私人垄断资本主义向国家垄断资本主义的转变

19世纪末20世纪初，自由竞争的资本主义转变为私人垄断资本主义的时候，国家垄断资本主义开始萌芽。自由竞争资本主义转变为垄断资本主义，资本输出取代商品输出，成为典型的形式。争夺殖民地的商品输出和资本输出市场，作为资本代表的国家政权发挥着重要作用，国家干预主义开始出现。帝国主义国家争夺殖民地的斗争导致第一次世界大战爆发。战争期间，各资本主义国家政府普遍加强了对经济的控制，国家干预主义迅速发展，但是这种干预带有非常时期的军事性质。

1929年到1933年爆发席卷资本主义世界的全球经济大危机，其后经历30年代经济大萧条。为应对经济危机各资本主义国家开始放弃自由放任的经济政策，开始干预国民经济的运行，以走出经济萧条的困境。英国经济学家约翰·梅纳德·凯恩斯提出主张国家干预的经济政策，称为"凯恩斯经济学"，被许多国家政府接受。1933年富兰克林·罗斯福就任美国总统后实行了一系列国家干预性质的经济社会政策，被称为"罗斯福新政"。

---

① 《列宁选集》第2卷，人民出版社2012年版，第650页。

20世纪30年代的大危机表明：自由放任的政策已经不适应新的生产力的发展，单靠私人资本的力量和市场机制的作用已经不能维持资本主义社会再生产的正常运转。为了维持经济的正常运转，国家有必要采取政策干预市场，对经济进行全面调节。二战期间，为动员和集中力量进行战略，各国纷纷设立战时经济管制机构，对经济进行国家直接控制和强制性调节。二战结束后，由于战时经济向和平经济过渡，国家对经济的干预和调节有所减弱。但是，为防止20世纪30年代的大危机重演，各国纷纷采用凯恩斯主义的国家干预主义的宏观经济政策，加强对经济的宏观调控。日本和欧洲各国为恢复和发展经济普遍采取扶持经济科技发展的政策。总之，二战后国家政权与垄断资本结合，资本主义由私人垄断阶段进入国家垄断阶段。

（二）战后生产力的发展奠定了国家垄断资本主义的物质基础

二战后发生的第三次科技革命，犬大促进了生产力的发展，为国家垄断资本资本主义奠定了物质基础。第三次科技革命，又称新科学技术革命，它以原子能技术、空间技术、电子计算机技术的发明和应用为标志，还包括信息技术、新能源技术、新材料技术、海洋技术、分子生物学和遗传工程等新技术。第三次科技革命把人类从机器大工业生产时代带入信息技术为核心的自动化生产时代，是人类认识世界、改造世界的一次巨大飞跃。第三次科技革命的出现，既是由于科学理论出现重大突破的结果，也是二战中及战后各国对高科技迫切需要的结果。第三次科技革命与前两次科技革命相比，科技转为直接生产力的速度在加快，科学与技术更紧密地结合在一起，科学技术各个领域相互联系加强，科学研究朝着综合性方向发展。

第三次科技革命极大地推动了人类社会经济、政治、文化领域的变革，影响人们的生活方式和思维方式，使主要资本主义国家进入电子化时代，生产的自动化和专业化程度的提高，大大提高了劳动生产率。发达资本主义国家二战后的经济发展大体上分为几个阶段：二战后到50年代初是经济恢复时期，西欧各国凭借原有经济技术基础，借助马歇尔计划的援助，工业生产恢复到战前水平。50年代初到1973年是持续高速发展时期，这时期是资本主义发展的"黄金时期"，世界工业增长了353%。1974年到1982年在石油危机的冲击下经历了"滞胀时期"。1983年至至今，尽管经历了1998年金融危机和 2008 年经济危机，但是总的来看资本主义经济还是处于低速增长时期。科学技术的发展带来产业结构的调整，第三产业取代一二产业成为主导产业，第三产业成为最大的就业部门。科技革命和生产力发展使经济全球化走向深化，世界经济日益紧密地联系在一起。

（三）国家垄断资本主义是国家政权与垄断资本结合的资本主义

国家垄断资本主义是国家政权与垄断资本结合的资本主义，是在私人垄断资本主义的基础上发展起来的，一定程度上暂时解决了私人垄断资本主义的问题，适应了新的生产力条件下经济社会发展的需要。私人垄断资本主义条件下，资本主义的若干矛盾趋于扩大。垄断组织雄厚的资本实力和先进的科学技术使生产规模空前庞大，但是社会需求由国民收入分配严重不均导致社会需求落后于生产的发展，生产的扩大同消费需求落后的矛盾日益扩大。生产社会化的发展，使国民经济各部门之间联系日益复杂，需要按比例调节社会经济，个别企业生产的有组织性同社会生产的无政府状态的矛盾日益扩大。科学技术的进步和社会大生产的发展，众多经济领域的发展需要巨额的投资，同个别垄断资本的相对有限性的矛盾日益突出。为了维护社会的稳定，社会民生领域众多矛盾需要解决，同私人垄断组织单纯追求自身眼前利益的矛盾趋于尖锐。经济的国际化、全球化快速发展，需要加强各国间的协调，单纯私人垄断组织解决不了这个领域的问题。私人垄断资本主义各种矛盾的深化，是战后西方各国国家干预主义发展，由私人垄断资本阶段进入国家垄断资本主义的根本原因。

二战后，西方国家纷纷实行国家干预主义的政策，采取国家的一整套社会改良措施，以调节劳资关系、缓和阶级矛盾，维护社会的稳定和垄断资本的统治。国家垄断资本主义有三种形式：一是国家同私人企业在企业外部的结合，政府通过向私人企业采购、提供贷款、提供财政补贴、进行投资、兴建基础设施、建立社会福利制度等形式施加影响。二是国家同私人垄断资本在企业内部的结合，国家资本和私人资本设立合资企业，主要通过国家收购部分私人企业股票、合营企业吸收部分私人资本投资、国家与私人资本联合设立新企业的形式进行。三是国家直接设立国有企业，参与国民经济的生产和循环。国家垄断资本主义是垄断资本同国家政权结合的资本主义，国家的经济作用大大加强，国家直接干预经济生活的一切部门，以保障垄断资本的最大利润和资本主义制度的稳定。从生产资料所有制形式来看，国有成分有所扩大；从分配形式来看，国家通过预算，系统地、集中地掌握了很大一部分国民收入，大规模地进行国民收入再分配；从各阶级和社会集团之间的关系来看，国家的"调控"作用日益增强，对劳资关系的干预越来越多。

第二节　当代资本主义的基本特点

资本主义经济社会在不同的发展时期会有着不同的特点，当代资本主义作为资本主义的一个发展阶段，也呈现出许多不同于其他时期的特点和趋势，如当代资本主义经济全球化、政治多极化等。

一、当代资本主义经济继续发展

（一）当代资本主义经济继续发展的表现

19 世纪末到 20 世纪 40 年代，资本主义处于私人垄断资本主义阶段，发生了两次世界大战，经历多次经济危机，其中 1929 年至 1933 年的大危机最为严重，资本主义制度摇摇欲坠。二战后，尤其是 20 世纪 50 年代以来，资本主义制度似乎出现了某种转机，美欧日等资本主义国家经济发展比较迅速，资本主义生产方式在世界扩张，资本主义世界经济体系最终形成。

20 世纪 50 年代后，主要资本主义国家经历了一个经济平稳发展阶段。二战中美国积累大量资本，战后适时调整经济社会政策，大力发展科技教育，利用有利时机占据广阔国际市场。五六十年代经济高速发展，空前繁荣。七八十年代，美国经济遇到了石油危机等一系列问题，经济增长放缓，经济地位相对下降。90 年代克林顿政府时期美国经济持续稳定发展，进入新经济时代。90 年代末以来，尽管美国经济经历了 1998 年和 2008 年两次世界性经济危机的冲击，但是相对主要资本主义国家，仍然保持了较高的经济增长速度。

战后美国实施马歇尔计划，为对抗苏东社会国家集团，大力援助西欧经济社会重建和恢复发展。作为近代工业的发源地和最早完成工业化的地区，西欧有先进的工业基础，有高素质的劳动力和科技人员，加强国家对经济宏观调控，制定政策鼓励先进科技成果应用。20世纪五六十年代，西欧经济不但从二战中恢复过来，而且快速发展。西欧国家积极推进欧洲一体，七八十年代在世界经济的地位相对上升，成为世界经济的重要一极。进入新世纪，阻碍西欧经济发展的问题是人口老龄化、劳动力短缺、经济社会缺乏活力。战后，美国单独占领日本，实行改革，在保留天皇的前提下，清除法西斯势力。为进行冷战对抗苏联和进行朝鲜战略，美国实行扶植日本发展的政策。在美国的扶持下，日本制定政府主导的经济政策，大力发展教育培养人才，实现科技立国、贸易立国。战后，日本经济快速发展，八九十年代成为仅次于美国的世界第二经济大国。90年代以后，日本泡沫经济破裂，加上人口老龄化问题，日本经济进入低速增长时期。

（二）当代资本主义经济继续发展的原因

新科技革命是当代资本主义经济发展的最重要原因。二战中，由于战争的需要，德美等国加大了对原子技术等的投入，新科技革命就在酝酿。二战后，新科技革命全面展开。20世纪五六十年代，新科技革命经历了一次高潮，一系列科技领域都有重大的突破，新技术产业迅速发展。这是该时期西方资本主义国家经历经济发展"黄金阶段"，成为发达的现代化国家的根本原因。科技革命对当代资本主义国家发展的推动作用的表现：一是科技革命促进了劳动生产率的提高；二是科技革命拓展了新兴产业，扩大了国内外市场；三是科技革命使西方掌握了控制世界的新工具。

实现主张国家干预的凯恩斯主义经济政策是当代资本主义经济发展的原因。战后，资本主义国家普遍接受了凯恩斯主义的宏观经济政策主张：通过不同的途径发展国有经济作为私人经济的补充，为私人经济发展创造必要条件；针对宏观经济的有效需求不足采取总需求管理的财政政策和货币政策，扩张需求缓解生产过剩导致的"总需求不足"导致的危机；普遍建立社会福利制度，通过财政手段对国民收入进行再分配，缓解社会矛盾，为经济发展提供稳定的社会秩序。70 年代中期，资本主义国家经济中出现了"滞胀"的问题。为了应对"滞胀"问题，经济自由主义开始回潮，西方国家采用供给学派、货币主义等学派的政策主张，放松对经济的管制，实施金融自由化政策。西方发达国家推行扩张性财政政策和金融自由化政策，造成全球货币经济脱离实体经济运动。虚拟化的金融资产的膨胀在资本主义国家造成强大的"财富效应"，一定时间内，一定程度上，促进了企业和个人的消费。

发展中国家的工业化是当代资本主义经济发展的重要原因。二战后，旧殖民体系开始瓦解，广大亚非拉地区陆续获得独立，第三世界国家逐渐兴起。这深刻地影响着战后世界经济政治的发展。经济史学家罗斯托在《世界经济》一书中统计 1936—1938 年世界经济总产值中，资本主义工业国占 76%，苏联占 19%，亚、非、拉等落后地区仅占 5%。战后，新独立的前殖民地国家为维护独立、改善民生、发展经济，大力推进工业化。1950—1980 年，第三世界国内生产总值增加近 4 倍（年均增长 5%），工业增长了 7 倍。1971 年第三世界工业生产总值占世界的比重提高了 13%。第三世界发展中国家工业化对西方资本主义发展的作用：一是为西方资本提供了获取高额利润的投资场所；二是为西方资本主义国家提供了产品销售的新兴市场；三是为西方资本主义国家提供了廉价资源和初级产品。

（三）当代资本主义经济继续发展的影响

当代资本主义经济继续发展，意味着资本主义作为一种制度，还将在一个较长的时期存在下去。马克思在《〈政治经济学批判〉序言》中指出："无论哪一个社会形态，在它所能容纳的全部生产力发挥出来以前，是决不会灭亡的；而新的更高的生产关系，在它的物质存在条件在旧社会的胎胞里成熟以前，是决不会出现的。"[1]恩格斯在《关于共产主义者同盟的历史》中指出："在这种普遍繁荣的情况下，即在资产阶级关系范围内所能达到的速度蓬勃发展的时候，也谈不到什么真正的革命。只有在现代生产力和资产阶级生产方式这两个要素相互矛盾的时候，革命才有可能。"[2]当代资本主义的继续发展表

---

[1] 《马克思恩格斯选集》第 2 卷，人民出版社 2012 年版，第 3 页。
[2] 《马克思恩格斯文集》第 4 卷，人民出版社 2009 年版，第 243 页。

明，资本主义作为一种社会制度，作为一种社会形态，它容纳全部生产力仍然没有全面发挥出来，它仍然有适应生产发展进行调整的空间，在一个较长的时期内它仍将和社会主义制度共同存在。

二、当代资本主义科技加速发展

（一）新科技革命的兴起

20世纪40年代开始，欧美资本主义国家爆发了以原子技术和电子计算机技术为标志的第三次科技革命。二战后50年代到80年代第三次科技革命在世界各国推进，使人类社会进入了自动化时代。20世纪90年代，尤其是进入新世纪，新科技革命具有了新的内容，突出的特点是网络进入的发展，使人类社会进入了互联网时代，深刻地改变人类的经济社会生活。近代以来的人类历史上，先后发生了三次科技革命：第一次科技革命是以蒸汽机的使用为标志，以机器生产代替手工生产为特点的工业革命；第二次科技革命以内燃机的使用为标志，以电力广泛使用为特点的技术革命；第三次科技革命就是二战结束以来的新技术革命。科学技术是推进人类历史前进的革命性的力量。

工业革命之前的人类社会，生产技术的传承主要是经验的世代传承。18世纪到19世纪的工业革命，确立了大机器的生产方式，实质的生产问题从依靠经验转向依靠科学技术，自然科学开始直接为生产服务。第一次和第二次科技革命使科学技术应用于生产实践形成先进生产力。第三次科技革命中，科学技术与生产的关系发生了更加深刻的变化，科学技术与现代生产力直接融合为一体，成为生产力的最活跃的因素，决定社会生产的方向和水平，为生产力发展开辟道路，成为第一生产力。

二战以后，第三次科技革命的兴起具有多方面的原因。首先，20世纪初以来的科技知识的积累为新科技革命奠定了基础。1905年爱因斯坦提出狭义相对论，1915年爱因斯坦又提出广义相对论。20世纪初到20世纪20年代，马克斯·普朗克、尼尔斯·玻尔、沃纳·海森堡、埃尔温·薛定谔、沃尔夫冈·泡利、路易·德布罗意、马克斯·玻恩、恩里科·费米、保罗·狄拉克、阿尔伯特·爱因斯坦、康普顿等一大批物理学家共同创立了量子力学。相对论和量子力学一起构成现代物理学的理论基础，相对传统的解释宏观物质世界的牛顿力学，它们解释了微观物质世界，在现代科学技术中得到广泛应用，成为现代科技发展的理论基础。其次，满足战争和军备竞赛的需要。二战期间，为满足战争需要德美等投入大量人力物力进行开发武器等目的的科学实验，做出很多的发明和发现，如雷达、核武器等。战后，控制论、自动化、核能等发明在军事和民用领域获得广泛应用。这些发明和发现都是以相对论和量子力学等科学理论和知识的积累为基础的。再次，国家垄断资本主义的发展为新科技革命提供了物质基础。现代科学技术研究日益社会化，需要投入大量的人力物力，超出了个别资本和资本家集团的承受能力，国家垄断资本主义的发展满足了这一需要。战后，各资本主义国家大量投资教育和科技，研发经费占国民生产总值的比重大幅度提升。最后，垄断资本为应对日益激烈的竞争加大了对科技的投入。战后至今，各国垄断企业普遍增加了对科技的投入。

（二）新科技革命的内容

第一次科技革命是以蒸汽机技术为标志性技术，第二次科技革命是以内燃机和电力技术为标志性技术。战后，尤其是 20 世纪 70 年代以来，爆发的第三次科技革命（新科技革命）有三类标志性技术。一是电子技术、新材料技术、信息技术等物质活动基本要素的技术革命；二是宇宙开发空间技术、航空航天技术、海洋开发技术、生物工程技术等人类活动空间和方向的技术革命；三是新的制造和加工技术、激光加工技术等作为加工的手段的技术革命。

电子技术是根据电子学的原理，运用电子元器件设计和某种特定功能来解决问题的技术，包括信息电子技术和电力电子技术两个分支。信息电子技术包括模拟电子技术和数字电子技术。电子技术是对电子信号进行处理的技术，处理的方式主要有：信号的发生、放大、滤波、转换。电子技术，以电子运动为基础，以电子元器件为核心，把电磁理论应用生产领域。二战中，真空电子管电路用于发射和接收信号，发挥重要战争作用。二战后，美国成功制造出晶体管，取代电子管，推动了电子技术的迅速发展。20 世纪 50—60 年代，美国出现了集成电路，在此基础上，微电子技术、大规模集成电路、光电子技术得到快速发展。电子技术和电工技术相结合，诞生了电子计算机。

电子计算机经历了电子管、晶体管、集成电路、大规模集成电路时代。20 世纪 70 年代以来，把电子计算机联结在一起的互联网技术开始得到发展。90 年代开始，互联网技术加速发展，深刻地改变了整个世界。

信息技术是用于管理和处理信息的各种技术的总称，它主要是指计算机技术和通信技术，主要包括传感技术、计算机与智能技术、通信技术和控制技术，信息技术的应用包括计算机硬件和软件、网络和通信技术、应用软件开发工具等。信息技术是以电子技术的发展为基础，随着电子计算机、现代通信的发展而发展起来的，它促使人类社会从工业社会向信息社会过渡，成为信息社会的支撑性技术，使信息经济成为现代经济的支柱产业。

新能源和新材料技术是新技术革命的重要内容。能源革命是技术革命的最重要内容之一。第一次技术革命以煤炭使用和蒸汽技术为基础，第二次技术革命以石油、电力使用和内燃机技术为基础。新能源技术是区域传统的以煤和石油为主的传统能源的能源技术，主要指核能技术、太阳能技术、地热能技术、海洋能技术等，此外还包括提高传统能源效率、降低污染的清洁煤技术和提高能源传输效率的超导、超高压输电技术。新材料技术是指用科学方面制造的替代传统材料的技术，新材料往往具有比传统材料更加优异的性能，能满足特种需要。新材料包括金属材料、无机非金属材料、有机高分子材料和先进复合材料四大类。新材料技术使高科技产品开发成为可能，推动新兴产业出现，如半导体材料技术推动电子产业出现发展，耐高温材料促进新型发动机产业发展，超导材料促进高效率输电产业发展。

空间技术和海洋技术的发展也是新技术革命的重要内容。空间技术是探索、开发和利用太空及以外天体的技术，又称航天技术。1957 年 10 月 4 日，苏联第一颗人造卫星的发射标志着人类进入航天时代。空间技术属于高度综合的现代科学技术，是众多高科技的集成。空间技术对国家现代化具有重要的宏观作用，是高投入、高风险、高收益的技术。航天技术包括人选卫星技术、载人航天技术、外星探测技术、空间材料及空间工业化技术等。海洋技术包括海洋探测技术和海洋开发技术，海洋开发技术是核心。现代海洋技术是 20 世纪 50 年代开始，围绕着海洋探测和海洋资源开发技术两个方面的变革发展起来的，是当代新兴科学技术之一，也是涉及多学科的综合性技术。海洋资源开发技术具有广阔的空间，海洋占地球总面积的 77%，含有丰富的生物和矿产资源。

生物技术是新技术革命的又一重要领域。生物技术是指利用"生物体（动物、植物、微生物）"来生产有用物质或改进改良生物特性，或创新特种，以实现人类目的的技术。生物技术包括基因重组技术、细胞融合技术、细胞培养技术、生物反应技术等。生物技术可在农业、医疗、军事、工业、环境保护等领域应用。

新技术革命的领域还有激光技术和新型加工制造技术。激光技术是利用激光的纯度高、脉冲时间的特性加以应用的技术。激光加工技术是利用激光束与物质相互作用，对材料（包括金属和非金属）进行切割、焊接、表面处理、打孔及微加工的技术。激光加工技术作为先进制造技术，具有无污染、效率高、精度高、自动化程度高的特点，广泛应用于汽车、电子、电器、航空、冶金、机械制造等领域。新的制造加工技术，不同于传统加工技术，具有协调和集成特点，它利用计算机系统使产品制造加工实现高质量、低消耗、速度快、自动化。新的制造加工技术，除激光加工技术外，还有对微型器件进行处理的微加工技术等。

（三）新科技革命的影响

二战后，新科技革命对西方资本主义国家经济发展起着越来越大的推动作用。首先，新科技革命使生产力各构成要素发生巨大变化，部分替代了人的脑力劳动。第一次科技革命和第二次科技革命，使生产实现了机械化，机器替代了人的体力劳动，大大提高了生产的效率。新科技革命（第三次科技革命）使机器机体在动力机、传动机、工作机之外，增加了控制机。这既在更大程度上代替了体力劳动，还在一定程度上替代了人的脑力劳动，由机器生产转向自动化生产，形成新的机器体系。其次，新科技革命改变了生产力构成要素中的劳动对象。新科技革命使劳动对象发生了革命性变化。新材料技术的发展，使劳动对象由单纯的天然物质扩展到大量人工合成的新材料，极大程度上扩大了人类利用延期资源的范围。最后，新科技革命使生产力中劳动者的素质发生重大改变。新科技革命对劳动者的文化科学素质、劳动技能、积极性、创造性提出了新的更高要求。为提供合格的劳动力，各国都大力发展文化教育事业。新科技革命使生产力劳动工具、劳动对象、劳动者三要素发生系统整合，促进了现代管理科学的发展。

新科技革命推动了西方资本主义国家产业结构的高度化。所谓产业结构，是指在社会分工的基础上形成的各部门、各行业之间，以及各部门内部各个组成部分之间的比例关系所构成的整体。也就是指一个国家的劳动力、资本和各种资源在各产业之间的分配，及由此形成的各产业的产量、产值的比例关系。按照联合国经合组织和世界银行的产业划分标准，农业、林业、畜牧业、渔业、狩猎业是第一产业；制造业、电力、煤气、供水、建筑业是第二产业；第一产业和第二产业之外的产业构成第三产业。工业革命以来，欧美主要资本主义国家第一产业比重逐渐下降，第二产业比重逐渐上升，二战前基本完成了工业化。战后，在新科技革命的影响下，各发达资本主义国家的产业结构发生了重大变化，新的技术密集型产业和高科技产业加快发展，劳动密集型产业加快对外转移，资本密集型产业和传统产业进行大规模技术改造，第一产业比重继续下降，第二产业比重也逐渐下降，第三产业所占比重则持续上升。

新技术革命对资本主义国家产业结构发生影响的同时，也对其就业结构产生重大影响。因为产业部门的兴衰必然带来不同部门就业人员的增加和减少。就业结构变化的方向和产业结构变化的方向是一致的，总的趋势是第一产业就业人员不断减少，第三产业就业人员不断增加。新技术革命对就业结构发生影响的另一个方面是知识型劳动者数量迅速增加，而非知识型的蓝领劳动者数量逐渐减少。

三、当代资本主义经济全球化

（一）经济全球化的出现和演进

经济全球化是随着生产力的发展和科技的进步，贸易活动、投资活动、金融活动、知识传播、科技研究等日益国际化，各国经济的相互联系、相互交流、相互依存日益加深，向一个有机整体的发展演化。经济全球化是随着社会生产发展而产生的一种趋势，是社会生产发展的客观要求和必然结果。科学技术的进步，高效便捷的交通工具和通信手段的出现，为经济全球化提供了条件，信息技术迅猛发展极大地推动了经济全球化。从这个意义上说，经济全球化是指随着高新技术产业，尤其是信息技术产业的发展，大幅度降低了运输和通信成本，推动国际贸易、跨国投资和国际金融迅速发展，科技广泛扩散和辐射，使整个世界经济紧密联系在一起的过程。经济全球化有利于生产要素在全球优化配置，有利于各国间经济技术的合作交流，有利于世界经济发展和国际关系稳定。

经济全球化的概念是 20 世纪 90 年代才明确提出来的。但是，从人类历史的实际进程看，全球化早在 15 世纪就开始了。正如马克思恩格斯所说："美洲的发现、绕过非洲的航行，给新兴的资产阶级开辟了新天地。东印度和中国的市场、美洲的殖民化、对殖民地的贸易、交换手段和一般商品的增加，使商业、航海业和工业空前高涨，因而使正在崩溃的封建社会内部的革命因素迅速发展。"①马克思在《共产党宣言》中，以对资本主义的分析，宣告了人类"全球化"时代的到来和发展的前景。马克思恩格斯在《共产党宣言》《德意志意识形态》及其他著作中对全球化的问题深刻、精辟和准确的论述，只是用字方面，用"世界性"代替了"全球化"。二战以后，新科技革命推动世界经济快速发展，70 年代开始社会主义国家的改革开放，80 年代末 90 年代初冷战结束，使经济全球化加速推进。

（二）经济全球化的动因

二战以后，尤其是 20 世纪 90 年代以来，经济全球化加快推动主要得益于以下几个方面。

（1）科学技术的进步和生产力的发展，为经济全球化提供了坚实的基础，特别是信息技术革命，加快了信息传递的速度，推动了经济全球化的迅速发展。

（2）世界范围内对市场经济体制的普遍认可和接受，为经济全球化创造了良好的条件。市场经济具有自主扩张属性，通过不断地扩展自己可支配资源的活动范围来不断提高自己的效率，市场经济一直存在着持续扩张的动力和趋势。

（3）东欧剧变、苏联解体，原来处于对峙状态的东西方国家建立和加强

---

① 《马克思恩格斯选集》第 1 卷，人民出版社 2012 年版，第 401 页。

了联系，为经济全球化的发展创造了良好的社会环境。跨国的改革开放政策以及市场经济体制的建立都在一定程度上对经济全球化起了推波助澜的作用。

（4）跨国公司的国际化运行是经济全球化的主要推动力。随着跨国公司充分的迅猛发展，经济全球化的步伐加快。跨国公司充分借助着自身的技术优势与经济实力，利用跨地区和生产与经营网络，以不同地区的资源进行最佳有效配置，特别是其国际化的经营活动极大地推动了对外投资的份额，扩张了在全球市场的活动。

（5）国际经济组织对经济全球化的推动作用。世界三大国际区域经济协调组织国际货币基金组织（IMF）、世界贸易组织（WTO）、世界银行（WB）的建立和发展为经济全球化构筑了组织和法律框架，为国家之间的经济贸易交往提供了规则，促进了经济全球化。

（三）经济全球化对发达资本主义国家的影响

20 世纪 70 年代以来，在经济全球化过程中，发达国家资本集团通过工厂迁移等手段实现了生产过程的全球化布局，在产业（部门）层次上带来发达国家制造的相对衰落，表现为产业结构的"去工业化"；与此同时，资本更在企业经营上借助日益强大的信息技术，进一步实施业务"外包"，同时实现了资源（包括人力）的全球分散配置和信息、金融的集中控制。产业结构"去工业化"是经济全球化对发达国家的一个重要影响。去工业化（Deindustrialization）是指当代资本主义的不平衡性与多样性指因经济发展而导致工业化比重降低和服务业比重上升的现象。推动"去工业化"的技术基础是信息技术的广泛运用，这也是经济全球化的关键技术条件。"去工业化"并不是工业部门的全面萎缩，而主要是传统制造业和面临激烈竞争的生产部门的收缩。

企业经营的跨国"外包"趋势是经济全球化对发达国家的影响的另一个表现。外包是指通过签订合约，将企业内部的某些业务或职能转移给外部服务提供商承担。通过转移，原属企业内部等级分工体系中的活动和职能，转变为社会分工体系的市场关系。外包实质是企业分工向社会分工的转变。从20 世纪 80 年代开始，特别是 90 年代以来，业务外包成为企业经营的一种战略选择，日益活跃。随着信息技术和高速数据网络方面的进展，跨国的外包范围扩大到一系列企业经营业务和管理事务。利用外包将企业管理和生产的某些局部职能分离出去是目前发达国家资本加强管理的重要手段。

　　发达资本主义国家是经济全球化的最大受益者。作为社会生产力发展的客观要求和必然结果，经济全球化有利于生产要素的全球优化配置，有利于各国经济交流合作，有利于世界经济的发展。但是，经济全球化又是一把双刃剑，在带来发展机遇的同时，又带来严峻挑战。经济全球化是西方发达国家主导的，由于经济全球化的规则是发达国家处于主导位置制定的，导致经济全球化利益分配极不均衡。以美国为首的发达资本主义国家，通过扩展世界市场，推动高科技发展，建立和发展跨国公司从经济全球化中获得最大好处。

　　发达资本主义国家在经济全球化中获得主要利益：第一，经济全球化使世界市场日益扩大，通过输出商品和资本获取超额跨国收益，发达资本主义国家缓和了国内资本主义的矛盾和危机，资本主义获得新的发展空间。第二，经济全球化推动了发达资本主义国家高科技的发展。科技是人类认识和运用自然规律的集中体现，人类历史上经济社会的每一次重大经济社会进步都依靠科技的重大突破。二战后的新科技革命推动经济全球化，经济全球化又推动了新科技革命，二者相互推动，共同推动了世界经济的发展。第三，发达国家广泛建立跨国公司，跨国公司是全球化的主要渠道，是世界货物贸易、服务贸易和资本流动的主力，是发达国家获得利益的重要途径。

　　（四）经济全球化对发展中国家的影响

　　发达资本主义国家是经济全球化的最大受益者，但是，发展中国家也在经济全球化中获得了利益。经济全球化加快了科学技术和管理经验的传播，加快了发展中国家的经济发展，提高了落后国家的生活水平。跨国公司在经济全球化中起到了加快发展中国家发展的重要作用。第一，跨国公司为了在全球经营布局，大力在发展中国家投资，促进了发展中国家的资本形成，有利于发展中国家经济增长中资金问题的解决。第二，跨国公司为在发展中国家生产经营，对其在发展中国家的子公司等进行技术转让，使东道国直接或间接获得先进的技术和装备，促进了技术的传播。第三，跨国公司将发展中国家子公司纳入国际分工体系，产品进入国际分销网络，解决了发展中国家所需机器设备问题，促进了发展中国家制成品的出口。第四，跨国公司为满足在东道国的人力资源需要进行的教育、培训等活动促进了发展中国家人力资源积累,提高了其劳动生产率。跨国公司在全球布局,将发展中国家纳入国际分工体系,推进了发展中国家的产业结构升级。

经济全球化在一定条件下,促进了发展中国家的经济发展。二战后几十年间,发展中国家有许多成功发展的例子,如韩国、中国台湾、中国香港、新加坡成为发展中国家经济发展的"亚洲四小龙",马来西亚、印度尼西亚、泰国、菲律宾等国成为"新兴工业化国家"。然而,经济全球化是一把双刃剑,发展中国家在经济全球化中获益的同时,也承受风险、受到损害。因为西方国家,尤其是跨国公司,跨国投资经营的目标是企业利润或利益最大化,往往同发展中国家的发展目标相矛盾。经济全球化对发展中国家的风险和危害表现在:第一,经济全球化危害发展中国家的经济安全和社会福利。突出表现在1998年和2008年两次全球金融危机和经济危机中。第二,经济全球化拉大了世界各国的贫富差距。经济全球化的收益更多地被发达国家获得,发展中国家只获得了较少的部分。第三,经济全球化使发展中国家的国家经济社会权力变小,危害国家的主权。经济全球化治理规则是发达国家主导建立起来的,主要反映发达国家的利益诉求,同时发达国家在国际权力结构中处于主导地位,这使发展中国家利益和要求往往得不到重视和反映。第四,经济全球化为西方强势文化入侵打开了方便之门,危害发展中国家的文化安全,甚至许多发展中国家传统文化面临消失的风险。

四、当代资本主义政治多极化

(一)二战结束和两极格局的形成

二战以来,国际政治格局演变,经历了资本主义与社会主义阵营对立、美苏争霸和三个世界鼎立、苏东剧变和政治多极化三个发展阶段。二战结束后,根据1943—1945年初苏美英等主要同盟国举行开罗会议、德黑兰会议、雅尔塔会议、波茨坦会议等一系列会议对战后国际事务的安排,形成了战后以美苏两分天下为特点的国际关系体系,被称为雅尔塔体系。战后至20世纪50年代,美国实施援助欧洲复兴的"马歇尔计划",实行冷战政策的丘吉尔的富尔顿"铁幕"演说和杜鲁门主义，北大西洋公约组织成立。战后，东欧、东亚和拉美建立了一系列社会主义国家，社会主义由一国变为多国，以苏联为首建立了华沙条约组织。两大对立的军事政治组织的建立标志着资本主义阵营和社会主义阵营对立的国际格局的形成。

（二）美苏争霸和第三世界国家的崛起

20世纪50年代到80年代末90年代初，两个世界超级大国美国以北大西洋公约组织为依托、苏联以华沙条约组织为依托，为争夺世界霸权，两国及两大军事政治组织展开长达几十年的一系列斗争，被称为美苏争霸。美苏争霸中，虽然分歧和冲突激烈，但是双方尽力避免大规模战略（第三次世界大战）的爆发，其对抗通过局部代理人战争、军备竞赛、科技太空外交竞争等方式进行，即"相互遏制，不动武力"，因此被称为"冷战"。二战以后，广大亚非拉殖民地地区纷纷掀起独立运动，20世界40年代末到70年代，大量新兴国家建立，因其经济相对发达国家落后，被称为发展中国家。1952年，法国经济学家阿尔弗雷德·索维提出"第三世界"的概念。20世纪70年代毛泽东根据国际形势发展和斗争需要提出"三个世界"的理论。第一世界指美苏两个霸权国家；第二世界是指处于美苏之间的发达资本主义国家；第三世界是指亚非拉广大地区的发展中国家和地区。两个超级大国是当时造成世界不安和动乱的主要根源，它们推行霸权主义和强权政治，以大欺小，以强凌弱，以富压贫，从而激起第三世界国家的强烈反对，也引起第二世界国家的极大不满。

（三）苏东剧变和世界政治格局多极化

20世纪80年代末，发生苏东剧变，苏联解体，东欧国家政权更迭，纷纷放弃社会主义制度，走向资本主义制度。苏联解体的同时，美国在美苏争霸中实力也受到了很大削弱，尽管成为世界唯一超级大国，但是也无力维持独霸世界的局面。发展中国家作为一个整体，经济社会发展较快，导致其战略地位上升。中国作为发展中的社会主义大国，二战后建立独立的工业体系和国民经济体系，维护了国家和民族的独立，国际地位逐渐上升。改革开放政策的实施，抓住了有利的国际形势机遇，顶住了苏东剧变的压力，取得了经济社会发展的成功，维护了作为发展基础的社会主义制度，成为世界格局中重要一极。美国以外的发达资本主义国家，尤其是欧盟国家，虽然出现了第二次世界大战结束以来整体地位的下降，但是仍然是世界经济社会科技最为发达的地区，实力突出，仍然是世界重要一极。俄罗斯作为苏联的国际继承者，继承了苏联的国际权利义务、大部分国土和人口，军事实力强大，发展潜力巨大，仍然是世界不可忽视的重要一极。世界政治格局进入一超多极格局，这一格局将在相当长的时期存在下去。

进入新世纪，冷战结束后形成的"一超多强"的发展态势出现了新的特点："一超多强"的内部结构发生了明显变化，力量对比朝着均衡化方向发展。一是"一超"的力量在削弱。例如，此次美国高调重返亚洲，凭借的主要是挑拨区域内的矛盾，并利用这些矛盾进行频繁的军演，加强军事同盟，扩大驻军。这恰恰表明，美国的力量削弱了，重返亚洲在政治和经济方面的权利资源都减少了。二是在"一超多强"中，西方国家的力量在下降，发展中国家的力量在上升。西方国家对中东北非的动荡进行干预甚至武力干预，希冀在这一地区建立亲西方的、实行西方自由民主制度的政权，但事实是中东北非地区政权的更替使伊斯兰政党和组织开始进入政治主流，加剧了大中东的宗教化趋势，这构成了对西方的重大政治挑战。起步于 1975 年的西方七国首脑会议（G7）曾经在调节世界经济发展中起到过重要作用，但是 2008 年金融危机后，由发展中国家参与的 G20 领袖峰会的作用凸显出来。随着发展中国家经济的快速增长，发展中国家特别是金砖国家越来越多地参与到国际事务中来，在全球治理和建立更为公正的世界政治经济新秩序中发挥着重要作用。

五、当代资本主义仍然是资本主义

（一）当代资本主义的新发展

20 世纪前半期，由于第二次工业革命的影响，生产力水平发展很快，生产的社会化程度大幅提升，私人垄断资本成为经济社会领域的统治力量，生产的社会化和生产资料资本主义私人占有矛盾的激化，为争夺世界市场和投资场所，爆发了以重新瓜分殖民地为目标的两次世界大战。两次世界大战的结果，垄断资本集团的目的并没有达到，战后不但出现了更多的社会主义国家，而且殖民地体系走向瓦解，出现了众多的独立的发展中国家，资本主义制度趋于崩溃。但是，20世纪后半叶，世界资本主义并没有沿着崩溃的趋势发展下去。20世纪50—70年代，资本发展和资本主义国家经历了经济发展的"黄金时期"。20世纪80年代末90年代初，以美国为首的西方发达资本主义长期推进的对社会主义国家和平演变战略取得明显效果，东欧剧变、苏联解体，苏联为首，苏东为主的华沙条约社会主义国家集团崩溃。20世纪90年代美国以高科技为特点的"新经济"快速发展，出现了高经济增长率、低通货膨胀率的良好局面。进入新世纪，资本主义国家尽管经济增长速度放缓，但是经济仍然低速发展，政治社会相对稳定，并没有出现经济社会矛盾急剧激化的态势。

（二）当代资本主义仍然是资本主义

但是，当代资本主义仍然是资本主义，并不会因为二战以后相对稳定发展而改变其必将走向灭亡的命运，因为资本主义的性质没有从根本上改变。资本主义作为一种生产方式，作为一种社会制度，在内在矛盾推动下，由低级到高级不断发展变化，有一个产生、发展和灭亡的过程。生产力和生产关系、经济基础和上层建筑，两对矛盾推动资本主义产生、发展和灭亡。当代资本主义，垄断资本和国家政权结合，由私人垄断资本主义过渡为国家垄断资本主义，国家政权对经济运行进行调节使经济具有一定程度的计划性，国家建立社会福利制度对收入分配和阶级矛盾进行调节，一定程度上缓解了20世纪上半叶发达资本主义国家出现的各种问题和矛盾。但是，这些调节和变化，是在资本主义制度范围，适应生产力发展进行的，是具体制度的自我调节、改良和改善，并没有改变资本主义的性质，也不可能解决生产社会化资本主义私人占有之间的这一根本矛盾。以美国为代表的发达国家贫富分化日益严重，新经济发展的成果更多地被少数资本主义国家获得，日益扩大的生产日益超过购买力导致市场问题日益显现。这些问题是当代资本主义矛盾的部分表现。

第三节　当代资本主义的新变化

　　二战后 70 多年来，在第三次科技革命、国家干预主义和社会主义运动的影响下，资本主义在生产力和生产关系、经济基础和上层建筑各方面都发展了一系列新的变化。分析当代资本主义新变化，有利于我们科学认识当代资本主义的新变化及其影响，有助于科学认识社会主义。

一、经济运行和经济调节的新变化

（一）自由市场经济向国家干预的转变

　　18 世纪 60 年代到 19 世纪 60 年代，随着工业革命的逐渐推进，资本主义生产方式逐步取得统治地位，形成了以自由竞争调节为特点的自由市场经济运行机制。资本主义自由竞争的结果必然产生垄断，19 世纪后期，自由竞争资本主义向私人垄断资本主义转变。私人垄断资本的出现和在经济政治经济占据统治地位，使资本主义自由竞争的经济运行机制被限制和破坏，作为资本家整体利益的代表，资本主义国家开始介入经济领域，对宏观经济和经济运行进行调节。1917 年列宁论述垄断资本主义开始向国家垄断资本主义转变的新特点时指出："垄断资本主义正在向国家垄断资本主义转变，由于情势所迫，许多国家实行生产和分配的社会调节。"①

　　20 世纪上半叶，两次世界大战和 1929 年至 1933 年经济大危机，充分暴露了资本主义自由市场调节的问题，同时表明私人垄断资本主义也解决不了这一问题。生产社会化与资本主义私人占有之间的矛盾，垄断竞争造成的生产无政府矛盾的加剧，为满足社会化生产按比例调节的客观要求，使二战后作为"总资本家"的资本主义国家介入生产领域，对资本经济运行进行调节，自由竞争资本主义最终过渡到国家干预的国家垄断资本主义，资本主义国家政权干预和市场经济实现了直接结合。

---

① 《列宁全集》第 29 卷，人民出版社 1986 年版，第 435 页。

（二）当代资本主义经济调节的特点

当代资本主义的经济调节是以凯恩斯主义为代表、以经济理论为基础的。1929—1933 年资本经济大危机中，为应对危机的影响美国实行罗斯福新政，凯恩斯提出国家干预经济的理论和政策措施。凯恩斯经济学认为，经济危机出现的原因是资本主义市场经济中存在着有效需求不足的固有缺陷，解决这一问题需要采取宏观经济政策进行需求管理，财政政策相对货币政策更为有效，需求管理的宏观调控政策能够实现经济增长和充分就业的目标，使市场经济稳定运行。

当代资本主义的经济调节广泛，国家干预涉及社会再生产的各个阶段和国民经济的各个领域。国家作为一个政策制定实施者，通过各种经济社会政策参与到社会再生产的各个领域，调节社会总供给和总需求，调节国民收入分配，调节劳动关系，稳定资本主义经济社会秩序和正常运行。国家作为一个经济实体，为实现政策目标，还通过举办事业和企业，直接能参与经济社会活动。

当代资本主义国家经济调节的措施和内容多种多样，包括财政政策、货币政策、收入分配政策、国民经济计划等。财政政策是国家通过财政把部分国民收入进行分配，对资源使用、居民收入、宏观经济运行进行调节。货币政策是国家通过中央银行等金融货币管理机构，调节商业银行和金融机构的行为，调节金融市场的货币与资本的数量和流向，影响企业、居民等各经济单位的行为。收入分配政策是国家通过工资指导线、收入指数化等政策，对工资收入分配进行调节的政策。经济计划是国家为避免和减轻市场自由运行对经济的破坏，促进经济发展，增强国际竞争力，制订国民经济发展计划，对经济社会发展进行一定程度的计划管理的政策。

（三）世界主要发达资本主义国家的经济运行机制

当代世界主要发达资本主义国家的经济运行机制具有不同的特点，按照国家干预程度的不同，大体上可以把美国和英国归为一类，德国、法国、日本归类为一类。美国是比较典型的国家宏观调控下的自由竞争市场经济模式。美国的市场经济比较完整地经历了自由市场经济和国家干预下的市场经济两个阶段，形成了较为成熟的国家对经济进行调节的机制。美国的自由企业制度始终是市场经济的微观基础，美国国有企业的比重始终不高，在经济中大体在 10% ～ 20% 的水平，同时反垄断政策的实行一定程度上保持了经济的竞争性。英国的经济运行机制和美国类似。

德国、法国、日本等发达资本主义国家的经济运行机制都具有国家干预程度高、国家经济比重相对较高的特点。德国的市场经济被称为社会市场经济，按照德国学者的说法，德国市场经济一方面区别于苏联的中央集中管理经济，具有市场的功能；另一方面，能够保证社会安全，给国民实行社会保障，实现良好的经济秩序，区别于自由放任的市场经济。社会市场经济包含三方面内容：一是反垄断；二是社会伙伴论；三是公平分配论。社会市场经济是"市场经济 + 总体调节 + 社会保障"。法国和日本也是国家干预程度比较高的两个发达资本主义国家。

二、生产资料所有制和资本占有形式的新变化

（一）资本主义国家所有制的发展变化

生产资料资本主义私有制是资本主义社会的根本制度，生产资料资本主义私有制也是当代资本主义社会的根本制度。二战后，发达资本主义国家在生产资料所有上交替出现国有化和私有化的不同趋势。资本主义的国有化，就是国家通过直接投资，或通过购买把一部分私有企业收归国有，而建立的国家垄断企业。19 世纪末 20 世纪初，部分欧美资本主义国家在邮政、军工等领域出现了国有企业。在两次世界大战期间和应对 1929 年到 1933 年经济大危机期间，为进行战争和应对危机，各国都曾建立国有企业。二战后，适应国家干预经济的需要，发达资本主义国家国有企业大量建立，成为国家经济生活中非常重要的因素。

二战后，西欧主要资本主义国家出现两次国有化浪潮。如英国在 1945 年到 1951 年艾德礼工党政府时期，在采煤、造船、电力、煤气、铁路、邮政、电讯等行业实行国家化，钢铁、航空等行业国有化率达到 75%。1974 年威尔逊工党政府期间，在汽车、飞机、军工等大型制造业企业领域掀起第二次国有化浪潮。法国 1944 年到 1946 年戴高乐执政期间，在银行、汽车、交通、

通信等领域实行国有化，国有经济在采煤、煤气、铁路、邮政、电讯等行业占75%。20世纪80年代初，密特朗社会党政府针对大银行和大公司掀起第二次国有化浪潮。国有化和私有化是交替进行的，都是为巩固发展国家垄断资本主义服务的。20世纪80年代，英、法、德等发达资本主义国家又掀起国有企业私有化的浪潮，对部分国有企业实行私有化。

（二）资本主义国家企业股权结构的变化

二战后，发达资本主义国家私人垄断企业的股权结构发生了变化。在资本主义发展初期，企业大都是单个私人资本经营的企业。随着资本主义生产的发展，生产社会化和资本主义私有制之间矛盾的加剧，股份公司建立并逐渐发展，在资本主义经济中地位逐渐上升。股份公司的成立使生产规模惊人地扩大了，个别资本不可能建立的企业出现了。"假如必须等待积累去使某些单位资本能够修建铁路的程度，那么恐怕直到今天世界上还没有铁路，但是集中通过股份公司转瞬之间就把这件事完成了。"①

二战后，西方资本主义国家股份公司发生了很大变化，尽管在数量上仍然占少数，但是营业收入、资产在经济总量中所占的比重大幅度上升。例如，1994年美国股份公司数量占全国企业总数的15%，但是其总收入和总资产却占全国企业总收入和总资产的85%，销售额占全国的88%，职工工资总额占全国的70%。二战后，适应生产社会化对企业对资金的大量需求，股份公司实现了股权分散化。例如，美国1996年，直接或间接持有股份者，占美国成年人口的43%。当代发达资本主义国家股份公司主要通过改造小额股票实现股权分散化。

（三）当代资本主义所有制新变化的性质

当代资本主义企业国有化和私有化，都是维护垄断资本统治和利益的工具，服从服务于谋求高额利润的需要，资本主义国有制只是资本主义私有制的变形。正如恩格斯所指出的："只要政权掌握在有产阶级手中，那么任何国有化都不是消灭剥削，而只是改变其形式。"②

---

① 《马克思恩格斯选集》第2卷，人民出版社1995年版，第254页。
② 《马克思恩格斯全集》第2卷，人民出版社2009年版，第607页。

二战后的资本主义国家的股权分散化，并没有影响垄断资产阶级对股份公司的有效控制，反而成为其控制更多资本的工具。雇员持股制的实行，也没有改变垄断资本对企业的控制。法人股份资本使股份公司的主要持股者由资本家个人变为法人，但是它仍然建立在生产资料资本主义私有制基础之上，仍然是垄断资本家调动更多社会资源进行的工具。

三、分配关系和社会福利的新变化

（一）当代西方国家社会福利制度的建立

当代西方资本主义国家普遍建立了较为完善的社会福利制度。作为社会福利的萌芽形式，临时性的带有社会救济性质的社会福利，在人类历史上早就出现了，但是作为一个完整的机制化体系化的社会福利制度，是二战后广泛流行的，被称为"福利国家"。社会福利制度的建立根本原因是资本主义生产方式的内在矛盾。马克思指出："资本主义生产方式中的矛盾：工人作为商品的买者，对于市场来说是重要的。但是作为他们的商品——劳动力——的卖者，资本主义社会的趋势是把它的价格限制在最低的限度。"[1] "一切真正的危机的最根本的原因，总不外乎群众的贫困和他们有限的消费，资本主义生产却不顾这种情况而力图发展生产力，好像只有社会的相对的消费能力才是生产力发展的界限。"[2] 战后，西方社会福利制度的建立，是由资本主义无限扩大生产的趋势和有限的消费之间的矛盾决定的。但是，战后福利经济学的发展也起到重要的理论作用。

（二）主要西方国家的社会福利制度

西方发达资本主义国家实行的社会福利制度，因历史传统、现实条件、指导思想不同，形成五种不同的模式。一是德国的社会福利制度模式。早在19世纪末期，俾斯麦政府就建立了人类历史上第一个正式的社会保障制度。这与马克思主义在德国的传播和开展斗争的影响是密切相关的。战后，德国

---

[1] 《马克思恩格斯全集》第 24 卷，人民出版社 1972 年版，第 351 页。
[2] 《资本论》第 3 卷，人民出版社 2004 年版，第 548 页。

的社会福利制度进一步完善，形成社会福利国家。基本原则是：有利于发挥社会市场机制的作用；有利于维护效率和公平；把国家的社会保障任务和公平个人的义务严格区分。德国实行100多种社会保险项目，主要有养老保险、医疗保险、失业保险、意外事故保险、家庭补贴、社会救济。二是美国的社会福利制度模式。与德国的社会福利制度不同，美国模式着眼于工作、效率和有限程度的保障。美国社会保障制度是19世纪30年代罗斯福新政时期开始建立的。美国社会保障采取统一与分散相结合、以分散为主的管理体制，遵循两个基本原则：社会保障的待遇与投保者在职期间的工资挂钩，强调个人公平，调动工作积极性；根据受保者需要，进行收入再分配，对低收者进行保护，对高收入者进行限制。三是英国的社会福利制度模式。四是瑞典的社会福利制度模式。

（三）如何认识西方国家的社会福利制度

社会福利制度，抛开社会形态的性质，具有社会自我保护的功能，有利于社会的发展，也有利于居民的基本生活保障和社会福利水平提高。但是，当代西方国家的社会福利制度只能在保障垄断资产阶级根本利益的前提下实施，从根本上说是为垄断资产阶级的长远利益服务的。然而，西方国家社会福利制度的建立也在一定程度上维护了社会的稳定，有利于广大居民生活的稳定和福利水平的提高。社会福利制度是资本主义发展到国家垄断资本主义阶段，对于资本主义分配关系所做的调整。这种调整，使资本主义国家工人阶级的生活情况有所改善，但是资本主义私有制和工人的被剥削的地位并没有改变。尤其是21世纪以来，美国等发达资本主义国家经济发展的利益大多被少数人获得，大多数劳动者收入提高缓慢，甚至处于停滞状态。

四、企业管理制度和劳资关系的新变化

（一）西方国家企业劳动管理思想的变化

19世纪末以前，西方管理思想中把工人看成会说话的机器，是机器的附属物，主张用强制手段刺激工人提高劳动生产率。这引起工人的消极怠工和

罢工等反抗斗争。20世纪初，美国人泰勒提出"科学管理法"，确定科学的作业标准，实行有差别的工资制，把工人看成"经济人"，主张用物质刺激的方法调动工人的积极性。20世纪20年代开始，美籍管理学家埃尔顿·梅奥在《工业文明的人类问题》中提出把工人看成"社会人"的理论，认为工人获得集体的承认和安全比物质刺激更为重要，工人的心理和社会因素影响工人的积极性，如果工人的社会地位低，其积极性和创造性就发挥不出来。20世纪30年代，美国心理学家亚伯拉罕·马斯洛在《人的心理学本质》一书中指出：人的需求有五个等级：生理需求；安全需求；感情和归属需求；得到尊敬需求；自我实现需求。认为企业应当发扬民主，给下层管理者和工人提供满足高等级层次需求的机会。

（二）西方主要国家企业雇员参与制度

二战以后，西方发达资本主义国家企业管理上出现了雇员参与企业的决策和管理的现象。雇员参与企业的决策和管理，是科学技术和生产社会发展的产物，是雇主缓和劳资矛盾的工具，也是西方企业管理思想发展变化的结果。德国在工业企业中实行工人参与企业"共同决定"的制度。德国工业开始时就有在企业中实行职工委员的传统，并且这一传统一直存在和发展。二战后，西德工会认为只有允许工人参与企业管理，才能防止出现类似20世纪30年代企业支持法西斯极端政党的事情出现，企业与工会妥协的结果是在企业中实行"对等共决"的制度。这是实行这一制度的现实基础。德国企业中雇员参与制度带来社会稳定的效应。二战后，美国出现了雇员参与企业管理社会共识，认为凡是受到决策影响的人必须参与这些决策的制定，给予雇员以决策权，是企业成功的必要条件。尽管受美国独特的历史文化制约，雇员参与制度还是在美国众多大公司得到实施，其中美国通用汽车公司是一个典型案例。美国的雇员参与制的实施，对于提高企业的经济效益具有积极作用。

（三）当代西方国家企业中的民主管理

当代资本主义国家企业民主是工人通过参与管理，实现对企业生产经营决策施加影响的一种制度安排。二战后，西方发达资本主义国家形成了各具特色的企业民主管理模式。科技革命的影响和企业内部分工的发展是资本主义企业民主管理的物质基础。三次科技革命都带来资本主义生产关系调整，使内部分工发展变化。每一次科技革命的成果在企业内部都是通过改变原有的分工实现的。资本主义企业的劳资双方利益的根本对立，使得资本只有控制工人才能控制剩余价值。资本主义企业民主管理表现为企业生产过程中部分工人与全部生产技术结合，或者部分工人与部分生产技术结合，主要方式是企业工人不同程度参与企业管理，即资本专制下的企业民主管理。

五、社会阶层和阶级结构的新变化

（一）当代西方资本主义国家资产阶级的变化

马克思认为，一切历史时代的主要生产方式与交换方式以及由此产生的社会结构，是各时代的政治和精神的历史所赖以确立的基础。列宁指出："所谓阶级，就是这样一些集团，由于它们在一定社会经济结构中所处的地位不同，其中一个集团能够占有另一个集团的劳动。"[①] 资本主义社会是由资产阶级和无产阶级两个基本阶级构成的。资产阶级是指拥有和掌握生产资料，雇佣工人并剥削其剩余价值的人。无产阶级是指不拥有和掌握生产资料，必须出卖劳动力供资产阶级剥削的人。在资产阶级和无产阶级之间还存在着中间阶层。

在自由资本主义阶段，个人家庭资本家在资产阶级中居主导地位，资本家占有生产资料，雇佣工人无偿占有其剩余价值的资产阶级特性是比较清楚的。当代资本主义社会，社会阶级结构，包括资产阶级内部结构、资产阶级控制生产资料的方式等，都发生了很大的变化，关于资产阶级的界定变得复杂起来。当代资产阶级的变化表现在以下三个方面：一是以剪息票为生的食利资本家阶层日益扩大；二是作为资产阶级特殊阶层的高级职业经理人员日益增多；三是垄断资产阶级的权力日益膨胀，急剧增加。

（二）当代西方资本主义国家工人阶级变化

当代资本主义社会的工人阶级是指在当代资本主义社会，没有生产资料或不控制生产资料，依靠出卖劳动力来维持生活的现代雇佣工人阶级。当代工人阶级在二战以后发生一系列变化。首先，工人阶级在数量上扩大，在科

---

① 《列宁选集》第 4 卷，人民出版社 1995 年版，第 11 页。

技文化素质上提高。20 世纪 50 年代到 80 年代主要发达资本主义国家工人阶级队伍迅速扩大。其原因并不单纯是人口自然增长的结果，而是由资本主义发展引起其他阶级的分化和向无产阶级转化。一是农业现代化和土地集中，使农民或成为农业工人，或流入城市；二是生产的机械化和自动化，使手工业者和小企业主破产成为雇佣工人；三是越来越多的妇女加入了雇佣劳动大军。其次，在科技革命的推动下，工人阶级的内部结构发生变化。一是工业和农业等物质生产部门就业人数相对减少，非物质生产部门的第三产业工人队伍迅速扩大；二是随着传统工业的没落和新兴产业兴起，从事体力劳动的工人数量相对减少，从事脑力劳动的工人迅速增加；三是白领工人快速增加，蓝领工人相对减少。

（三）当代西方资本主义国家的"中间阶级"

马克思指出："除了资产阶级和无产阶级之外，现代大工业还产生了一个站在它们之间的类似中间阶级的东西，小资产阶级。"① 当代资本主义社会中，并没有像西方学者说的那样，出现工人阶级"中产阶级化"。尽管在当代资本主义社会存在中间阶层，但是并没有出现取代工人阶级的所谓中产阶级。这个中间阶层，由传统的中间阶层和新中间阶层构成。传统中间阶层包括：家庭农场、小农场主等农业小资产阶级；小业主、手工业者、小商人、独立经营者等城市小资产阶级；私人开业的律师、医生、建筑师、会计师、教师、演员、运动员、艺术家等自由职业者。二战后新经济社会条件下发展起来的新中间阶层包括：政府部门的中级官员；国企和私人垄断企业的中级管理人员；公立机构的科研人员、教师、医生、艺术家、文学家；新科技领域的小企业主；企业中高级科技人员。

六、政治制度和国家职能的新变化

（一）当代资本主义国家政治制度的新变化

20 世纪中期以来，资本主义国家政治不断完善和发展时期，促成当代资

---

① 《马克思恩格斯全集》第 21 卷，人民出版社 2003 年版，第 103 页。

本主义政治制度转变的原因包括：第三次科技革命使生产力高速发展；世界范围内民主力量的壮大，西方国家内部工业阶级的抗争；社会主义制度优越性显现，对资本主义制度构成挑战；西方国家改良主义政党的影响力扩大，有的获得执政地位。

当代资本主义政治制度的变化包括：一是政治制度多元化，公民权利有所扩大。公民在法制范围内较广泛地通过个人政治、法律行为，或以团体、组织、政党为单位，影响国家政策的制定和执行，以谋求自身利益。在宪法中增加了关于公民权利义务的条款，扩大公民权利的规定范围。二是重视加强法制建设，协调各阶级利益，缓和矛盾冲突，加强政府对经济的干预。三是国家行政机构权限不断加强。通过宪法与法律，使国家权力的行使、政权结构的调整以及国家权力中的各种权力主体的活动均纳入法制范围。四是改良主义政党在政治舞台上影响日益扩大。

（二）如何认识当代资本主义国家政治制度的变化

当代资本主义政治制度的新变化并没有触动资本主义统治的根基，并没有改变资本主义制度的性质，也没有改变马克思主义关于资本主义基本原理的认识的科学性。从根本上说，当代资本主义政治制度的新变化是人类社会发展一般规律和资本主义经济社会规律相互作用的结果，是在资本主义制度基本框架内的改良和变化。

所谓资本主义民主国家，是在不动摇资产阶级根本利益的前提下，赋予人民一定的权利和自由。政府、军队、警察、法庭、监狱等仍然扮演着国家机器的角色，是资产阶级对无产阶级和劳动人民实行统治的强力工具。要用辩证的、历史的方法认识资本政治制度。

资本主义政治制度在人类历史上起过重要的进步作用，但是本质上是资产阶级进行政治统治和社会管理的手段和方法，是为资产阶级专政服务的，具有历史和阶级的局限性。但是，当代资本主义政治制度也有反映现代社会管理需要的积极因素，在技术上对完善和发展社会主义政治制度具有某种借鉴意义。

第 二 章

当代资本主义的生产方式

资本主义生产方式最早由马克思在《资本论》中系统提出，是指以社会化的机器大生产为物质条件、以生产资料的资本家私人所有为制度基础、以资本剥削雇佣劳动为主要特征的社会经济制度。当代资本主义生产方式，从发展的时间阶段来划分，是指 20 世纪 40 年代后期第二次世界大战后的资本主义生产方式；从生产技术水平和经济发展阶段来划分，是指第二次世界大战后具有新的经济组织和经济结构的发达资本主义生产方式。随着生产力快速发展，当代资本主义所有制形式和剩余价值也呈现出新的特征。

第一节　当代资本主义的生产力

　　一般来说，我们从劳动者、劳动工具和劳动对象三方面把握生产力是什么。当代资本主义最突出的一个表象，就是其社会生产力的高度发展。对当代资本主义社会来说，生产力的高度发展，不仅得益于第三次科学技术革命的核心地位，还体现在劳动工具的智能化、劳动力素质不断提升、全球产业结构调整、资本全球布局等方面，共同促成了当代资本主义生产力发展的新格局。

一、生产力内涵

　　生产力作为理解资本主义生产方式的核心概念，在知识谱系上，它是建立在对人类历史存在的商品经济形成和发展的理论总结，其生成发展始终与资本主义的世界历史相联系。西方思想史上关于生产力的各种观点不但构成马克思主义生产力思想的重要来源，更对科学把握当代资本主义生产方式有重要价值。

（一）古希腊的生产力观点

正如恩格斯所说的："历史地出现的政治经济学，事实上不外是对资本主义生产时期的经济的科学理解，所以，与此有关的原则和定理，能在例如古代希腊社会的著作家那里见到，只是由于一定的现象，如商品生产、贸易、货币、生息资本等等，是两个社会共有的。……所以他们的见解就历史地成为现代科学的理论的出发点。"[1]在古希腊社会，色诺芬在《经济论》中最早论述了与生产力有关的农业和分工理论。色诺芬根据亲身管理家庭农庄的经验，主张庄园主通过增加奴隶可以创造更多生于产品的收入，认为农业内部分工之所以是必要的就在于可以增加对物品效用。柏拉图在《理想国》中指出，分工是出于人性和经济生活必需的自然现象，除农业分工外，在城邦中，手工业、商人、艺术家、统治者等都有不同分工，这基于个人和他人能力之间存在天然矛盾，必需求助他人。亚里士多德在《政治学》一书中提出，分工固然天生与众不同，有人只能遵循他人意志行事，有人却天然是命令者，开始区分出脑力分工和体力分工。更为重要的是，他把出于使用价值交换的行为看作家政学的范畴，把追求货币财富看作货殖。

（二）古典政治经济学提出的生产力基本思想

建立在古希腊早期关于生产力一般观点的基础上，英国的亚当·斯密和大卫·李嘉图、德国的李斯特等思想家总结并奠定了资本主义早期关于生产力的基本理论。亚当·斯密在《国富论》中基于工业革命的现实对英国劳动生产力提高进行了研究，认为工业分工提高劳动生产力的原因主要有三：一是劳动分工促使劳动的专业化和熟练度提高；二是劳动的专业化大大缩短了社会必要劳动时间；三是分工通过简化劳动操作程序促进了工具改良和机器的发明。大卫·李嘉图作为古典经济学的完成者，不仅沿用了斯密的生产力、劳动生

---

[1] 《马克思恩格斯选集》第3卷，人民出版社2012年版，第610页。

产力等概念，继承其思想，更强调机器和技术进步在生产上的作用，并提出了阶级结构改善的问题。他认为："如果生产手段由于使用机器而得到了改良，使一个国家的纯产品增加得越多，以至总产品（我永远是指每日商品的数量而不是指其价值）不减少，那么所有阶级的生活状况便都会得到改善。"[1] 此外，李嘉图也提出为推动生产力发展而保持必要资本积累的必要性问题。

（三）李斯特创立了资本主义生产力理论

1841 年，李斯特在《政治经济学国民体系》一书中批评亚当·斯密的价值理论，提出必须建立独立的生产力科学和理论。他主张从德国实际出发把财富的生产力而不是交换价值看作国家贸易的准绳，提出重视本国生产力，保护关税和民族工业的思想，属于国家主义的生产力理论。李斯特的生产力理论内容十分丰富。首先，他认为生产力发展和国际扩散有其自身规律，按照生产力规律来确定经济政策才能促进生产力发展。其次，国家生产力可以分为物质生产力和精神生产力两部分，物质生产力包括工业力、农业力和商业力等，精神生产力包括艺术、科学、教育、文化事业和科学制度等。再次，李斯特特别重视精神生产力的作用，认为思想和意识的自由对国家生产力的影响很大。最后，李斯特的生产力体系还包括个人、政治、国家和国际交往的生产力，认为生产力在动态的历史积累中具有世界性趋势。总之，李斯特在推进古典政治经济学的分工思想，首创了分析资本主义社会的生产力理论。

（四）当代资本主义的生产力理论

二战以后，由于资本主义一度繁荣，资产阶级经济学家先后提出了许多相关生产力理论，并形成了巨大影响。其一，生产函数理论强调根据生产要素投入的不同组合来核准最大生产量，如列昂惕夫生产函数、柯布—道格拉斯生产函数。其二，经济增长理论利用经济增长模型、运用均衡分析方法，建立了一种宏观经济增长理论，讨论社会潜在生产能力的长期变化，如哈罗德—多马经济增长模型。其三，罗斯托经济成长阶段理论把人类社会经济增

---

[1] 〔英〕李嘉图著，郭大利、王亚当译：《政治经济学及赋税原理》，商务印书馆 2013 年版，第 334 页。

长划分为传统社会阶段、为经济起飞创造前提的阶段、起飞阶段、成熟阶段、高额群众消费阶段、追求生活质量阶段。其中，经济起飞至少要具备生产投资高、经济中出现很高的成长率领先的部门、发明革新活动足以让生产过程吸收科技力量、合适的政治文化风俗环境四个条件。其四，熊彼特的技术创新理论主张通过建立新的生产函数，实现一种生产要素和生产条件从未有过的组合，并将其引入生产体系。其创新包括制造新产品、创造新技术、开辟新市场、获取新材料来源、形成新的企业组织形式。由于科学技术的发展，熊彼特的创新理论被其后继者新古典纳入新经济增长模型和内生经济增长理论中，形成技术创新的轨道和范式。

（五）马克思主义的生产力理论

在经典教科书中，马克思主义的生产力理论来自斯大林《论辩证唯物主义和历史唯物主义》："用来生产物质资料的生产工具，以及有一定的生产经验和劳动技能来使用生产工具，实现物质资料生产的人——所有这些因素共同构成社会的生产力。"[1] 具体而言，生产力指的是生产工具和劳动者的结合，即劳动者运用生产工具生产物质资料。从工具和技术层面理解生产力的观点在马克思主义领域中影响巨大，如罗森塔尔、布哈林、尼·拉宾等。在西方马克思主义中，哈贝马斯把生产力界定为"在生产中进行活动者""技术上可以使用的知识""组织知识"三部分，以此实现劳动力、提高生产率的手段和劳动力的组织结合起来。分析马克思主义者科恩则提出了关于生产力的"修订一览表"，把生产力分为生产资料和劳动力两部分，生产资料分为生产工具、原料和空间三部分，把生产力解释为纯粹的物质或技术的东西。在生态学马克思主义的解释中，生产力则更多试图回归自然与社会平衡的立场。在马克思看来，构成生产力的三要素为劳动者、劳动工具和劳动资料三部分，劳动者被看作生产力中人的要素、劳动工具和劳动资料被视作物的要素，二者的统一固然描述了以人类为中心改造自然的资本主义生产方式，但更多也同时肯定了人类历史生成过程中客观的劳动形成过程。在国内，2009 年 9 月 "马克思主义理论研究和建设工程"课题组编写的《马克思主义哲学》在综合各

---

[1] 《斯大林文集》，人民出版社 1985 年版，第 218 页。

种观点和考量基础上，最终将其定义为"人们改造自然，使之适应人的需要的物质力量，标志着人类改造自然的实际能力和水平"，成为我们客观把握当代资本主义生产方式的重要参考。

此外，认知当代资本主义社会的生产方式，离不开资本主义起源过程中形成的重要思想理论认识。更为重要的是，这些思想始终是把握当代资本主义生产力问题的重要标准。在"什么是生产力"以及"如何理解生产力"问题上，经典教科书概念过于狭义。因此，从资本主义对生产力认知的知识谱系出发，才能够更好理解马克思从生产力角度对生产方式的认知。也只有回到当代资本主义的历史现实和发展本身，才能更好地理解作为生产方式核心的当代资本主义生产力的内涵。

二、当代资本主义生产力发展概况

与历次科技革命都极大地推动了社会生产力发展一样，战后发达国家生产力的飞跃发展，也得益于新一轮科技革命。这次科技革命出现了两次高潮。第一次高潮形成于 20 世纪 40 年代，内容主要包括核能、半导体合成化学、航空航天等科技领域这些新技术在生产中的广泛应用，产生了航天、汽车、化工、电子等一批新型产业，改变了能源结构，促进了交通、通信设施的现代化，推动了整个国民经济的发展。据资料统计，1948—1971 年期间，世界工业生产的平均增长率为 5.6%，世界贸易的平均增长率达 7.3%，均超过了资本主义发展史上的任何一个时期。第二次高潮于 20 世纪 90 年代后半期开始。这次高潮以微电子技术、信息技术为主导，涉及生物工程、宇航技术、激光技术、新材料技术、新能源技术等领域，促进了以信息产业为代表的高新技术产业的迅速发展，使社会生产力出现了质的飞跃。美国经济在信息产业的带动下，自 1991 年至 2000 年，连续 10 年不间断增长，刷新了 20 世纪 60 年代 106 个月经济连续增长的纪录，成为美国有史以来最长的经济扩张期。其他发达国家这一期间的经济也都有较快的增长。第二次世界大战后，资本主义国家都出现了相对稳定的快速经济增长，短短 50 年时间，超过了整个资本主义过去近 500 年历史发展的总和。

在新的科技革命的推动下，发达资本主义国家的经济，正从工业经济向信息经济转变。这一转变突出表现在产业结构和就业结构的变革上。战后西方国家经历了两次重大的产业结构调整。第一次调整，主要表现为农业比重的迅速下降和第三产业比重的急剧上升。与其相联系，在就业结构上农业劳动者数量锐减，服务业就业人数大量增加。战后第一次产业结构调整，主要表现则是高新技术产业的迅猛增长并正在成为世界经济新的增长点。20世纪90年代到20世纪末的10年间，信息技术发展的年几何平均增长率为8.6%，大大高于发达资本主义国家的经济增长率。[①]

三、当代资本主义生产力发展特点

由于新科技革命的根本推动作用和空前深刻广泛的影响，当代资本主义的社会生产力不仅有了数量上的迅速积累，而且发生了质的飞跃。所谓当代资本主义的社会生产力发生了质的飞跃，是指整个社会生产体系发生了根本性的变化。社会生产体系的变化，包括生产力各要素的变化，也包括生产力的结构、组织形式、管理方式的变化，因而使整个社会生产的面貌大大改观。所以，本身已发生了质的飞跃发展的生产力，具有了不同以往的新特点。

（一）生产工具发生自动化、数字化、智能化变革

生产工具体现了生产力发展的水平，标志着人们支配和改造自然的程度。人类社会的历次科技革命都带来了生产方式及其经济关系的深刻变迁，蒸汽机创造了高度发达的工业文明，计算机和网络技术引领人们步入繁盛的电子信息时代。二战后，在新的科学技术革命的影响下，生产工具发生了急剧的变革。资本主义的机器大生产进入了自动化阶段。马克思指出，用来进行工业生产的机器由三部分组成，即动力机、传动机和工具机。数百年来，虽然机器的这三个部分在生产实践中不断得到改进与提高，但这并没有使其在性能上发生质的飞跃。随着当代科学技术的发展，微型计算机被广泛应用于机

---

① 陈漓高、齐俊妍、韦军亮：《第五轮世界经济长波进入衰退期的趋势、原因和特点分析》，《世界经济研究》2009年第5期。

器大工业生产中，使机器增加了第四部分，即控制机。控制机的出现，使资本主义的工业生产进入了自动化阶段。在控制机这个机器"大脑"的指挥下，人类劳动的能力和范围得到大大提高，人类相当部分脑力劳动被自动化机器所取代。实行高度自动化的机器大大突破了劳动者生理机能的限制，它可以昼夜 24 小时连续不停地工作，可以同时在几十个点，甚至上百个点上作业，它还可以在高温、有毒、危险的极端环境下工作。

近年来，以人工智能、物联网和虚拟现实作为主导的新科技革命，揭开了人类经济社会"数字化"的序幕。从微观角度看，资产阶级社会各主体的生产生活方式和经济关系，因新科技革命所造就的人工智能、物联网和虚拟现实等事物而发生巨大变迁，但其带来的影响却远不止此。新科技革命运动本身的延续性发展，促使当代资本主义生产方式及其经济关系和现代商品经济实现了宏观意义上的"数字化"。人工智能崛起不仅影响生产力要素，使资本主义生产力要素在智能化的新基础上运行，也影响生产力内容，促进资本主义各个产业层次的生产力内容的智能化形塑。资本主义互联网生产力智能化、数字化特征明显，数字经济更加蓬勃发展，可以说人工智能时代数字经济已是全球资本主义经济的重要增长点。在包括但不限于资本主义等形态条件下，社会化大生产的各个环节实际上都将要或已经高度依赖技术，生产本身需要依靠新技术带来高效的生产率，基于新科技革命运动、开放型经济深化和现代市场体制发展等影响，包括资本主义在内的任何社会形态的生产方式都已然或正在实现"数字化""智能化"。[①]

（二）劳动力素质不断提升

在生产力构成要素中，人是最基本的因素，也是一种特殊的要素，其特殊之处在于其创造性，而创造性源于人的素质。在现代经济中，生产过程发生了重大的结构性变化，直接生产过程较之以往大大缩短，直接生产前过程和直接生产后过程大大加长。这种结构性变化对于生产的增长具有特别重要的意义。因为，在非直接生产过程中，占主导地位的是智力劳动者，他们的工作集中于研究、创新、设计、管理、咨询及其他活动。这些活动虽然可以

---

① 王海飞:《当代资本主义生产方式的最新变化及其内在悖论》,《科学社会主义》2019 年第 6 期。

被说成是为直接生产过程服务的，但它们并不是从属性的活动，而是整个生产过程中起独立作用的重要组成部分，体现为生产过程的职能分工。尤为重要的是，智力劳动者的劳动大多是创造性的劳动，在很大程度上决定着直接生产过程的质和量。马克思曾经强调，生产力的发展主要来源于智力劳动，特别是自然科学的发展。而智力劳动和体力劳动的重大区别在于，前者潜藏着巨大的创造力，其能力随智力密集度的提高而增大，而后者虽然存在着增加强度的潜力，但潜力有限。因此，智力密度在生产过程中的这种结构性分布变化和量的提高使生产力的增长大大突破了传统生产结构的内在限制。随着主要资本主义国家科学技术发展的需要、产业结构的高端化和资本金融化，雇佣劳动者普遍受到教育或职业培训，以往体力劳动型的雇佣劳动者逐渐被高素质的劳动者所取代。国家和企业出于长远利益的考虑，对劳动者进行教育投资的比重也不断加大。[①] 劳动力的个体素质，即物质生产劳动者的科学文化知识素养不断提高，这一方面表现为劳动者的文化和科技知识水平提高，另一方面表现为专业技术人员、管理人员等脑力劳动者在工人总数中所占比重不断上升。劳动力队伍向以智力劳动者为主体转变，即劳动力智力密度的提高，为生产力提供了强大的扩展动力。[②] 根据相关资料，西方国家技术人员和经济管理人员（以下简称白领工人）在 20 世纪五六十年代就开始超过了从事生产的人员（以下简称蓝领工人）。蓝领工人的比例还在不断下降，在美国至今仅占就业人员的 4%～5%，在西方国家白领工人已成为工人阶级队伍的主体。

（三）生产国际化特征逐渐显现

当代资本主义国际分工的加深以及资本主义国内经济对国际联系依赖的增长，不可避免地导致了资本主义生产国际化的发展。生产国际化是生产社会化的一种形式，而且是生产社会化发展的高级阶段。生产国际化是以世界生产的社会化为前提的，它可以从狭义与广义两个不同的角度来加以研究。从狭义上讲，生产国际化就是指自生产力发挥作用的过程中的国际联系的发展过程。从广义上讲，生产国际化不仅是生产力的国际化，而且也是生产关

① 高淑娟：《关于剩余价值一般与特殊的思考》，《清华大学学报（哲学社会科学版）》2002 年第 3 期。
② 顾雪生、梁光纬、林方健：《资本主义概论》，上海翻译出版公司 1991 年版，第 126—127 页。

系的国际化。[①]具体来看，当代资本主义生产力的国际化发展集中表现在以下几个方面：

物质生产的高度国际化。在新技术革命的推动下，发达资本主义国家生产社会化的程度快速发展，以往一个工厂内部生产各种零件或者半成品。进行组装或连续加工的各道工序之间的分工，不仅早已变成一个国家社会范围的分工，而且已经发展成为一系列国家之间的国际分工与协作。特别是跨国公司的产生推动了生产的国际化。19世纪末20世纪初，科学进步和工业生产的发展，使许多同行业和跨行业的垄断集团出现。这些垄断资本集团将"过剩资本"输出到原料丰富、地价便宜、工资低而资金少的国家和地区，以谋求更低的生产成本和更丰厚的利润。它们在这些国家和地区设立分支机构，由此形成了跨国公司的雏形。[②]跨国公司通过大量直接投资，在世界各地建立生产企业和其他分支机构，就地雇用工人，就地生产，就地销售，同时向世界各地出口，从而使生产的国际化程度日益提高。据统计，跨国公司对外直接投资的存量，目前已经占到了全球国内生产总值（GDP）的1/5强；跨国公司分支结构的出口，已占全球出口的1/30。

商品流通的国际化。即以贸易自由化为先导，促使商品和服务在全球的自由流通。第二次世界大战以后，1948年1月1日，由23个成员国签署的关税及贸易总协定（GATT）正式生效。关税及贸易总协定为第二次世界大战后消除国际贸易障碍，解决国际贸易争端从而推动贸易自由化，提供了有效的制度保障。在该协定的推动下，各国平均关税降低，许多贸易限制被取消，各种补贴也受到约束，大大促进了全球贸易的发展。据统计，1950—1990年的40年间，世界货物出口总额增长了11倍。1995年成立的世界贸易组织，取代了关税及贸易总协定，有力推进了贸易国际化的发展。世界贸易高速增长，其年均增长率远远超过了世界产品生产的增长。伴随着货物贸易的发展，服务贸易的增长速度也十分瞩目。与此同时，世界各国的贸易依存度（进出口贸易额占国内生产总值的比重）不断提高。不仅世界各国的生产成为世界性的，世界各国的消费也成为世界性的。世界贸易高速增长以及各国贸易依

---

① 华民：《当代资本主义经济导论》，华东师范大学出版社1989年版，第179—180页。
② 宋涛：《政治经济学教程》，中国人民大学出版社2014年版，第323页。

存度的普遍提高，标志着贸易国际化程度日渐发展和加深。

第二节　当代资本主义所有制

所有制是指人们在不同的社会形态中对物质资料进行占有形成的生产关系，狭义来说，即生产资料归谁所有的问题。生产资料所有制是任何一种社会经济制度的基础。一个国家的所有制关系往往通过所有制结构来表现。从所有制形式来看，当代资本主义所有制是多种形式并存，逐渐形成私人垄断资本所有制、国家垄断所有制以及非垄断资本所有制相互补充的多元所有制结构。

一、当代资本主义所有制的形式

在当代资本主义社会里，生产资料所有制呈现多元化状态，形成了私人垄断资本所有制、国家垄断资本所有制和中小资本所有制等形式，它们随着生产力的发展呈现出不同的变化特点。

（一）私人垄断资本所有制

列宁指出："集中发展到一定阶段，可以说，就自然而然地走到垄断。因为几十个大型企业彼此之间容易达成协定；另一方面，正是企业的规模巨大，造成了竞争的困难，产生了垄断的趋势。"[1]自由竞争引起生产集中，而生产集中发展到一定阶段必然走向垄断，这是资本主义发展的一般规律。私人垄断资本的出现正是这一规律发生作用的结果。[2]第二次世界大战后，新的科技革命和生产力的迅速发展，政府干预作用的加强，使私人垄断资本出现了以下新的特点：一是生产集中和垄断进一步发展。企业规模不断扩大，垄断程

---

① 《列宁选集》第2卷，人民出版社1972年版，第740页。

② 顾雪生等：《当代资本主义概论》，上海翻译出版公司1991年版，第56页。

度越来越高，主要资本主义国家的一些重要工业部门的生产和销售出现了完全被几家超级垄断公司所控制的情况。在私人垄断资本统治下，不仅自由竞争仍然存在，而且产生了新形势的竞争，即垄断组织内部的竞争、垄断组织之间的竞争以及垄断组织同非垄断组织之间的竞争。二是私人垄断资本日益向国际化发展，跨国公司迅速发展，出现了跨行业、跨部门多样化经营的趋势。跨国公司的广泛发展意味着私人垄断资本主义生产关系的国际化，垄断资本从国外获取巨额利润，进一步加强了生产集中和垄断的发展。三是金融资本和金融寡头的统治进一步加强。具体表现为金融财团的实力进一步增长，对国民经济各部门的控制越来越强，与国家政权的融合更为密切；私人资本输出急剧增加，国家资本输出越来越占有重要地位，且往往以援助的形式出现；资本输出的流向由战前的主要输往殖民地和附属国转为发达资本主义国家之间的相互投资、相互渗透，从以间接投资为主转变为以直接投资为主；资本输出有更大的不平衡性，美国成了最大的资本输出国；私人垄断资本不仅与国家垄断资本密切结合，而且国家垄断资本对私人垄断资本的输出提供了强大的支持与保证，大大推动了私人垄断资本的输出。[①]

（二）国家垄断资本所有制

国家垄断资本主义是资产阶级国家同垄断资本相结合而形成的一种垄断资本主义，是当代资本主义国家在资本主义制度范围内对社会生产关系进行的重大调整，它在一定时期和一定程度上适应了生产力的要求，从而促进了生产力的迅速发展，但同时又加深了资本主义的各种矛盾。这种两重的作用是同时并存和结合在一起的。

国家垄断资本主义在一定程度上克服了私人垄断资本规模的局限性，推动了技术的更新，加强了对公共设施的建设和环境的保护、兴办国有企业等，国家利用强大的经济力量参与社会资本的再生产过程，增强了私人垄断资本的力量，为私人垄断资本的发展创造了条件。如国家贷款，国家订货，国家补贴，国家对文教、卫生保健、社会保险、救济等方面的投资，提高了劳动者的素养，加强了社会的稳定和社会保障等，由此私人垄断企业可获得

---

① 司正家:《当代资本主义经济研究》, 中国经济出版社 2007 年版, 第58—68 页。

外在经济。一定程度上突破了私人垄断资本单纯追求自身利益和眼前利益的狭隘界限，从整个资产阶级的整体利益和长远利益出发从事投资经营，使国民经济的某些重要部门得以发展，从而推动了经济的发展。但与此同时又加速了私人垄断资本主义的积累和集中，这会加深生产和消费的矛盾，引起经济增长的迟缓，如 1973 年后出现的"滞胀"。此外，国家垄断资本主义在对外经济扩张中也发挥了重要作用。国家垄断资本主义可以在国际范围内对各发达国家间的政策措施进行一定程度的调节，并对外进行经济扩张。在生产和资本的国际化大大加强、世界经济一体化进程加快的今天，各主要资本主义国家通过建立各类国际组织、召开国际会议、签订国际协定、进行经济一体化等形式，协调政策和步调，对国际关系进行调节。如关贸总协定、世界银行和国际货币基金组织的建立被称为调节世界经济的三大支柱，WTO 就被称为"经济联合国"，七国首脑会议的召开，欧洲经济一体化的发展等等。发达资本主义国家的这种国际性调节虽然有效，但也有限，难以从根本上解决这些国家在资本国际运动中的种种矛盾与分歧，甚至尖锐冲突。国家垄断资本主义的对外经济扩张与对第三世界的剥削、控制，又加深了与第三世界各国的矛盾与对立，如南北对立，削减债务负担等所表现的对立和斗争。①

当代国家垄断资本主义进入了一个持续发展的时期，具有相对的稳定性。当代各主要资本主义国家的国家垄断资本主义普遍都有了很大的发展，而且已深入国民经济各个部门、社会经济生活的各个方面以及社会再生产的各个环节。国家的干预和调节成了当代资本主义经济运行不可缺少的机制之一。但是，从发展程度看，国家垄断资本主义的发展具有不平衡性。国有经济比重、财政收入占国民经济的比重、国有金融资产与金融资产总额比重等，西欧国家均高于美、日。以金融为例，西欧各国国有金融资产在全部金融资产中占据绝对优势，其中德、法为60%，意、奥为75%和80%以上；而美、日则分别为14.7%和16.2%。②从宏观调控手段看，日本、西欧往往通过"总体调节"的"国家计划"来调节和干预，而美国主要通过国家的财政、金融政

① 韩玉贵、张宗斌主编：《当代资本主义概论》，山东大学出版社 2000 年版，第 73—75 页。
② 韩玉贵、张宗斌主编：《当代资本主义概论》，山东大学出版社 2000 年版，第 73—75 页。

策来进行短期调节。从垄断组织的势力、规模及对国家生活的调节、干预能力来看，美国国家垄断资本主义的发展水平最高，对国家的干预最强。另外，国家垄断资本主义在国民经济各个部门的发展水平也不平衡，即各国之间不平衡、各部门之间不平衡。一般来说，在公共社会公用设施和金融等部门，国有化的程度最高，生产部门次之，在加工工业的比重和作用则相当小。

此外，在国家垄断资本主义的基础上，出现了发达资本主义国家"经济一体化"的趋势。20世纪60年代全球共有19个地区性经济一体化组织，到20世纪80年代已增至32个，迄今为止，世界上地区性经济一体化组织已超过160个。最为典型的是欧洲共同体、北美自由贸易区、亚太经合组织、东盟等，这实际上是国家垄断资本主义国际化的高级形式。在地区经济一体化集团中，国家垄断资本主义起了很大的作用。如德、美、法、意等国的国有垄断资本占欧共体大公司的股份达 1/5 ～ 1/3。

（三）非垄断资本所有制

在当代资本主义的所有制结构中，私人垄断资本和国家垄断资本居于资本金字塔结构的上部，而在这座"金字塔"的下部，则是众多的非垄断资本所有制企业的栖居地。从类型看，当代资本主义的非垄断资本主要存在两种形式：一类是非垄断的中小企业类型；另一类是经济合作社类型。这两类非垄断资本所有制经济形成了当代资本主义经济的一大特色。

1. 非垄断的中小企业

所谓中小企业，是指生产规模较小的企业。各国对中小企业划分也不尽相同。以德国为例，年营业额5000万欧元以及雇员总数500人以下的企业被称为中小企业。而美国则仅区分大企业和小企业。根据美国联邦政府2000年10月1日生效的《小企业规模标准》规定："一般行业，雇员在500人以下或企业资本金在500万美元以下的为小企业；特殊行业，如石油加工、航空货运、海洋货运等，雇员人数不超过1500人，资本金不超过2750万美元的为小企业。"在美国，"1947年，小企业总数不超过806万家，1985年便达到1500万家，到2000年已超过2300万家，其总量一共占美国全部企业数量的98%左右，特别是服务业高达99.7%"，"本世纪初到70年代，美国小企业完成的科技发展项目占全国的55%，80年代后，这个比例进一步上升到70%左右，小企业的人均创新发明是大企业的两倍"①。

在当代资本主义世界，非垄断的中小企业快速发展有其一系列原因。

一是中小企业有其自身的独特优势。具体包括：企业规模小，投资少，在市场竞争中灵活机动，可以适应市场需求来调整产品生产策略，使之更好适应市场竞争；中小企业投资者兼具经营者身份，这使得企业管理可以根据经济效益调整决策、参与管理，使决策效率更高；企业固定资本在预付总资本中占比较低，有助于提高资本周转速度和年剩余价值率；平均工资和福利低于大企业，企业运营成本更低，生产的产品更具价格优势和市场竞争力；在与日常生活息息相关的日常消费领域，中小企业相比大企业更具市场竞争力；对科学技术依赖程度低，生产要素来源便捷，即使从事高精尖产业，因其规模小，更容易在国内或全球产业链中集中专业力量占据行业垄断地位。

二是战后科技革命促进中小企业的发展与结构升级。伴随第三次科技革命，新的劳动领域和生产领域的出现，特别是在物质生产领域之外诞生了庞大的服务业市场。这使得中小企业在社会经济生活中发挥越来越重要的作用。诸如在商业、信息、金融、咨询、旅游等行业，中小企业以灵活多样的方式承担了重要的社会角色，成为繁荣生产生活的重要纽带。特别是许多独角兽企业的兴起，甚至在科技行业、智能产业的民用、商用方面发挥了举足轻重的作用，极大地促进了产业结构调整和发展创新。

三是垄断资本主义的竞争策略为中小企业发展创造生存空间。伴随私人垄断发展到金融资本阶段，垄断企业不再单纯依靠企业兼并来吞并中小企业，而是采取投资、股权收益等方式掠夺中小企业利润。因此，战后中小企业一定程度上成为私人垄断资本的下游企业或者产业链分工环节，甚至成为其专门创新的领域。大垄断企业一定程度上也开始扶植中小企业，使其成为分散风险和转移矛盾的场所。

四是国家对中小企业的政策支持为中小企业发展提供了良好保障。由于中小企业能够有效活跃市场，因此当代资本主义国家先后在竞争政策、税收政策、公共招标、技术信贷、科技研发等方面出台一系列政策，对中小企业

---

① 以上引自《美国中小企业概况》，US-China Exchange Association. http://www.usachina.org/case/jz0704.html.

进行倾斜。这些举措包括：其一，各国先后出台反垄断法，为中小企业发展提供了法律保障；其二，国家采取优惠等税收政策促进其发展；其三，国家还拨出专门经费支持中小企业技术研发；其四，给予中小企业中长期低息贷款；其五，为中小企业提供合作招标机会，促进行业、产业对接等。

在当代资本主义社会中，中小企业非垄断越来越显示出其独立的地位，成为与私人垄断资本、国家垄断资本并存的所有制形式。中小企业之所以具有无可取代的地位，主要有以下几个方面的原因：（1）提供就业。中小企业可以吸收大量劳动者就业，这对缓解资本主义社会的结构性失业具有重要作用，有利于促进社会稳定。（2）提供商品和劳务。中小企业占据服务业的主体，为消费社会提供了生产生活最主要的必需品。（3）推动技术创新。中小企业创造性强、成果推出快、科研成果投资回收期短，因此在推动科研创新效率方面明显高于大企业。（4）促进产业结构调整。中小企业主要集中在第三产业中，对第三产业的贡献率明显提高，成为资本主义产业结构优化的重要力量。（5）加强生产专业化分工。在科技革命推动下，国际分工的技术化程度和工艺专业化程度日益提高，中小企业作为主干企业和技术密集型产品的配套供应者，为大企业提供配套服务，成为社会专业化分工多层次网络的协作方之一。

总之，在当代资本主义的生产方式中，中小企业非垄断资本所有制具有无可替代的作用，补充了私人垄断资本和国家垄断资本所有制结构带来的不足。

2. 合作所有制经济的发展

二战后，主要资本主义国家的合作制经济迅速发展。合作社经济主要通过各类经济合作社展开生产活动。各类合作社不但在数目和人员方面快速增加，而且具体合作内容与形式也日益丰富。合作所有制经济已成为当代非垄断资本所有制中除中小企业非垄断资本所有制外最大的一种非垄断资本所有制形式。以下，我们从资本主义合作社经济发展的原因、合作社的分类、合作社的作用、发展趋势等方面进行叙述。

（1）合作社经济发展的原因。

在资本主义社会，合作社的产生首先是客观经济发展演变的需要。在自然方面，合作社集体发展生产力、进行技术改造远优于分散的小农经济，因此就形成各中、小农场集中改造技术，推行机械化生产、应对国际市场竞争，农业领域的合作社应运而生；在社会层面，小生产者一方面出于同垄断资本竞争的需要，另一方面出于反抗资本剥削、保卫就业机会的需要，工人们开始联合起来与垄断资本抗争，建立合作制工厂或合作性银行保险住宅等以保卫自身的经济地位。

其次，合作制本身具有自身的优越性。合作制经济通过联合劳动的方式提高了劳动生产率，形成了新的生产力。以农业合作社为例，合作社把农民的产、供、销各环节联系起来，避免了生产和消费的中间环节，减少了中间商对利润的剥削。此外，战后的合作社组织系统逐渐科学完善，管理也更为科学，先进的管理理念把合作制经济推向了新的水平。

最后，合作制经济在战后普遍得到政党、工会和国家的大力支持，这促使其不断发展。发达资本主义国家的工人政党和工会系统为扩大自身影响力，加强改善工人权益，通过举办合作事业丰富工人生活，不断完善系统合作社组织，试图实现中下层阶级之间的联合。这些政党通过选举进入政治舞台后，更通过立法、财政信贷等具体措施促进合作者经济发展。资本主义的国家支持是合作制经济不断发展的重要原因。

（2）合作制经济的作用及其趋势。

合作社经济在当代资本主义社会中具有重要作用。

其一，为合作社成员提供了利益保障。以合作社为载体，合作制经济解决了许多社员私人无法解决的问题。例如，它帮助农民克服生产经营规模上的困难；合作社能够把农民、工人和商人联合起来，避免在直接生产领域被中间商盘剥；大型合作社相互联合能形成拥有巨大经济实力的组织，一定程度上有能力调节产品市场上的商品价格，从而在根本上保护社员的市场利益；各级合作社在信息、科技、人才方面可以给社员提供服务，这促进了合作社的生产技术水平和科学管理水平的提高；合作社还可以帮助社员解决贷款和资金难等问题。

其二，稳定社会、促进资本主义社会经济。合作社对资本主义社会经济的繁荣稳定做出了重要贡献。合作制经济有利于缓解失业问题。合作社是一种社会组织，加入合作社不存在谁雇谁的问题，因此吸纳社员后不存在失业问题，同时却创造就业机会吸纳了社会上的大量失业人群。合作社经济有助于缓解工农业发展不平衡的问题。合作制经济为家庭农场开辟了一体化、机械化和专业化的道路，把个体生产者与国内市场乃至世界市场联系在一起，促进了农村开发和农业、工业发展。

不过，虽然合作社经济在其现代化进程中不断发展，并能在一定程度上缓解资本主义条件下的某些社会矛盾，但由于资本主义生产资料私有制的长期存在，合作制经济在发展领域方面仍然存在局限，并且始终存在着从合作制向一般资本主义企业演变等发展趋势。这也是合作社经济参与国内外竞争等必然要求。事实上，资本主义的合伙制企业、股份公司等在一定程度上都蕴含了合作制企业的合理因素。

二、当代资本主义所有制的新特点

在当代资本主义社会中，无产阶级和资产阶级的矛盾仍然是资本主义社会的主要矛盾。垄断仍然是当代资本主义的本质特征，资本与劳动之间的对抗利益仍然存在，但资本主义的剥削制度出现了一些新形式、新特点。

（一）资本占有形式出现了社会化的特点

资本主义所固有的基本矛盾就是生产的社会化和生产资料私人占有之间的矛盾，即生产力与生产关系的矛盾。然而，当代资本主义在生产关系上却发生了许多变化，尤其是在所有制形式上，从单纯的资本主义私人占有制向社会占有制形式转化。在资本所有权方面，盛行"资本民主化"。一是国有经济迅速发展。二战后资产阶级为了缓解国内外尖锐的矛盾对立，对资本主义私有制进行了扬弃，各主要资本主义国家生产资料国有化浪潮此起彼伏，国有经济在国民经济要害部门逐步取得统治地位，使资本主义具有了混合经济的特点。二是合作经济大量出现并成为生产资料所有制的重要组成部分，从而使得资本占有形式呈现出社会化的特点。三是股份制经济有了新的发展。二战以后，股份制经济成为资本主义的主要经济组织形式，呈现以下几个特点：股权分散化，资本社会化；法人持股上升，个人持股下降，即持股法人化；股份制普遍化，股份制在各经济部门普遍实行；职工股份所有制兴起，即职工买下企业全部或部分股份。

（二）经济运行出现了有序化的特点

二战以后，各主要资本主义国家的经济运行不再呈现无政府状态，而是出现了有序化的特点。一是运用计划手段加强对国民经济的调节。资本主义国家借鉴苏联等社会主义国家运用计划调节国民经济的经验，使国民经济有序的发展。二是政府实施对本国经济干预与调控。主要有三种方式：对国民经济实行法制管理；对国民经济进行行政干预；实行宏观财政政策和货币政策。这些措施使经济发展收到明显成效，延长了经济周期，减少了危机波动，使经济稳定、协调发展。三是社会市场经济取得明显成效。社会市场经济谋求经济效率与社会平衡之间的结合、个人利益与国民经济的整体利益协调。德国是社会市场经济的典型。其内容主要有：强调经济自由，保障市场主体的个人自由与社会义务相结合；自由的市场竞争制度；银行对经济的调节；对外经济的自由主义政策；协调劳资关系，注重社会保障；发挥国家在市场经济中的作用。其成效主要是：社会稳定，经济健康有序发展。

在第二次世界大战后，国家垄断资本主义的发展，已出现了一些新的情况，资产阶级国家对经济施加的作用和影响日益扩大和明显。垄断资本集团往往通过一些决策机构或政策研究会之类的"智囊团"组织（如美国的"三边委员会"、日本的"产业问题研究会"等）替政府制定各种有利于国家发展的国内外政策。为了全面地干预国家的经济生活，垄断资本集团还采取一些具体办法，或由国家直接投资兴办"国营企业"；或通过财政支出，扩大国家消费；或者利用国家对经济生活的"监督"和"调节"，通过各种渠道（如实行津贴、控制利率、运用税收和信用杠杆等），来保证垄断资本集团的利益和统治。与此同时，随着生产和资本的更高度集中以及垄断化过程的加快，垄断组织所控制的经济部门越多，它就越有可能在更大规模的基础上实现生产的计划性。个别企业生产的组织性、有计划性与整个社会的无政府状态，原是资本主义基本矛盾的表现形式之一。但是，随着垄断组织同国家政权的进一步紧密结合，这种生产的有计划性已经超出了企业（工厂）的范围，具有越来越大的规模。战后时期，随着国家垄断资本主义的迅速发展，各个主要资本主义国家不仅在局部范围内，并且在同国民经济发展有关的某些重要经济部门，在某种程度上实行对生产的计划调节，生产关系得到了局部的调整，使其适合生产力发展的要求，更有利地为垄断资本攫取高额利润服务。事实上，战后科学技术的日新月异以及电子计算机的日趋完善和精密，不仅为个别工业部门、某些重要经济部门，而且在全国乃至国际范围内估计市场需求和生产数量以及前景预测创造了条件。在战后时期，资本主义国家所实行的这种"计划化"，实际上或多或少地影响着经济危机和周期变化以及周期各个阶段的升降幅度。尽管如此，这种国家垄断资本主义条件下的"计划化"与建立在生产资料公有制基础上的社会主义国家的经济计划是根本不同的，它绝不可能使整个国民经济做到有计划、按比例地发展，也无法根本克服资本主义制度本身所固有的种种矛盾，它充其量只是围绕若干主要经济指标（如国民生产总值、公共投资额、就业量、消费物价指数等）对某些部门的经济发展作出前景估计而已。

（三）在经营管理方面推行"管理民主化"

资本主义国家中的阶级关系没有根本性的变动，但各部分的比重和各个阶级内部的结构展现了新的趋势、新的特色。比如，垄断资产阶级的力量相对增长，"白领工人"的比重增大，工人中出现了一些富有者，甚至成为资本家企业中生产的骨干。

资本主义的经济结构发生了一定程度的变化。由新的社会生产力推动的全球社会产业结构变化迅速，传统的产业主要是农业和工业在经济发展中的比重降低，而信息产业的比重大幅度上升。于是，经济社会发展的现代化指标体系也在发生重大变化。由于跨国公司的日益增多，传统的以民族国家为单位的多种经济结构开始向一体化的全球社会经济结构转变。

资本流动结构和资本积累方式有了新的变化。传统商业资本在流通中所占据的主导地位已经让位于生产资本和金融资本。20世纪80年代之后，由于新自由主义的推行，金融资本又逐渐独占鳌头。与此相应，资本积累方式和财富占有方式也由传统的积累物质财富逐渐转变为积累金融货币财富。

三、当代资本主义所有制形式变化的成因

当今世界日新月异，科技变革与社会生产力的飞速发展，推动资本主义国家在经济体制、经济活动等方面，在其生产关系许可的范围内，自觉进行

自我调整，这些调整使得生产关系发生了重大变化，当代资本主义的所有制结构也发生了深刻的变革，如何理解这种变革，究竟是什么导致了资本所有制结构的变革？这既是生产力与生产关系综合作用的缘故，也具有主观和客观方面的因素。

（一）科技革命与生产力的高度发展

科技革命与生产力的高度发展，是促进资本主义所有制结构变革的根本原因。当代科学技术和生产力飞速发展，表现在：一是科技革命的到来，推动生产力的飞速发展，这为经济全球化奠定了物质技术基础。大工业生产从原先的机械化走向了半自动化或自动化，农业生产也从耕作的机械化变为完全机械化、良种化、工厂化等。二是跨国公司有了长足发展，在此过程中，国民经济发展突飞猛进，长达 20 年，也是历史上经济增长最快的。三是资本主义国家产业结构有了大变化，农业中畜牧业的地位、工业中技术密集型的高新产业的地位及运输业中的汽车和航空运输的地位得到提高。四是混合在社会生产大发展及产业结构大变动之间，消费出现了革命性变化，居民消费结构发生了根本性改变，人们消费水平和消费能力大大提升。可以看出，科技革命和生产力的高度发展，使得生产要素或重组或集中化。资本主义社会资本的集中与垄断正是顺应了这个发展要求。生产力水平的提高进一步推动资本所有制的客体采取更多的资本形式，这为资本家的联合或资本的自我调整奠定了较为坚实的基础。对于资本本身来讲，它时刻在运动着，所以它就会时刻发生着形态变化与数量上的重组，促使资本家在顾及其资本所有权的时候，把分散的资本联合起来，进而形成以股份资本与垄断资本形式存在的大资本，从而形成了资本主义社会生产力发展的新基石，从而促使所有制形式经常性地出现新变化。

（二）国家对国民经济的积极干预

1929—1933 年大危机后，尤其是二战以后，西方资本主义国家对国民经济的干预和调节的范围不断扩大，力度日益加深。具体表现在：一是公共支出方面，资本主义国家少的大概占国民收入的 1/3，而多的能够占到 1/2。二是对政府来讲，干预和调节经济生活已经扩大到生产、分配、交换及消费等再生产的各个方面。从政府投资来看，能够占资本投资总额的比重达到 1/5，多的则占到 1/3；对于私人企业来说，其利润的 1/3 ～ 1/2 通过税收方式纳入国家财政的总收入，政府进行二次分配；政府采购进一步增加，占到本国国民生产总值的 20% 左右。① 三是国民经济各个部门都有政府在作为。就货币金融领域来说，中央银行是由政府控制的，拥有绝对的货币发行权，并能够通过准备金制度、贴现率等经济手段与窗口指导等行政手段对私人银行活动进行干预或制约；而在工业领域，资本主义国家国有经济在基础工业中占有主导或统治地位，作为政府利用政策手段推动工业结构的优化与升级；对于农业领域来说，政府通过农业技术方面的开发和试验，并加以推广，同时对农产品价格采取支持、出口补贴、低息贷款政策等；在科学技术领域，政府通过制定和组织大型科技发展计划，并提供大量的科技研究开发经费。四是具有了较为完备的调节经济的政策体系。除了采取相互配合和制约的财政政策、收入政策、货币政策、宏观综合管理政策这些经济手段外，也有较为完善的法律手段及行政管制手段。由上可以看出，政府干预和调节已经涉及国民经济的各个领域，使得国家所有的经济成分增加，国家所有制的规模也进一步加大，从而加强了国家所有制在国民经济中的地位。

（三）市场竞争的不断加剧

科技革命和生产经营规模化的大发展，既成就了较为强大的竞争主体，也衍生了种类日益繁多的竞争手段和方式。从竞争的角度来说，产出能力和扩张势能都比较强大，那就会促使竞争者利用一切方法和手段去争夺市场和垄断技术，削弱及至消灭对手。这些情况说明，科技革命和生产社会化的大发展加速了资本主义所有制结构的变革。作为企业必须扩充自己的实力，尽可能地实行个人所有权的联合与融合，从而保存自己并在竞争中取胜；对于企业合作制而言，其通过聚集更多竞争的资本量不断发展、壮大。当然首先保证自己在激烈竞争中生存、减少大资本压迫与剥削，进而获得发展。同时，惨烈的竞争，无论胜利与否，都会促使资本主义所有制向更深层次发生变革。

总而言之，市场竞争是市场经济活动发生的引擎，也是科技发展到生产

---

① 李建华：《当代资本主义所有制结构变革成因分析》，《产业与科技论坛》2016 年第 8 期。

社会化再到发展竞争加剧的重要链接，它从各个方面有力推动了资本主义所有制结构的变革。对于资本主义生产主体即资产阶级国家与资本所有者来说，通过多种因素的相互作用，针对出现的一系列有关资本主义所有制的问题，其态度会有不同程度的变化。这些变化如认识到实行福利政策的必要性，同意缴纳雇主替雇员承担的保险费，并根据企业发展实际实现补充退休金制度等；认可由资本所有关系派生的各个权利的再分配等。应该说，生产力决定生产关系是个比较复杂的过程，作为生产主体的活动与作用是个不可或缺的中介环节，就当代西方资本主义国家科技进步、生产社会化等这些客观因素来说，假如没有资本主义生产主体态度适当转变的主观因素作为中介与配合，恐怕无论如何是难以实现当代资本主义所有制结构的各种变革的。

第三节　当代资本主义的剩余价值生产

"资产阶级除非对生产工具，从而对生产关系，从而对全部社会关系不断地进行革命，否则就不能生存下去。"[1]如今，资本主义剩余价值的生产发生了新变化，出现了新特点，不断认识和总结这些新变化、新特点，是新形势下剖析资本主义有机体，丰富"两个绝不会"和"两个必然"内涵的重要途径。

一、当代资本主义剩余价值生产的新变化

如果将劳动者的劳动时间分为必要劳动和剩余劳动两个部分，则剩余价值生产有两种方式：绝对剩余价值生产，即将工作日延长到必要劳动时间以外；相对剩余价值生产，即在假定工作日长度不变的条件下，通过缩短必要劳动时间，相应增加剩余劳动时间，从而增加剩余价值。从绝对剩余价值和相对剩余价值角度考虑，剩余价值生产可能出现以下几个方面的新变化。

---

① 《马克思恩格斯文集》第2卷，人民出版社2009年版，第34页。

（一）技术进步在剩余价值生产中发挥重要作用

当今社会，工作日的缩短成为趋势，剩余价值生产的增加必须以提高劳动生产率为前提。劳动生产率是以单位时间内所生产出来的产品数量，或者单位产品生产所需时间来进行计量的，取决于科学技术的进展、科学技术在工艺中的应用、劳动者的素质和劳动组织管理等因素。其中，技术进步是关键。学术界很多人都提出，在科学技术快速发展的当下，应该把技术单独作为一种生产要素加以重视。那些实现了运用效率来驱动经济增长的发达资本主义国家，其全要素增长率（由技术进步所产生的 GDP 增长率）都在 60% 以上。[1] 可见，技术进步在剩余价值生产过程中占有重要地位。最先采用新技术的个别资本将获得超额剩余价值；当新技术被普遍采用，全社会的劳动生产力普遍提高，一般剩余价值率提高，超额剩余价值消失，相对剩余价值就产生了。在信息技术的创新出现停滞、技术红利出现衰竭的时期，欧美发达资本主义开始重视低碳技术、新能源技术等具有广阔创新空间的新技术领域。

（二）劳动者技能升级保障了相对剩余价值生产

多数马克思主义者倾向于承认，发达资本主义经济中存在着劳动者素质提高、工人技能升级的长期趋势。[2]"总体而言，'认知的'素质（即要求推理能力和特定工作岗位上的专门知识）以及'互动的'能力尤其是协调和管理他人的能力，在过往的至少三十年间都稳定地表现出增长。"这一趋势，使原来体力劳动者生产剩余价值向脑力劳动者生产剩余价值转变。后者的劳动是一种高级复杂的劳动，等于加倍的简单劳动，能在同样时间内比一般劳动生产出更多的剩余价值。这种趋势的延续，对价值构成产生了影响。虽然劳动总量或者价值总量不变，但资本有机构成提高，阻碍了平均利润率的降低，保障了相对剩余价值生产。[3]

同时，先进技术和现代管理在经济发展中的作用越来越大，技术和管理的所有者的劳动也属于活劳动，除了获得劳动工资，他们还可以凭借这些要

① 刘霞辉：《四种经济增长路径比较》，《经济日报》2015 年 5 月 14 日。
② 孟捷：《劳动与资本在价值创造中的正和关系研究》，《经济研究》2011 年第 4 期。
③ 程恩富：《马克思主义政治经济学基础理论研究》，北京师范大学出版社 2017 年版，第 124 页。

素产权在剩余价值分割中获取更多的份额。更为重要的是，知识劳动或者技能劳动，较其他生产要素具有不可转移性，所以知识、技能劳动的报酬必然要高于其他生产要素的报酬。以美国为例，1970—2013年，美国的劳动收入份额几乎全都维持在70%以上，除了在2010年降低到69.16%。2000年，美国知识、技能型劳动收入总额和非知识、技能型劳动收入总额分别为1.94万亿美元和3.60万亿美元，到2013年，这两个数据分别为3.16万亿美元和4.90万亿美元。2000—2013年，美国知识、技能型劳动总收入增长速度明显高于非知识、技能型劳动，前者年平均增速为3.85%，后者为2.44%。其结果是，美国知识、技能型劳动收入份额从2000年的35.07%上升为2013年的39.22%。[1]

（三）金融资本扩张带来掠夺式剩余价值追逐

在当代资本主义金融化的背景下，国家资本主义崛起、新自由主义影响的双重叠加，使劳动力的流动性弱化。在全球金融资本主导下，大规模的资本积累成为资本主义追求的目标，也具备了实现的可能，即金融资本的掠夺性和劳动力的弹性化。[2]

主要发达资本主义国家由于产业空心化，以及实体经济领域的职能资本从产业发展方面来生产剩余价值日益困难，转而将职能资本更多地配置在金融资产上。以美国为例，非金融企业拥有的金融资产占其总资产的平均比例由1980年的26.9%上升到2007年的48.9%。同期，美国金融业收入占国民收入的比重从1980年的7.5%提高到2007年的12.9%。[3]金融资本的扩张，是对现阶段职能资本不易获取剩余价值或超额剩余价值的现实回应。同时，通过自身的金融产品创新和金融衍生品的多样化，它不仅可以获得最原始的存贷款利息差，还能攫取高额的金融剩余价值。这里的金融剩余价值有两层含义。其一，金融资本盈利的最终来源是当前时期职能资本所生产的剩余价

---

① 薛莹：《美国技术进步偏向性及其对要素收入分配的作用研究》，东北师范大学博士学位论文，2014年。

② 程恩富：《马克思主义政治经济学基础理论研究》，北京师范大学出版社2017年版，第151页。

③ 赵峰、马慎萧：《金融资本、职能资本与资本主义的金融化——马克思主义的理论和美国的现实》，《马克思主义研究》2015年第2期。

值的一部分，属于"现时"的剩余价值。其二，金融资本的产品和工具，可以夷平购买力的时空界限。在时间上，使市场上交易的对象不仅包括当前已经生产出来的商品（剩余价值），也包括还没有生产出来的商品（未来生产出来的剩余价值）。因此，当前实现了的利润或剩余价值总额大于实际生产的剩余价值总额，剩余价值被名义化了，在社会现有生产力条件下，金融资本通过大规模的信用和货币创造，实现了剩余价值总量呈几何倍数的增长。在空间上，金融资本更显示了它的掠夺性。它直接通过"入侵"他国，通过迫使他国一次次地资本贬值和资本损失，来重新获取他国的相关资产，包括金融资产、商品设备和基础设施等，用来应对发达资本主义国家内部在扩大再生产过程无法保持资本积累和剩余价值生产平稳进行的情况。20 世纪 60 年代，特别是最近 20 年以来，信息技术在金融领域活动中的应用，促进了金融资本的扩张和异化（实体经济创造的剩余价值总量与金融资本脱离实际生产所创造的、各种资本需要瓜分的剩余价值总量之间缺口越来越大），进而为虚拟经济的过度膨胀提供了物质技术支撑，为金融危机的频繁爆发埋下了伏笔。

（四）剩余价值流通中介形式多样化

流通剩余价值中介形式的新变化，即从实体的商业中介转变为虚拟的电商中介。不同生产部门的剩余价值流通，最直接的形式是关联部门相互购买关联企业的商品或劳务，或者向消费者直销。但是这种方式常常因为交易成本过高而阻碍剩余价值的实现和流通。于是，出现了流通剩余价值的中介，即商业。经过简单商业资本——大型零售业——（跨国）零售连锁集团的演变，如今中介形式发展为零售连锁集团、一般零售电商或者"企业＋电商综合体"（以下简称生产型电商）。特别是一般零售电商和生产型电商的发展，极大地推动了商品流通、剩余价值流通。一般零售型电商，较之实体零售企业，降低了消费者的商品搜寻成本和大量信息（价格、样式、材质）收集成本。生产型电商，将商业销售纳入企业组织边界范围内，降低了自产商品销售的空间拓展成本，同样地，也降低了购买者的交易成本，有利于商品流通，有利于促进相关企业获得原材料、生产资料或者消费资料，推动剩余价值实现和流通。以美国为例，2001—2013 年，电子商务市场平均增速为 21%，即使在发生经济危机后的 2008 年，增速也达到 4.4%。2010—2013 年，电子商务年均增速为 16%，而同期整体零售市场增速年均约为 5%。到 2013 年，全美电商销售规模为 2630 亿美元，占整体零售市场比例为 5.8%，且逐年提高。[①] 当前，由于电子商务的税务监督缺失，网络销售的主要手段就是以低价格吸引消费者。拥有巨大资本的电商，甚至以亏本销售的形式刺激网络消费习惯的形成。而那些没有资本实力的电商，则会慢慢淡出这一促进剩余价值流通的领域，以至于有人说，在流通领域，资本主义进入了电商资本主义时代。

（五）国家以税收和福利分割剩余价值

2008 年金融危机过后，随着新自由主义的衰落和新国家资本主义的崛起，西方资本主义国家的政府干预普遍加强。国家试图在分割剩余价值的市场行为中，贯彻自己的意志，以缓和资本主义矛盾。影响市场分割剩余价值的方式主要是税收，马克思只是在《哥达纲领批判》中，提到了对社会总产品进行六项扣除，这六项扣除都与财政分配直接相关，除此之外，马克思较少具体地分析税收。实际上，如今在剩余价值的分割上，即使是最强调市场自由化的国家，也无法摆脱政府的干预。因为在理论上，资本主义国家由资产阶级来执行社会政治经济职能。这个阶级不从事生产活动，它以国家权力为保障，强制征税，维持国家机器的运转。这样，剩余价值中的一部分就以税收形式被国家分割了，从实践意义的层面来看，劳动力的再生产随着生产的机械化和社会化的发展，出现了诸如失业、残疾、教育等问题。为了解决这些问题，资本主义国家都建立了国家福利制度。国家福利是对国民收入实现再分配。国家不仅参与私人垄断资本的剩余价值的生产和实现，而且通过税收等调节手段，在相当大的程度上制约着私人企业的剩余价值量，从而改变平均利润的一般形式。因此政府在实践中，也不同程度地参与了剩余价值的分割。[②] 并且，在代议民主制下，西方资本主义国家最近在不断强化税收干预，提高社会福利水平，当然，也就在不断强化着分割剩余价值的形象。西方发达国家面对越来越高的社会福利支出，财政压力越来越大，只能一方面发行国债；另一方面对民众，尤其是中产阶级课以重税。2009 年，希腊

---

① 程恩富：《马克思主义政治经济学基础理论研究》，北京师范大学出版社 2017 年版，第 134—135 页。

② 高淑娟：《关于剩余价值一般与特殊的思考》，《清华大学学报（哲学社会科学版）》2002 年第 3 期。

政府财政赤字和公共债务占 GDP 的比例分别达到 12.7% 和 113%，远超 3% 和 60% 的上限。2014 年，希腊公共债务占 GDP 的比重达到了 177.1%。最终，西方国家试图通过高福利来解决收入不平等的实践以欧债危机的出现而终结。[①]

二、当代资本主义剩余价值生产的新特点

资本主义市场经济的深化和资本关系的全球扩张，推进了经济关系复杂化。正是在这样的背景下，剩余价值生产发生了新的变化，技术进步在发挥越来越重要的作用、劳动者技能不断升级、金融资本强力分割剩余价值、剩余价值流通中介形式改变、国家以税收和福利分割剩余价值。这些新变化，形成了当代资本主义剩余价值生产的一些新特点。

（一）经济全球化使剩余价值生产突破国界限制

当代资本主义社会剩余价值生产在地域上扩大了。垄断资本家跨国经营，全球配置资源，获取尽可能多的剩余价值。剩余价值生产突破了国界限制，利用生产和资本的全球化，促进商业输出和资本输出，特别是通过跨国公司，加强对外经济剥削。马克思曾经指出："资产阶级社会真正的任务是创造世界市场——至少是就这市场的轮廓讲——和以这市场为基础的一种生产。"[②]当代垄断资本已经完成了这个任务。世界市场和以世界市场为纽带的国际分工的形成过程，正是垄断资本加紧剥削殖民地和半殖民地，使它们沦为自己的经济附庸的过程。以商品输出和资本输出为基本形式的对外经济剥削，早就是垄断利润的一个最重要的来源。特别在战后旧的殖民地半殖民地纷纷取得政治独立的情况下，以经济渗透为主的新殖民主义应运而生。跨国公司通过商品输出和资本输出，把资本主义雇佣剥削的关系扩展到越来越多的发展中国家，为垄断资本加强对外经济剥削开辟了新的领域和新的途径。据估计，20世纪 70 年代末跨国公司已经控制了整个资本主义世界工业生产的 50%，出

① 程恩富：《马克思主义政治经济学基础理论研究》，北京师范大学出版社 2017 年版，第 153 页。
② 《马克思恩格斯〈资本论〉书信集》第 2 卷，生活·读书·新知三联书店 2013 年版，第 402 页。

口的 60% 以上。1978 年跨国公司对外的直接投资已近 4000 亿美元，每年获取几百亿美元的利润。跨国公司在世界范围内的统治目前还在进一步扩展着。以跨国公司为主要载体，它带来了资本主义生产方式的全球化，扩大了剩余价值的源泉。经济全球化和区域化推动剩余价值向他国延伸，使个别企业能够通过变相剥削世界范围内的劳动者维持剩余价值的运动。不仅本国的工人阶级，而且世界工人阶级都在为世界垄断资本提供着剩余价值，垄断资本得以无时空限制地攫取剩余价值。这就必然加强中心对边缘、资本对劳工的剥削，使资本主义的基本矛盾在全球范围内不断积累和加深。[1] 由此带来的剩余价值分割也出现国际扩散，西方发达资本主义国家通过跨国剥削，在世界范围内分割剩余价值。从某种意义上说，正是依靠国外移民劳工的劳动，西方资本主义国家才维持了民众富裕、惬意的生活，这揭示出发达国家民众剥削国外移民劳工、分割剩余价值的事实。[2]

（二）剩余价值生产流通时间更加连续

马克思指出，提高流通剩余价值运行效率的关键是资本或者剩余价值流通在每个阶段的运动都必须畅通。[3] "资本的循环，只有不停顿地从一个阶段转入另一个阶段，才能正常进行。如果资本在第一阶段 G—W 停顿下来，货币资本就会凝结为贮藏货币；如果资本在生产阶段停顿下来，一方面生产资料就会搁置不起作用，另一方面劳动力就会处于失业状态；如果资本在最后阶段 WX—G 停顿下来，卖不出去而堆积起来的商品就会把流通的路阻塞。"资本积累、流通剩余价值会在商品销售过程中遇到运行中断，在扩大再生产过程中遇到货币准备金的问题。然而，一是知识资本的流通和循环能够倍增商品价值，有助于解决退出再生产过程所形成的货币准备金问题，减少流通剩余价值运动的中断；二是国际垄断资本的发展、金融资本的壮大和流通，扩大了企业货币准备金进入信用领域，转变为职能资本，执行资本职能的规模。这样，便能够加快资本循环，或者弥补资本循环的中断，实现流通剩余价值运动的持续性。

---

① 颜鹏飞：《中国特色社会主义政治经济学体系研究》，济南出版社 2019 年版，第 148 页。

② 祁霄、阙道远：《西方福利国家的跨国剥削新动向与影响》，《思想理论教育导刊》2015 年第 2 期。

③ 《马克思恩格斯文集》第 6 卷，人民出版社 2009 年版，第 63 页。

（三）以资本投资推动剩余价值生产增长

生产剩余价值的劳动者由物质生产部门向第三产业转移，从体力劳动者向脑力劳动者转化。劳动者的劳动条件改善，体力劳动明显减少，脑力支出、紧张和专注程度提高了。流通剩余价值运动的职能更加综合。过去，剩余价值的职能本身是非生产性的。社会分工使流通职能由多数人（生产者）的附带工作变为少数人（商人）的专门工作，节省了社会资本；流通剩余价值的作用使商品资本可以在生产者和消费者手中更快地完成它的形态变化。现在，金融化、知识资本循环都能增值，流通剩余价值运动逐渐成为职能更加综合的资本运动，成为再生产的必要因素。流通剩余价值是在剩余价值金融化条件下，逐渐打开了它的流通职能和增值职能等。在国家资本主义的快速崛起、新帝国主义的目标引领和国际垄断资本的经济主导的多重背景下，依靠提高全要素增长率获取相对剩余价值生产的重要性受到冲击，资本投资和空间扩张显得更为重要。主要发达资本主义国家出现了大量资本剩余，这些积累的资本必须找到能够吸收自身的载体。因此，在新帝国主义意识的影响下，发达资本主义国家借助国际经济组织的干预，利用逐渐萌芽的新国家资本主义体制和国际垄断资本实力，在全世界范围获取他国资产，使能源和金融资产贬值，并剥夺这些贬值资产，实现快速价值增值。另一种方式，就是投资他国基础设施建设、进行产业渗透布局和新产品开发，为信息技术创新停滞情况下的长期剩余价值生产和增值奠定基础。

（四）剩余价值分割的矛盾隐蔽化

当今世界，剩余价值分割的最大特点是矛盾的隐形化。[1]首先，从个体层面，资本金融化沉重地打击了工人运动，其规模和频率都快速下降；工人在表面上不得不顺从于资本关系。前些年，资本主义国家的政府也在积极论述工人参与分割剩余价值的合理性及其对提高经济效率的作用。甚至有学者指出，剩余价值的数量不是经济效率的唯一标志，提高劳动报酬可以促进技术进步，也可以增加剩余价值率。因此，让劳动力参与分割剩余价值、提高劳动报酬，成为资本主义的普遍共识，这更是掩盖了社会矛盾。其次，从国家

---

① 程恩富：《马克思主义政治经济学基础理论研究》，北京师范大学出版社 2017 年版，第 154 页。

层面，资本主义的较高福利进一步掩盖了作为资产阶级总代表的国家剥削总体劳动者的事实，使得阶级冲突有所减少，以至于人们认为资本主义制度最具人性和自然性。最后，从国际层面，发达资本主义国家的民众很少会意识到他们对国外移民劳工的隐性剥削。经济全球化背景下的贸易促进了世界经济增长，这使得国际不平等交换不容易整体性地激起被剥削国对发达国家的对抗。综上所述，个体之间的矛盾、国家之间的矛盾、国家与个体之间的矛盾，都因为剩余价值的主体多元化和层次立体化而被隐蔽了。但无论资本主义国家怎样遮掩这些矛盾，由剩余价值分割所产生的利益分配问题，终究会突破遮盖着它们的薄纱，直击资本主义私有制的弊端，引发资本主义危机。

第 三 章

当代资本主义的阶级结构

阶级结构指的是一个社会的阶级构成，以及阶级之间、各阶级内部的相互关系。随着当代资本主义经济社会的发展，资本主义的阶级结构发生了新的变化，资产阶级和工人阶级的内部关系以及阶级之间的关系都呈现出了新的特征。面对复杂的阶级问题，如何透过纷繁芜杂的现象去探寻当代资本主义阶级变化的内在逻辑，认清当代资本主义劳资关系的发展态势以及本质特征，这是需要我们深入研究的重要问题。

第一节　阶级划分标准的再认识

阶级分析往往是建立在一定阶级划分标准之上。正确认识当代资本主义阶级结构和阶级关系的新变化，首要前提就是要对阶级划分标准进行再认识。

一、阶级划分标准的讨论

第二次世界大战结束以来，随着科技革命的加速以及经济全球化的迅猛发展，资本主义生产方式、产业结构、分配方式等发生了重大转变，资产阶级和工人阶级的数量和构成也发生了深刻变化。最突出的就是新中间阶层开始发展壮大，资产阶级和工人阶级两极化的阶级格局被打破，阶级界限变得模糊，资本主义阶级结构日益复杂化和多元化。这些新的阶级现象再一次引发了西方学术界关于阶级问题的探讨，"阶级死亡论""阶级融合论""阶级趋同论"等观点随之而起。实际上，这些观点的背后涉及了一个核心问题，就是应该以什么样的标准或依据来划分阶级。对此，西方学术界提出了不同的观点。

其一，职业标准。把职业作为阶级划分标准是当今西方理论界较为流行的一种观点。例如，美国社会学家丹尼尔·贝尔在1973年发表的《后工业社会的来临》一书中提出，阶级的差别主要取决于职业地位和职业等级，职业是划分阶级和阶层最重要的决定因素。贝尔根据社会经济结构和组织形式的变化，认为不同于以往工业社会的后工业社会已经来临。在后工业社会中，知识是社会发展的源泉动力，也成为社会分层的中轴。据此，他把社会成员分为了四类。一是专业阶级，包括科学阶层、技术阶层、行政阶层和分化阶层等四个阶层；二是技术人员和半专业人员；三是职员和销售；四是技术工人和非熟练工人。[①] 美国学者彼得·德鲁克在20世纪90年代出版的《后资本主义社会》中也提出，"后资本主义社会的阶级划分是知识工作者和服务者，而不是资本家和无产者"[②]。

其二，收入标准。一直以来，按照收入来划分阶级是资本主义社会中较为普遍的观点。尤其随着西方发达资本主义国家在战后对劳资关系的调节，工人阶级的工作方式、生活水平得到了普遍改善和提高，西方一些学者就提出了"工人阶级"逐渐消失、"中产阶级"已经形成的观点。例如，当代西方社会对于"中产阶级"的主要判定标准就是收入。

其三，市场能力。英国的新韦伯主义学者吉登斯提出了依据市场能力来划分阶级。所谓市场能力是指个人在市场上提高讨价能力的各种相关属性。他认为，生产资料的所有者（即资本家）与技术技能的所有者（即雇员）在市场的竞争中处于平等地位，他们之间并不存在谁控制谁的问题，而是取决于谁是"稀缺价值"。如果生产资料在当时的市场上是稀缺价值，资本家就处于有利地位；如果技术技能在当时的市场上是稀缺价值，劳动者就处在有利地位。吉登斯认为，有三种重要的市场能力，即生产资料或财产的占有能力、教育或技术资格的占有能力、体力劳动的占有能力。据此，他将资本主义社会划分为三个基本阶级：上层资产阶级、中产阶级、下层阶级或称工人

---

① 〔英〕丹尼尔·贝尔著，高铦译：《后工业社会的来临》，商务印书馆1984年版。转引自徐重温：《当代资本主义变化》，重庆出版社2004年版，第528页。

② 〔美〕彼得·德鲁克著，张星岩译：《后资本主义社会》，上海译文出版社1998年版，第4—9页。

阶级。[①]

其四，权力标准。还有一类观点认为当前阶级对立和矛盾已经从经济领域转移到了政治领域，并提出了把权力关系作为划分阶级的基础。例如，德国社会学家拉尔夫·达伦多夫在 1957 年发表的《工业社会中的阶级和阶级冲突》中提出，在当代资本主义社会中，随着生产资料所有权与控制权的分离，与生产方式的所有权相比，政治权力是更具有重要意义的社会关系。他以政治权力为划分依据，把当代资本主义社会中的社会集团划分为高层阶级、职员阶级、服从阶级和自由知识分子阶级。[②]

其五，价值观、阶级情感等主观心理标准。有不少学者试图从心理层面来划分阶级。例如，美国社会学家华纳和兰特根据人们对职业声望和社会地位作出的主观判断，把美国社会划分为上层、上下层、中上层、中下层、下上层和下下层六个等级。印度学者萨卡尔认为，虽然大多数人具有共同的目标和志向，但达到目标的方法却因人而异，这取决于人的内在素质，它使人们划分为不同的等级。[③] 美国功能主义大师帕森斯也是主观分层的认同者，他认为价值观和意识形态是第一位的，经济地位是第二位，社会分层的首属标准是共同的价值观念，财富的主要意义仅仅在于它是一种社会成就的象征。判断地位高低的依据是由主要的社会制度和机构塑造的共同价值体系，实践了这种价值观的人会得到较高地位，得到较高报酬。[④]

其六，多元标准。也有一些西方学者认为判定阶级的标准应该包括多种因素。希腊学者波朗查斯在《政治权力与社会阶级》一书中提出把政治标准、意识形态标准与经济标准放到同等重要地位，并根据这种多元综合划分当代资本主义社会阶级。他认为，"社会阶级是按照它们在整个社会实践中的地位，也就是它们在包括政治和意识形态关系在内的整个劳动分工中的地位决定的"[⑤]。

① GIDDENSA. The Class Structure of the Advanced Societies NewYork:Harper&Row publishers，1975，p.107.

② 张世鹏:《当代西欧工人阶级》，北京大学出版社 2001 年版，第 29—30 页。

③ 徐重温:《当代资本主义变化》，重庆出版社 2004 年版，第 529 页。

④ 李强:《社会分层十讲》，社会科学文献出版社 2001 年版，第 289—290 页。

⑤ 〔希腊〕尼科斯·波朗查斯著，叶林译:《政治权力与社会阶级》，中国社会科学出版社 1982 年版，第 64 页。

其七，所有权方面。英国社会学家理查德·斯凯思在 20 世纪 90 年代发表的《阶级》一书中，提出从经济方面特别是从所有权方面来理解和界定阶级。美国的赖特是西方阶级理论的著名代表人物，他尝试在马克思主义阶级理论的框架内重新界定阶级。赖特提出了划分阶级标准的三种控制权：一是对金钱资本或投资的控制权；二是对物质资本或物质生产资料的控制权；三是对劳动的控制权，即对生产中的直接生产者劳动的控制。资本家拥有三种控制权，阶级地位最高；工人阶级完全不拥有这三种控制权，阶级地位最低。①

总的来说，当代西方学者们从不同角度提出了阶级划分的标准，探寻了当代资本主义阶级结构，提供了观察分析资本主义社会关系的范式和方法。但是，按照职业、收入、市场能力、主观因素等标准来划分阶级，仅仅只是看到了当代阶级关系所呈现出来的某些变化现象，并没有抓住阶级关系最本质的特点。比如，关于职业来划分标准，列宁就曾深刻地指出："把职业的差别同阶级的差别混淆起来，把生活方式的差别同各阶级在整个社会生产制度中的不同地位混淆起来——这就清楚地说明了时髦的'批判界'根本缺乏科学的原则性，说明它实际上有抹杀'阶级'的概念和取消阶级斗争思想的趋势。"②英国社会学家理查德·斯凯思也指出，不同的职业类型根源于不同的社会生产关系的方式，职业顺序是阶级关系结构。不是职业决定了社会阶级的本质，而是阶级关系决定了职业的具体内容和职业顺序。③又如，关于收入决定论，马克思曾经指出，"分配的结构完全决定于生产的结构。分配本身是生产的产物，不仅就对象说是如此，而且就形式说也是如此"④。显然，按照收入划分是不能说明阶级实质的。对此，列宁曾经明确说道："从收入来源寻找社会不同阶级的基本特征，这就是把分配关系放在首位，而分配关系实际上是生产关系的结果。这个错误马克思早已指出过，他把看不见这种错误的人称为庸俗的社会主义者。阶级差别的基本标志，就是它们在社会生产中所处的地位，因而也就是它们对生产资料的关系。占有这部分或那部分社会生产资料，把它们用于私人的经济，用于出卖产品的经济，——这就是现在社会中

① 〔美〕埃里克·欧林·赖特著，刘磊、吕梁山译：《阶级》，高等教育出版社 2006 年版，第 51 页。

② 《列宁全集》第 5 卷，人民出版社 1986 年版，第 171 页。

③ 〔英〕理查德·斯凯思：《阶级》，吉林人民出版社 2005 年版，第 29 页。

④ 《马克思恩格斯文集》第 8 卷，人民出版社 2009 年版，第 19 页。

的一个阶级（资产阶级）同没有生产资料、出卖自己劳动力的无产阶级的基本不同点。"[①]又如，按照市场能力来划分阶级的观点，实际上是把交换关系放到了核心位置。对此，马克思曾经指出："交换的深度、广度和方式都是由生产的发展和结构决定的。"[②]再如，把权力和主观因素等作为标准，就是把阶级关系从经济关系中剥离了出来，颠倒了政治与经济之间的关系，夸大了政治权力、主观因素等对于经济的作用。同样，多元标准把经济、政治、意识形态放到了同等的位置，忽视了经济对于阶级关系的决定作用。概言之，从职业、收入、市场能力、主观因素等来划分阶级，展现了当代资本主义社会关系的丰富性和复杂多样性。但是这几种社会分层标准有意无意地回避了阶级关系的实质，淡化了"阶级"概念，最终抹杀了资产阶级与工人阶级之间的阶级矛盾。相较而言，按照所有权标准来划分正是抓住了阶级关系的核心，体现了马克思主义的阶级划分标准，因为阶级关系是生产关系的阶级体现，而生产关系的核心就是生产资料所有制。面对当前复杂的资本主义阶级关系，马克思主义的阶级分析在系统性和深刻性上表现出了巨大的优越性，这种分析范式正是建立在历史唯物主义的基础之上，透过纷乱复杂的阶级现象抓住了社会关系的核心关键，从而为我们认清阶级实质、把握阶级关系及其演变规律提供了科学的方法。

二、马克思主义的阶级划分标准

马克思的阶级分析是以历史唯物主义为基础，从资本主义经济社会的现实出发，对阶级的产生、阶级划分的标准、阶级斗争的条件、无产阶级与资产阶级斗争发展的趋势进行了透彻的分析，形成了马克思主义的阶级和阶级斗争学说。马克思主义阶级划分标准是马克思主义阶级学说中的重要组成部分，要深刻理解马克思主义的阶级划分标准，首先需要对阶级有一个宏观的了解。

---

① 《列宁全集》第 7 卷，人民出版社 1986 年版，第 30 页。

② 《马克思恩格斯文集》第 8 卷，人民出版社 2009 年版，第 23 页。

（一）阶级

在马克思主义的理论视域中，什么是"阶级"呢？"阶级"一词不是马克思的首创，在马克思之前的思想家已经对阶级有过分析。1852年马克思在致约·魏德迈的信中写道："至于讲到我，无论是发现现代社会中有阶级存在或发现各阶级间的斗争，都不是我的功劳。在我以前很久，资产阶级历史编纂学家就已经叙述过阶级斗争的历史发展，资产阶级经济学家也已经对各个阶级作过经济上的分析。我所加上的新内容就是证明了下列几点：（1）阶级的存在仅仅同生产发展的一定历史阶段相联系；（2）阶级斗争必然导致无产阶级专政；（3）这个专政不过是达到消灭一切阶级和进入无阶级社会的过渡……"①这段话清晰地概括了马克思的阶级分析思路，表明了马克思最核心的阶级观点。

第一，在阶级社会中，人不是个体抽象的存在，而是以阶级的形式存在。马克思恩格斯说，"各个人的出发点总是他们自己，不过当然是处于既有的历史条件和关系范围之内的自己，而不是意识形态家们所理解的'纯粹的'个人"②，"在分工范围内，私人关系必然地、不可避免地会发展为阶级关系，并作为这样的关系固定下来"③。因此，个人处于社会关系之中，是以阶级的形式存在，而阶级也"不是作为个人而是作为集体的成员处于社会关系中的"④，个人和阶级的关系是一种不可分割的隶属关系。恩格斯在介绍马克思的《政治经济学批判》一书时，指出："经济学研究的不是物，而是人和人之间的关系，归根到底是阶级和阶级之间的关系。"⑤

第二，阶级是一种经济概念。恩格斯在《家庭、私有制和国家的起源》中对阶级的起源有详细论述："第一次社会大分工，在使劳动生产率提高，从而使财富增加并且使生产领域扩大的同时，在既定的总的历史条件下，必然地带来了奴隶制。从第一次社会大分工中，也就产生了第一次社会大分裂，

① 《马克思恩格斯文集》第10卷，人民出版社2009年版，第106页。

② 《马克思恩格斯文集》第1卷，人民出版社2009年版，第571页。

③ 《马克思恩格斯全集》第3卷，人民出版社1960年版，第513页。

④ 《马克思恩格斯全集》第3卷，人民出版社1960年版，第84页。

⑤ 《马克思恩格斯选集》第2卷，人民出版社2012年版，第14—15页。

分裂为两个阶级：主人和奴隶、剥削者和被剥削者。"①从阶级的起源史可以看到，阶级是一种经济关系，它根源于生产的发展。在《社会主义从空想到科学的发展》中，恩格斯指出，"以往的全部历史，除原始状态外，都是阶级斗争的历史；这些互相斗争的社会阶级在任何时候都是生产关系和交换关系的产物，一句话，都是自己时代经济关系的产物。"②马克思在《资本论》中也明确提道："这里涉及到的人，只是经济范畴的人格化，是一定的阶级关系和利益的承担者。"③因此，在马克思主义的理论视域中，阶级问题从根本上说是经济问题，是经济地位和经济关系所决定的，理解阶级必须从现实的经济关系入手。

第三，阶级是历史概念。恩格斯在《共产党宣言》1883 年德文版序言中指出："（从原始土地公有制解体以来）全部历史都是阶级斗争的历史，即社会发展各个阶段上被剥削阶级和剥削阶级之间、被统治阶级和统治阶级之间斗争的历史；而这个斗争现在已经达到这样一个阶段，即被剥削被压迫的阶级（无产阶级），如果不同时使整个社会永远摆脱剥削、压迫和阶级斗争，就不再能使自己从剥削它压迫它的那个阶级（资产阶级）下解放出来。"④纵观人类历史发展，阶级并不是从来就有的，是原始社会之后出现的一种历史现象，是随着生产发展到了一定阶段产生的；同时，阶级也不会一直存在，马克思恩格斯认为无产阶级与资产阶级的斗争将是对立阶级之间最后的决战。所谓阶级斗争，实际上就是经济利益根本对立的结果，是生产力与生产关系矛盾运动的结果。资产阶级和无产阶级斗争的最后结局是使整个社会进入没有剥削、压迫和阶级斗争的共产主义社会。在共产主义社会，阶级这一历史现象就将结束，"代替那存在着阶级和阶级对立的资产阶级旧社会的，将是这样一个联合体，在那里，每个人的自由发展是一切人的自由发展的条件"⑤。

总的来说，阶级就是同生产发展一定历史阶段相联系的，是一个历史的、经济的概念。列宁进一步阐述了阶级的基本概念："所谓阶级，就是这样一些

---

① 《马克思恩格斯文集》第 4 卷，人民出版社 2009 年版，第 180 页。

② 《马克思恩格斯文集》第 3 卷，人民出版社 2009 年版，第 544 页。

③ 《资本论》第 1 卷，人民出版社 2004 年版，第 10 页。

④ 《马克思恩格斯文集》第 2 卷，人民出版社 2009 年版，第 9 页。

⑤ 《马克思恩格斯文集》第 2 卷，人民出版社 2009 年版，第 53 页。

大的集团，这些集团在历史上一定的社会生产体系中所处地位不同，同生产资料的关系（这些关系大部分是在法律上明文规定了的）不同，在社会劳动组织中所起的作用不同，因而取得归自己支配的那份社会财富的方式和多寡也不同。所谓阶级，就是这样一些集团，由于它们在一定社会经济结构中所处的地位不同，其中一个集团能够占有另一个集团的劳动。"①

（二）阶级划分

从马克思恩格斯对阶级的分析以及列宁对阶级的定义来看，阶级是依据在经济关系中地位不同而划分的集团。在经济关系中起决定性作用的是什么呢？马克思主义政治经济学认为，人类社会要继续，就不可能停止生产和消费，需要进行不断的社会再生产，而社会再生产过程包括生产、分配、交换和消费四个相互联系的环节，并由此形成了一个社会经济关系的有机整体。其中，生产具有决定性的地位，决定着交换、分配和消费关系。而在直接生产关系中，生产资料所有制即社会生产资料与劳动者结合的方式，是整个社会经济关系的基础。之所以如此，是因为生产资料是一个社会最基本的经济资源，谁掌握了生产资料，谁就控制了包括生产、分配、交换以至消费等社会经济的各个环节，并由此成为这个社会政治的统治者和意识形态的主导者。生产资料的所有制构成一个社会经济制度的核心，同时也成为决定社会基本性质和发展方向的根本因素。因此，对于阶级的划分，马克思主义揭示阶级的经济范畴，并着重强调了对生产资料的占有关系是划分阶级的客观标准，从而抓住了阶级关系的核心关键。那么，依据马克思主义的阶级划分，何为资产阶级，何为无产阶级呢？

1. 资产阶级

马克思恩格斯指出："资产阶级是指占有社会生产资料并使用雇佣劳动的现代资本家阶级。"②资产阶级的形成经历了一个漫长的历史过程："从中世纪的农奴中产生了初期城市的城关市民；从这个市民等级中发展出最初的资产阶级分子。"③18世纪60年代，在英国率先开始了工业革命，工业革命开创了人

---

① 《列宁选集》第4卷，人民出版社2012年版，第11页。

② 《马克思恩格斯文集》第2卷，人民出版社2009年版，第31页。

③ 《马克思恩格斯文集》第2卷，人民出版社2009年版，第32页。

类物质文明的新时代，标志着资本主义工业化的开始。资本主义机器大工业取代了工场手工业，从而推动了生产力的飞速发展。资产阶级经济力量得到空前增强的同时，资产阶级也日益获得了政治上的统治地位。由此，建立在生产资料私有制基础之上的雇佣劳动制度得到了确立和巩固，现代工业资产阶级得以真正形成。

与以往历史上所存在的社会制度一样，资本主义是人类社会发展历程中的一个特殊阶段，在一定的历史时期内具有历史进步性。但不同的是，资本主义的历史进步作用，尤其是对生产力的推动作用，却是以往任何社会所不能比拟的。马克思恩格斯在《共产党宣言》中指出："资产阶级在它的不到一百年的阶级统治中所创造的生产力，比过去一切世代创造的全部生产力还要多，还要大。自然力的征服，机器的采用，化学在工业和农业中的应用，轮船的行驶，铁路的通行，电报的使用，整个整个大陆的开垦，河川的通航，仿佛用法术从地下呼唤出来的大量人口，过去哪一个世纪料想到在社会劳动里蕴藏有这样的生产力呢？"[1] 这段话体现了马克思恩格斯对资产阶级历史贡献的高度评价。但这种生产力的高度发展绝非温情脉脉，而是建立在对无产阶级残酷剥削的基础上。

2. 无产阶级

无产阶级是与资产阶级同步发展起来的："资产阶级不仅锻造了置自身于死地的武器；它还产生了将要运用这种武器的人——现代的工人，即无产者。"[2] "工业革命创造了一个大工业资本家的阶级，但是也创造了一个人数远远超过前者的产业工人的阶级。随着工业革命逐步波及各个产业部门，这个阶级在人数上不断增加；随着人数的增加，它的力量也增强了。"[3] 概言之，资本主义生产方式在确立资产阶级统治地位的同时，也培育了一个自己的对立面，即无产阶级。所谓无产阶级，指的是没有生产资料而不得不出卖劳动力的雇佣劳动者，也就是雇佣劳动者阶级或者工人阶级。需要说明的是，无产阶级是与资产阶级相对应的称呼，指的是在不占有生产资料意义上的"无产"，而并不是从有无生活资料或者收入层面上的称谓。为此，恩格斯在1888

---

① 《马克思恩格斯选集》第1卷，人民出版社2012年版，第405页。

② 《马克思恩格斯文集》第2卷，人民出版社2009年版，第38页。

③ 《马克思恩格斯选集》第3卷，人民出版社2012年版，第768页。

年《共产党宣言》英文版还特意加上了对无产阶级的注释，"无产阶级是指没有自己的生产资料、因而不得不靠出卖劳动力来维持生活的现代雇佣工人阶级。"①

无产阶级在资本主义社会里是受剥削的阶级，同时更是一支能够推翻资本主义，实现自身解放和全人类解放的政治力量。恩格斯早在1844—1845年《英国工人阶级状况》一书中，就指出了工人阶级的历史地位和承担着解放自身的历史使命。列宁评价说："恩格斯第一个指出，无产阶级不只是一个受苦的阶级，正是它所处的那种低贱的经济地位，无可遏止地推动它前进，迫使它去争取本身的最终解放。而战斗中的无产阶级是能够自己帮助自己的。"②1847年，马克思在《哲学的贫困》一书中再次明确提出："劳动阶级在发展进程中将创造一个消除阶级和阶级对抗的联合体来代替旧的市民社会；从此再不会有原来意义的政权了。"③到1848年马克思恩格斯共同发表的《共产党宣言》中，他们公开宣布："在当前同资产阶级对立的一切阶级中，只有无产阶级是真正革命的阶级。"④因为无产阶级与社会化大生产相联系，是推动社会生产力向前发展的进步阶级，具有先进性；受压迫最深重，具有坚定的革命性；受社会化大生产的长期训练，富有组织性。因此，无产阶级具有承担起解放自己和全人类历史使命的能力。

资产阶级与无产阶级是资本主义社会的两大主要阶级，劳资关系就是资本主义社会中最基本的阶级关系。马克思在《资本论》中，通过剩余价值生产揭示了劳资关系的本质，即资本家无偿占有工人劳动创造的剩余价值，由此引发了剥削与被剥削的关系。所谓本质指的是事物最根本的属性，它体现了资本主义阶级关系中的共性，但具体形式并非一成不变。从历史纵向来看，在不同的历史阶段中资本主义的阶级力量对比、劳资斗争的程度是不一样。从同一个历史阶段不同资本主义国家来看，其阶级结构和阶级关系也是不同的。由此，阶级关系呈现出了特殊性与多样性。需要注意的是，在这些不同的、特殊的阶级关系中，同样也内含着劳资关系的一般性，劳资关系的

① 《马克思恩格斯选集》第1卷，人民出版社2012年版，第400页。

② 《列宁选集》第4卷，人民出版社2012年版，第91—92页。

③ 《马克思恩格斯选集》第1卷，人民出版社2012年版，第275页。

④ 《马克思恩格斯文集》第2卷，人民出版社2009年版，第41页。

本质特征并未改变。在当代，随着资本主义经济社会发展，资本主义阶级结构发生了很大变化，劳资关系呈现出了新的特点，这是当代资本主义生产关系的阶级反映。但按照生产资料占有来划分的资产阶级与无产阶级仍是当今资本主义社会最核心的两大阶级，劳资关系仍然是资本主义社会最核心的阶级关系。因此，对于当代资本主义阶级关系需要在一般性与特殊性中去认识和把握。

总的来说，马克思主义的阶级划分标准将经济因素尤其是生产资料的占有作为了关键因素，这是抓住了生产关系的核心。但这并不意味着排斥政治、收入、教育等其他一些因素对阶层的影响和作用，正是因为这些因素的影响，让当代资本主义阶级内部的阶层发生很多新的变化。因此，需要把阶级分析方法和阶层分析方法结合起来，在首先考察生产资料占有情况的同时，兼顾人们在生产过程中的职业、收入等情况。

第二节　当代资本主义的阶级新变化

第二次世界大战以后，在科技革命和经济全球化的推动下，资本主义社会的生产力有了巨大发展，在生产方式和生产过程发生变化的同时，资本主义社会的阶级结构也经历了深刻变化。

一、当代资本主义资产阶级的新变化

资产阶级指的是"占有社会生产资料并使用雇佣劳动的现代资本家阶级"[1]。在当代资本主义社会，资产阶级仍然包括这三个要素，即占有生产资料、使用雇佣工人、现代资本家。但与以往不同的是，当代资本主义的资产阶级在对生产资料的占有形式以及资产阶级的内部构成等方面发生了新的变化。

---

[1] 《马克思恩格斯文集》第2卷，人民出版社2009年版，第31页。

（一）资本家占有生产资料的形式发生了变化

第二次世界大战后，资产阶级在占有生产资料的形式上从过去的私人资本、私人垄断资本为主，发展到了以法人资本和国家垄断资本为主。进入 20 世纪中叶，随着生产社会化的进一步发展，法人股份所有制发展了起来。法人资本是指拥有一定独立资产的法人经济组织通过购置和持有其他工商企业的股份所形成的一种资本形态，是在股份资本基础上发展起来的一种高级的社会资本形态，是私人资本社会化的新发展。当经济组织作为法人进一步股东化以后，股份公司的股东发生了性质上的变化，法人取代个人或家族成为公司股份的主要持有者，股份公司的资本并不是直接来源于私人投资者的财产，而主要来源于法人组织的集体性财产。法人资本所有制的形成和发展包含着资本所有权关系的深刻变化，是在资本主义制度范围内为了适应越来越社会化的生产力，私人资本所有制所做出的重大调整。

与此同时，国家垄断资本的所有制形式也得到了快速发展。所谓国家垄断资本所有制，指的是资本主义国家政权与垄断资本相结合的所有制形式。20 世纪 40 年代以来，以电子技术为标志的科技革命推动了生产力的快速发展。随着社会生产力规模的空前扩大，技术的不断进步和社会化程度的不断提高，对运输、能源、通讯等基础设施和公共工程提出了新的要求，而这些基础性工程是保障当时资本主义进一步发展不可或缺的重要条件。然而，虽然通过私人垄断金融资本可以集聚巨额数量的资本，但关键是基础设施领域的利润较低、投资巨大、周转速度很慢、回报时间过长，因而私人资本并不愿意承担过大的风险来涉足这个领域。同时，私人资本在经历了 20 世纪 30 年代经济大危机的冲击之后，已经再难以承受庞大的金融风险，发展受到了抑制。所以，资产阶级占有生产资料的形式不得不做出调整。国有垄断资本所有制的发展从根本上是为了适应生产力的进一步社会化，这是在资本主义制度范围内的又一次重大调整，在性质上包含着对私人资本所有权的扬弃，是资本社会化的高级形态。

随着资本主义生产的全球化趋势，国际资本空前活跃，走向世界是资本固有的内在要求，而信息技术为资本的国际化提供了技术手段。在发达资本主义国家普遍出现资本积累率下降的背景下，过剩的产能必须通过国际市场的扩张加以缓解。所以，20世纪80年代以来，以跨国公司为主要载体的国际垄断资本开始兴盛起来。国际垄断资本所有制多采用产权重组的跨国并购形式，它是资本主义生产关系的国际化，是资本在世界范围内集聚和集中的必然结果。但资本的国际化，不论形式如何变化，仍然彰显的是资本的本性，承担的是资本的使命，目的是在世界范围内最大限度地实现资本的价值增殖。

总的来说，资产阶级对生产资料占有形式上的变化，归根到底是生产力与生产关系矛盾运动的结果，体现了生产社会化发展的要求。然而，不管具体形式如何变化，资产阶级的本质并没有发生根本性变化。事实上，资本呈现社会化的趋势并没有触动生产资料私有制占主体地位的本质。正如恩格斯所言："无论向股份公司和托拉斯的转变，还是向国家财产的转变，都没有消除生产力的资本属性。"[①]原因在于，资本主义国家"本质上都是资本主义的机器，资本家的国家，理想的总资本家"[②]。

（二）资产阶级内部结构的新变化

一直以来，传统私人资本家或家族资本家在资产阶级社会中占据着重要位置。在当代资本主义的资产阶级内部，传统私人资本家的构成比重正在逐渐降低。美国学者托马斯·戴伊曾指出，"单个资本家对于投资资本的积累已不再举足轻重的了。现在大约有3/5的工业资本来自大公司所保留的收益，而不是资本家的投资。另外的1/5来自借贷，主要借自银行。尽管余下的1/5来自'外界'投资，其中大部分也是来自大保险公司、互助基金和退休金信托部，而不是个体投资者，实际上，购买大公司股票的个体投资者只不过提供整个工业资本的5%左右。因此，私人投资者已不再在美国资本构成中占优势地位"[③]。与此同时，随着资产阶级对生产资料占有形式的变化，尤其是所有权与管理权的分离，资产阶级内部也出现了新的阶层。

1.食利资本家和企业经营管理者

食利资本家是指以利息和股息为生的资本家。随着企业规模的扩大、金

---

① 《马克思恩格斯选集》第3卷，人民出版社2012年版，第810页。
② 《马克思恩格斯选集》第3卷，人民出版社2012年版，第810页。
③ 〔美〕托马斯·戴伊著，张维、吴继淦、刘觉侪译:《谁掌管美国? 里根年代》，世界知识出版社1985年版，第33、51页。

融资本和金融市场的发展、资本所有权与管理权的分离，食利资本家阶层迅速发展。有关资料表明，在美国食利资本家中的百万富翁人数，从 1948 年的 1.3 万人增长到 1980 年为 57.4 万人，32 年间增加了 40 多倍。食利资本家的利息收入从 1948 年的 18 亿元增长到 1990 年的 4671 亿元，50 年间增长了 258 倍。① 与此同时，所有权与管理权的分离也形成了一个特殊阶层，即企业经营管理者。这一经理阶层的特殊性表现在：第一，他们不是一般的管理人员。他们基本都是具有高学历，在企业中担任总经理、首席执行官等职务的高级管理人员，控制着重要的生产资料，掌握着决策和经营管理权，发挥职能资本家的作用。第二，他们不是一般的资本家。一方面他们具有资本家的属性，榨取工人所创造的剩余价值；另一方面他们又具有劳动者的属性，需要承担较多的脑力劳动和复杂劳动。第三，他们获取的不是一般的劳动收入，在他们高额的工资和附加收入中隐藏了企业的部分利润，即雇佣劳动者创造的剩余价值。有些企业经营管理者还持有企业股票，分享了股息和红利。

在一些西方学者看来，当代资本主义经理阶层的产生和发展堪称一场革命。美国经济学家白恩汉认为，现代工业社会发生了"经理革命"，即社会统治阶级由资本家阶级转变为了企业经营管理者的社会革命。换言之，在某些西方学者的视域中，企业经营者被当成了一个独立存在的阶级，甚至认为有可能取代资本家阶级的地位。实际上，企业经营管理者虽然在当代获得了巨大发展，但并不意味着获得了独立于资产阶级的统治地位。因为，所有权与经营权虽然分离，但它们之间却存在紧密的内在联系。拥有资本所有权的资本家把资本的经营管理权交给了经理，但资本家依然享有对企业的绝对控制权，因分离而改变的只是实施控制的形式。因此，经理阶层不管在多大程度上拥有对企业的管理决策权，但仍然从属于资本，作为资本家的代理人，从属于资产阶级。正如波兰学者布·明兹所说，"经营者阶层有其自己的特殊利益，然而它不是一个阶级，因为在对待生产资料方面，不存在不同于资本家的立场；相反，经营者代表这个阶级积极参加生产资料的管理。可以这样说，经营者在资本主义生产关系的体系中所执行的职能本身，就决定了他们是属

---

① 靳辉明、谷源洋：《当代资本主义与世界社会主义》上卷，海南出版社 2004 年版，第 223 页。

于资本家阶级"①。需要注意的是，并不是所有的企业经营管理者都是属于资产阶级的。随着企业经营管理者的逐渐增多，其内部也在逐渐分化。比如中层或底层管理人员掌握和控制的生产资料相对较少，他们只是向资本家出卖脑力劳动的雇佣劳动者。因此，这里谈到的资产阶级内部的"经理"阶层特指的是作为资本家代理人的企业高级管理人员。

2. 政治精英和知识精英

国家垄断资本主义的发展推动了资产阶级与国家政权的密切结合，随之出现了大量的"政治精英"和"知识精英"。"政治精英"是资产阶级政治和经济利益的代表者和维护者，是掌握国家权力的政府高级官员以及资产阶级政党的上层人物，该阶层成员大多出身于资产阶级，拥有财团背景，代表了资产阶级中的某个派别，成为垄断资产阶级的政治代理人，因而这个阶层也成为资本家阶级的重要组成部分。"知识精英"指的是以维护资本主义社会制度的理论和政策为职能的一部分高级知识分子。该阶层是作为资产阶级的"思想库""智囊团"而存在，体现了资产阶级社会分工的深度。如著名的美国兰德公司就是该阶层的一个组织形式。②在当代资本主义社会中，"政治精英"和"知识精英"掌握了垄断资产阶级所授予他们的巨大权力，作为当代垄断资产阶级政治统治的一个特殊阶层，在思想上和行动上为资产阶级的根本利益服务，成为资产阶级国家（总资本家）在政治上的代理人。

3. 垄断资产阶级

随着国家垄断资本主义的发展，资本和生产高度集中，大型公司不断涌现，资本主义国家利用自己独特的优势为垄断资产阶级服务，垄断资产阶级权力开始增强、人数急剧扩大。例如在美国，资产在 10 亿美元以上的制造业企业财团，1955 年为 22 家，1986 年就达到了 266 家；拥有 100 亿美元以上资产的同类财团，从 1966 年的 1 家增加到了 1986 年的 21 家。③与此同时，跨国公司日益壮大，资本迅速走向了世界，国际垄断资本主义得到了很大发展，随之而来的是在民族资本家阶级中出现了全球资本家阶级。正如美国学者威廉·罗宾逊所言："世界范围内的主流资本家阶层正在形成一个跨国资本

---

① 〔波兰〕布·明兹著，陈远志、李蕙华译：《现代资本主义》，东方出版社 1987 年版，第 90 页。

② 靳辉明、罗文东：《当代资本主义新轮》，四川出版社 2005 年版，第 475 页。

③ 徐重温：《当代资本主义新变化》，重庆出版社 2006 年版，第 533 页。

家阶级。……我们仍可以清晰地从众多资本家集团中确认跨国资本家分支的崛起以及这些分支的优越性。""跨国资本家阶级是新的世界统治阶级。"① 就人员构成来说，"它是由全世界包括北方发达国家以及南方国家中统治阶级内占主导地位的形形色色的经济、政治势力组成。具体地说，就是由跨国公司和跨国金融机构及超国家经济计划机构的管理精英、统治政党内的主要势力、大的传播媒体的统治精英、技术精英以及北南国家的国家领导人组成。这一统治集团的政治主张和政策是由全球化资本增殖和生产结构所决定的"②。垄断资产阶级的人数虽然不多，但直接或间接掌控整个国家的政治、经济、文化等领域的权力，在资本主义国家产生了很大的影响力。

二、当代资本主义工人阶级的新变化

资本主义生产方式的发展也带来了当代工人阶级的发展变化，工人阶级在人员数量、人员构成、就业结构等方面呈现出以下新的特征：

（一）工人阶级成员数量不断扩大

在当代主要资本主义国家，工人阶级数量呈现出增长趋势。例如，从一些主要资本主义国家的产业就业劳动力总数来看，1940 年美国为 5201.5 万人、英国 2261 万人、加拿大 451.2 万人，1950 年美国为 6025.5 万人、英国 2261 万人、加拿大 528.8 万人，1960 年美国为 6964.5 万人、英国 2401.4 万人、加拿大 647.3 万人，1970 年美国为 8539.9 万人、英国 2519 万人、加拿大 841.9 万人。③ 从以上数据可以看到，资本主义国家工人阶级的数量都不同程度地增加了。美国社会学者 A.J. 斯佩克特认为，当代资本主义工人阶级至少应由以下 4 个群体组成："（1）产业工人和农业劳动者；（2）雇主从其剩余劳动中获得利润的白领工人和服务人员；（3）前两个群体中半失业和失业人员；（4）政府

① 〔美〕威廉·I. 罗宾逊著，高明秀译：《全球资本主义论》，社会科学文献出版社 2009 年版，第 60—61 页。

② 周通编写：《全球化与跨国资本家阶级》（上），《国外理论动态》2001 年第 2 期。

③ 孙寿涛：《20 世纪 70 年代以来发达资本主义国家工人阶级的数量增长与构成变动》，《马克思主义研究》2012 年第 6 期。

雇员中的某些阶层。"①除此之外，当代工人阶级数量的扩大还在于：第一，部分中间阶层的加入。第二，妇女工人数量的增加。女性就业人数在民用劳动力中所占的比例呈现稳定增长的趋势。据统计，2000年英国、德国女性劳动力占本国职工总数的比例为45%、43.9%，而在1950年一般只有30%左右。②再如，美国女工的人数从1960年的3360万，增长到了1999年的13140万。③第三，外籍劳动力的增加。经济全球化以来，随着交通工具和通信技术的发达，劳动力市场逐渐国际化，资本主义国家外籍移民的数量逐渐增多。美国1990年外来劳动力占总劳动力的比例是9.4%，2001年升高到13.9%；1981年，卢森堡的劳动就业人员中，外籍雇员占30.8%，1990年提高到45.2%，2001年提高到61.7%。④

（二）工人阶级文化素质普遍提升，脑力劳动者的人数不断增加

随着生产力的提高和科学技术的进步，信息革命的发展导致一种新的劳动分工，科学知识越来越多地渗透到物质生产中，对脑力劳动的需求增多，从而促进了发达资本主义国家工人阶级受教育程度和技能水平逐渐提高，脑力劳动者的人数不断增加。西方学者把主要从事体力劳动的工人称为"蓝领工人"，把主要从事脑力劳动的工人称为"白领工人"。在全体雇佣劳动者中，白领工人数量迅速增加，已大大超过蓝领工人，成为工人阶级队伍的主体。例如，美国白领工人数量1900年为508万人，1999年增加到8010万人；同期，白领工人在美国就业总数中所占比重从17.1%上升到59.6%。蓝领工人1900年为1069万人，1999年为3324万人，所占比重从36.0%降到24.7%。显然，白领工人的绝对数和相对数都在迅速增长，而蓝领工人虽然绝对数有很大增长，相对数却一直呈下降趋势。⑤目前在发达资本主义国家，白领工人

---

① 〔美〕A.J. 斯佩克特著：《阶级结构和社会变迁：发达资本主义社会中阶级关系的矛盾》，《国外社会科学》1996年第3期。

② 靳辉明等：《当代资本主义和世界社会主义》上卷，海南出版社2006年版，第216页。

③ 陈聪编写：《美国近50年来工人阶级状况的变化》，《国外理论动态》2001年第8期。

④ 数据来源：Organization for Economic Cooperation and Development, Paris, France, Trends in International Migration（2003 Editions）.

⑤ 孙寿涛：《20世纪70年代以来发达资本主义国家工人阶级的数量增长与构成变动》，《马克思主义研究》2012年第6期。

人数已经大大超过蓝领工人。

（三）工人阶级的就业结构发生了变化

二战以来，传统产业如钢铁、煤炭等产业的工人就业数量在总就业量中的比重日趋减少，从事第三产业的工人人数不断增加。以美国为例，从 1900 年到 1997 年的近百年间，从事运输、邮电、贸易、金融、教育等各类服务业的第三产业就业人员在总就业中的比重，从 37.9% 上升到了 81.2%。而第一、二产业的就业人数合计所占比例则从 1900 年的 62% 下降到了 1990 年的 31%。[①] 根据 2010 年美国《总统经济报告》提供的数据，美国制造业的雇员总人数已由 1999 年的 2446.5 万人降低到 2009 年的 1893.8 万人。目前，多数发达国家的第三产业工人在就业总人数中已超过 60%。[②]

（四）工人阶级开始参与企业民主管理

经历 20 世纪 30 年代的经济大危机与战争之后，资本主义社会迫切需要一个相对稳定的生产环境。同时，二战之后国际劳工组织力量得到了加强，工人有了和资本家进行集体谈判的能力。在这种情况下，资本主义各国希望通过促进劳资合作来维护社会稳定，恢复战后的发展。因此，为了调动提升工人工作的积极性，资本主义国家对工人的工作环境、收入、福利保障等给予了法律层面的保护。这一时期，资本家的企业管理理念也发生了转变，从过去排斥工人参与管理的理念转向了行为科学管理理念。行为科学管理提倡管理以人为中心，由原来的专制型管理转向民主型管理，这种新的管理理念逐渐成为工人参与管理的思想基础，工人民主参与管理不断扩大。最明显的特征是工人可以在一定范围内参与管理决策、参与利润分配，企业从自身人事需要来进行员工管理，并在企业内实施利益分享计划、雇员代表制、晋升奖赏机制及各种其他的福利计划，把工人的利益和资本家的利益连接在一起，让工人对企业有归属感、依赖感，从而调动工人的劳动积极性。

---

① 徐崇温：《当代资本主义新变化》，重庆出版社 2004 年版，第 539 页。

② 数据来源于国际劳工局 2001 年第二季度劳工统计简报。

（五）工人的生活水平得到了一定提高

当代资本主义国家的工人实际收入有了较大的提高。据统计，1947 年美国非农业部门平均工资实际上为每小时 4.87 美元，1960 年为 6.79 美元，1973 年达到 8.55 美元，在 1947—1973 年间，美国非农业部门的工人实际平均增长 37.9%。[①] 美国在 1948—1970 年间每小时的实际工资每年递增 2.5%，英国 2.8%，法国在 1949—1973 年每周平均工资年均增长 4%，日本在 1955—1975 年人均每小时工资每年递增 7.9%，联邦德国在 20 世纪 50 年代每年递增 6%。收入的增加导致了消费水平的提高和消费观念的更新，住宅、汽车等消费大幅度提高，这为资本主义再生产创造了条件。[②] 与此同时，以英国、瑞典为代表的很多欧洲国家推行了社会保险、社会福利和劳动保障等措施，形成了覆盖社会保障和社会服务两大类的社会福利体系。西方资本主义国家的社会福利制度是资本主义发展到一定阶段上对其分配关系的调整，其历史进步性主要表现在工人阶级的生活状况得到了非常明显的改善，工人阶级的整体生活水平与二战之前相比有了较大的提高。但值得注意的是，工人收入的增加和生活的改善，并没有改变雇佣工人对资本的隶属关系，只是这种隶属关系采用了比较缓和的形式。正如马克思所说："由于资本积累而提高的劳动价格，实际上不过表明，雇佣工人为自己铸造的金锁链已经够长够重，容许把它略微放松一点。"[③]

三、当代资本主义中的"中间阶层"

"中间阶层"指的是介于资产阶级和无产阶级之间的社会群体，马克思曾经指出："除了资产阶级和无产阶级之外，现代大工业还产生了一个站在它们之间的类似中间阶级的东西——小资产阶级。"[④] 对于"中间阶级"的称谓，

---

① 张彤玉、丁为民：《嬗变与断裂——如何认识资本主义发展的历史进程》，中国人民大学出版社 2004 年版，第 217 页。

② 靳辉明、罗文东：《当代资本主义新论》，四川人民出版社 2005 年版，第 58 页。

③ 《资本论》第 1 卷，人民出版社 2004 年版，第 714 页。

④ 《马克思恩格斯全集》第 16 卷，人民出版社 1964 年版，第 75 页。

马克思恩格斯有时又称为"中间阶层""中间等级""中等阶层""半资产阶级"等。在马克思恩格斯生活的资本主义时代,中间阶层主要指的是农村小资产阶级、城市小资产阶级和自由职业者。这种传统中间阶层的特点是他们既是私有者又是劳动者,处于资产阶级和劳动阶级之间。随着资本主义社会化的发展,小生产者赖以生存的经济基础被不断瓦解,他们不断分化,少数人上升为资产阶级,多数人破产后沦为无产阶级。二战后,传统中间阶层的人数与之前相比在减少,但新"中间阶层"发展壮大了起来。法国学者雷蒙·阿隆指出:"人们习惯于用旧中产阶级和新中产阶级这样的词语,前者用来指独立经营者,后者用来指工业社会的被雇佣者或管理人员,即达到资产阶级或小资产阶级生活方式的工薪阶层。"[①]具体来说,新中间阶层的人员主要包括以下几类:

第一,"符号分析服务"人员。随着战后新科技革命的产生发展,在资本主义经济社会中知识科技的含量越来越重要。因而,在西方社会科学话语中就出现了一个新的名词"符号分析服务"人员。哈佛大学教授罗伯特·赖克在《国家的作用——21世纪的资本主义前景》一书中谈道,"符号分析服务"指的就是解决问题、识别问题和战略经济活动。从事这类工作的人员主要有科学研究人员、设计工程师、房地产经纪人、高级会计师、咨询专家、企业领导助手、导演、编剧、战略制定者、作家、记者、音乐家等。他们的特点是受过较高的教育,有较高的学历;较少受到监督,在工作中拥有比较大的自由度和自主权。他们不拥有生产资料,但却拥有较高的科技知识和创业技能,并以知识作为生产要素参与生产经营,从而不仅获得了出卖劳动力的收入,同时也获得了知识作为生产要素投入的收入。[②]第二,中小经理阶层。在当代资本主义社会中,由于所有权和经营权的分离,经理阶层的人数越来越多。但经理群里内部是有差异的,公司有集团总经理、分公司总经理、部门经理和主管等。其中,大公司的中小部门经理和中小公司的经理人员不占有生产资料,也没有大量企业股票,拥有的公司经营决策权是比较有限的。与此同时,他们又凭借管理才能参与企业的经营管理,靠管理才能获得高于劳

---

① 〔法〕雷蒙·阿隆著,周以光译:《阶级斗争——工业社会新讲》,译林出版社2003年版,第132页。

② 〔美〕罗伯特·赖克等著,徐荻洲、汤国维、寿进文等译:《国家的作用:21世纪的资本主义前景》,上海译文出版社1998年版,第179页。

动力价值的收入，并有可能升迁到经理资本家。第三，其他中层人员。包括政府中的中层行政官员、大学教授、医生、律师等。在这个群里中，少数上层人员拥有大量的金融资产且收入惊人，可以归于资产阶级，多数人员所拥有的财产及收入接近白领工人。新"中间阶层"的人数收入较高、增长较快，人口比重已经超越了旧的中间阶层。①

面对新"中间阶层"的发展壮大，有一种观点认为新"中间阶层"已经作为一支独立的阶级力量，处于资产阶级与无产阶级之间。在西方社会中，新"中间阶层"也被称为"中产阶级"。实际上，对于"中产阶级"的界定，学术界还没有一个严格的定义，大多时候是从年收入来划分，也有从职业、权力、声望、自我意识、社会化作为划分的依据。② 按照马克思主义的阶级划分标准来说，新中间阶层并不能作为一个独立的阶级存在。"所谓的中产阶级，这是一个界限极不确定、概念极为模糊的社会集团的总称。它除了一部分是'传统的'小资产阶级（包括小商人、小农场主、小业主等）之外，主要是指'新的'中等阶层，在西方各国劳动力中约占 1/4—1/3。它是由于生产发展和科技进步所带来的生产经营过程的日益复杂以及资本积累到一定程度，资产阶级脱离管理劳动而形成的。这一中等阶层中的大部分不占有生产资料，靠从事专业、技术或管理劳动的工资收入为生。小部分如经理阶层，尤其高级经理，则是资本家的代理人，他们握有管理企业、支配职工的权利，多拥有股票，而且收入远远高于工人。因此，这一中等阶层实际上包括两部分，大部分是工人阶级属性，小部分则有资产阶级属性，它不能构成一个独立于资产阶级和无产阶级之外的中间阶级。"③

概言之，新"中间阶层"主要呈现出以下特点：一方面，他们大多并不直接占有生产资料，从他们与生产资料之间的关系来看具有工人阶级的属性；但另一方面，他们因为拥有专业技术，对生产资料拥有一定的管理和控制权，对劳动有一定的监督权，收入以及生活水平又要高于一般的工人阶级，接近中等资产阶级水平，这种状况就决定了他们对于资本主义的态度，既有

① 庞仁芝：《当代资本主义基本问题研究》，人民出版社 2015 年版，第 145 页。

② 〔美〕丹尼斯·吉尔博特、约瑟夫·埃·卡尔著，彭华民译：《美国阶级结构》，中国社会科学出版社 1992 年版，第 394 页。

③ 程恩富：《现代政治经济学》，上海财经大学出版社 2006 年版，第 329 页。

革命性又有保守性。正是如此，新中间阶级层在当代资本主义劳资矛盾中起到了一定程度的缓冲作用。

第三节　当代资本主义劳资关系的调整

劳资关系是资本主义社会关系中最重要的组成部分。马克思从对资本主义生产方式的分析出发，认为资本主义条件下的劳资关系是一种阶级利益关系，反映的是资本家和雇佣工人之间的剥削与被剥削，由此决定了劳资双方根本上是一种对立和对抗的关系，无产阶级终将作为资产阶级的掘墓人登上历史舞台。然而，在马克思去世后的一百多年里，无产阶级革命并没有普遍发生。随着科技革命和全球化浪潮的兴起，资本主义劳资关系也进行了一系列调整，由开始的"紧张对抗"变成了"相对缓和"，由"尖锐对立"趋向于"可以调和"，并呈现出许多新特征、新现象。那么，如何看待当代资本主义劳资关系的演变发展呢？劳资关系调节背后的逻辑又是什么呢？这是值得深入研究的问题。

一、当代资本主义劳资关系的演变发展

劳动与资本之间是对立统一的关系，表现出来的是劳资之间的冲突与合作。二战之前，资本主义劳资关系的特点是阶级之间以斗争和冲突为主导，甚至直接发生暴力冲突。在这一时期，对立冲突的程度处于动态变化之中，工人阶级的斗争与团结逐渐增强。二战之后，随着战后经济发展的需要以及工人阶级力量的增强，这一时期资本主义国家对劳资关系进行了调整，以劳资合作为主导，通过集体谈判来进行劳资协调、化解劳资纠纷，推行福利政策提高劳动者积极性。然而，进入20世纪70年代之后，滞胀危机让资本主义利润普遍下降，上一个阶段形成的劳资共识和福利政策开始动摇，全球化、信息化、金融化、自由化为资本提供了新的发展空间和方式，劳动与资本的力量发生了明显倾斜，资强劳弱的阶级格局打破了上一个阶段的劳资平衡，

随着资本力量的增强，工人阶级逐渐分化，劳资关系开始了新的调整。

（一）二战之前的资本主义劳资关系

二战之前，资本主义劳资关系主要是以激烈斗争的形式表现出来。从资产阶级来看，面对工人阶级的反抗斗争，这一时期的资本家更多采取暴力残酷的镇压方式。除了在生产领域强化控制以外，还采用各种方式瓦解工人之间的联合、镇压工人运动。美国劳工史学者曾指出，在罗斯福新政以前，"一般说采取两种方式：一是严厉镇压工会运动；二是自己尝试改善工人处境。许多公司两种方式兼用，而且肯定地说，他们改善工人处境的原因之一，是为增加工人对公司的忠诚，以便对付工会。个别公司或同业公会则通过庞大公共关系计划，运用工人间谍、黑名单、黄狗契约（工人与雇主订立的为取得和保持工作，宣誓不参加工会的契约）、破坏罢工者、工贼以及……催泪弹与军火武器以对付试图组织工会的工人等办法，严厉打击劳工组织。对许多董事、总经理来说，工人是像机器一样的商品，他们对待工人也就像对待商品一样"①。

从工人阶级来看，随着资本主义的充分发展，很多小资本家被挤进了无产阶级的队伍中，无产阶级队伍逐渐壮大。例如，英国在 1851 年无产阶级人数是 410 万人，到了 1901 年达到了 1190 万人；美国无产阶级人数也由 1850 年的 140 万人，发展到了 1901 年的 700 万人，法国无产阶级人数由 1848 年的 250 万人发展到了 1900 年的 500 万人；德国由 1850 年的 90 万人增长到了 1900 年的 600 万人。② 随着无产阶级人数的增多，工人之间的联合越来越加强。面对资产阶级的残酷剥削，工人阶级的态度由最初的防卫转变为了主动的、激烈的斗争。在自由资本主义时期，西欧各国频繁爆发工人运动。在斗争的过程中，工人逐渐意识到联合团结的重要性，开始从分散的行动变为了有组织的斗争运动，早期的工会组织诞生。这一时期最著名的罢工斗争，包括 1831 年法国里昂纺织工人起义、1844 年德国西里西亚织工起义和 19 世纪三四十年代的英国宪章运动。19 世纪中期后，资本主义社会进入了垄断资本

---

① AlbertA. Blum . A History of the American Labor Movement. Whashington，1972，p.13.

② 〔苏〕季莫费耶夫等著，国际关系研究所编译室编译：《资本主义总危机的新阶段和工人运动》，世界知识出版社 1962 年版，第 26 页。

主义阶段，社会阶级矛盾表现得更加激烈，工人运动风起云涌、不断高涨。比如，在 1886 年到 1914 年期间，美国每年的罢工达到了 1000 次以上，每次参加罢工的人数有 10 万人之多，尤其是十月革命之后的 1919 年，曾爆发过 400 多万工人参加的大罢工，出现了美国工人运动史上空前未有的罢工高潮。又如，1919 年英国参加罢工的人数超过 250 万人。1926 年由于矿主拒绝接受之前签订的集体合同，英国工人集体大罢工人数达到了 600 万人，并组织了纠察队，建立了行动委员会。再如，1919 年意大利的罢工人数达到了 150 万，1920 年增至 220 万，甚至在某些地方工人还展开了夺取工厂的斗争。1924 年意大利 50 万工人在共产党的领导下，举行了反法西斯同盟罢工。[①]

由此可见，工人阶级通过相互团结，力量日益增强。尤其是马克思主义诞生之后，工人阶级有了科学的理论指导，通过广泛联合形成了强有力的工人组织，在无产阶级政党的领导下，从经济、政治、思想领域展开了一系列斗争，越发积累的力量赋予了工人阶级极强的斗争性，并勇于与资产阶级周旋抗衡。需要注意的是，在这一时期虽然劳资关系主要表现的是冲突与斗争，但并不意味着两大阶级之间就没有合作，只要还在资本主义制度的范围之内，这种合作就是存在的。只是在这个阶段中，相比劳资合作来说，劳资之间的冲突斗争是最为明显的特征。

（二）第二次世界大战到 20 世纪 70 年代的资本主义劳资关系

经历了第二次世界大战，资本主义经济遭到了严重的破坏，资本主义国家迫切需要激发工人劳动积极性，维护社会稳定，恢复战后的经济发展。而社会主义阵营的出现也对资本主义国家构成了无形的压力和威胁。因此，推动促进劳资合作成为资本主义劳资关系调整的重要方向。这一时期涉及劳资关系领域的立法纷纷出台，国家从形式上拉开了与资本的距离，形成了劳、资、政三方相互影响、相互制约的格局，三方性原则获得普遍承认，各国建立了各种形式的三方性机构，曼德尔把这种趋势称为"制度化的阶级合作的趋势"[②]。

---

① 徐崇温:《当代资本主义新变化》，重庆出版社 2004 年版，第 548—550 页。

② 〔比〕厄里斯特·曼德尔著，孟捷译:《权利与货币:马克思主义的官僚理论》，中央编译出版社 2002 年版，第 197 页。

从工人阶级来看，经过上一阶段工人阶级的联合抗争，工会的力量得到增强并影响到了国家的政治、经济和社会生活。这一时期的工会工作不再是组织罢工起义，而是进行集体谈判和集体协议。在早期，除非雇主同意以集体方式进行交涉，否则总要通过工人罢工或雇主关闭工厂这种纯粹的力量碰撞来解决劳资问题。后来，随着西方国家有关劳资法律政策的颁布，工会得到了国家的承认与保护，工会代表工人与雇主进行谈判，成为西方国家协调劳资关系的主要方式之一。劳工力量的增强不仅表现在工作场所中，更体现在了竞选与政治立法中。例如，美国的劳工组织积极参与支持竞选，虽然民主党并非劳工组织的正式党，但劳工组织却是民主党的主要支持力量，一些劳工运动的积极分子提出的政治目标是"使民主党成为名副其实的普通美国人的政党"[1]。其他西方资本主义国家的劳工组织在这一时期也得到很好的发展，工会从立法上为工人阶级争取权利，例如更好的医疗卫生、最低工资保护、公共就业计划以及职业卫生和保险等，这些立法对于工人阶级来说是非常有利的。

从资产阶级来看，经过上一个阶段处理劳资关系的经验累积，资本家意识到劳资之间的激烈斗争已经影响到了企业自身的持续生产，强硬对立的作风只能导致两败俱伤。因此，一些明智的企业家改变了自己的经营理念与管理方式，强化了合作意识。当代资本主义国家高福利制度也是兴起于二战之后，以英国、瑞典为代表的很多欧洲国家推行了社会保险、社会福利和劳动保障等措施，形成了覆盖社会保障和社会服务两大类的社会福利体系。随后，众多资本主义国家纷纷不同程度地加大了福利政策。"从摇篮到坟墓"的福利制度贴近民生需求，对战后西方世界经济的复苏、阶级关系的缓和，以及社会发展的稳定起到了积极的进步作用，从而推动资本主义进入了战后黄金发展的 30 年。然而，这并不意味着动摇了资本对劳动的剥削实质。只是这个阶段的剥削形式与之前相比更具隐秘性和社会化，这是由国家与垄断资本相结合所致，资本主义国家利用自己独特的优势为垄断资产阶级服务，其剥削程度并没有减弱。据统计，美国制造业的剩余价值总额与剩余价值率在 1950 年

---

[1] Brody, David. Workers in Industrial America: Essays on the 20th Century Struggle. New York: Oxford University Press, 1980, p.229.

分别为 264 亿元、111%；1960 年为 549 亿元、122%；1970 年为 1133 亿元、141%；1980 年为 3479 亿元、161%。另统计，美国整个物质生产部门的剩余价值率，1950 年为 236.7%；1960 年为 249.3%；1970 年为 289%；1977 年为 325.3%。[①] 可见，在这一时期资本对劳动的剥削同样深刻。

二战后的 30 年间，劳资关系总体态势是趋向稳定协调的，劳资之间激烈的斗争大为减少，取而代之的是日常的、规范的、有组织的行为，如集体谈判制度、劳动争议处理制度等，这段时期的主流趋势是劳资关系的合作。

（三）20 世纪 70 年代之后的资本主义劳资关系

进入 20 世纪 70 年代后，石油危机的爆发让世界经济陷入了"滞胀"，即经济增长停滞与通货膨胀并存，资本主义国家又纷纷被卷入了经济衰退的旋涡之中。例如，以国内生产总值的增长率来看，1973 年到 1983 年 10 年间西方主要资本主义国家年均增长率非常低，美国为 1.1%，法国 2.5%，联邦德国 2.1%，日本 4.3%，意大利 2.2%，增长率远远低于 70 年代之前。从消费物价上涨水平来看，1951—1973 年间，发达资本主义国家平均年上涨率为 3.4%，而在 1974—1981 年间，平均年上涨率则提到 9.9%，其中英国、法国和意大利的物价年均上涨率超过 10%，分别为 15.4%，11.4% 和 15.9%。[②] 滞胀的困局导致资产阶级利润的快速下滑，上个阶段实行的福利政策很难继续维持，西方国家的福利项目、规模、范围纷纷缩减。在经济滞胀的背景下，劳资之间在上一个阶段形成的"共识""合作"开始动摇。正如戴维·柯茨所言："在'黄金时代'期间，核心资本主义国家出现的一些制度——美国的劳资协定，日本的就业体制，西欧的福利资本主义等等，现在到处都面临着挑战。"[③] 随之而来的信息技术革命与经济全球化又为资本打开了新的空间，通信技术改变了人与人之间相互作用的方式，信息技术的广泛推行为资本提供了更多的管理方式，赋予了资本高度的流动性与灵活性，为资本走出国门提供了技术基础和手段。相比资本的全球化流动，劳动力全球流动明显受到很大的局限。在经济全球化的推动下，资本力量越来越强，并借助信息革命引发了劳资关

[①] 胡连生、杨玲：《当代资本主义双重发展趋向研究》，人民出版社 2008 年版，第 87 页。

[②] 世界银行：《1985 年世界发展报告》，中国财政出版社 1985 年版，第 177 页。

[③]〔英〕戴维·柯茨著，耿修林等译：《资本主义的模式》，江苏人民出版社 2001 年版，第 290 页。

系的重组，劳工的力量被不断的分化。与此同时，20世纪90年代发生苏东剧变，世界社会主义阵营瓦解，国际政治格局与二战后相比发生了根本性的逆转，资本主义制度失去了竞争的压力。此时，资本的攻势已经很明显了，在逐渐强化自身力量的同时，发起了一场对劳工的反击。然而，被分化后的劳工阶级，似乎还沉浸在上一个阶段的合作光影中不愿走出。

面对20世纪70年代后西方发达资本主义国家劳资关系整体态势的变化，许多学者做过概括总结。例如哈里·玛格多夫指出："20世纪的最后1/4的时间里，美国的阶级斗争是单方面的，资本不断向劳工进攻，并且取得了一个又一个的胜利。"[1]迈克尔·耶茨认为："资本主义富国从20世纪70年代初期开始向工人阶级发起凶猛进攻，工人屡屡挫败。"[2]菲利普·A.奥哈拉说道："在过去的25年中，工人阶级的力量已经受到了严峻的挑战。新自由主义政策的推行，严重经济衰退的出现，公司规模的大幅削减，以及新技术被使用本身，这些都是资本主义企业降低工人阶级对工资谈判结果和生产状况变化的影响能力的手段。美国的经济环境从工人拥有相对较高权利的状态，变成目前资本家手中握有优势权利的状态。"[3]具体来说：

从工人阶级来看，上一个阶段中工人生活改善的同时，劳工阶级团结联合的斗争性逐渐降低。因此，在面对当今资本的强势进攻，劳工的联合团结今非昔比，表现为工会力量的削弱。杰里米·里夫金谈道："到了1981—1982年经济衰退期间，工会首先开始丧失阵地。仅在1982年，超过49%的加入工会的工人经过劳资谈判接受了工资冻结或削减的条件，为整个80年代开创了先河。到1985年，三分之一的工人按照新的劳动协议同意了工资冻结或下调的要求。"[4]对于当代资本主义工人力量的评判，也就是工人阶级的联合程度，可以通过几个指标进行衡量。其一，工会密度。工会密度有两种测定方

① Magdoff，Fred and Harry Magdoff. Disposable Worker：Today's Reserve Army of Labor. Monthly Review，Vol.55，No.11，April2005，p.18-35.

② 〔美〕迈克尔·耶茨著，郭樊安译：《工人阶级仍然是最重要的政治力量》，《国外理论动态》2004年第11期。

③ 〔美〕菲利普·A.奥哈拉著，刘英摘译：《关于世界资本主义是否进入长波上升阶段的争论》（上），《国外理论动态》2005年第1期。

④ 〔美〕杰里米·里夫金著，王寅通等译：《工人的终结——后市场时代的来临》，上海译文出版社1998年版，第194页。

法，一种是按照工会会员占全体劳动力的百分比，称为工会密度Ⅰ；一种是按照工会会员同全体非农雇员人数相比较得出，称为工会密度Ⅱ。[①]从主要发达资本主义国家的工会密度可以看出，美国、加拿大、日本、欧盟、英国、德国、法国等西方资本主义国家工人阶级的联合程度逐年降低，这表明了西方发达资本主义国家工人阶级以集体力量维护自身利益的能力逐年下降。其二，是罢工次数。罢工次数的多少直接反映了工人阶级团结程度的强弱。我们从英国在20世纪八九十年代工会运动的基本数据可以看出，1980年英国工人罢工的次数是1330次，到1991年急剧减少至357次，参加罢工的人数也由83万人降低到17.5万人。[②]

从资产阶级来看，随着全球化和信息技术的推进，跨国公司日益壮大，资本迅速地走向了世界，随之而来的是资本家阶级的变化，在民族资本家阶级中出现了全球资本家阶级。美国学者威廉·罗宾逊说道："世界范围内的主流资本家阶层正在形成一个跨国资本家阶级。……我们仍可以清晰地从众多资本家集团中确认跨国资本家分支的崛起以及这些分支的优越性。""跨国资本家阶级是新的世界统治阶级。"[③]全球资本家不再局限于地区劳动力资源，可以在全世界范围内寻找劳动力，因而打破了上一个阶段形成的工会制约，以及劳、资、政三方协调的限制。劳资力量又发生了根本性逆转，劳资关系更多表现为资本向劳工的进攻，以及工人阶级的分散与退让。劳资力量的倾斜让资本主义国家在态度上慢慢偏离了阶级合作的思想。凯恩斯主义经济理论在面对滞胀所带来的经济问题时开始动摇、解体，资本主义国家开始回到"复归自由主义"的思潮中寻找"救世良方"，新自由主义开始勃兴。新自由主义本身并不是什么灵丹妙药，它给资本主义带来的"副作用"更是一点点累积，最终导致了2008年金融危机的全面爆发。

经济危机之后，工人运动逐渐升温，各国纷纷出现了工人阶级的抗议活动。例如，2011年9月17日美国出现了"占领华尔街"行动，并迅速蔓延到美国各地，发展成为全美民众的抗议活动；2012年11月30日发生在英国

[①] 在文中凡提到"工会密度"，没有特别指明的地方主要是指工会密度Ⅰ。
[②] 张世鹏：《当代西欧工人阶级》，北京大学出版社2001年版，第162页。
[③] 〔美〕威廉·I.罗宾逊，高明秀译：《全球资本主义论》，社会科学文献出版社2009年版，第60—61页。

的大罢工，参加人数多达 200 万人。又如，2010 年 10 月，法国爆发了公共部门的工人抗议政府削减养老金的运动；2010 年 6 月希腊三大工会组织发起全国性大罢工；2010 年 2 月西班牙也爆发大规模示威等。可以说，危机爆发后，工人之间的联合相对加强。但是，与 20 世纪 30 年代危机爆发后的工人联合有所不同，那时的工人从对立为主导的劳资关系中刚刚走出来，工人联合的斗争经验非常丰富，联合力很强。而当今的全球化更有利于资本的全球化，资本主义国家在全球化的今天已经累积了与工人阶级抗争的经验。全球劳动力市场的分割，也大大降低了工人之间的联合性。因此，工人阶级在这次危机之后的抗争运动，显得斗争经验匮乏，行动相对分散，诉求比较单一。可以说，危机之后的劳资关系仍然持续了资强劳弱的阶级格局，资本主义国家试图通过调节缓和危机，劳资关系也正在发生着改变。

二、资本主义劳资关系调整的内在逻辑

资本主义劳资关系调整的内在根源在于资本主义基本矛盾运动。随着第一次工业革命的完成，资本主义生产力以前所未有的速度和规模发展了起来，资本主义生产逐渐从工场手工业发展到了机器大工业，资本主义的生产也就越来越表现为生产的社会化。生产社会化打破了中世纪普遍存在的以个人占有生产资料为基础的小生产，代之而起的是由资本家同时雇用许多工人，大家共同使用生产资料，并在其监督下分工协作进行的大规模的集体生产。由此可见，与封建生产方式不同，资本主义条件下的生产已经达到了高度的社会化，表现为生产资料使用的社会化、生产过程的社会化和劳动产品的社会属性。但是，资本主义社会在占有方式上却和封建社会一样，仍然建立在私有制的基础上，只不过实现了私有者从封建主到资本家的转变而已。于是，"社会化生产和资本主义占有的不相容性"[①]就鲜明地表现了出来，这就是资本主义的基本矛盾。这个矛盾在经济领域表现为个别工厂中生产的组织性与整个社会中生产的无政府状态之间的对立，在社会领域表现为资产阶级和无产阶级之间的对立。基本矛盾的结果就是经济危机和两极分化。因此，为了维

---

① 《马克思恩格斯选集》第 3 卷，人民出版社 2009 年版，第 551 页。

护资产阶级的统治，为了缓和危机、促进发展，资本主义国家就需要通过调节生产关系，为生产力的发展再次提供新的空间。在生产力与生产关系的矛盾推动下，劳资关系作为资本主义生产关系的重要组成部分也不得不走上了扬弃的道路，表现为在一定范围内的自我改革调整。

与此同时，资本主义劳资关系调整还得益于工人阶级不懈的斗争运动。马克思指出："工人必须把他们的头聚在一起，作为一个阶级来强行争得一项国家法律，一个强有力的社会屏障，使自己不致再通过自愿与资本缔结的契约而把自己和后代卖出去送死和受奴役。"①简言之，在劳资关系领域，当资产阶级的力量占据优势时，在一定时期资本主义国家履行公共职能的程度不会很高。当工人阶级逐渐团结起来，反抗资产阶级的能力提升后，资本主义国家会适当扩大公共职能的程度，向有利于工人的方向调整。由此可见，资本主义劳资关系在发展中具有了一定空间的内在弹性与调节能力，在不断调整中，能够再次容纳资本主义生产力的发展，也让资本主义生命力得到了延长。正如一位美国学者谈道，"没有这些改革，很难想象资本主义还会继续存在"②。"资本主义有着很强的适应性，这或许是它成功的秘密。"③

在看到资本主义劳资关系具有一定调节能力和空间的同时，也需要看到资本主义劳资关系调节的内在局限。虽然通过调节，资本主义生产关系得以延续，但这种自我调整和回旋空间并不是无限制的。马克思指出："资本不可遏止地追求的普遍性，在资本本身的性质上遇到了限制，这些限制在资本发展到一定阶段时，会使人们认识到资本本身就是这种趋势的最大限制。"④由此可见，资本主义劳资关系与国家调节的总限度就是资本主义制度本身。

首先，资本主义调节没有改变资本主义劳资关系的本质。资本主义劳资关系的本质是资本家无偿占有工人劳动创造的剩余价值，由此引发了剥削与被剥削的关系。劳资关系的本质特点在自由竞争资本主义时代暴露明显，但

---

① 《资本论》第 1 卷，人民出版社 2004 年版，第 349 页。

② 〔美〕约翰·卡西迪著，童建挺译：《马克思的回归》，俞可平主编：《全球时代的"马克思主义"》，中央编译出版社 1998 年版，第 8 页。

③ 〔美〕约翰·卡西迪著，童建挺译：《为什么资本主义仍然强健有力》，英国《金融时报》网站 2013 年 3 月 15 日。

④ 《马克思恩格斯文集》第 8 卷，人民出版社 2009 年版，第 91 页。

是随着资本主义的自身调整，资本家对劳动者采用了相对温和的方式，对于资本的追求也采取了较为隐秘的方式，劳资关系的本质特点就慢慢被隐藏了起来。但是，只要资本主义制度不变，追求剩余价值规律仍然是资本主义的绝对规律，资本的本性就不会改变。我们以二战后福利制度的兴起发展、困局危机为例来看资本主义的调节局限。西方资本主义国家通过实行福利制度，提升了劳动者积极性，缓和了劳资矛盾，促进了战后重建，资本主义也迎来黄金发展的 30 年。但随着 20 世纪 70 年代滞胀危机的出现，西方国家纷纷陷入了滞胀之中，工人收入开始削减，福利制度面临危机。随着经济全球化的加速发展，福利制度并没有随着经济提升而扩展回归，反而陷入了更加严峻的困局之中，进入 21 世纪以来，福利制度越来越沦为"兜底"的工具。可见，福利制度绝非是资本主义国家的终极目标，也并非与西方资本主义经济增长相伴相生的必然产物，它是当代资本主义在特定历史阶段下所采用的主要调节方式，高福利的出现并没有改变资本追求剩余价值的本性和资本主义劳资关系的本质特点。正是因为如此，福利不可能无止境的进行，资本主义国家绝对不会让公共福利无限制地发展下去超过某个范畴，即资本增殖的范畴，这就是它的界限。

其次，资本主义调节没有消除资本主义的基本矛盾。虽然每一次经济危机爆发的形式、程度有所不同，但归根到底都是资本主义基本矛盾在不同历史阶段的集中体现。危机是矛盾的爆发，同时也为缓解矛盾提供了机会。在经济危机中，资本主义通过调整，让资本主义再生产过程的种种矛盾得到暂时的、强制性的解决，但不意味着资本主义基本矛盾就消失了。因为资本主义的基本矛盾是由资本主义制度本身所决定的，只要资本主义制度没有改变，基本矛盾就会一直存在。危机之后，资本主义通过调整使经济开始慢慢恢复，逐渐步入了正常发展轨道。与此同时，资本主义基本矛盾又开始了新一轮的累积、发展、深化、激化，直至下一次危机的到来。恩格斯指出："市场的扩张赶不上生产的扩张。冲突成为不可不免的了，而且，因为它在把资本主义生产方式本身炸毁以前不能使矛盾得到解决，所以它就成为周期性的了。资本主义生产造成了新的'恶性循环'。"[1] 由此看来，仅仅局限在资本主义制度

---

[1] 《马克思恩格斯选集》第 3 卷，人民出版社 2012 年版，第 806 页。

范围内进行改良调整，资本主义深层次的基本矛盾是得不到根本解决的。

最后，资本主义自我调节和改良余地在缩小。从 2008 年经济危机后资本主义国家的调整方式来看，越来越多的征兆表明这种改良空间在缩小。从所有制上看，资本的社会化意味着资本主义私有制的历史合理性正在丧失，国家垄断资本主义已经是资本主义所有制的重要形式；从资本形态上，金融资本摆脱了资本物质形态的束缚，是资本运动的最高形态；从空间上看，资本全球化把资本扩展到了全世界，空间上已经达到极限。[①] 因此，从这场危机的调节来看，无论是凯恩斯的国家干预主义还是新自由主义，在全球性经济危机面前失去了原有效力，资本主义调节可谓是困难重重。正如马克思所指出的："资本主义生产总是竭力克服它所固有的这些限制，但是它用来克服这些限制的手段，只是使这些限制以更大的规模重新出现在它面前。"[②] 当然，这场危机并不意味着当代资本主义就已经接近制度的顶点，实际上，资本主义仍然在积极努力调整，并寻找新的增长动力。但是，从当前调整的重重困难可以看出，随着社会生产力的迅速发展，仅仅局限于资本主义劳资关系范围内的调节空间也会变得越来越小。

总的来说，资本主义劳资关系通过调整为资本主义生产力开辟了新的发展空间，延缓了资本主义走向灭亡的历史进程。也就是说，只要资本主义的生产力尚未完全发挥出来，资本主义调节就会起作用，资本主义就暂时不会退出历史舞台。但是，资本主义调节也不是无限制的进行，自我调节无法克服的最终限制就是资本自身，而一旦突破了这个限制，资本主义也就不再是资本主义了。

---

① 张宇:《资本主义向何处去》，经济科学出版社 2013 年版，第 16 页。

② 《马克思恩格斯文集》第 7 卷，人民出版社 2009 年版，第 278 页。

第 四 章

当代资本主义的收入分配

收入分配是指一个国家或地区的劳动者在一定时期内创造的价值总和在各社会成员之间分配的过程，包括初次分配、再分配和第三次分配。当代资本主义为了缓解日益增长的贫富差距，进行了一系列收入分配改革和尝试，有了一些新的做法和动向。这使剩余价值的无偿占有变得更为隐蔽、范围更广了，在初次分配、再分配和第三次分配中均有体现，也进一步强化了当代资本主义的困境。

第一节　当代资本主义的剩余价值去向

富人阶层的财富占社会总财富的比重不断扩大，意味着资产阶级虽然在一国以内做了许多调整以缓和阶级矛盾，但他们无偿占有剩余价值欲望和作为从未曾削减，只是在当代，他们把剥削的力量更多地加到了海外劳动者身上。

一、当代资本主义贫富差距持续拉大

当代资本主义的基本矛盾体现在生产资料的私人占有和生产社会化之间的冲突，由此导致贫富差距进一步极化。极富阶层的当代资产阶级，拥有大量生产资料，并以此购买活劳动进行非等价交换，持续积累财富。当代广大的劳动阶层没有生产资料，只得出卖劳动获取生活必需品，由于处于非等价交换中的弱势一方，剩余价值被无偿占有，又缺乏资金积累，仅能维持生存，

甚至因为长期负债陷入赤贫。这种两极分化和马克思在《资本论》中的描述本质上毫无二致，只是换上了温情脉脉的外衣。在 19 世纪的英国，工人以从事传统的重体力劳动为主，工作环境恶劣，工作条件长期得不到保障，而一无所有的工人除了出卖劳动，别无他选，只有投入这场非等价交换中。为了榨取剩余价值，多以延长工作时间为主，偶尔通过提升单位劳动时间内的产出获得。随着历次科技进步，当代资本主义对剩余价值的掠夺采用了更隐蔽的方式。过去枯燥重复劳动被机器替代，或被转移至第三世界国家，在当代资本主义国家内，残酷的剩余价值掠夺大大减少了，血汗工厂不见了，取而代之的是坐在办公室的脑力劳动者、在新型工厂内操控自动机器人的新型工人，他们的工作更加体面了。这些体面工作者丝毫不会发觉他们处于非等价交换中，当代资产阶级正在悄无声息地榨取他们的剩余价值，与体面的工作环境相对应的，是他们的负债情况。为了维持体面的生活，他们需要保持工作，以获得持续的生活来源，有的是月薪，有的是周薪，总之，一旦工作停止，资金来源就断掉了，在消耗掉失业保险金后，就陷入绝境。他们有的不是存款，而是负债，这是一种超前的消费方式，从而确保这些人依旧期待工作，就如很多年前他们的前辈那样。相对而言，这些体面工作者仍旧是幸运的，他们受到了良好的教育，拥有一定技能，在他们之下，那些缺乏技能的社会底层生活更加困难，与当代资本主义国家最富有的阶层形成鲜明对比。

在当代资本主义国家，虽然社会生活水准整体变好，底层民众的生活依旧困苦。有的本属于中产阶级，有体面的生活，因生病、失业、染上毒瘾等种种原因跌入了底层，从此一蹶不振，由于缺乏足够的社会救济和帮助，他们不得不勉强挣扎在贫困线，甚至变成无家可归的流浪汉。有的底层民众勤劳刻苦，本希望凭借自己的加倍努力过上幸福生活，可连续的经济危机打击了他们，使梦想化为泡影，先是次贷危机使他们负债、剥夺了他们的房产，然后是国内不断政治动乱使他们不能安心地从事生产，接着又是新冠肺炎疫情影响了经营，甚至因染上新冠肺炎病毒被夺去了生命。有的外来移民带着美好的愿望来到这些国家，却发现只能做最辛苦、最底层的工作，终日辛劳而难以融入，原以为种族歧视、宗教歧视并不存在，移民后才发现恰恰相反，种族、宗教的藩篱如一堵无形的墙。外来移民自己如此，他们的后代也承受着这样的印记，移民二代即使成功实现了身份的转换，成为国民的一员，他们也往往发现自己依旧是外来人，住在底层社区，难以找到工作，成为社会中一股不稳定的力量。赤贫阶层依旧存在，且不断壮大，他们身无长物，流浪在街头，这些流浪汉中不乏高级知识分子，有的刚刚大学毕业，找不到工作，又还不起助学贷款，不愿回家，只能流落街头。论能力，这些拥有学识的流浪汉并不比那些极其富有者差，他们只是缺乏一个要素——资本。

极富阶层拥有这样的现实，那就是他们的资本回报率高于工人的劳动报酬率，导致了财富差距的进一步拉大。基于资本与劳动的非等价交换，当代资本主义的极富阶层并不需要努力工作，只需花钱雇用他人努力工作就可以了。而且，资本的拥有者们根本不愁找不到工人，由于贫富差距的两极分化，当代资本主义国家依旧充满了需要工作的各类人群，有生活尚且充裕但实际负债累累的中产阶级，有急需工作向上攀升的底层民众，有庞大的待业后备军，糟糕的经济使得这些人变得越来越多了，只要一个招工信息，这些人便会蜂拥而来。于是，极富阶层可以用不太贵的价格雇用到所有他们能想到的所需要的人选，毋庸置疑，在这场交易中，资本始终处于强势一方，剩余价值再次被榨取了。即便是极富阶层没有怎么努力，他们依旧能够保持优雅的生活，工作的时间不必太长，剩下来大量空余的休闲时光，供他们在上层社会中交际、攀比、享乐，即便是睡着了，资本也能源源不断地产生利润，供他们挥霍，成为银行账户上一串增加的数字。这使得极富阶层掌握的财富愈来愈多，在美国，1% 的富人阶层占有国民财富的 4 成以上。这样的非等价交换并不总能如愿，被雇佣者偶尔会聚集起来反抗，要求提高工资、降低工作时长、改善工作环境，于是，当代资本主义无偿占有剩余价值的形式出现了一定程度的改变。一方面在国内的剩余价值分配中有所妥协，另一方面加大对第三世界国家剩余价值的无偿占有。

二、当代资本主义剩余价值分配的变化

当代资本主义在国内对剩余价值分配的妥协形式，可分为慈善和股权分享两个方面。工人一无所有时，除了出卖劳动，便别无他法了，自然也谈不上什么议价权，当代资本主义不乏这样的工人后备军。为了养活这个庞大的

后备军，为资本留足活劳动力，仅依靠当代资本主义的小政府基本办不到，这时，当代资产阶级拿出了名利双收的好办法——慈善。当代资产阶级统统是慈善家，因为做慈善有百利而无一害。其一，慈善能合理避税，减少财富在代际间传承的成本。政府为了实现财富再分配，高额收益被课以重税，特别是遗产税，但有一个办法可以有效避免——慈善。当代资产阶级只需要宣布自己死后财产全部捐出，设立慈善基金，财富便能合理合法地转移给自己的继承人了，因为继承人就是慈善基金的管理人。其二，慈善能获得好名声，掩盖剥削的本质。与其将税交给政府，不如捐出换得慈善的荣誉，更为当代资产阶级和企业塑造良好形象。财富人人艳羡，拥有大量财富的当代资产阶级容易成为嫉妒的对象，为了获取钱财，绑架、勒索偶有发生，做慈善能降低这一风险。其三，慈善实现了剩余价值的再流动，为非等价交换提供后备力量。按照资本和劳动的非等价交换公式，财富将持续集中于资本家，劳动者将最终一无所有，如此单向循环越快，资本主义的丧钟将越快敲响。为了缓和矛盾，当代资产阶级的慈善行为，实际是将无偿占有的剩余价值的一部分返还给了社会，缓和了财富的单向流动趋势，确保了困难民众的生存。进而，这些困难民众能够继续繁衍，为当代资产阶级的产业发展提供潜在劳动力。

同时，仅依靠慈善并不能完全解决问题，当代资本主义创新了股权激励等剩余价值的分配形式。一无所有的劳动者缺乏议价权，当代资本主义的中产阶级却已觉醒，他们不甘于被雇佣，希望能够获得剩余价值的分配权。资本家无偿占有剩余价值已是公开的秘密，经过工人运动不断地争取，劳动者的待遇持续得到改善。然而，待遇改善是以劳动生产效率提升为前提的，在劳动生产效率无法进一步提升时，劳动者的待遇提高空间有限。为了保持利润，当代资产阶级创新了一条新路径，剩余价值分享预期，即股权激励。股权激励的魅力在于，当代资产阶级哪怕只是赋予了劳动者一串股权份额，一个不起眼的数字，就增加了雇员的归属感，使雇员成为与公司休戚与共的一分子。这个魅力的催化剂，是真的有不少股权激励兑现了，变成了真金白银，创造出不少百万、千万甚至亿万富翁。但是，催化剂更像是当代资产阶级画的饼，画饼的终极目的不是分享剩余价值的索取权，而是激励雇员创造出最大价值。分享索取权承诺的最终兑现取决于更多条件，在众多采用股权激励的公司中，只有一小部分能够活下来，活下来的公司，又能成功上市的更少。于是，股权激励对许多雇员来讲如同一个传说，他们曾经拥有，却并未得到实质性回报。

在国内资本收益率日趋平庸的背景下，资本逐利的特性迫使资本寻求新的增长点。一是边际效应递减的规律，在技术未突破的条件下，单位资本投入效益递减，收益自然递减，这种递减具体体现在不变资本和可变资本的比例变化上。当代资本主义生产条件下，基础设施、智能机器的投入大大增加了。过去工厂充满了流水线上的工人，属于劳动密集型，可变资本所在比例更高。在当代，流水线上的工人不见了，取而代之的是流水线上的各类机器触手，"工人"变成了技术工人和软件工程师，负责机器的调试，以及程序的编写、调整，不变资本的比例逐步加重了。即当代资本主义生产过程中，资金投入更多，雇佣的劳动者更少，能无偿占有的剩余价值也变少，自然资本收益率持续下降。二是资本在当代资本主义国家内受到了更多束缚，采取了剩余价值分配的对内的妥协，客观造成了资本收益率的下降。在当代资本主义国家，资本受到了来自各方面的围追堵截，民众对资本的怨言，政府对资本的管制，为了平衡矛盾，政府对资本征以超额累进的税率。为了缓和矛盾，资本采取了诸如慈善、股权激励等剩余价值分享的妥协手段。同时，资本将眼光投向了海外，并获得广阔的发展空间，对全球剩余价值分配产生巨大影响。

三、当代资本主义在全球获取剩余价值

当代资本主义对剩余价值的无偿占有已不局限于本国内，而是在全球范围内寻求价值洼地，剩余价值的获取形式也变得更加隐晦了。资本天然地要获取利润，为了更高的利润四处流动，只要利润可观，它们能践踏一切人间律法。在第三世界国家，有廉价劳动力、宽松的管制、优惠的税率，当代资本在其中能获得更高利润。

制造业大量转移，当代资本在制造端参与全球剩余价值分配。一是制造业被直接转移到第三世界国家。这是一种直接降低成本获得国际竞争力的

形式，剩余价值获取的渠道十分透明，通过设立跨国企业直接雇佣当地劳动力，直接无偿占有当地劳动力的剩余价值。二是制造业被间接转移到第三世界国家。企业不再有制造部门，将制造订单交付给第三世界国家的制造业企业进行生产。如此做的好处是，订单以极低价格被承接了，保有了大部分利润，弥补了本国内因成本走高而产生的损失。承接了订单的第三世界国家制造业企业，有充分的自由裁量权决定如何在极低报价情况下，实现利润最大化，即便生产环境再恶劣，也与订单提供方无关。提供订单的企业压低了成本，也保有了名誉，就如带上了一双白手套。看似是第三世界国家制造业企业无偿占有了当地劳动力的剩余价值，其实，西方国家企业也参与了这场分配，而且拿得更多。

当代资本主义布局全球给第三世界国家发展提供了契机，但共同富裕并不是它们的目的，利润最大化才是。不可否认，无论是哪种参与分配的形式，都为第三世界国家的经济发展提供了推动力，促进了当地就业。这隐含两种结局，一种是以制造业转移为契机，通过发展制造业促进本国工业化，进而实现转型升级，进入发达国家行列，摆脱以廉价劳动力换取国际资本的被剥削地位。另一种是制造业转移确实促进了当地发展，当发展到一定程度后，转型升级失败，陷入中等收入陷阱，发展停滞。极少国家获得了第一种结局，成功跨越了中低收入陷阱，迈入发达国家行列。大多数国家获得了第二种结局，收入增长缓慢，国内动荡，仅能依靠西方发达国家的订单勉强生存。为了保持利润最大化，西方发达国家将低技术含量的产业转移出来，将核心技术牢牢掌握在自己手中，确保在国际产业链中的主导优势。一旦这种优势受到后发国家的威胁，它会毫不犹豫用尽全力遏制后发国家的赶超。毕竟，低技术行业可替代性高、利润低，只有高技术行业能取得超额利润。保住了高技术行业，也就保住了本国的利益，特别是本国资本利润最大化的利益。当代资本主义并不是自由、平等、开放的坚决奉行者，只是在拥有优势的情形下，号召自由、平等、开放对资本在全球范围内无偿占有剩余价值更有利。一旦出现反转，它们并不介意拿开"遮羞布"，放弃自由、平等、开放的原则，对后发国家进行全方位的打击、围堵和封锁。

当代金融资本在全球范围内掠夺。如果说当代资本通过制造业转移参与全球剩余价值分配是不平等交换的变种，当代金融资本则是采用了财富掠夺，不仅剩余价值被掠夺了，民众积累的财富也被掠夺了。一是参股第三世界国家企业，以当地民族企业身份参与剩余价值分配。当代金融资本拥有极为灵敏的嗅觉，广泛投资第三世界国家具有潜力的企业，企业之间的竞争，无论谁获胜，背后的当代金融资本都是受益方，都分享到胜利的果实。二是操纵他国金融市场，诱发金融危机，并从中牟利。不仅第三世界国家，连发达国家也有受害者。二战后的日本、泰国、土耳其，大量热钱涌入，造成虚假繁荣，诱导当地民众积极参与这场盛宴。当他们意识到这是场骗局时，为时已晚，热钱席卷巨额财富而去，留下满目疮痍的国家和被洗劫的人民。三是制造恐慌，诱导财富转移到避风港，即当代资本主义国家内。当代资本主义以国家军事实力为保障，在全世界范围内制造战争恐慌。四是超发货币，造成本国负债全球化。在一系列操纵后，美国成为似乎最安全的国家，为了应对庞大的债务，美国一再开启印钞机超发货币，给全世界带来输入性通胀，美国的债务被稀释了，全世界民众持有的货币贬值了。

第二节　当代资本主义的初次分配

初次分配又称为要素分配，是指按照各生产要素对国民收入贡献的大小而进行的分配，反映出各种生产要素所有者之间的基本利益关系。经过这次分配得到的收入，也称为原始收入[1]。当前，从总体上看，劳动者的工资性收入和财产性收入都相对减少了。

一、当代资本主义的工资性收入变化

二战后，当代资本主义的工人工资曾一路走高，随后进入下降和分化阶段[2]。二战后西方国家迎来了黄金发展期，开始如火如荼的战后恢复建设，需

---

[1]　权衡等：《收入分配经济学》，上海人民出版社 2017 年版，第 33 页。

[2]　胡莹：《美国的收入分配与当代资本主义的经济矛盾》，中国社会科学出版社 2013 年版，第 170—194 页。

求增长，经济发展，随之需要大量劳动力。产业发展过程中，工人待遇也逐步走高。随着经济增速下降，劳动力出现过剩，在供大于求的情形下，工人工资增速放缓，进而出现真实工资下降的情况。由于通货膨胀的存在，工人工资虽在增长，增速却慢于货币贬值的速度，于是，劳动者的利益进一步被贬损了。从工人工资的差异来看，分化更加明显了。产业转型升级过程中，高技能工人的需求增加了，不同学历的工人待遇出现明显不同，缺乏技能者甚至找不到一份体面的工作。制造业重要性大不如前，即便是在当代资本主义提出制造业再回归的背景下，制造业工资依旧不具吸引力。而金融、互联网不同，在美国，这两个行业吸引了大量优秀人才，将制造业与这两个行业相比，工人工资差异巨大。从资本和劳动的关系来看，工人真实工资下降意味着资本居于越来越强势的地位，在二者的博弈中，资本拥有更大主导权，能无偿占有更大份额的剩余价值。为了扭转这一颓势，当代资本主义的劳动者采取了继续抗争。

工资谈判制度是当代资本主义劳资双方进行矛盾调节的重要形式，骚乱是劳动者在诉求无法满足情形下的进一步表达。为了缓和工人阶级与资产阶级的矛盾，资本主义采用了工资谈判制度予以缓冲。这种制度使代表雇员利益的工会和代表雇主利益的雇主联盟坐下来商讨合适的雇员待遇调整。由于工资谈判制度发挥作用，雇员的工资大大改善了，他们是这一制度的受益者。谈判并不是总能达成预期，为了维护自身利益，罢工时有发生，为了尽快结束罢工，有时政府会介入其中，但政府作为资产阶级的代表，并不总是站在工人阶级的一边。随着这一制度常年运行，工资谈判制度的主导权进一步由资产阶级掌控。这种不对等的原因在于资本势力变得更强大了，资本拥有在全球范围内雇佣劳动者的实力，可选的活劳动变多了，当地劳动者只是可选项，如果价格过高，资本大可以将职位挪到成本更低的第三世界国家，当代资本主义的劳动力显得相对过剩。在谈判过程中，雇员群体的诉求也更难得到伸张，因为不少工会成员被职位收买了，被纳入公司的管理层。罢工诉求得不到满足，谈判诉求得不到伸张，怨气不断聚集，民粹主义运动高涨，一旦出现导火索，骚乱便发生了。如法国巴黎的"黄背心"运动，是法国巴黎50年来最大的骚乱，起因仅仅是政府为了环保加征燃油税，深层次原因是法国民众实际收入水平不断下降，生活质量一再降低，无法承受生活成本哪怕一丁点的上升。

工人工资以及待遇改善以单位劳动时间产出增加为代价。单位劳动时间产出增加一方面是劳动的技术含量增加了，另一方面是控制劳动的技术含量增加了。前者是对高技术含量劳动的回报，后者是对劳动控制水平提升的回报。高技术含量的工人接受了更长时间的教育，有着一定知识和技能储备，有些有着无可替代的经验。如某个软件架构的设计，这是一般软件工程师无法完成的，需要足够的软件设计经验和视野。按照劳动的复杂程度来划分，越复杂、越难以替代的劳动，得到的单位劳动时间的报酬就越高，也有更高的议价权。同时，劳动者被新的管理和技术组织起来，他们如齿轮一般在机器内高效运转，单位劳动时间内的劳动强度提升了。为了保持高效，确保劳动者在工作时间内不偷懒，当代资本主义不断运用技术创新管理手段和生产模式。

在数字技术的条件下，出现了劳动者被数字系统全面控制的情况，劳动者变成了新型"流水线"上的工人[1]。在当代资本主义的早期，工业生产线的创造出现了机器对工人的控制。工人要做的事情很简单，只需在生产线上负责某一项重复工作，循环往复，思考的事情交给了生产线。这样做的好处是，工人的生产效率大大提升了，缺点是，长期从事重复单一动作对身心摧残较大。正是这个原因，美国福特在实验生产线时给予了工人高薪补偿。随着数字技术日趋完善，数字系统代替机器控制劳动者的情况出现了，一方面，数字技术使雇主能确定和评估雇员的工作地点和工作业绩来监测员工；另一方面，这些技术不仅可以帮助员工适应环境，还可以直接指挥其完成全部任务。如亚马逊的仓储员工，连行进路线都被系统规划好，员工只需根据行进路线不断搬运货物。这项工作如此简单，既优化行进路线提升了工作效率，又使劳动者的可替代性变高。一旦他忍受不了这种枯燥无趣的工作，立即有人补上。由于这种流动性，临时雇员的比例增加了。

数字技术使劳动者成为数字系统中的有机组成部分，劳动者的重要性降低了，大量劳动者由临时雇员取代，进一步降低了劳动者的待遇。长期雇员

---

[1] 〔德〕菲利普·斯塔布、奥立弗·纳赫特韦、鲁云林：《数字资本主义对市场和劳动的控制》；徐焕：《当代资本主义聚集发展和制度批判》，中央编译出版社 2019 年版，第 41—57 页。

和临时雇员的工作稳定性差别巨大，长期雇员与企业签订了长期的劳动合同，在部分当代资本主义国家，解雇长期雇员相当困难，而临时雇员是流动的，雇佣时的劳动合同已约定了临时的性质。二者的工资和保障也有差别，长期雇员的工资可按级别累计提升，保障也是全方位的；临时雇员仅在短期内属于企业的一部分，企业仅在合同存续期间对雇员负有一定的责任。新型的数字型企业并不需要过去那样庞大的雇员队伍，大量工作由人工智能、机器替代了，除了核心雇员，其他雇员的劳动复杂度要求不高，可替代性高，可随时由临时雇员补足。

二、当代资本主义的财产性收入流向

对普通民众而言，工资性收入是财富的重要来源，财产性收入是对工资性收入的重要补充。对当代资产阶级而言，财产性收入是财富的主要来源。普通民众获得财产性收入的能力往往差于当代资产阶级，即便是财富总体增值，在当代资本主义的私有制下，当代资产阶级仍有能力取得更大份额。

为缓和生产的社会化和生产资料私有制的基本矛盾，当代资本主义采用了职工持股计划对私有制进行改良，具有一定的进步性质。职工持股计划[①]是一种针对企业雇员的普惠性政策，或是向雇员奖励一定数额的股票，或是用于购买股票的现金，或是借由银行贷款授信给雇员购买股票。总之，职工持股计划使雇员按照贡献获得了一小部分公司股票，并获得了分享相应份额利润的可能，是除去工资的又一收入来源。这一改良增加了劳动者的收入来源，使劳动者有权获得剩余价值中的一小部分，由资本家独占到雇员有权分享，这是巨大的进步。然而，较之当代资产阶级所占份额来讲，职工持股总量依旧只是一小部分，当代资产阶级依旧是剩余价值的最大占有者。

当代资产阶级采用了更为隐蔽的增值形式，由有形资产转向无形资产，形成新的垄断收益。经历过大富大贵，当代资本主义开始沉淀，进入到理性消费阶段。在西方国家，奢侈品消费、文物收藏不再成为主流，极富阶层也

---

① 胡莹：《美国的收入分配与当代资本主义的经济矛盾》，中国社会科学出版社 2013 年版，第 254—259 页。

购买奢侈品和文物，但已成为不值得炫耀的事情，环保、极简、慈善才是他们的新标签。当代资产阶级为了营造良好的形象，对外往往极力隐藏富有的标签，而将自己描绘成低调的有为人士。如美国企业 Facebook 的创始人扎克伯格，为了强化自己的极简主义风格，在外永远只穿几款服装，并向外展示自己千篇一律的衣橱。然而，扎克伯格十分注重无形资产的投资，在数字技术上的研发和收购不遗余力，为了确保 Facebook 的领先地位费尽心机。这一切始终是为了实现 Facebook 在社交媒体领域形成垄断，进而获得垄断收益，归根结底，是为了保持对剩余价值的更大掠夺。

资产因规模的大小而获得不同比例的增值，财富倾向于更大规模的资产，形成马太效应。股票、房产、货币，不同资产在资本市场中都能获得不同程度的回报，股价上涨、房产升值、存款利息，在这场资产保值的斗争中，许多资产并不能战胜通货膨胀。这就造成一种假象，民众的财富数量变多了，购买力却下降了。即便是实现了资产的保值增值，由于资产基数的不同，增值部分的收益分配也造成了差异继续变大。以股权收益为例，股票价格上涨造成了四类人财富的变化：第一类人是没有股票的普通民众，他们无法参与这场分配；第二类人是拥有少量股票的普通股票投资者和普通员工，他们因股价上涨少量获益了；第三类是拥有较高比例股票的董事和高管，他们获得了财富增值的大部分红利；第四类是华尔街的金融资本家，无论股价上涨或下跌，他们都能通过买入、卖空等操作获得更多。

当代金融资本家站在剩余价值分配的最顶端，无论经济的总体情况如何，他们总能获得收益，危机也是他们的获利机会。企业经营情况直接影响企业股价，当企业经营出现难题时，会立即体现在股价上，令股东蒙受损失。当代实业资本家总是面临这样的难题，企业经营不善也是常有的事，在美国上市企业中，每年有 300 多家企业退市，这其中不少是因为破产或解散清算。与当代实业资本家不同，当代金融资本家并不关注某一个具体企业的发展，只关注是否能从中获得收益，他们的可选标的非常多。只要嗅觉灵敏、操作规范、注重风险，当代金融资本家可以分享任何一个实业资本家的利润，并在危险到来之前顺利逃走。危机也并不能难倒他们，在上一次美国次贷危机中，华尔街的高管们照样拿着高薪静待政府救市，当民众发现政府将纳税人的钱用于拯救这些人时，发起了"占领华尔街运动"，抗议华尔街的金融资本家们加大了贫富差距。当代金融资本家不必像实业资本家那样筚路蓝缕，就能获取稳固的收益，是名副其实的食利阶层。民众与当代金融资本家的对立一直在持续，而且更为激烈，这一矛盾的本质依旧是生产的社会化和生产资料私有制之间的矛盾，金融资本家获利的源头依旧是参与剩余价值的分配。只要条件得当，"占领华尔街运动"将再次发生，在 2021 年 1 月美国股市中发生的散户抱团对抗华尔街知名对冲基金事件中，可以看出端倪。

第三节　当代资本主义的再分配

再分配是指在国民收入初次分配的基础上，各收入主体之间通过各种渠道实现现金或者实物转移的一种收入再次分配过程，即把国民收入中的一部分拿出来通过税收和社会保障进行重新分配，构成了初次收入分配之后的二次分配，也称为再分配[①]。一般的，再分配以税收、社会保障和转移支付为主要手段。在当代资本主义国家，税收政策陷入左右摇摆，欧洲的社会保障制度陷入高福利陷阱，社会保障制度中的教育逐步走向了偏向资本的有限公平。

一、当代资本主义税收政策调整

减税是当代资本主义国家的普遍趋势[②]。二战后的西方国家税率一度处于相当高的水平，就个人所得税来看，最高累进税率曾达到 70% ～ 90% 以上的水平，后逐步下降到 30% ～ 40% 的水平。减税意味着政府明面上从整体财富中拿的份额减少了，让利给企业和个人，这样，企业有更大的驱动进行扩大在生产，个人有更多的资金进行消费。因此，减税对经济发展具有一定的刺激作用。以美国为例，在 20 世纪 70 年代，美国经济陷入滞胀，为了改善这一局面，美国总统里根上台后实行了大规模减税政策，收效甚好。在

---

① 权衡等:《收入分配经济学》，上海人民出版社 2017 年版，第 33 页。

② 武靖国:《减税的"名"与"实"：对当代西方国家税改性质的一个判断》，《求索》2019 年第 5 期。

1981 年推出的税改计划中，里根政府将个人所得税最高边际税率从 70% 降低到 50%，最低边际税率由 14% 降至 11%，到了 1986 年，个人所得税最高边际税率又进一步降至 28%。这一政策使得美国经济得以逐步复苏[1]，1983 年至 1984 年美国经济出现了低通胀、低增长、失业率逐渐降低的新格局，1983 年实际 GDP 增速达到 4.6%，而一年之后更是上涨至 7.3%。在 1984 年一季度，由于美国私人投资的强力反弹，GDP 更是达到了 8.4% 的顶峰。而 1986 年《税制改革法案》推出后，美国经济在之后的四年内 GDP 平均增速达到 3.7%。1982 年至 1999 年也成为美国经济的超级扩张期，市场称之为 "20 世纪最持久的繁荣阶段"。由于里根的减税政策收效良好，在其他美国总统任期内，为了刺激经济，也出台了相应的减税政策，如小布什、特朗普等。但过度减税的潜在代价是政府收入减少了，增加了财政赤字和政府运转困难，降低了发展的可持续性。

当代资本主义债务问题日益严重[2]。减税是将政府的收益让渡给社会，以政府让利迸发社会活力，以政府赤字增加为代价。理论上，只要经济发展良好，一定程度的减税能够给未来政府带来更多税收，实现放水养鱼。然而，政府支出的不可控使得这一理想情况难以实现，一再减税加上支出增长，赤字增加带来的债务问题成为悬在当代资本主义头上的达摩克利斯之剑。同样以美国为例，里根政府的遗产不只是繁荣，也有债务，里根卸任总统之时，债务规模增加了 1.86 万亿美元，与之前相比增长了 186%。除了克林顿执政期间实现了财政盈余，小布什、奥巴马、特朗普在执政期间均大幅增加了债务，到特朗普卸任时债务规模已达到 27 万亿美元。政府债务本身不是问题，但债务持续扩张到不可持续，便有债务危机的风险，影响政府信用，给经济社会发展带来巨大不稳定因素。化解债务危机的途径有二，其一为开源，如增税；其二为节流，减少政府支出，如政府裁员、削减社会保障支出等。在当代资本主义民主政府，执政者高度依靠选票的情况下，选择哪一项都意味着拿政治生命在冒险。

减税后的增税是当代资本主义国家的必然调整，但面临重重困难。当代

---

① 《里根政府减税政策回顾及启示》，《期货日报》2019 年 5 月 14 日。

② 钱思韵、朱启兵：《美国税收、支出、债务的财政三角困局》，《国际金融》2019 年第 3 期。

资本主义经济增速长期处于低速甚至负增长的状态，美国自2001年至2019年的年均经济增速为2.09%，因次贷危机，2008年、2009年的增速分别为 -0.14% 和 -2.54%，欧元区以及日本也一直徘徊在低速水平。如此情况下，民众从经济低速增长中获得的财富大大减少了，社会流动性变差，对增税更敏感。在西方式民主选票的指挥棒下，为了获得民众支持，没有什么比发展经济、减税、增加民众福利更吸引人了。因此，在小布什、奥巴马、特朗普执政期间均执行了减税政策。但为了避免债务危机，奥巴马曾多次提出向富人增税，但屡被驳回。特朗普避开了这个难题，想到的办法是向他国增税，如增加进口产品关税，将负担转移至他国，并对本国进一步减税，使得富人的税负大大减少了。这个方案甚至遭到了富人的反对，超过400位美国富豪联名上书反对特朗普的减税方案，表示愿意承担更大的纳税责任。由于向富人减税，税收调节财富的功能进一步被削弱了，即便是增税，当代资产阶级也有避税方案。

当代资本主义对富人增税的政策屡以失败告终。税收对财富起到削峰填谷的调节作用，对收入高的人多收税，对收入少的人少收税甚至免税。当代资本主义历经多轮减税，个人所得税的最高税率总体处于下降通道，这是由于富人阶层有专业的团队，自有避税手段，过高的个税对富人影响不大。以美国为例，美国个税最高税率为39.6%，但收入最高的400人支付的税率在20%左右，这还仅是账面收入所交税，还有许多收入并未计算在内。例如他们持有的股票价格上涨，但并未卖出，就不会显示为收入；为了实现财富传承，他们可设立慈善基金，为了方便经营，他们可以将资产转移到海外。当代资本已不再局限于某国，而是以跨国资本的形式出现，当某国的税率过高或不够友好，资本会立即作出反应，流向税率更优惠的地方。当曾经的法国总统奥朗德提出将征收75%的"富人税"时，法国首富以申请比利时国籍作为回应，不少富人也选择离开，临近的英国选择以降税欢迎法国富人移民，导致两国关系紧张。最终，75%的"富人税"仅在2013年和2014年征收，在2015年即宣告取消。这一针对富人的高税率并未起到应有的效果，不仅造成富人、资本流失，削减赤字未达到预期，法国经济也受到影响，法国失业率连创新高。当宣布取消这一政策时，法国国内约八成民众表示双手赞成。这也对法国总统奥朗德的连任造成负面影响，或是为了体面，奥朗德宣布不寻求连任。他的继任者马克龙在推出的税务改革政策中，获益最大的仍然是法国最富有的 1% 人群[①]。

资本主义私有制是以上矛盾的根源。私人资本在当代资本主义中仍占主导地位，资本天然逐利的特性促使资本不断增值，导致财富差距并不断扩大。当代资本主义政府为了缓解贫富差距，必然向富人多征税，并将多征得的财富投入到社会中，形成再分配，以社会保障等形式展现。一旦对富人征税过多，必将导致当代资产阶级的对抗，在私人资本占主导地位的情况下，当代资产阶级处于强势地位，有能力将资产转移到他国，造成私人资本大量流失，反而造成经济的衰退、政府税源减少，进而促使民众反对，使向富人征税无法持续，改革遂以失败告终。

二、欧洲在高福利陷阱中面临难题

欧洲因社会保障标准过高陷入了高福利陷阱。社会保障是国家通过国民收入分配和再分配，依据法律法规对公民给予特定的现金或实物补助，以保证国民基本生活、维持劳动力再生产、维护社会安定，并逐步提高国民福利水平的公共措施及制度安排[②]。一国社会保障标准应与国家的经济发展阶段相适应，过低的社会保障将使国民受到损害，无法同步分享到经济发展的成果。过高则会导致另外一种局面，国民从经济发展成果中拿到过多，使国家财政入不敷出，政府运营难以为继，靠举债度日。为了缓解债务压力，政府需要在增加税收和削减社会保障支出中做两难选择，这在西方民主政治下均难以实现，除了尝试增加税收，欧洲国家在削减社会保障支出方面也有一定探索，亦遇到阻力重重，于是在减少福利和增加福利间左右徘徊。

欧洲高福利体系受到社会主义制度的影响，是对资本主义的改良[③]。欧洲作为资本主义的发源地，在经济发展过程中积累了大量矛盾，多次陷入崩溃，两次世界大战本身就是这种矛盾聚集到一定程度的表现。两次世界大战

---

① 高雅：《法国 1% 富人受益税务改革最多，马克龙真是"富人的总统"？》，《第一财经》2019 年 1 月 24 日。

② 权衡等：《收入分配经济学》，上海人民出版社 2017 年版，第 176 页。

③ 曾宪奎：《现阶段欧洲高福利资本主义模式的困境分析》，《科学社会主义》2020 年第 2 期。

给欧洲带来浩劫，也在一定程度上平抑了贫富差距，化解了之前一直积累的贫富矛盾。随着 1917 年十月革命的成功和 1922 年苏联的成立，社会主义制度展现出强大的经济建设和社会动员力，无论是战时还是战后经济社会恢复期均具备顽强生命力。这一制度对当时的资本主义制度构成巨大冲击，也为西方资本主义制度的改良提供了方向，其中包括社会保障体系的改良。欧洲国家不再奉行放任的自由主义，开始采用以凯恩斯主义为代表的中间道路，政府不再是什么都不管的"守夜人"，也逐步有所行动，弥补市场经济带来的种种漏洞。凯恩斯主义对提升社会保障有着这样的逻辑：随着民众收入的累积，新增加的财富有限，随之带来消费需求减少，经济增长面临困境。为了增加消费需求，需要从需求侧发力，通过对低收入补贴等手段增加收入，提升有效需求。通过凯恩斯主义的一系列手段，包括十分重要的提升社会保障，欧洲经济得以高歌猛进，欧洲民众获得感也一再增强，由此带来革命意愿减弱，资本主义制度丧钟敲响的时间被推迟。然而，提升社会保障并未在根本上解决资本主义社会的矛盾，私有制依旧占主导地位，这给高福利陷阱埋下伏笔。

欧洲不断提高福利水平，超出了自身承受水平，步入高福利陷阱。提升社会保障对需求刺激效果明显，在选举政治下，承诺增加福利也有利于获得更多支持，看似有百利而无一害，如此一来，社会保障被逐步增加了。然而，资本主义私有制包含一个潜在问题：生产社会化迫切需要生产资料社会化，冲破私有制的束缚。如果所有制未有任何改善，生产社会化产生的财富只会更多流入占主导地位的私有资本手中，即大资本家手中，经过无数循环后，获得感不高的民众自然会减少消费，大资本家生产的产品卖不出去，经济陷入停滞。为了刺激经济，从需求侧加大投入，提升社会保障成为可行的办法，一旦遇到类似问题，这一办法被不断拿出来运用，于是福利不断提高。而且，此类政策受到了资本家和民众的双重支持。其一是受到逐利资本家的资金支持。资本家期望财富无限增值，只要生产的商品有去处，他们并不在意产生的恶果由谁买单，如果该国陷入困境，大可将资本转移他处，进行新的财富增值循环。因此，只要谁能让经济好起来，他们便将获得的财富分出一小部分支持谁，羊毛出在羊身上。其二是受到民众的选票支持。在财富被不断转移到资本家的情形下，民众只关注短期，并不关注长期。福利越高，他们越会提前消费，没有存款，工资按周发放，及时行乐。他们对福利持有更高预期，产生依赖，总期望福利会更好，哪个政治家提升福利，他们就用选票支持，哪个削减福利，他们就用选票反对。保有长远眼光、有责任的政治家被逆淘汰了。于是，20世纪80年代前后，欧洲各国普遍建立了较为完备的高福利制度，基本涵盖社会各个阶层，个人可享受早期教育、基础教育、住房保障、医疗保险、失业补助、退休金、抚恤金等福利，被称为"从摇篮到坟墓"的福利制度[1]。欧洲一度成为高福利的典范。这已违背了事物发展的一般规律，财富并不能凭空变出，过高福利必然将付出代价。

　　欧洲债务危机是过高福利的必然代价。维持过高福利总要有人将消耗的财富补上，要么是当代人，要么是未来人。欧洲的高福利体系，在经济大幅增长的条件下尚可以支撑，一旦经济增幅下降，财政收益便无法覆盖支出了，长期的收支不平衡，使债务规模愈发扩大，并引发危机。2009年，希腊爆发主权债务危机，进而引发欧洲债务危机，西班牙、意大利、葡萄牙和爱尔兰等国相继陷入信用危机，整个欧盟都蒙受困扰。只要债务在可控范围内，这样的危机本不会发生，但债务增长存在惯性，民众对福利的依赖也有惯性。如果仅是希腊有问题，就不会有欧债危机，但整个欧盟也存在相似的困扰，希腊债务危机只是欧债危机的导火索，哪怕没有希腊，欧债危机也迟早发生。在那次的危机中，希腊政府公共债务占GDP的113%，爱尔兰政府公共债务占GDP的82.9%，意大利政府公共债务占GDP的116.7%[2]。一切都是高福利惹的祸，在2012年，德国总理默克尔在多个场合反复提到几个数字，欧盟人口占世界9%，国民生产总值占全球25%，而福利开支却占世界50%[3]。曾经享受了极致生活的希腊人在危机中感受到了持续的恐慌，他们的收入大幅度缩水了，多年后在银行提款依旧有限额，提到的现金仅够几天的生活费，大量原本衣食无忧的公务员失去了工作，仅在2010年至2012年间，希腊公务员就被裁撤40万人，随后希腊政府又进行过数次裁员，即便留下来，工资也受到大幅度削减，直到2018年，希腊才回到正常国家轨道[4]。为了高福利，希

①　李骥志：《欧洲高福利光环下的重重挑战》，《经济参考报》2019年5月30日。

②　朱邦宁：《欧债危机与欧元的命运》，《红旗文稿》2012年11月10日。

③　欧阳实：《欧洲高福利政策为何不可持续》，《光明日报》2012年10月22日。

④　韩秉宸、叶琦：《希腊过高福利导致深陷债务危机》，《人民日报》2019年7月12日。

腊民众饱受了苦难。过高福利不仅带来了危机，也对经济活力带来持久负面影响。

过高福利降低了微观主体活力，不利于社会财富的创造。劳动是创造价值的唯一源泉，如果一项制度否定了劳动创造，对劳动进行负向激励，那么终究无法持久。欧洲高福利体系中不乏这样的规则，使劳动者的合法劳动热情大大降低了。如在欧洲有些国家，失业金比最低工资还高，失业拿到的钱更多，显然影响就业人口的工作意愿。为了获得救济金，不少人专靠诈骗获取福利，2018年，瑞典社会保险局收到的投诉显示有人利用各种理由骗取救济金，在残疾人的福利发放中，有3%～6%的资金被骗取，除了纵容犯罪分子，过高的福利也影响到瑞典人良好的职业素养，有60%的瑞典人认为不生病时请假也是可以接受的[1]。在芬兰进行了这样的社会实验，每月给实验对象一笔不菲的免税基本收入560欧元（约合人民币4300元），为期两年。这批实验对象共2000人，均为失业者，每月的560欧元为"无条件基本收入"，拿到这笔收入不需要任何条件，即便找到工作也不会停止发放。两年后的实验结果显示，实验对象找工作的情况并未明显增加，只是更快乐了。芬兰的社会保障以慷慨著称，也是幸福感十分高的国家，为了维持高幸福感，芬兰背负着沉重的财政负担，改革步履维艰[2]。高福利也使芬兰的经济活力堪忧，2012年到2014年芬兰经济曾连续三年负增长，是欧盟经济表现最差的国家之一[3]。欧洲高福利国家面临这样的难题：如何平衡高福利和鼓励更多人参与劳动，或是另辟蹊径寻找新的路线。但是新的移民，特别是难民涌入，令欧洲的福利体系承受了前所未有的压力。

欧洲还面临高福利陷阱下移民问题叠加难题，尤其是大规模难民的融入问题。欧洲老龄化问题严重，有的国家已进入到超老龄化阶段，如在北欧国家，65岁以上老龄人口占总人口比例接近20%。高福利需要足够的劳动力支撑，为了缓解老龄化问题，许多欧洲国家在鼓励生育无果的情况下，将目光移向了移民，期望移民积极就业缓解财政压力。这又带来了移民融入的问题，

[1] 王卓一：《瑞典得了"高福利病"：骗取救济金的人数越来越多，装病请假已成为大多数人"潜规则"》，文汇网，2019年6月10日。

[2] 张蕾：《"最幸福"的芬兰，为何非要改革》，环球网，2019年3月14日。

[3] 李骥志：《欧洲高福利光环下的重重挑战》，《经济参考报》2019年5月30日。

欧洲各国作为民族国家，有自己的民族特点，引入的移民素质参差不齐，使得欧洲各国的民族性受到挑战，带来了对移民的排斥以及右翼主义倾向。移民的民族不同、肤色不同、信仰不同等差异使得移民与本地居民之间产生隔阂，特别是在信仰不同的情况下，容易产生互相不理解与对立。中东频发的战争，令许多中东难民分批涌入欧洲，在早期，大部分欧洲国家对他们持开放、包容的态度，对他们进行人道主义援助，提供医药、食品、住房、基础教育等社会保障。但难民作为外来人口，由于贫困、受教育程度差异、文化差异等，较之移民，融入当地更加困难。他们到来后，当地的治安变差了，甚至发生了当地民众被害的案件，为此，许多欧洲国家态度开始转变。

欧洲在提高社会保障过程中，缓解了资本主义的社会矛盾，增加了民众收入，让民众更多分享经济发展的成果，具有进步的性质。高福利的欧洲一扫过去资本主义的冷血形象，一度成为人们向往的地方。然而，在资本主义私有制下，高福利隐含着陷阱，只要私有资本占据主导地位，必然需要不断维持福利支出为社会化生产找到出口，只有消费继续，生产才有意义，私有资本才能不断积累，当代资产阶级才愿意继续投入。随着欧洲人口老龄化不断加重，迫切需要新劳动力补足，给维持高福利提供新的剩余价值来源。移民和难民是不错的新劳动力来源，他们新来乍到，是不错的廉价劳动力，但他们也带来了犯罪率提升和恐怖袭击隐患，招致当地民众的不满和排外。于是，移民和难民引入的两难出现了。出路在继续引进并消化外来劳动力，或是其他新的方向。

三、当代资本主义教育公平走向

教育支出是社会保障体系中的重要组成部分，既管当下，又影响深远。政府提供的公共教育对国家经济社会发展十分重要，是储备人力资源的重要方式，能起到提高民众素质、促使知识传播、缩减贫富差距、传承文化精神的作用。公平的教育能阻断贫困在代际间传递，畅通阶层跃升通道。世界上最大的贫困并非财富的匮乏，而是知识的贫困。二战后，经历纳粹洗劫的犹太人并未一蹶不振，反而又成为世界民族之林最耀眼的民族之一，就是因为犹太人重视教育，他们拥有的知识正是无尽财富之源。因此，要使收入分配公平，必定要重视教育公平。

当代资本主义私立学校虽受到政府税收优惠和财政政策扶持，却是维持收入不平等在代际间传播的工具。当代资本主义的教育机构分为公立和私立两种，为了凸显不同，私立学校拥有更大的名气、更好的师资、更优质的基础设施、更高的升学率、更富有的学生和更昂贵的学费。私立学校是当代教育资本家的营利机构，虽是学校的外壳，内里和公司有诸多相似之处，也投入资本、也无偿占有剩余价值、也产生利润。这些私立学校往往具有悠久的历史，即便没有，也要打造得高大上。私立学校昂贵的学费是筛选的重要门槛，拥有足够财富的家庭才有机会获得入学资格，这还仅是其中一个指标，学校要考察学生的方方面面，不仅面试学生，还要面试家长。过去这些机构是贵族的摇篮，是实现贵族和平民知识不平等的手段，现在这些机构是当代资本主义精英的摇篮，是实现富人阶层和平民阶层不平等的手段。当代资产阶级深谙财富传承的关键，不仅是财富的传承，更是知识的传承。为了使他们的子女显得与众不同，他们花重金将子女送到这些私立学校，这是一笔非常合算的投入。一旦进入这些机构，他们的子女就拥有了精英的朋友圈、高质量的教育和超高的升学率。在英国，私立学校学生占比约为7%，但每年牛津大学和剑桥大学约40%的学生来自那里。这是当代资本主义富人阶层维持财富在代际间传承的隐秘方式，是当代资本主义最大的不公平。为了获得政府的扶持政策，体现社会担当，当代资本主义私立学校也表现出教育公平的姿态，如招收残障学生、招收一定比例的贫困学生、与公立学校良性互动等，但私立学校的存在就是为了不公平。为了弥补私立学校的不足，当代资本主义大力发展公立学校。

当代资本主义公立学校成为平民阶层的希望，起到了教育公平的作用，但教育质量参差不齐，教学效果堪忧。在美国，约有90%的家庭选择将子女送到公立学校，这些子女在公立学校受到了不同程度的教育。为了促进教育公平，美国政府对公立学校也进行了大力扶持。并不是所有公立学校都拥有优质的教育质量，和私立学校相比，尚有差距。在美国，就读私立学校被美国一流大学录取的比例约为30%，公立学校录取比例仅为2%。教育质量差强人意的公立学校普遍存在，主要由三个原因造成。一是对公立学校的偏见造成生源差异，私立学校又对优质生源构成虹吸效应。欧美国家许多私立学校历史悠久，公立学校是政府提升社会福利的产物，出现较晚，私立学校的名气、历史积淀、归属感、师资队伍、教育体系、资金获得能力等均优于公立学校，从而形成了私立学校优于公立学校的印象，进而产生偏见，只要经济实力允许，私立学校是首选。于是，大量优质生源进入了私立学校，将挑剩下的留给了公立学校，使公立学校的教育难度加大了。二是公立学校面临较大的教育难度和财政束缚。除了少量名气大的公立学校，大多数公立学校教师要花费很多时间维护课堂秩序，美国自由主义的风气在课堂中普遍存在，当生源质量无法保证时，教师无法按照预期进行教学，许多教师因挫败感而离职。在华盛顿的公立学校，适龄学生的出勤率仅为79%，有着极高的退学率和极低的平均考试分数①。另一方面是财政问题，公立学校的福利性质决定其无法如私立学校那样收取高昂的学费，大多数公立学校也无法获得学生父母的捐款，因此，公立学校的师资、教学条件有限。三是公立学校提供的是普及教育而非精英教育。公立学校的整个教育环境都很宽松，学生拥有更大自由，没有繁重的课后作业和学习负担。而优质的私立学校提供的是精英教育，不仅是理论学习，还包括各类才艺技能学习，与大多数公立学校宽松的环境完全不同。在有些私立学校，教学甚为严苛，学生睡的是硬板床，吃的是粗茶淡饭，受到严格的训练②。不同的教育目标，使当代资本主义社会分层在教育环节就完成了。为了维持这种差异，美国超过44%的参议员和38%的众议员将自己的子女送进了私立学校。

教育公平是最大的公平，当代资本主义的本质使得教育的"资本公平"大于教育公平③。一是为了保持竞争力，当代资本主义普及了公立教育，促进了教育公平。为了提升劳动力素质、提高劳动生产率，资本主义政府大力普及教育，这是当代资本主义向社会主义学习的产物，为的是与社会主义国家的竞争中不落于下风。客观上来讲，由于公立教育的广泛推行，当代资本主义的教育更公平了。二是资本主义私有制使当代资本主义的教育公平是有限的公平。当代资本主义政府的资源动员能力有限，公立教育推行到一定程度

---

① 《为什么美国总统们一边说公立学校好，一边却都送子女上私立？》，《第一财经》2016年8月17日。

② 《慈善事业在美国的真实现状》，《美国生活》2017年10月3日。

③ 耿锐：《从机会到资本的价值转向——美国高等教育中"公平观"的变迁及历史性分析》，《延边大学学报（社会科学版）》2021年第1期。

便捉襟见肘了，依旧需要依靠私有资本主导。私有资本为了维护自身利益，必然影响教育的相关政策制定，使教育政策偏向富人阶层，从而实现富人阶层子女居于优先地位，此时教育公平便大打折扣了。三是以私有制为主导的当代资本主义必将使教育的"资本公平"凌驾于教育公平。当代资本主义的私有资本占有主导地位，这种主导地位体现在方方面面，教育领域也无法幸免。私立教育机构会千方百计地夺取和巩固优势地位，进而使拥有更多资本的家庭获益，巩固资产阶级的领导地位。因此，在当代资本主义社会，只有富人阶层优先享受到了优质教育后，才轮到平民阶层获得教育公平。

当代资本主义在教育领域的选择性公平带来了一系列影响。一是降低了精英阶层的成色。当代资本主义区别性的教育模式，减少了精英来源的基数。精英阶层主要来自以精英为目标进行教育的地方，以大量私立学校和少量优质公立学校为主，大量民众接受的是质量较差的普及教育，他们的大好学习时光在过度宽松的校园中被浪费掉了，文化水平堪忧，难以担当起未来的大任。由于精英阶层来源的基数少，相对于其他提供更高质量公共教育的国家而言，精英的质量下降了。二是为了保持领先，引进外国优秀人才予以补充。国家之争往往是人才之争，为了维持领先，当代资本主义国家在吸引他国人才上不遗余力，在美国，海外人才撑起了半边天。三是过度宽松的公立教育未能更好地提升大众知识水平，使反智主义盛行。美国公立教育未能提供均等化的服务，许多公立学校学生在学校中收获甚少。在密歇根州高地公园地区公立学校，只有不到10%的学生能达到规定的教育水平，甚至有的高三学生文字能力只有5年级水平[①]。这样教育出的学生走向社会造成的影响是灾难性的。

第四节　当代资本主义收入分配改革

当代资产阶级和当代资本主义国家一直在自我改革的进程中，但前者的目的是以慈善的面目在更广范围内逐利，后者的目的是维持当代资本主义政权不至于过快崩塌，终究也是为了维护当代资产阶级的利益。

[①] 《美国密歇根州法院：政府没义务保证公立学校教学质量》，观察者网，2014 年 11 月 26 日。

一、当代资本主义慈善的实质

第三次分配，是指在个人自愿的基础上，通过多种方式和途径进行的慈善等社会公益活动，对社会资源和社会财富进行分派来帮助穷人，是对初次分配和再分配的有效补充。

当代资本主义的第三次分配带来了财富再流动。一是给初次分配和再分配带来了源头活水。第三次分配代表的是社会的力量，是区别于市场和政府的第三股力量，当代资本主义的第三股力量中既有广大劳动阶级的积极作用，又有当代资产阶级的作用，这两者有重大区别[①]。二是缓解了贫困阶级的困难。慈善等行为直接帮助穷人，解决了他们的基本生活难题。三是给志愿活动提供了平台。除了提供物质财富，有许多民众愿意参与志愿服务，慈善等社会公益活动给他们提供了平台，使他们能够有组织地进行慈善行为，虽没有工资，但有一定程度的补贴，能使公益人士更持久地从事慈善。美国次贷危机后，就业形势不佳，有更多的人参与慈善工作，从 2008 年 9 月至 2009 年 9 月，共有 6340 万美国人志愿参加慈善活动，占总人口的 20.75%，比一年前增加 160 万人[②]。四是民众是慈善捐赠中的主体力量，展现出劳动阶级的正直善良。美国慈善捐款中，个人捐赠是主体力量，占到 70% 左右，2019 年为 69%，17% 来自基金会、10% 来自遗产、5% 来自企业。五是当代资产阶级是慈善的主导力量。当代资本主义的第三次分配主导力量不是普通民众，而是掌握大量社会资源和财富的当代资产阶级。他们将财富的一小部分以慈善的形式重新投入社会，为经济社会发展再次注入了流动性。这是由于在收入分配过程中，财富越来越向当代资产阶级集中，只有资本家们拿出小部分收益投入社会，才意味着资产阶级财富的回流。广大民众的慈善仅是劳动阶级存量财富的再分配，只有迫使资产阶级捐款，才能带来增量。为了这个增量，当代资本主义政府采用了税收减免等劝捐的办法。如美国遗产税超过 40%，1 亿资产通过继承的方式只能拿到不到 5000 万，而通过捐给慈善基金，每年只需拿

出总规模的 5% 做慈善，其余资金可由基金会自由支配[①]，继承成本大大小于遗产税。这就是为什么许多当代资产阶级选择"裸捐"。

资产阶级的特性决定了当代资产阶级的伪善。一是资本的逐利性决定了当代资产阶级的慈善是为了趋利避害。当代资产阶级的慈善行为固然给社会带来了好处，但这种好处只是小恩小惠，个别资本家固然是真心实意在行善，但阶级特性决定了他们会继续追逐更高利润，否则这就违背了资本家的"道德"——盈利。二是当代资产阶级的慈善行为是在弥补他造成的后果。正如巴菲特之子彼得·巴菲特所说，"所有人右手试图寻找答案的问题，乃是会议室内其他人用他们的左手创造的。数据充分显示，不平等问题在持续上升，而与此同时……非盈利的慈善机构的数量也在急剧上涨"[②]。三是慈善成为当代资产阶级盈利的新手段。对普通民众而言，做慈善是为了帮助更多的人，是出于爱心。对当代资产阶级而言，要用一切能用到的手段去控制、去盈利，为资本获得最大收益率，他们找到了一个新的抓手——慈善基金会。

慈善基金会是当代资产阶级避税、保持技术霸权和掌控世界进而持续盈利的组织[③]。一是慈善基金会的职能本是为了避税。早期的洛克菲勒基金会是为了洛克菲勒财团有效避税而设立的，由于非常成功，成为资本家避税的一种新方式。二是通过慈善基金会控制科学研究的走向，维护当代资本主义技术霸权地位。2018 年之前的过去五年，美国慈善基金会对高等教育的捐助共享维持在 28% ~ 30%，是第一大资金来源[④]。这种捐助构成互利互惠的关系，能使当代资本主义技术处于不断革新的状态，拥有充足的资金，也能使企业拥有相应更新更好的技术积累，由此获得技术垄断下的超额收益。三是通过慈善基金会对国内外政治走向产生影响。当代资产阶级会运用慈善基金会在国内施加政治影响。在国外，当代资产阶级掌握下的慈善基金会成为输出西方价值观、进行颜色革命的组织[⑤]。

---

① 《为什么美国的遗产税高达 40%，富豪们却毫无怨言？真相让人无奈》，《聚富财经》2019 年 10 月 28 日。

② 高卫泉：《慈善资本主义批判：从〈阿拉比〉中的"虚荣人"谈起》，《外国文学》2020 年第 4 期。

③ 程恩富、蒯正明：《美国基金会"慈善"的内幕和实质》，《毛泽东邓小平理论研究》2018 年第 12 期。

④ 林成华：《美国慈善基金会高等教育捐赠：决策、运行与启示》，《重庆高教研究》2018 年第 3 期。

⑤ 程君秋：《索罗斯慈善基金会被俄列入黑名单 被指"不受欢迎"》，环球网，2015 年 12 月 2 日。

在政府高额税收之下，当代资产阶级发现了慈善这个隐秘的避风港，而且发明了打着慈善旗号对财富掠夺的新形式，这是一种掌控世界、获取剩余价值的新办法。表面上，当代资产阶级不仅自己行善，也广泛宣传慈善行为。实际上，那只是资本逐利的新面纱，在慈善过程中，捐出的善款只是一小部分，是为了获得巨额利润而付出的蝇头小利。他们越是宣扬行善，就越是在展现资产阶级独有的伪善，广大民众或许暂时被蒙蔽，但其本质已在他们持续扩大的财富中暴露无遗了。

二、德国社会保障制度的改革

德国总理默克尔长期执政，使德国经济在欧洲一直居于前列，与其他欧洲国家不同，在默克尔执政时期，德国在欧债危机和新冠肺炎疫情全球大流行期间都表现良好，优于许多欧洲国家。与其他欧洲国家相似的是，德国也存在社会保障标准过高的问题。为了改善这一情况，德国进行了多次改革。

德国对社会保障制度的改革主要涉及养老金和医疗保险领域[①]。一是欧债危机之前的养老金改革。在德国总理施罗德执政期间，增加了养老金的来源，由单一支柱改为多支柱，推进企业补充和私人养老金。在养老金支出上，由收益确定性转变为缴费确定性。在德国总理默克尔执政后，2007 年改革法案规定法定退休年龄逐步由 65 岁延迟到 67 岁。养老金卓有成效的改革，使养老金的财政压力得到减缓，达到略有盈余。这也使德国在欧债危机中未出现信用危机、经济"一枝独秀"的一个重要原因。二是欧债危机之后的养老金改革。欧债危机之后，由于之前养老金改革的成果，德国默克尔政府在 2014 年颁布了《法定养老保险改进法案》，提高了部分参保者的养老金待遇。如"母亲养老金"，对 1992 年之前生育孩子的母亲提供额外养老金，这一政策惠及 950 万人。2018 年，德国通过议案再次增加养老金待遇[②]。此次改革是对之前减轻养老金负担改革的调整，根据实际情况主动提升了福利。三是医疗

---

① 赵浩华:《欧洲福利国家制度变迁研究》，黑龙江大学博士学位论文，2018 年。

② 孙瑶:《德国通过养老金改革措施　明年将正式增加养老金》，中国新闻网，2018 年 11 月 29 日。

保险改革。默克尔执政时期，在 2007 年颁布了《法定疾病保险——强化竞争法》，该法案是德国历史上首次全面医保，全民强制医疗保险，同时在医疗服务领域引进了更多竞争，平衡国家和个人的责任。在 2009 年引入私人医疗保险，2011 年限制新药物成本等。经过一系列改革，在一定程度上解决了德国福利过高的问题。

德国社会保障制度改革较为顺利以一系列特殊条件为基础。一是德国总理默克尔长期执政确保了政策总体稳定。由于德国体制与许多欧美国家不同，默克尔得以执政长达十多年，这在许多欧美国家难以实现。德国特殊的体制使默克尔的执政理念得到了长期贯彻，未如许多欧美国家那样，因政党轮替导致改革流产，陷入困境。改革触动的是利益，没有一以贯之的领导，往往难以撼动。二是德国基本保持了经济长期稳定增长。欧洲经济中，德国经济一直表现良好，由于十分重视制造业的发展和转型升级，德国制造业带来了大量就业，也使经济整体较为稳定，成为经济的稳定器。这也得益于默克尔的长期执政，经济的稳定也给默克尔连任提供了民众支持，两者相辅相成。三是德国在社会保障标准上调整得较为及时。德国在欧债危机之前就进行了一系列降低社会福利的举措，具有一定前瞻性，随着各项指标的好转，又及时提升了标准。一减一加，与经济发展形势相对应，既不过高，又适时回馈了民众。但是，德国的成功带有默克尔的个人色彩，随着默克尔不再寻求连任，德国能否继续坚持党派执政的总体稳定，不出现因政党轮替带来政策一再大幅调整，尚未可知。从更长时间来看，德国的改革也只是延后了当代资本主义制度丧钟敲响的时间。

三、美国医疗保险体系改革之困

美国社会保障标准不如欧洲，因此，也没有如欧洲那样背上沉重的社会保障包袱，相对欧洲而言，保有了一定的经济社会活力，这或许也是美国总是能率先从经济危机中复苏的原因。美国社会保障体系有自己的特点，或许与美国远离欧洲大陆的地理位置有关，美式社会保障与欧式社会保障有很多不同。如医疗保险体系，美国的社会医疗保险并不覆盖全民，而欧洲、日本和加拿大都是全民医保。美国实行的是商业医疗保险和政府医保相结合的制度，商业医疗保险覆盖了近一半的美国民众，主要由雇主缴纳（或自购商业医疗保险），政府医保覆盖各类弱势和需要保障的群体，这些人包括老人、儿童、退伍军人、贫困线以下人口、残疾人以及其他弱势群体。还有一批人，他们既没有缴纳商业医疗保险，也不属于政府医保的覆盖范围，约有上千万的美国民众属于这个范畴，这批人由于没有任何医保，自费看病的金额非常高，为了覆盖这些没有医保者，美国在全民医保与取消全民医保之间来回拉扯，进行了多次改革。

在奥巴马执政时期推出全民医保之前，既无雇主缴纳的商业医疗保险，也不属于政府医保的覆盖范围的人群中，至少有三类人被排斥在医疗体系之外。第一类是想买医保却被拒保的。这些人觉得自己有可能要用到医保，也愿意负担商业医保费用，但因为各类疾病或不良习惯被拒保，如有糖尿病、之前得过癌症、高血压，甚至有吸烟习惯等，都有可能被拒保。如在 60 ～ 65 岁申请购买商业医疗保险的民众中，有 3 成被直接拒绝。这是由于该年龄段的人群使用医保的概率更高，而 65 岁以下又不在政府医保的覆盖范围，因此该年龄段的民众陷入了尴尬的境地。第二类是想买医保却买不起的。这些人收入偏低，但不属于政府划定的贫困线范围，有买医保的意愿，却因为商业医疗保险价格过高无法负担，只能放弃。这类人一般也有基础性疾病，对健康问题较为关注，在购买保险时，商业医保公司会将保费提高以降低风险。第三类是没有购买医保的意愿。这些人不少是年轻人，尚对医保的需求不大。他们或没有固定工作，或是企业临时雇员，或是小企业雇主，或是小企业雇员，许多美国的小企业由于雇员较少，并没有与商业医保公司协商购买医保。这些人在青年时期健康问题不大，等到年纪增长到一定时候去找医生看病时，才发现为时已晚。如果没有医保，在美国频繁看病是一件很昂贵的事情。在奥巴马医改之前，这些未被医疗保险体系覆盖的民众占比约为16%，即超过5000 万人没有医保。对他们来讲，一个心脏手术，就将使他们面临上百万美元账单，这往往意味着上百万美元的债务，因为许多美国家庭根本没有什么存款[1]。美国的医疗费用如此昂贵，和美国特殊的医保体系和税收体系有关。

① 王昱：《奥巴马医改，想法挺好，为啥却遭人恨》，《齐鲁晚报》2017 年 5 月 5 日。

美国商业医疗保险政策和税收减免政策促使雇员商业医疗保险标准愈发高涨，拉高了美国医疗机构的收费标准，也拉高了自购商业医疗保险的成本，使无医疗保险民众自购商业医疗保险变得愈发困难。美国近5成民众的医保为雇主缴纳的商业医疗保险（企业集体医保），购买这些保险享有政府的免税政策。为了合理避税，随着雇员工资的增长，工资增长的一部分被划归到购买企业集体医保的资金里，这样既可减少所缴税收，又能提升雇员的医疗保障。为了避税，越是工资高的员工，企业集体医保的标准越高，享受的医疗待遇越好。这一机制推高了美国的医疗成本，进而推高了自购商业医疗保险的成本。即近5成的企业集体医保用户，享有越来越豪华的医保，美国医疗机构也相应匹配了越来越豪华的医疗设备和服务，医疗费用也相应上升了。这些医疗机构不仅服务有医保的客户，也服务其他客户。其他客户要么有美国政府医保托底，要么需要自购商业医保或自费。在越来越豪华的医疗机构就医选择自费意味着天价，自购商业医保的费用也因为医疗机构收费标准提高而提升。因此，无政府医保托底的5000多万民众，只有选择无医保硬撑，能不去医院尽量不去。直到奥巴马的医保法案改善了这一情况。

奥巴马医保法案是美国历史中第一次真正意义上的全民医保，带有进步的性质。奥巴马并不是第一个提出全民医保的美国总统，早在1901年，美国总统西奥多·罗斯福就筹划构建全民医保体系，此后多位美国总统的谋划也因诸多原因而失败。直到奥巴马当选为总统，奥巴马医保法案是指在其执政时期推出的《患者保护与平价医疗法案》，旨在打造一个覆盖全民的医疗保障体系。该法案于2009年酝酿，于2010年获得美国国会通过，到2014年正式生效并实施。奥巴马对美国医疗保险体系的改革体现在八个方面[1]：一是医改目标是为了所有人都能获得合理的医疗资源，一方面使更多人能买到较为平价管用的商业医保，另一方面使更多人处于政府医保的覆盖范围。二是防止拒保和价格歧视。法案规定商业医保公司不得以任何理由拒保或进行价格歧视，只有年龄和吸烟两个因素可以作为保费变化的参考，但保费上调有上限，老人保费不得超过年轻人的3倍，烟民保费不得超过非烟民的50%。三是确

---

[1] 北大飞：《详解〈平价医保法（奥巴马医保）〉与美国医保的方方面面》，微信公众号 flyingpku 2016年12月12日。

保医保的保障水平管用够用。为了防止商业医保公司制定低保障水平的保险产品，如排除癌症、心脏病、生育等，法案规定了保险项目的最低要求，囊括了从住院、检查、开药、急诊、手术等足够多的医疗项目。并且限定了自费上限，自费之外的统统需要商业医保公司来赔付。同时规定赔付比例要占到毛收入的80%，这是为了防止商业医保公司在保险条文上做手脚，通过其他方法降低赔付金额。四是降低商业医保公司的风险。商业医保公司以盈利为目的，若亏损、破产不利于法案的推行，因此需要风险管控的机制。相应的做法为三大机制，分别为风险调整、再保险和风险通道。风险调整是平衡商业医保公司保险计划之间的风险，事前评估各保险计划的风险，对低风险保险计划收费，补贴给高风险保险计划，如某保险计划年轻人、健康人过多，则风险偏低。再保险是平衡保险计划之间的赔付额，对所有保险计划收取一笔费用，补贴给赔付过多的保险计划。风险通道是平衡不同保险公司之间的利润，由政府出一笔资金兜底，补贴给实际理赔超过目标值的保险公司，对实际理赔低于目标值一定比例的保险公司收取费用。五是构建了统一的医保交易平台。消费者可以直接在该网上交易平台上购买医保，为了方便筛选，各保险计划被按照"铜，银，金，铂"四个等级进行了分级。如此，消费者可以根据评级选择购买自己需要的医保产品。六是对中低收入群体进行补贴。一方面是购买商业医保补贴，收入越低的家庭补贴金额越大，从而使购买医保的成本处于他们能够负担的水平。另一方面是对低收入家庭进行费用分担，即就医费用除了医保赔付以外，政府也会分担一部分，收入越低分担的比例越高，保证穷人看病花费更低。七是降低贫困线的审核标准。让更多实际贫困民众获得政府医保，过去部分州为了节省财政资金，将贫困线标准定得偏高。八是全民强制购买医保，不买罚款。法案规定企业必须给员工购买商业医保，若无正式工作，个人也必须购买，否则将受到罚款[1]。

　　奥巴马医保法案遭到多方反对，推行过程困难重重，实施后也面临被废除风险。一是遭到共和党人士反对和打压。在美国式民主下，民主党、共和党交替执政，由于缺乏集中统一领导，许多改革政策遭到基于政党利益的反对，大大降低了政府的自我革新效率，影响了民生福利。由于奥巴马的民主

---

① 王昱：《奥巴马医改，想法挺好，为啥却遭人恨》，《齐鲁晚报》2017 年 5 月 5 日。

党身份，凡是民主党倡导的，共和党必然反对，奥巴马大力推行的医保法案，也一再遭到共和党的强烈反对和多次阻挠[①]。共和党作为在野党时一再阻止医保法案通过，在共和党人士特朗普执政时期，也一再试图废除奥巴马医保法案，以共和党的新法案取而代之。二是遭到自由主义人士反对。在西方，政府一旦管得过多，就会被认定违反了自由主义原则，干涉了个人自由。自由被他们看得比生命还重要，哪怕是为了扶贫济困。在医保法案中，有涉及对各州权力的限制，有涉及对个人买保险的强制，这些都成为自由主义人士反对的理由。共和党本身也是保守党，也信奉自由主义，他们与自由主义者一起阻挠法案，并开展医保法案违宪诉讼。在多次违宪诉讼失败后，在2018年，美国得克萨斯州的联邦法官里德·奥康纳裁定，奥巴马医保法案违反宪法，理由是法案强制民众购买医保，当时的美国总统特朗普表示这是"美国的好消息"[②]。三是触动了既得利益阶层利益。医保法案影响了商业医保公司的利润，一旦商业医保公司的利润超过规定的限制，就会被收取费用，从事商业医保行业的当代资产阶级为了更高利润会积极活动，千方百计解除相关束缚。医保法案触动了富人阶层的利益，中高收入阶层的税收增加了，被用于补贴中低收入阶层。四是遭到部分民众反对。全民医保意味着健康人补贴有健康问题的人、年轻人补贴年纪大的人，部分年轻、健康的民众不愿为他人买单，他们认为，医改后他们的保费增加了，医保的体验也变差了，自费的金额增加了。五是美国行政效率堪忧。医保方案设计的相应医保统一购买网站一度陷入瘫痪无法正常运行，凸显了美国政府在政策推行过程中的各种准备不足，以及低下的效率。

美国医疗保险体系存在深层次矛盾，积重难返。一是奥巴马医保法案并未从根本上解决美国医疗成本过高的问题，使美国财政继续承压。医保法案尽量避开了得罪医疗利益集团，这个利益集团包括医疗机构、制药器械公司和商业医保公司，它们相互勾结使民众看病成本日益提升，商业医保保费日益提升，政府医保支出日益提升。2019年，美国医疗保健支出接近3.6万亿美元，是军费开支的5倍，超过英国、法国、俄罗斯等发达经济体的国内生

---

① 马乐：《奥巴马医保法案缘何命运多舛》，《法制日报》2013年11月19日。

② 徐蕾：《法官裁定"奥巴马医改"违宪，特朗普：伟大的裁决》，观察者网，2018年12月17日。

产总值，占国民生产总值的 18%[①]。二是美国政党轮替使医疗保险体系改革面临左右拉扯。特朗普任职期间一再试图废除奥巴马医保法案，以新法案取而代之，由于任期问题而作罢。特朗普新法案取消了许多硬性规定，增添了更多市场竞争色彩，更符合中上收入阶层以及商业医保公司的利益。奥巴马医保法案更强调公平，特朗普新医保法案更强调效率。特朗普新医保法案已于 2017 年获得国会众议院通过，但在参议院遇阻，并试图在 2020 年大选后再对替代法案进行投票，迫于大选失败而作罢。新上任的美国总统拜登，与奥巴马同属民主党，任美国副总统时见证了《患者保护与平价医疗法案》成为法律的历史时刻，表示将重启《患者保护与平价医疗法案》并继续推动全民医保改革，将覆盖率提升到 97%[②]。但由于政党不断轮替的特点，美国医疗保险体系改革将继续面临废与立的循环。三是新冠肺炎疫情使美国财政情况持续恶化，医保改革或将暂时搁置。新冠肺炎疫情在美国持续蔓延，到 2021 年 2 月 3 日，已有超过 2640 万人感染，超过 44 万人因感染而死亡[③]，给美国经济、社会带来巨大冲击，为了防疫以及救济民众，美国财政承受巨大压力，扩大医保覆盖率存在资金难题。

---

① 李曦子：《改善美国医保体系有多难？》，《国际金融报》2021 年 1 月 11 日。

② 牟磊：《抗击疫情＋医保改革，拜登上任后将如何"拯救"泥泞中的美国医疗》，动脉网，2021 年 11 月 21 日。

③ 许弢：《2 月 3 日美国疫情最新消息情况：美国新冠肺炎超 2640 万例》，央视新闻，2021 年 2 月 3 日。

第 五 章

当代资本主义的经济危机

当代资本主义经济危机一般指的是二战后资本主义世界的经济危机。和传统的经济危机相比，当代资本主义经济危机既有相似，也有许多不同，其产生的影响也十分深远。

第一节　当代资本主义经济危机的特征

二战后资本主义世界爆发的经济危机与以往的传统经济危机不同，深刻理解和把握当代资本主义经济危机的新特征和新趋势，有助于剖析其背后的本质，揭示社会主义的必然。

一、金融危机成为主要表现形式

古典的资本主义经济危机一般从实体经济部门开始，生产过剩造成大量生产能力闲置、工厂关闭，进而进一步扩散至银行等金融部门。与传统的、源自实体部门的经济危机相比，当代资本主义经济危机呈现出很多新特征和新趋势。其中最为突出的表现是，20世纪后半叶之后，资本主义世界的经济危机日益明显地以金融危机的形式出现。金融危机的发生需要具备一定前提，当货币在较大程度上被信用经营和信用货币取代的情况下，它才有可能出现。而当代资本主义的经济危机往往以金融领域为起点，其中最具有代表性的包括20世纪80年代爆发于墨西哥的拉美金融危机、20世纪90年代爆发于泰国的亚洲金融危机以及21世纪初由美国席卷全球的金融危机。

综观上述金融危机，可以发现它们具有一些共同点。以拉美金融为例，该危机发生的起因是 1982 年墨西哥无力支付国际银行债务，不得不求助于美国，以至最终签署了北美贸易协定。表面来看，墨西哥长期实行的外汇浮动汇率制度造成国内经济对外依存度过高，无力偿还外债成为危机的直接导火索；究其深层次原因，国内产业结构失调、政治经济因素交织等都是其爆发的原因。1997 年泰国货币突然贬值，同样受到地区经济结构的僵化、货币政策失误、汇率和外贸政策的失当等诸多因素的影响，进而迅速蔓延，对亚洲国家造成了巨大冲击。2007 年 8 月，美国次贷危机突然爆发，很快波及全球、进而造成欧洲债务危机，不仅重创了美国等发达资本主义国家的金融与经济体系，也给其他国家的金融和经济体系造成沉重打击。

二、结构性经济危机日益突出

结构性经济危机，一般指国民经济中的各部门、各领域、各方面之间的关系因严重失衡而长期阻碍经济发展的危机。与周期性危机有所不同的是，结构性危机既有可能是生产过剩，也有可能以生产和供应不足的形式出现。具体来看，结构性危机主要是因为不同生产部门、非生产性企业与生产性企业之间的均衡状态遭到破坏，有些部门生产过剩的同时，有些部门生产不足，导致经济内在稳定增长的机制遭受破坏。当代资本主义不仅未能摆脱传统的周期性经济危机，而且自 20 世纪 70 年代以来明显增添了结构性危机，包括原料危机、石油危机、传统工业危机、国际货币和债务危机等。

从当下来看，资本主义国家的结构性危机日益突出，其中最明显的表现就是发达经济体的"去工业化"现象造成了产业结构失衡。自 20 世纪七八十年代以来，欧美发达国家逐步将淘汰的产能向第三世界国家转移，失业群体大量投入服务业，金融业和信用经济蓬勃发展，催生了庞大的虚拟经济部门。在新科技革命推动下发生的产业结构变动，既促进了新型产业部门的形成和发展，同时也引起了传统工业的急剧衰落，从而使产业结构明显失衡。作为人类历史上率先走上资本主义道路的国家，英国的第二产业就业与产值份额在 1960—1980 年间均明显下降，呈现明显的去工业化趋势，制造业产出增长率下降直接导致英国的产出增速放缓及经济地位的快速下滑。同样的，曾经的世界工厂美国也深受"去工业化"的拖累。根据美国劳动局网站的数据显示，在美国全部就业岗位中，由制造业所提供的就业岗位自 20 世纪 40 年代以来不断下降，由 1940 年的 34% 下降至 1970 年的 22.8%。进入 21 世纪后，制造业为美国居民提供的就业岗位不到 10%。而创造美国 1/5 GDP 的金融业仅仅提供了 5% ~ 6% 的就业岗位。"去工业化"的加剧让美国的传统行业发展困难，每况愈下，难以为国民经济提供有力支撑。除了一些高端工业，美国的经济繁荣基本是靠着美元霸权对其他国家和地区的掠夺来供给。底特律是世界传统汽车中心和美国最大的城市之一，其鼎盛时期（20 世纪 50 年代）的人口高达 185 万。然而随着传统汽车产业的没落，本地劳动力大量外流，本地就业机会显著下降，随之而来的是日渐减少的税收和日益增加的财政压力。2013 年 12 月，底特律正式宣告破产，成为美国历史上规模最大的破产城市。

总体而言，忽略制造业和实体经济、过度依赖金融业和虚拟经济，带来的是西方国家的内部经济结构失衡，成为经济危机的重要动因。与此同时，结构性经济危机常常会与传统的周期性经济危机互相作用，结果就是生产的相对过剩与绝对过剩并存，进一步加重了当代资本主义经济危机的恶劣影响。

三、经济危机的系统性更强

和传统的经济危机对比，当代资本主义经济危机的系统性更强，可从以下两个角度去理解。

首先，当代资本主义经济危机往往涉及多个领域。从资本主义国家内部来看，经济危机不仅出现在金融领域，也与政治、社会、文化、生态等互相交织，蔓延到其他领域。试举一例，2008 年金融危机起源于美国金融领域的次级贷款，受到链条机制的作用，先是金融部门遭受巨额的次贷危机损失，进而带来了房贷危机，再冲击到企业债市场。国民经济中庞大规模的金融衍生品，更是让它的影响令人震惊。这场灾难既影响到虚拟经济，也作用于实体经济层面。美国多家大型保险机构、银行、工厂被迫关停，失业率不断上升，民众消费需求大幅下降，显示出当代经济危机对上层建筑的影响度和渗透性更强。

其次，当代资本主义经济危机的波及范围更广。以 2008 年经济危机为例，与 20 世纪 30 年代始发于工业生产领域的大危机相比，这次金融危机爆发于美国，影响却覆盖全球。它不仅对美国经济造成了致命的冲击，同时进一步引发了世界性金融危机，给全球经济都造成了长远的灾难性影响。有数据表明，2007 年至 2009 年间美国的 GDP 分别为 1.9%、−0.0%、−2.6%；联邦政府没有足够的钱所以不得不越来越多地借债，中央政府的负债率由 2007 年的 46.5% 增长至 67.1%。欧洲诸国的政府受困于繁重的债务负担以及随之而来的违约风险，均遭遇了不同程度的债务风险和债务危机。

综合来看，当代资本主义经济危机已由金融部门扩散到其他领域，从相对独立的传统的局部性危机转化成波及更广的系统性危机。当代资本主义的经济实质并未改变，依然没有摆脱自身痼疾。实物经济与金融资本高度虚拟化之间的冲突更加严重，进一步加重了资本主义固有的生产过剩危机，这是当代经济危机系统性的根源。

四、经济危机往往与社会性危机并存

由于基本矛盾的发展变化，当代资本主义经济危机在资本主义制度范畴内表现出了一定的历史进步性。这种进步性主要体现为，危机的严重程度和破坏性较之于传统危机有所减轻。从历史比较来看，资本主义经济危机在二战以前大多来势凶猛，到 20 世纪上半叶破坏性明显增强，特别是 30 年代的大危机曾使资本主义国家的工业生产倒退几十年，失业人数和企业倒闭之多都创下历史之最。相对而言，当代资本主义经济危机的破坏和摧毁性都不如以前那样剧烈。

但是应当看到，这种"进步"不是对资本主义基本矛盾的消除，而是对它的调和。从长远来看，当代资本主义经济危机往往与社会性危机并存，虽然短期的冲击力可能不如二战之前剧烈，但其发生不仅直接导致了失业率升高、贫困增加和社会稳定性、安全性降低，也对资本主义国家基本体制造成了深刻的冲击。经济危机对各国高福利的社会保障体系有明显的破坏作用，进而导致资本主义国家的主权债务危机井喷，高福利模式不可为继。从现有情况来看，包括美国、欧盟等主要发达国家在内的西方国家普遍存在财政困难和债务风险问题。各国政府纷纷出台一系列政策以削减政府支出，单边主义、贸易保护主义、民粹主义、难民及移民问题等因素交织，更让上述国家的社会不稳定雪上加霜。西方资本主义国家的普通民众则更强烈地表示出对资本主义制度的失望和声讨，"占领华尔街"的游行抗议运动充分暴露了美国激烈的社会矛盾。游行民众对美国政府忽视普通人的权益、社会贫富差距日益扩大等现象，表示了强烈的不满，要求改变美国不公平不合理的政治经济制度。发达经济体的高福利模式已经难以持续，但发达国家却拿不出行之有效的应对策略，已经推出的一些改革也阻力重重。综上所述，当代资本主义经济危机与社会性危机并存已难以避免，两者之间的相互作用，将会让发达国家的发展前景愈加困难。

五、经济危机的效果具有黏滞性

与传统的经济危机相比，当代资本主义的经济危机呈现出更为明显的黏滞性。所谓黏滞性，指的是它导致资本主义国家的经济长期徘徊在萧条阶段，复苏乏力，从萧条阶段过渡到复苏阶段的过程表现出缓慢、滞后和反复的特征。

自 2008 年金融危机发生以来，虽然发达国家的政府纷纷采取措施刺激本国经济增长，但西方各国经济复苏乏力，仍长期陷在停滞的泥潭之中，表现出了明显的黏滞性。2008 年后，欧盟地区的 GDP 增长率长期处在 1% 以下，年平均增长率只有 0.69%；2009 年，37 个发达经济体中实际 GDP 下降的多达 24 个。全球经济也遭遇了自第二次世界大战以来的首次整体性衰退。仅仅 2009 年一年，整个欧元地区实际 GDP 下降了 4.5%，日本下降了 5.5%，英国下降 4.3%，美国下降 2.8%。日本 2010 年到 2014 年间的 GDP 年平均增长率仅为 1.49%；而美国则自 2000 年以来基本处于 2% 左右的低增长状态。2007年至 2009 年，全球增加了近 3000 万的失业人口，其中超过半数来自发达经济体，美国失业人口上升了 750 万。这种态势到目前为止也没有得到根本的扭转，特别是受到新冠肺炎疫情、贸易保护主义、逆全球化等因素的交替影响，世界经济仍具有较大的下行压力。早在 2020 年 10 月，国际货币基金组织（IMF）就在《世界经济展望报告》中预测发达经济体的经济将衰退 5.8%。

而在 2021 年首份全球经济展望保护中，世界银行认为全球可能面临"失去的十年"的风险——未来长达 10 年的经济增长可能都会不尽如人意，除非进行实质性的全面改革。[①]

之所以会出现这种黏滞性，一定程度上源于当代资本主义国家的高度金融化趋势。随着发达国家推出越来越多的金融产品，繁杂的产品种类和晦涩的产品规则掩盖了产品本身的问题，也令金融监管存在许多漏洞。资本主义经济的矛盾表现的钝化并被推迟，但是没有从根源上解决，反而被虚拟经济的繁荣表象掩盖甚至扩大。这既导致了经济危机爆发时的激烈，也导致了走出经济危机的困难和时滞。更为重要的是，经济危机强大的系统性及黏滞性，沉重地打击了资本主义经济制度。在资本主义国家，经济面临衰退和萧条，人民生活水平下降，政府的"救市"政策无法根治危机，越来越多人开始怀疑甚至声讨资本主义制度。这对资本主义全球化进程产生了抑制。

六、经济危机让资本主义国家陷入"两难"的政策困境

面对频繁出现的经济危机，资本主义国家的政府面临前所未有的"两难"困境，应对之策寥寥无几，能够产生显著效果的措施更是少之又少。

20 世纪 30 年代发生的经济大危机，迫使西方国家不得不摒弃早期资本主义的传统范式，对其进行根本制度框架内的修复。凯恩斯主义者指出，"非自愿失业"存在的根源是社会有效需求的不足，国家政府应对经济活动进行干预，刺激消费需求和投资需求。在凯恩斯主义的指引下，罗斯福新政强调国家对经济的干预。为了避免资本过分集中、缓解贫富差距，由政府出面整顿、加强和管理银行、信贷和货币制度；开征高额累进的财产税，构建社会保险机制，适当提高劳工的社会地位；并由国家投资兴办公共工程，推动工农业复兴。

表面上来看，在凯恩斯主义思想指导下的罗斯福新政有效缓解了资本主

---

① 《深度 | 世行发布 2021 年首份全球经济展望报告，缘何看好中国》，2021 年 1 月。https://www.360 kuai.com/pc/9b56473ef0c697b3d?cota=4&kuai_so=1&tj_url=so_rec&sign=360_e39369d1&refer_ scene=so_54.

义的多个问题，仿佛找到了缓解经济危机的路径，此后虽然资本主义经济危机还是不断发生，但其破坏性和影响力都远不如 20 世纪 30 年代的危机那么严重，相反却使资本主义迎来了 20 世纪五六十年代的"黄金时代"。然而，凯恩斯主义不能真正缓解资本主义制度的内在矛盾，只是将矛盾推迟甚至扩大，使之"慢性化"。凯恩斯主义的核心对策是政府干预经济，通过公共投资拉动需求增加民众的有效需求能力，而这些政策实行的前提是政府开支的扩充。为了保证政府支出，战后西方主要国家普遍借助公共投资，以巨大的投资拉动需求和刺激经济。不断扩大的投资规模与社会福利造成了政府财政亏空，为弥补财政缺口，西方政府不得不加重赋税，从而形成了一个恶性循环。沉重的税负抑制了社会投资的增长和劳动积极性，拖慢了经济发展速度，增加了失业压力。财政支出的日益增长让政府财政负担愈加严重，财政赤字迅速增加，由此带来了严重的通货膨胀。失业和通货膨胀的结合让当局束手无策，风靡当时的凯恩斯经济学也无法对"滞胀"提出科学的解释和应对建议。

在凯恩斯主义失灵的大背景下，兴起于滞胀危机时期的新自由主义成了代替凯恩斯思想的"灵丹妙药"。新自由主义思潮主张全盘私有化、推崇市场自由化，鼓励尽可能地削弱政府角色，并认为国家干预是无效的。20 世纪80 年代，美英等国的决策者相继将其作为制定经济政策的理论依据，开始了第二次政策调整。撒切尔政府全面实施私有化，从 1979 年至 1989 年先后出售 50 余家国有企业的国有资产，总额达 250 亿英镑，40% 的国有经济被私有化；大幅度降低公众福利，政府的福利开支在 GDP 中的最大比例被降低至 22%，同时放松政府对经济活动的干预。同一时期，美国的里根政府吸收了供给学派与现代货币主义学派的基本思想，将通货膨胀和低速增长视为政府庞大化的产物，认为货币当局必须实行"单一规则"的货币政策，控制货币供应量的增长率；政府应通过减税实行供给管理，信奉"供给自动创造需求"。在"里根经济学"的思想引导下，美国政府注重降低税率、削减公共福利、减少政府干预，公益事业等社会公共支出在政府预算方案中的比例显著降低。

不可否认，新自由主义指导下的一系列经济政策对克服当时的"滞胀"危机确实产生了效果。1982 年起，美国经济开始缓慢复苏，并保持了长达 50个月的连续低速增长。通货膨胀率也由 1981 年的 10.4% 降为 1982 年的 3.9%。

英国在撒切尔夫人当政期间也创造了经济奇迹，国民生产总值年均增长率一直保持在 2% 之上，通货膨胀率显著下降，1986 年以后持续低于欧盟的平均水平。然而，被西方社会广泛采用的新自由主义并不是灵丹妙药，它虽然在克服"滞胀"危机上有所成效，但给当代资本主义带来的"副作用"更加严重，最终导致 2008 年国际金融危机爆发时极其迅猛、危害程度也十分深远。一方面，新自由主义兜售"市场万能论"的伪科学学说，降低政府对市场的监管力度和国家干预的公信力，导致贫富差距不断扩大，强资本、弱劳工态势日益加深。一个显而易见的事实是，美国自实施新自由主义经济政策之后，贫富的两极分化日渐严重。另一方面，新自由主义政策区分了社会的不同阶层，损害的是社会中下层民众的利益，因而遭遇民众的激烈抵制，导致社会危机频发。欧美大量民众声称新自由主义是一种野蛮的社会达尔文主义，它打着市场经济、优胜劣汰的口号，罔顾民众利益，让穷人愈加贫困、资本更加富有。可以说，新自由主义思潮的盛行加重了两极分化和不安定因素，并让资本主义世界的社会冲突进一步恶化。

基于以上分析不难看出，发达资本主义国家为了应对萧条和经济危机，纷纷调整经济政策，用以刺激经济复苏。虽然取得了一定成效，但资本主义的内在痼疾没有消除，当代资本主义经济危机的频频爆发已经让西方发达国家陷入了"两难"的困境。如果想要规避 20 世纪 30 年代那样的大规模经济危机，就必须遵循凯恩斯主义的宏观经济政策主张，推动资本主义的内在自我调整，然而，这种调整却使资本主义又陷入了新的"滞胀"危机；要使资本主义摆脱"滞胀"危机，就须按照新自由主义的政策取向向"自由"资本主义复归，而这种复归又会加剧贫富两极分化，引发了执政者的执政危机和社会危机。这种让人尴尬的"两难"困境，是资本主义难以"自救"的预示，反映了社会主义的必然性。

第二节　当代资本主义经济危机变化的原因

世界经济危机时有发生，虽然西方各国政府纷纷推出各种策略，对经济发展进行干预，也产生了一定的作用，但直到今天，西方主要国家的经济仍未复苏回到较高水平，全球经济进程仍然处于不景气状况。当代资本主义国家的金融危机不断加剧，变成经济危机，甚至发展为社会危机、政治危机、文明危机乃至制度性危机。一方面，它验证了马克思恩格斯关于资本主义经济危机思想的科学性与时代价值，进一步说明了马克思经济理论对现实世界解释的有效性；另一方面，也促使人们关注并反思当代资本主义发展的一些新变化、新特征和新趋势，如虚拟经济信用经济的发展、金融衍生品的更新、全球化的推进等等。这些因素共同构成了当代资本主义经济危机变化的动因。

一、资本主义的基本矛盾无法从根源上消除

2008 年 11 月，英国女王伊丽莎白二世到访伦敦政治经济学院，对学者们提出了一个直白又尖锐的问题："既然这场危机的规模如此空前，那怎么会居然没人预见到呢？"这次"女王之问"直刺当代资本主义两大问题：其一，西方资本主义经济在 2007—2008 年濒临崩溃，至今未能完全复苏；其二，面对金融危机的持续发酵，主流经济学家们却没能搞清楚危机的原因，更无法对其作出有效的预测。

经济危机可以预测吗？奥地利经济学派的领军人物米塞斯和哈耶克，曾根据商业周期理论预测到了 1929 年的经济危机。按照他们的理论，20 世纪 20 年代美联储持续实施扩张性的货币政策，下调利率，向市场释放了一些资源配置的错误信号。这导致大量企业家将资金用于一些低效的资金密集型产业（如房地产业、重工业等）。资金的流动性过剩进一步提升了固定资产投资的热度。随着资本品工业的过度扩张，经济结构不断扭曲，信贷规模持续膨胀。当政府没有办法像之前那样实行扩张性政策时，股票与房地产泡沫破灭，继而导致银行贷款难以收回，最后必然导致大危机、大萧条。奥地利学派的主要代表人物罗斯巴德在《美国大萧条》中对 20 世纪 30 年代的大萧条进行了解读，认为危机的产生不是由自由市场经济自身造成的，也不是像货币主义学者分析的那样源于 1929 年后的信贷紧缩政策，而是由 20 世纪 20 年代美联储持续的信贷扩张策略导致的。从胡佛总统开始的一系列政府干预政策不

仅没有缓解危机，反而延长了衰退的时间，政府干预破坏了市场自身的调整，让衰退变成了持续的大萧条。

如果真的如理论研究者所言，经济危机是可以预测的，为什么当代资本主义国家的经济危机从未停止，反而频繁爆发呢？究其深层次原因，是因为资本主义的内在矛盾没有从根本上得以解决。马克思曾经如此论述："不用说美国的危机和可能有的澳大利亚市场商品过剩的事实必然会反过来影响英国的贸易。美国 1837 年的危机是跟着英国 1836 年危机而来的，而现在是英国的危机是跟着美国的危机而来；但是在这两种情况下，危机都是同一个原因——英国现存的工业制度的作用，这种制度必然会造成大不列颠本国的生产过剩和所有其他国家的过度投资的必然产物。"[1]很明显，马克思关注的是资本主义制度本身的弊端。在马克思主义政治经济学的理论视域中，资产主义的生产方式有其内在规律，那就是既追求利润和剩余价值，又必须在有局限性的范围内发展生产力，这种对生产力的追求造成了资本主义社会的基本矛盾，也就是《共产党宣言》中揭示的社会化大生产和资本主义私人占有之间的矛盾。根据马克思的资本积累理论，资本家阶级为了攫取更多的剩余价值，不断把剩余价值资本化以实现资本积累。在这个过程中，生产不断集中，集中带来了垄断，生产的社会化与生产资料私人占有之间的矛盾不断激化，也让生产相对过剩与劳动者绝对贫困导致购买力不足的矛盾更加凸显。这成为资本主义自身无法摆脱的生产方式痼疾，也是当代资本主义经济（金融）危机频频爆发的根源所在。

正是因为如此，现实情况和奥地利学派的观点差异很大，反而更像伊丽莎白女王提出的问题一样，多数经济学家、央行银行家和监管者们非但没能预测到危机的到来，甚至还由衷相信持续保持低通胀就能确保金融稳定。2009 年春季的美国官方预测，既没有预见缓慢复苏的到来，也不知道原本局限在美英两国的危机竟会迅速在欧元区引爆。发生在美国的金融危机，其扩散速度之迅速，波及范围之广，都是以往危机前所未有的。产生于美国的金融危机以次贷危机为起点，虽然较之于以往数次危机有不同和其特殊性，但放在历史的长河中去比较，正是再一次证明了马克思当年的说法，那就是资

---

[1]《马克思恩格斯全集》第 25 卷，人民出版社 2001 年版，第 655—656 页。

本无限制贪婪的本性受到了资本主义固有限制的惩罚。

二、收入不平等造成资本主义国家有效需求不足

马克思主义政治经济学的基本思想指出，资本主义生产方式的自然趋势是造成两极分化。这一趋势突出表现在收入分配领域。当代资本主义国家普遍存在明显的收入贫富差距，反映了当代资本主义社会中公平与效率之间的矛盾，使得当代资本主义社会的各种经济矛盾日益凸显。随着当代资本主义世界金融化的发展，西方发达经济体的收入不平等不但没有得到缓和，反倒愈演愈烈。诸多学术研究指出，金融化加剧了资本主义国家财富分配和收入的分配差距。随着私人财富集中化程度越来越高，财富和收入分配向富有阶层利益倾斜。以美国为例，根据《商业周刊》披露的数据，1999 年，美国的劳动力成本仅仅上升了 1.9%，而规模最大的 900 家大型跨国公司利润增长了近 19%，公司营收与普通工人的收入完全不成比例。2018 年美国 GDP 已达20.6 万亿美元，人均收入已超 6.2 万美元，是世界公认的富裕国家，但美国社会收入分配差距问题更为严重。特别是金融化在资本主义经济体中发迹后这种差距更加凸显。美国基尼系数由 1979 年的 31.6% 上升到 2016 年的 41.5%，增幅高达 31.3%。

金融化之所以会加剧收入不平等，主要作用于在以下几个方面：第一，20 世纪 80 年代发达国家的公司治理目标向股东价值最大化转变，管理层的薪资水平大幅提高，非金融企业为了赚取短期高额利润回报，进一步从实体经济抽离并将资金转移到金融领域，导致工人就业岗位减少，失业率增高，在促进消费信贷增长的同时进一步加剧了社会贫富分化。第二，金融化削弱了工会的议价能力，造成工人工资增长减缓甚至引发工资停滞。与此同时，普通居民参与金融活动的门槛降低，为居民消费信贷的增值提供了必要条件。普通居民通过不断增长消费信贷来弥补社会分配向富有人群的倾斜，这一过程致使资源严重错配，普通居民财富结构恶化，进一步加剧了收入不平等。

垄断资本主义的迅猛发展，让西方发达经济体的收入不平等进一步恶化。无论是从理论还是现实的角度，当代资本主义发展的趋势必然是其垄断

性越来越强，贫富差距的鸿沟只会进一步加深。各行各业的资本、熟练劳动力、尖端科技、快速便捷的交通运输和营销网络统统都被垄断，"帝国主义阶段的资本主义紧紧接近最全面的生产社会化"[①]。在生产社会化程度不断提高的同时，生产资料的私人占有问题也变得更加突出。全球富翁总人数在 2019 年上升至 4680 万人，在 77 亿总人口中占比 0.6%，而他们拥有可支配的财富总共达到了 1583 万亿美元，约占全球总财富的 44%。[②] 实际工资水平下降与收入差距的扩大，不断限制资本主义国家中广大劳动者的购买力，造成一国范围内的有效需求下降，进而使得资本主义国家生产与需求之间的矛盾进一步激化。

三、当代资本主义的经济体系高度金融化

经济危机往往是对现有市场经济供需失衡、产能过剩的清算，其背后的根源是资本主义国家经济长期积累的不足。当代资本主义的产业结构已经逐渐形成了去工业化、高新技术产业化、经济虚拟化金融化三大基本特征。其中，非生产性部门日益庞大，金融资本过度膨胀，成为资本主义国家内部经济结构失衡的典型表现。综观当前主要资本国家的生产体系，其共同特征是越来越多的剩余价值不断转化为金融资本，加剧了资本主义生产体系的金融化。对此，英国知名经济学者考斯塔斯·拉帕维查斯指出，当今企业的积累资金日渐自有化，该过程在资本主义大中型企业中尤为突出且还在不断加速；同时，各种非生产性部门获利途径不断增多，这使得金融部门更独立于传统的生产性企业之外，不仅造成了金融与实体领域的脱节，也让资本主义市场更倾向于发展金融业，制造出大量的金融泡沫。

2008 年，美国金融危机的爆发与金融资本过度息息相关。金融危机的爆发，让西方发达经济体金融体系的运行、监管弱点暴露无遗。在资本主义国家，银行用以扩张的手段不仅体现为其不计后果的掠夺性贷款，也包括滥用信用致富以及对市场势力的过度开发和利用。宋鸿兵在其代表作《货币战争》

---

① 列宁：《帝国主义是资本主义的最高阶段》，人民出版社 2014 年版，第 22 页。
② 《全球百万富翁数量达 4680 万》，新浪财经，2019 年 10 月 22 日。

中如此评论：2008 年爆发的美国金融危机根源在于 1971 年以来的美元体系存在着致命的缺陷，这就使全世界的货币大厦实际上建立在美国的债务沙滩之上，而美元的债务本身既不可能稳定也不可能持续，随着世界经济总吨位的增长，美元地基在沉陷，随之而来的就是大厦将倾的危机。①

　　尽管西方的金融改革大多致力于阻止银行系统进一步危害社会，然而在2008 年金融危机后的几年里，银行却变得更为肆意妄为。以美国为例。美股连续熔断以一种近乎极端的方式，让人们看到了西方经济的深层次结构性问题——经济金融化。所谓经济金融化，就是尽可能地用资产负债表作为衡量所有资产的标准，任何经济行为都要尽量按照资产增值以及财会的要求去推进。典型表现是，包括美国、德国、日本、英国等在内的主要发达经济体的金融资产总量都远远高于该国的 GDP 数据，两者差距近十数倍。在经济金融化的社会中，各种对未来经济数据的预期都可以被计算、细分、转移、折现，个人生活被社保基金的投资收益预期所绑定，整个社会的未来取决于账面价值能否持续增长，从而带来先前分利预期的变现。西方的金融监管方式所赖以存在的理论支撑存在很大缺陷，这种经济金融化的普遍现象也反映了西方国家金融监管理论的不足，主流理论假定"各种组织，特别是银行，具有自利性，因此他们有最好的能力保护股东和企业的权益"，然而正如美联储前主席格林斯潘在国会接受质询时承认的那样，这一理论假设被无数事实证明是完全错误的。

　　进入后危机时代之后，以美国华尔街为代表的金融中心"创新"手段层出不穷，创造出了"虚拟资本的虚拟资本"。在新自由主义的旗帜下，金融监管如同虚设；越来越多的资本从实体经济领域涌入虚拟经济领域。美国政府大量发行货币，美联储无限量的宽松货币政策导致利率下降，货币政策失去支点，政府债务居高不下，资本主义国家内部的宏观调控已经失去了效果，难以挽救本国脆弱的经济。政府为加速本土市场出清，不惜利用制造美元过剩收割新兴市场国家的市场，导致全球经济震荡。由此可以看出，经济的虚拟化金融化已经成为资本主义经济发展的常态，并且不断孕育出新的危机。资本主义国家的高度金融化，非但无法从根源上解决业已存在的生产与需求

___
① 宋鸿兵：《货币战争》，中信出版社 2011 年版，序言。

的矛盾关系，消除生产与需求的对立，反而加剧了这种对立、将其推向了更深的层次。这也直接造成了当代资本主义经济危机多由金融领域开始，社会生产的无序性在各种金融衍生品的遮蔽下不断加剧。从这个角度来看，当代资本主义经济危机，并没有跳出自由市场"过剩—平仓"的经济周期，社会经济各领域亟须重构和调整。

四、当代资本主义的货币过剩常态化

当前的货币主要是以信用货币的形式存在。不同于金属货币，流通中的信用货币量具有高度的可伸缩性。当资本主义扩大再生产过程中新创造的剩余价值较容易实现时，金融资本为参与对剩余价值的分割而极力延长信用链条，大量的信用货币被创造出来，并带动扩大再生产过程的加速。然而，当扩大再生产过程中新创造的剩余价值难以实现时，金融资本为实现新的剩余价值而让渡出去的剩余价值，就表现为个人和政府债务的累积；一旦债务无法清偿，信用链条的崩溃会使流通中的信用货币量急速萎缩，并加剧扩大再生产过程中的剩余价值实现问题。

研究金融化的著名学者科斯塔斯·拉帕维查斯（Costas Lapavit- sas）指出，在过去的 10 年间，资本主义金融化在病态中运行。非金融企业盈利能力不足，生产率和利润率持续下降，使资本主义积累的驱动力逐渐耗尽。尤其是 2020 年全球新冠肺炎疫情暴发，为应对它给经济造成的严重冲击，西方国家相继出台了大规模的经济刺激计划。2020 年 4 月，美国推出了规模高达 3 万亿美元的经济刺激方案，美联储进一步出台了无限量量化宽松货币政策，开放式购买国债和住房抵押支持证券（MBS），以帮助金融机构和大型企业融资，加大市场流动性。欧盟、日本等主要经济体也随之跟进，截至 2020 年 6 月，已经有超过 40 个国家采取零利率、负利率政策，在全球形成了增发货币的浪潮。尽管大规模救助计划和超级宽松的货币政策对缓解金融市场的恐慌会发挥一定作用，但这些政策不过是以往应对金融危机措施的另一种形式。英国经济学家玛丽安娜·马祖卡托（Mariana Mazzucato）也指出，从国际金融危机实践看，西方国家的中央银行向全球注入了大量流动性，却未能将其引向实体经济，这些资金最终回流到金融部门。

事实上，这种货币过剩现象是金融资本对扩大再生产过程的控制没有消除资本蓄积规则和财富分配规则的外在表现。在资本主义国家，劳动者与金融资本的矛盾始终存在。庞大的金融资本为实现自身剩余价值愈发鼓励透支消费，并且在不断地翻新手段。金融资本对透支消费的支持，扰乱了价格信号反映并协调生产与需求关系的过程，使得资本主义生产体系变得更加脆弱。扩大再生产越是加速进行，劳动者购买力越是萎缩，与透支消费相联系的信用货币过剩也就越严重。当过度扩张的信用无法帮助资本实现剩余价值时，信用货币流通量的突然萎缩就引发了现代经济危机。因此，信用货币的高度不稳定性，成为频繁引发以货币过剩为特征的当代经济危机的导火索。

从商品过剩向以货币过剩的经济危机形态转变，是金融资本通过透支消费取得对社会再生产过程支配权的必然结果。通过透支消费使剩余价值转化为金融资本并成为资本主义生产过程的导引，虽然可以在一定水准上缓解生产与需求的对立关系，但不可能解决资本主义扩大再生产过程中的剩余价值难以实现的问题。正如马克思指出的，资本主义生产竭力发展生产力，好像只有社会的绝对的消费能力才是生产力发展的界限。金融资本既然不能改变资本在社会生产中占支配地位的资本蓄积规则和财富分配规则，也就不可能真正消除生产与需求的对立，只能使这种对立激化导致的经济危机以新的形态表现出来。

五、国家垄断资本主义加速了经济危机的扩散

无限扩张的生产与有限需求之间的矛盾是资本主义基本矛盾的表现形式之一。由于这一矛盾的日益突出，当代资本主义国家纷纷采用信用经济、政府支出和技术发明等手段来对抗过剩危机与经济停滞。但是，这些方式都会在一定程度上受到国内条件的约束。现代市场经济体制的建立，使资产阶级增加了新的统治工具和方式。全球化的发展，让生产社会化水平达到了空前的程度，生产资料的私人占有进一步集中，表现为国际垄断资本的全球流动。当代资本主义已经从国家垄断资本主义推进到了国际垄断资本主义的新阶段。"在垄断金融阶段的资本主义结构性危机的背景下，新自由主义已同资本主义制度融为一体。它把这种结构性危机扩展到整个社会，并使之在体系内部具

有普遍性和不可克服性。"①

在这个阶段，跨国公司快速兴起并得到极大发展。作为全球社会化生产组织者的跨国公司，它凭借发达的交通、高效的信息手段网络技术、先进的管理经验，在其内部实现了高度的计划性和组织能力。表面上来看，个别生产厂商的有组织性与整个社会生产无政府状态之间的冲突，因为跨国公司的兴起在国家界限内有所缓解。但实际上，这种内在冲突在全球空间内反而恶化了。原因在于，跨国公司的行为基本上都是在无政府状态的世界市场上完成的，为追求跨区域、跨国别的最大利润，其行为在很大程度上已经超越了民族国家的界限，其结果必然导致世界范围内的生产更加多元化和盲目化。由于跨国公司有强大的经济实力和市场话语权，一旦其产品过剩，影响会波及产业链条上一系列环节，带来破坏力极强的世界性经济动荡。

二战后世界经济的发展也证实了这点。资本主义基本矛盾已经呈现出新的表现形式，集中表现为跨国公司的有组织性与全球经济无政府状态的矛盾。随着新自由主义意识形态的泛滥，各国政府放松金融管制，金融市场过度投机和全球金融体制不健全，虚拟经济与实体经济严重脱节，金融泡沫持续膨胀，世界经济结构严重失衡。国际垄断资本的金融投机和金融掠夺，借助于复杂金融衍生品的放大机制，把美国的次贷危机最终扩展为全球金融危机。资本主义的基本矛盾已经从国内扩散到全球，生产的全球性与占有制的私有性之间的冲突在全球范围内蔓延，让各种国际矛盾和冲突愈加激化。

应当看到，当代资本主义的实质是一种国家垄断资本主义，金融资本在其中扮演了至关重要的角色。随着国际角色分工的不断深化，金融和垄断资本在全球几乎每个角度渗透。根据沃勒斯坦的世界体系学说，资本主义危机大致沿着"中心—半边缘—边缘"的路径对外传导。银行家和大资本家为谋求高额利润，频繁使用恶意套汇、滥发货币、做空期货等掠夺性手段，导致全球范围内的金融掠夺成为常态，发生世界性经济危机的可能性与日俱增，远超二战以前。亚洲金融危机、墨西哥金融危机、次贷危机策就是典型例证。这也从另一个角度解释了为什么当代资本主义危机的波及范围更广，一个重

---

① 〔美〕约翰·贝拉米·福斯特、张剑:《资本主义的失败与社会主义的未来》,《国外社会科学前沿》2020年第10期。

要原因就是西方发达经济体、跨国公司和金融机构长期施压，要求发展中国家和新兴经济体全面放开资本账户，推行自由利率，加剧了民族国家与全球金融体系的不确定性和潜在风险。当代资本主义的经济危机往往从西方发达国家开始，进而扩散到边缘国家和地区扩散，对其他社会主义国家、新兴市场国家都会造成较大影响，乃至影响整个世界经济。这既是资本主义发展到国际金融垄断资本主义阶段的典型特征，也是其危机周期性的体现。

六、全球化及国际分工格局影响深远

一是全球化程度的不断加深。19 世纪末 20 世纪初的全球化主要局限于欧美西方国家之间的内部转移，而现在的全球化在不断加强，全球化程度可以说是前所未有。不同国家、地区、民族之间的关联愈加紧密，休戚与共命运相连，人类正在成为一个真正的"命运共同体"。特别是各种生产要素流动的加速，在加强了国家、区域协作的同时，也让全球经济的脆弱性更加凸显。新冠肺炎疫情的突然暴发打乱了全球供应链的有序运行，中日韩供给、欧美消费、中东能源生产全部受到波及。全球产业链重塑，科技竞争和产业集群成为关键。全球化进程的加速，为发达资本主义国家提供了通过产业转移国内矛盾的契机。

必须认识到，虽然国际竞争形势已经发生了较大的变化，目前的经济全球化仍然以发达国家为主导的，并且让发展中国家对发达国家的依附进入了一个新的时期。资本主义国家利用发展中国家的对外开放，不断拓宽国际市场和加大对外投资，既是为了通过产业转移消化国内的低效产能，也是为了榨取廉价劳动力以攫取更多的剩余价值。经济全球化的核心是金融全球化，金融全球化则为经济全球化开辟道路，两者相辅相成并相互促进。在资本主义生产方式扩展到全球的同时，国际不平等交换让发展中国家的相对贫困日益加剧，使发展中国家背上了沉重的债务负担。发展中国家与发达国家在投资、贸易、技术等领域交往的后果，就是国民经济的对外依存度加深以及国际范围内的两极分化。

二是当下国际经济秩序的不合理。纵观世界经济发展史，全球性经济危机的起源地和中心国，通常都是那些在全球贸易中具备绝对优势的大国。冷战之后，资本主义世界市场空前发展，以跨国公司为代表的生产和资本国际化的趋势成为不可抗拒的历史潮流，由于某些地区和某些国家的经济关系特别密切并有共同利害关系，战后形成了一些国家垄断资本主义的地区性联盟，如欧洲经济共同体等，导致全球经济危机趋向于一致性，在同期性的世界经济危机时，一些主要资本主义国家都陷于危机之中，谁也救不了谁，而且还互相转嫁危机，加剧了相互之间的矛盾和斗争，并使危机的时间拖长。

在全球化的历史浪潮中，生产与消费不再是某个国家独立的市场行为，一国的生产与消费能力势必会受到国际竞争秩序、产业分工、力量博弈的影响。更重要的是，不同国家在国际分工体系中的地位以及相对应的制度规则安排决定了他们的生产与消费能力。这和封闭状态下一国的产能过剩与消费不足形成重大区别。而现行的国际分工体系基本上是由发达国家主导的。战后建立的国际经济治理秩序，包括国际货币基金组织、世界银行等在内的全球宏观经济政策机构，以及一些区域性国际经济组织，更多维护的是资本主义国家的利益，以上组织机构往往通过协调、磋商的方式来调节国际经济关系，且容易受到个别大国的操控。在国际分工的产业链中，发达国家长期处于顶端，并从中获得巨大收益。总体而言，现行国际经济秩序的调节机制具有内在的脆弱性和不稳定性，难以使各国平等地从中获益，更不可能维护一个公平良好的国际经济秩序，治愈全球生产的无序性。

国际分工秩序的不合理造成了发展中国家长期相对贫困，反过来又促进了全球范围内的有效需求不足。受到全球化进程的影响，世界范围内呈现出明显的收入分配不平等和财富不均。1988年至2008年，全球收入绝对收益的44%掌握在全球最富有的5%人群手中。相比之下，那些被发达国家称为主要受益者的"新兴中产阶层"仅仅占到全球绝对收益的12%～13%。同时，目前高收入阶层的收入增长更多地集中于超级富豪身上。这导致发展中国家长期处于相对贫困的状态，进一步诱发了全球范围内经济衰退和经济危机的发生。早在20世纪六七十年代，初露苗头的全球制造业生产能力过剩以及利润率下滑，就因为激烈的国家博弈日益严重，更是让七国集团由长期的繁荣期走向了经济衰退。相较于资本存量，主要发达经济体的剩余价值量大幅度降低，造成失业上升和投资锐减，生产效率降低，收入减少，这些因素交织在一起，结果就是资本主义国家的消费需求、投资需求和出口需求进入长期下降。制造业生产能力在世界范围内都出现了长期过剩，造成利润率持续下滑。这种状况一直到 20 世纪 90 年代中期也没有好转，全球经济仍然处于低迷状态。

第三节　当代资本主义经济危机的发展趋势

当代资本主义经济危机与传统意义上的经济危机有很大的差别，其突出特征是西方发达经济体普遍出现的金融与债务危机，分析当代资本主义经济危机的发展趋势对于揭露其本质和危机爆发的根源具有重要意义。

一、传统的经济危机仍是基础性危机

所谓传统经济危机，指的就是以生产相对过剩为实质的周期性经济危机。1825 年英国爆发了资本主义的首次经济危机，1847 年发展为资本主义世界性经济危机，此后经济危机就像"毒瘤"一样始终伴随着资本主义的历史进程。在当代资本主义环境下，这种以生产相对过剩为实质的、周期性爆发的传统性经济危机不仅会继续存在，而且仍将是资本主义的基础性危机。马克思主义政治经济学的基本观点指出，经济的正常运行必须经历生产、交换、分配和消费四个环节，其中任何一个环节的阻碍都会破坏整个经济活动的正常运转。资本为追求利润必然不断扩大生产规模，同时不断压低工人的工资，由此造成了生产规模与消费规模的不对称。在马克思主义经济学的理论视野中，作为形成或导致经济危机的因素，商品的生产过剩现象伴随着整个资本主义。因而，资本主义经济危机的本质就是生产过剩，无论是金融危机还是工业危机都是如此。

当代资本主义经济危机与传统意义上的经济危机有非常大的差别，其突出特征是西方发达经济体普遍出现的金融与债务危机。表面看来，其产生源于金融市场本身的矛盾，是因为金融机构缺乏有效甄别机制，借款人信用缺失、还款能力不好造成了违约率持续上扬。似乎与传统意义上的生产过剩与

消费不足有明显区别。但究其根源，危机的产生不仅是因为存在实物物品的过剩问题，其实还存在虚拟金融产品的过剩。纵观资本主义的发展，生产过剩一直长期存在，只是形式变得更为隐蔽而已。

资本主义经济制度从一出生便带有天然的缺陷，必然会出现社会生产相对过剩或有效需求不足，供需矛盾不可避免。经济危机是资本掠夺本性的必然结果，也是资本主义社会独有的现象。资本主义的内在矛盾必将导致失业增加和消费减少，从而进一步加剧生产相对过剩或有效需求不足的矛盾。对发达资本主义国家来说，国内对抗性分配关系以及与发展中国家不平等的分配关系，会不断把消费挤压在一个与生产不相适应的狭小范围内，导致资本主义永远处于过剩生产或消费不足的怪圈中，最后造成经济停滞与经济危机频繁发作。

按照资本在不同领域发挥作用的规律，马克思将其划分为产业资本、银行资本和商业资本三大类。不少学者认为，在垄断资本主义时代，传统条件下产业资本和银行资本的区别已经不存在。资本在现代社会达到了空前的统一，金融资本成为产业资本和银行资本相结合的产物。资本主义不断累积的闲置生产能力，为相对过剩的经济危机准备了有史以来充足的条件。一般民众和大众消费群体的消费和支付能力降低，实体部门能提供给资本家的盈利空间也越来越少。为了缓解不断扩大的生产与有效需求不足之间的矛盾，发达经济体国家广泛采用金融自由化手段，大批企业将其注意力转向金融领域。大量堆积的房地产和金融泡沫掩盖了国民经济中的生产过剩问题，然而，随之而来的是实物经济和符号经济的严重脱节。商业信用形式使得企业的生产过程与流通过程割裂开来。换言之，信用经济的发展带来的是一种繁荣的假象，实际的回流被一种信用的回流取代，在货币回流已经消失后，这种经济"繁荣"在很长一个时间段内还会保持下去，实际的生产过剩就被掩盖了。因此，这令当代资本主义的生产过剩更加具有隐蔽性。

事实上，金融危机只是实体经济问题的另一种表现形式，当代资本主义的经济危机与传统意义上的危机并无本质差别，其内核都是生产过剩危机。正如马克思所指出的那样："乍看起来好像整个危机只表现为信用危机和货币危机。而且事实上问题只是在于汇票能否兑换为货币。但是这种汇票多数是代表现实买卖的，而这种现实买卖的扩大远远超过社会需要的限度这一事实归根到底是整个危机的基础。"①追本溯源，由次贷危机引发、多以金融危机形势呈现的当代资本主义经济危机，并没有脱离马克思经济危机理论的范畴。以私有制为内核的资本主义制度本质上是维护资本家的利益，资源的配置是以资本追求最大剩余价值为导向，尽管新一轮科技革命和产业革命为资本主义发展带来了新的先进的动力，但这些因素并不能从根本上消除资本主义制度的落后性。由于当代资本主义经济的固有矛盾没有从根本上改变，生产过剩、有效需求不足的经济危机将长期存在。

二、经济危机频繁爆发让低增长和不稳定成为资本主义常态

对于经济危机，恩格斯曾经进行过形象化的描述，指出它会像彗星一般重复出现。马克思也多次论证资本主义经济危机的周期性问题。回望历史，历次经济危机的爆发足以证实，只要资本主义制度还存在，那么经济危机就不可能规避。危机的频繁爆发进一步验证了马克思恩格斯的经济危机周期理论。

2008 年全球金融经济危机爆发之初，很多理论研究者（尤其是西方主流经济学家们）曾经乐观地预言危机没多久就会结束，发达经济体的经济复苏指日可待。然而直到今天，仍然没有任何一个西方国家有这样的底气，敢于声称自身已经彻底消除了经济危机的影响，实现了真正的经济复苏。实际情况是，当代资本主义世界遭遇持续的动荡，经济长期处于低迷状态，金融、债务等危机层出不穷。自 20 世纪七八十年代开始，银行危机发生的频率比以往更高。据国际货币基金组织披露，20 世纪 70 年代至 2007 年期间，世界范围内系统性银行危机、货币危机和主权债务危机爆发的次数分别是 124 次、208 次和 63 次。虽然 2008 年以后大多数西方经济体开始复苏，但和历史比较，这可以称得上是现代史上最缓慢的一次复苏。美国、法国和德国花费了整整三年才使其产值回到金融危机前的水平，英国则用了 5 年。大多数发达经济体的失业率一直比经济危机爆发要高，"占领华尔街"运动以及英法等国发生

---

① 《资本论》第 3 卷，人民出版社 1975 年版，第 555 页。

的社会骚乱等事件，说明经济危机已经扩散到其他领域，引发了全球范围内的政治、社会危机。正如英国学者迈克尔·雅各布斯指出的，"2008年的金融危机，以及随之而来的持续衰退和缓慢衰退，都已经无可辩驳证明了，西方资本主义不能再产生强大而稳定的增长"①。可以说，不稳定性和低增长，已经成为当代资本主义世界的结构性特征，并不是部分学者口中的偶然现象。

这种低增长和不稳定的一个显著影响是，即使资本主义国家的经济增长取得了不错的效果，大多数家庭的实际收入也没有相应的提高。在大多数资本主义发达国家，劳动所得占总产出的比重都在下降，报酬增加与生产率提升并不同等，劳动份额下降带来的收入分配不平等现象更加严重。其中，处于收入分配顶端的人群收益最大，1975—2012年，美国1%最富有人群的税前收入占收入增长总量的比例高达47%。2008年之后，美国经济缓慢复苏，前三年中，91%的收入增长额都归1%这类最富有的人群所有。与之形成鲜明对比的是，资本主义国家的劳动力市场两极分化，金融危机的爆发更是让失业率居高不下。对此，诺贝尔经济学奖获得者斯蒂格利茨毫不客气地指出："2008年的金融危机表明，美国看似繁荣的经济其实是建立在纸牌屋之上的，或者更确切地说，是建立在巨额债务之上的。"②事实证明，美国一直享誉全球的经济增长速度早已远低于二战后几十年的增长速度，而且仅仅惠及占部分顶层人群。

长期的经济动荡和以此诱发的社会风险，不仅让"发达国家经济很快就会复苏"这类判断成为一个笑话，更促使各界更多反思资本主义制度的未来。现代市场经济体制的建立与经济全球化的发展，是当代资本主义自我调节的产物，反映了资本主义制度的自我扬弃。西方发达国家各种经济矛盾在当代的演进，一方面说明，资本主义从未放弃过在维持私有制的前提下进行自我修复的努力；另一方面，在资本主义自我扬弃的过程中，又孕育了它自我否定的新因子，这些因子往往成为资本主义基本矛盾进一步激化的导火索和诱因。所以，资本主义的自我调节尽管有用，但也相当有限。面对严重的危机，各资本主义国家都迅速采取了救市政策，但是，这些政策由于未能从根本上

---

① 〔英〕迈克尔·雅各布斯等著，李磊等译，叶绍芳校：《重思资本主义》，中信出版集团2017年版，第3页。

② 〔美〕约瑟夫·斯蒂格利茨著，刘斌等译：《美国真相》，机械工业出版社2020年版，第32页。

改变资本主义制度，因而无法根治危机。

三、引发对"资本主义向何处去"的深刻思考

当代资本主义经济危机的频繁爆发，迫使发达国家不得对资本主义进行根本制度框架内的调整，典型表现之一就是发达国家更注重政府的宏观调控。20 世纪 30 年代的危机出现之时，新自由主义是资本主义世界的主流"正统"思想。危机的突然爆发让当时的各国政府措手不及，救市措施短期内迟迟不能出台。直到 1933 年 3 月罗斯福总统执政后，美国才开始推行一系列应对策略。而在 2008 年金融危机爆发后，不仅西方各国政府及时有力出台了各项救市举措，还积极倡议世界范围内各国政府应当携手应对。尽管不同国家、组织的诉求千差万别，多方因素交织导致矛盾多发，其应对方法也很难马上见效，但政府面对危机时展露的那种积极主动的态度，与 20 世纪 30 年代危机时的情况已有天壤之别。原因在于，全球化背景下要想取得长久增长，离开政府的干预、科学的顶层设计和宏观调控是行不通的。

自 2008 年金融危机以来，以美国为首的发达资本主义国家逐渐以本国经济优先为核心，致力于提升经济增速，目的在于扭转贸易赤字。然而货币宽松很容易带来通货膨胀，庞大的社会福利支出也会无形中导致债务危机风险，总的来看，政府的救市并不能从根本上消除资本主义经济危机的根源。在过去十年中，全球债务出现显著增长。美国时代广场的"国债计数钟"显示，2020 年美国的联邦债务总额由年初的 23.2 万亿美元上升至 27.55 万亿美元。[①] 受到财政赤字的影响，美国政府还在继续扩大国债发行量，国家经济进一步借贷化。根据国际金融协会的报告，2020 年全球债务规模飙升至创纪录的 275 万亿美元；截至 2020 年 9 月底，发达市场整体债务占全球 GDP 的比重已由 2019 年底的 380% 攀升至 432%。[②] 除了加强对内的经济干预，对外贸易保护主义也强势抬头，呈现出逆全球化态势，很大程度上影响了全球的贸易自

---

① 《钮文新：美国国债被迫"内循环"——谁是拜登"美国梦"的拦路虎》，2010 年 1 月。http://finance.eastmoney.com/a/202101251788383873.html。

② 《全球债务创新高　加剧经济复苏压力》，2021 年 1 月。https://news.sina.com.cn/o/2021-01-12/doc-ikftpnnx6166407.shtml。

由。美国近年来的对华贸易战就是帝国主义企图全方位压制发展中国家的现实表现。

资本主义将往何处去？这个问题引发了许多学者的思考。很多西方学者表达了对资本主义未来的担忧。斯蒂格利茨在对美国危机进行反思的基础上指出："如今，美国的经济是由管制不足的垄断市场所构成的。在这样的市场中，财富的创造早已被剥削所取代。"① 约翰·贝拉米·福斯特对资本主义制度进行了批判："进入21世纪不到20年，作为一种社会制度的资本主义就已经失败，这是显而易见的。世界已陷入经济停滞、金融化以及人类有史以来最极端的不平等。伴随着大规模失业、不稳定、贫困、饥饿等现象……它已经从勃兴期一种具有历史必要性和创造性的制度，在21世纪变成为一种不再必要的破坏性制度。"② 甚至不少西方学者都认为金融危机的爆发象征了资本主义制度的没落，是一次真正意义上的制度危机。主要理由如下：金融资本成为主导的资本形态，这意味着资本运动方式已经进入了最高层次和最后阶段；高度的信息化带来了产业日益空心化，增长的同时失业率反而上升；为缓解矛盾，资本主义国家政府为缓解矛盾采取的一系列应对策略，并没有从根本上解决困境，诸项干预手段都开始失去效果；过去几十年的全球化使得资本运动的空间已经达到了极限，这些迹象都表明，资本主义进入长期停滞阶段的概率正在上升，资本主义从兴盛到衰落的历史进程不可逆转。

对此应当有辩证的认识：资本主义固然已经暴露出种种不足，但从人类历史的进程来看，它还远远没有走到穷途末路的阶段。正如马克思在《共产党宣言》中提出的两个决不会那样，无论哪一个社会形态，在它所能容纳的全部生产力发挥出来以前，是决不会灭亡的；新的更高的生产关系，在它的物质存在条件在旧社会的胎胞里成熟以前是绝不会出现的。资本主义还具有一定的生命力和自我修复能力。资本主义究竟会往何处去？对于这个问题，学界大致提出了五种基本主张。其中的前三种分别是自由竞争资本主义、国家干预资本主义和民主社会主义，这三种已经被历史实践证明或正在证明不可行；另一种是工业资本主义，也被西方国家的"再工业化"证实了它具有

---

① 〔美〕斯蒂格利茨著，刘斌等译：《美国真相》，机械工业出版社2020年版，第25页。

② 〔美〕约翰·贝拉米·福斯特、张剑：《资本主义的失败与社会主义的未来》，《国外社会科学前沿》2020年第10期。

内在不稳定性。最后一种走向就是社会主义。越来越多研究者认为，社会主义因素更为突出，很大程度上会是未来资本主义国家的重要趋势。然而，资本主义的生产资料私有制一天不消除，寄希望于自我修复和完善的改良主义，根本不可能从源头上避免当代资本主义系统性危机。资本主义的发展有其内在规律性和先天不足。马克思对此进行了深刻剖析："所以人类始终只提出自己能够解决的任务，因为只要仔细考察就可以发现，任务本身，只有在解决它的物质条件已经存在或者至少是在生成过程中的时候，才会产生。"①社会主义取代资本主义是历史发展的必然趋势。

---

① 《马克思恩格斯选集》第 2 卷，人民出版社 2012 年版，第 3 页。

第 六 章

当代资本主义的政治制度

16—17 世纪西方社会开始进入资本主义发展阶段，与资本主义经济发展相适应，在政治上逐渐建立起一系列具有法律规范的制度形式。这一系列关于国家政权组织形式及其运作以及有关国家政治过程的规则和安排，包括：国家的政体形式、国家结构；依据国家宪法和法律建立的国家权力机构及其运作程序；社会一切政治参与行为及其制度，如选举制度、政党制度、议会制度、行政制度、政治决策过程等。[1]

第一节　当代资本主义的选举制度

选举制度是当代资本主义国家政治制度的重要组成部分，它以法律的形式规定了选举国家最高权力机关的代表或国家公职人员的原则、程序和方法，是各种选举法律规则的总称。

一、选举制度的基本原则

选举制度是涉及国家政治利益分配的重要制度，是产生政治权力以及附加利益的政治过程。长久以来，资本主义国家的选举制度存在这样或那样的问题，极大地侵害了选民的权利和利益，造成民主政治的困局，为此，资本主义国家政治发展的一个重要议题就是调整和改善选举制度形成了一些重要

---

① 唐晓等：《当代西方政治制度导论》，中国人民大学出版社 2016 年版，第 3 页。

的选举制度原则。

（一）普遍选举权原则

普遍选举权原则是指一个国家的公民，即享有该国宪法规定的公民基本权利的人都拥有选举和被选举的权利。这一原则是针对早期资本主义国家存在的有限选举制度提出的。当时，资本主义国家选举法中对选民资格存在诸多限定性规定，其中最主要的有财产限制、性别限制、受教育程度限制以及种族（民族）限制等。财产限制是最根本的限制，其他的限制条件事实上都与财产资格相关联。比如，有的国家规定，没有文化的人如果拥有一定的财产照样可以拥有选举权。当然，有的国家也存在对候选人相应的财产限制。对此，广大民众曾经为实现普遍的选举权原则进行了不懈斗争，直到20世纪70年代，资本主义国家才基本确认了普选权原则。

（二）平等选举权原则

平等选举权原则具有两层含义：一是指每个选民所投选票具有同等的价值，具体说就是在一次选举活动中选民的投选票次数是一样的；二是指每个议会代表必须由同等数量选民组成的选区产生，使其在议会的代表权相当。这两层含义通常被概括为"一票一价"和"一人一票"原则。这是针对资本主义国家选举制度中曾经存在的不平等现象而提出的，其目的旨在实现公正的选举结果。

（三）直接选举权原则

直接选举权原则是指由选民直接投票选出议会议员或国家公职人员。实行直接选举权原则是为了公正、准确地表达和实现选民的意志，促使选举的结果能公正地反映选民意愿。直接选举权原则源于直接选举的方式，它是针对历史上在间接选举过程中曾经出现的人为操纵，或经过中间层次选举人投票后有意改变选民意愿的情况。现在大多数资本主义国家的重要选举都逐渐实行了直接选举，如美国国会议员的选举，英国议会下议院议员的选举，法国国民议会和总统的选举，德国议会选举，日本国会选举，俄罗斯总统及议会下议院（国家杜马）的选举，等等。

（四）秘密投票原则

秘密投票原则指的是选民遵循有关选举规定，按照自己的意愿填写选票并进行秘密投票，选票不向他人公开。实行秘密投票制是为了保障公民的政治权利不受侵犯，促使选民能够真实表达自己的政治意愿，最终实现公正的选举。公开投票制度容易受到某些权势集团或统治力量的操控，他们往往以自身的权力威胁或影响选民投票。由于选民害怕落选人（党派）打击报复而不愿意真实表达自己的选举意愿，使得选举结果失去了真实意义。19世纪以来，取消公开投票的呼声不断高涨，1856年澳大利亚最先实行无记名投票（资本主义国家因此称之为"澳大利亚式投票"），该制度迅速被欧美国家普遍接受，并成为民主选举制度的基本原则。

二、选举方式

竞选是一种选举方式，它是指候选人及其政党在选举过程中为了赢得选民的选票，通过种种努力宣传自己的政治主张，展现自己的政治领导力，与其他候选人形成一定的政治竞选。竞选活动是一场复杂的操作，竞选方式也是多种多样的，但其中包括一些必不可少的要素，由此构成竞选活动的一般性规律。

（一）竞选宣传

竞选宣传是竞选活动中重要的过程，是要贯穿整个竞选活动始终的。从候选人的政治纲领到工作能力，到候选人的道德品格，再到候选人的外在魅力，所有一切无不是竞选宣传的可能话题。因此，在竞选中比的往往是候选人的宣传攻势。宣传到位，就能够赢得选民信任，就可能赢得选举的最终胜利。

竞选宣传需要三个必要条件：一是要有言论自由的公民权利保障；二是要有新闻自由的法律依据；三是需要金钱的支持。言论自由是基础，候选人和选民都应拥有发表不同意见、进行评论的权利，这样，选民才可以对候选人及其政党进行比较和选择。新闻自由是有效保障大众媒体进行新闻采集、报道的权利，它不仅能够提供广泛的政治信息，促使候选人和选民之间进行沟通和了解，而且有益于形成社会舆论的力量，有效制约候选人和政治人物。当然，竞选宣传活动离不开大量的资金。没有金钱的投注，竞选宣传的目的是难以达到的，因此可以说，资金是竞选机器运转的润滑剂。

（二）竞选班子

竞选班子的任务就是为候选人出谋划策，从竞选纲领到宣传策略，再到与选民交流沟通方式等，无一不是出自竞选班子的建议和设计。一个强有力的竞选班子是候选人取得竞选胜利的重要保证。竞选班子大致有这样一些成员：（1）候选人的政治知己。他们的主要工作是提出竞选的政治纲要、谋划竞选策略、安排竞选工作、控制竞选的各个环节等。候选人竞选成功之后，该团队有可能成为其执政班底或基本智囊。（2）一般工作人员。他们的主要任务是完成竞选日常事务性工作。他们支持候选人的政治观点，也希望能在竞选成功后到政府部门谋取职位。（3）义务助选人员。他们因支持候选人政治观点而愿意义务帮忙，主要做些诸如发放广告、传单，打电话进行外联等工作。

（三）竞选经费

竞选是需要资金支持的。资本主义国家法律规定选举费用的主要来源有：（1）选民助捐。选民助捐是候选人竞选经费的重要来源，在资本主义国家这被视为选民自由表达政治见解的行为。（2）国家财政拨款。由于选举费用的提高，对国家财政拨款的需求也越来越多。从20世纪70年代开始，大多数资本主义国家建立了竞选国家财政拨款项目。（3）候选人个人支出。用自己和家庭的财产支付竞选费用是被允许的，尤其是独立候选人常需要自己支付大量竞选经费，1996年美国总统大选中出现的独立候选人佩罗，就花费2亿美元个人资产用于竞选。

三、选举类型

就选举的对象而言，有立法机构议员的选举，也有国家首脑、政府领袖的选举。就选民参加的范围而言，有全国性的选举，也有地方性选举。就选举时间而言，有中期选举也有大选。就选举程序而言，则分为预选、正式选举或补选。

（一）大选

在资本主义国家，大选即是国家重要的政治选举，或通过选出国家最高权力机构代表或选出国家最高领导人，最终决定执政党的产生。不同政体的国家，大选的具体内容有所不同，议会制国家的大选主要是选举产生议会代表，并由议会多数党组织政府。总统制国家的大选则是选举国家行政首脑（也是国家元首）。

（二）中期选举

某些实行总统制的国家，在每两届大选的中期举行议会选举，即称为中期选举，最典型的就是美国。根据美国宪法规定，国会众议院议员任期 2 年，每次全部选举；参议院议员任期 6 年，每 2 年改选 1/3。中期选举往往是对执政党执政效果的检验，或者也可以借此形成对主要政党实力变化的评估。

（三）预选

美国总统大选中的特殊环节，就是在州范围内由民主党和共和党分别举行的本党总统候选人或出席本党全国代表大会代表的选举活动。由于预选的影响力不断加强，以至于被人们称为美国总统的第一轮选举。美国各州的预选制度有所不同，通常由各州制定相关法律并进行组织，具体预选方式可分为以下几种：第一种是"关门预选"，就是选民必须表明自己的党派所属（进行选民登记），投票时必须投给本党候选人竞争者；第二种是"开门预选"，即选民不须表明自己的党派所属，可以任意投票支持某个政党候选人；第三种是"全开放预选"，即选民可以参加任何政党的预选并可以支持多个政党候选人。

（四）总统选举

在实行总统制和半总统制的国家，总统选举就是国家重要的大选，决定着国家执政党的产生。美国总统是由选民间接选举产生的。根据美国宪法规定，总统每4年选举一次，大选时先由选民投票选出选举人团然后再由选举人团投票选举总统。各州政党都提出一份选举人团名单，其人数与该州在国会参、众两院的议员人数相等。以州为单位计算选票，某个政党的选举人团只要获得相对多数的选民支持，就赢得了本州全部选举人团的支持，即胜者全得。

（五）议会选举

议会是民意机构，在资本主义国家通过选举产生议员。每个国家议会选举制度的意义有所不同。在实行议会制的国家，作为国家最高权力机构的议会（下议院）的选举是决定国家执政党的重大选举，即大选，它一般是通过选民以选区为单位选出本选区代表的方式直接产生的。而总统制国家的议会则不涉及执政党地位问题，如美国国会中的多数党不一定就是执政党。

（六）地方选举

在资本主义国家，相对于国家中央政府选举而言，其次一级以下各级政府、议会的选举被称为地方选举。地方选举也分为地方议会选举和地方行政首长选举。在政党政治竞争激烈的国家，地方选举结果有时对国家执政党的地位会起到重要的影响作用，地方选举的结果可能会改变执政党在全国的政治版图。

四、选举组织

选举组织就是指具体主持、办理国家选举事务的专门机构。有效组织选举是实现公正、有序选举的重要保障，具有以下特点：

第一，选举组织是依据国家法律规定建立的，具有特定的法律地位。通常国家的选举法等相关法律规定了选举组织的设置以及明确的职责范围。它还体现了选举法制化的特征，其职责在于促进选举工作的顺利完成。选举组织一般分为中央、地方、选区几个层级。中央选举组织通常为常设机构，而地方、选区层级的选举组织多为临时性机构。中央选举组织的基本职责就全国性的选举活动进行宏观指导和调控，保证依法实施，协调选务工作，处理选举过程中的问题,受理有关选举的上诉等。加拿大在 20 世纪 20 年代设立了由议会参议院任命的首席选举官,其主要职责就是指导和监督选举的进行,保证所有选举官员公平公正地履行职责,保证选举法的贯彻实施。首席选举官下设首席选举官办公室,负责联邦的大选、补选或全民公决等事宜,它独立于政府,直接向议会负责。地方基层选举组织则负责执行具体的选举事务,包括选民登记、审核候选人资格、培训选务官员、设计选票、选区划分、组织投票、选票计算、监督选举计划的完成、报告选举结果等。如俄罗斯除了有联邦中央选举委员会的联邦共和国选举委员会外,地方和基层还成立有区域选举委员会、城镇选举委员会。根据法律授权,各级选举委员会有权就选举工作作出具体决定,并对参选团体和个人产生约束力。

第二,选举组织是政治中立的管理性机构。政治选举活动最终以表达和实现选民选举意愿为目的,尤其保证选举过程严格按照法律规定进行。选举组织的工作须有助于促进选举结果的公正,保护和促进选民政治权利的实现。为此,在具体管理过程中,选举组织应保持政治中立,不以任何政党和个人的意愿或权势左右选举程序,强加于选民。为此,如加拿大法律规定首席选举官不可参加竞选,禁止参加投票;选举官不可附属任何政治党派和个人,以此确立首席选举官的独立地位;并规定首席选举官终身制,除非因触犯法律由议会一致同意予以免职,否则任职到 65 岁。

第三,选举组织是一个协调和服务性机构。服务选民、协调选务、促进选举过程的公正是选举组织的基本职责,因此,选举组织的工作方式应该是公开透明的。有的国家规定,选举组织做出的各项决定或决议要在法律规定期限内通过各种媒体予以公开,以促使选民有效了解甄别选情,并做出最终判断;基层选举委员会要在正式投票 20 天前,通过有关媒体通知选民投票时间、地点。

五、选举参与

(一)选民资格

从一般意义上说,选民就是指依据国家宪法和法律规定享有选举权和被选举权的公民。但在资本主义国家选举活动的参与中，选民正式投票是有资格条件的。随着普选制的确立，各国开始逐渐取消对选民歧视性限制的规定。但是就选民资格投票，资本主义国家还是作出以下具体限制：第一，对居无定所的流乞者的限制。有观点认为选民行使投票权是要承担义务的，即对自己投票的政治行为负责。无生活基本保障或居无定所者往往被质疑能否正确履行其选民权利。第二，居住时间限制。一些资本主义国家规定，公民必须在本国的某一地区或选区居住一定时间后才能获得选举权。这样的规定主要限制了一些无固定住所的流动人口或者季节工的选举资格。第三，职业限制。某些国家对选民规定了职业资格方面的限制，如美国的部分州、巴西、阿根廷等规定军人或国民警卫队成员不得参加选举活动。

（二）选民登记制度

选民登记是选举过程中的重要程序之一，它是通过登记方式对选民身份进行认定的。各国进行选民登记的方式有所不同，欧洲大多数国家是由政府通过人口普查方式进行选民资格调查，对符合选民资格者核实登记，并发给选民证使其能够参加投票；有的国家则是由选民本人主动向选务机构申请登记，选举官员根据选民申请情况进行调查、认证，合乎条件者登记入册并发选民证。

（三）候选人资格

候选人资格是指被选举人的资格，根据各国宪法及相关法律规定，被选入国家机构担任一定职位者需要具备一定的资格条件。一般来说，候选人资格比选民资格条件要高。竞选职位不同，对候选人的资格要求也是不一样的：当选国家元首首先有一定的年龄条件限制，其次也会在国籍、居住年限上进行一定限制；对于议员候选人资格一般会在年龄、国籍、居住年限、职业等条件进行限制。

（四）候选人提名制度

具备了候选人资格，要成为候选人还需要通过一定的法律提名程序，这就是候选人的提名制度，它从原则上确认公民拥有选举与被选举的权利，并从法律上规范了候选人的一般资格及提名候选人的程序。首先是候选人的提名权归属问题。大多数资本主义国家规定候选人的提名权属于选民和政党。从各国政治选举的实践看，候选人以政党成员的身份被政党提名的情况更为普遍。因为，以党员名义参加选举就能够获得政党在政治上和物质上的有力支持，当选议员后其政治影响力和作用也会更大。其次是候选人提名方式问题。总统制国家中总统候选人主要是有政党提名，任何希望参加总统职位竞争的人，须获得本党的正式提名。立法机构议员候选人的提名权属于选民和政党，然而，从政治选举的实践看，由政党提名议员候选人更为普遍。

除此之外，被提名候选人还需要交付一定数量的保证金，这就是选举保证金制度。保证金可以被看作对参加竞选活动的承诺。

六、选区划分

选区，即组织选民进行选举的基本单位。在全国范围内一次性选举出数百名代表，需要把这数百个名额按照一定规则分配在不同的区域中。现在，大多数国家都是按照选民居住生活地域为单位划分选区进行选举的，这种制度被称为"地域代表制"。合理的选区划分能够便利选民投票，促使选举顺利进行，并促使选举结果更能够体现大多数人的利益要求。因此，资本主义国家在选举实践中总结出划分选区需要遵循的原则。

（一）选区划分的基本原则

第一，"一人一票"原则。即每个选区同等数量的代表必须由同等数量的选民选举产生，而且每个选民拥有平等的投票权。第二，根据自然界限划分选区的原则。通常是按照国家的自然地理条件或行政区域来划分选区，行政区变动时，选举区也必须随之重新划分。第三，随着人口变动不断改划选区的原则。为此要求经常进行人口普查，每次人口普查之后，必须按照人口变动情况重新改划选区，以保证议会中议员的代表权平等。

（二）选区划分

选区划分一般根据每个选区所选出的议员数目不同，可分为"小选区制"

和"大选区制"两种。小选区制又称为"单记名选区制"或"单选举区制"，即每个选区只选举1名代表。通常在一个选区内，每个政党提出一名本党候选人角逐议员名额，获得多数选民投票者当选。大选区制又称为"多名制选区制"，即每个选区可以选出2名以上的代表。政党提名候选人通常由两种做法，一种是候选人以某个政党党员身份被政党提名参选，以个人竞争能力赢得选民投票，获多数选票者直接当选。另一种是由参选的政党提出一个候选人名单，政党以其公信力和影响力进行竞争，选民投票不是投给某个候选人个人，而是投给政党，竞选获胜的政党将其获得的议席在党内进行分配。

（三）不同的选区划分方法产生的影响

不同选区的选区划分对各个政党在议会中可能占有的议席数量具有重要影响，各党都力争采取对本党有利的选区制度。在资本主义国家政治实践中，曾经出现过一些大的政党为了保持自己在国家政治中所处的决定性地位，往往利用选区划分制度，作出有利于本党议员候选人胜选的选区规划，使其在议会中能够占有多数议席。这种凭借政治权力人为地制造有利于本党竞选获胜的选区划分方法，被称为"选举地理学"。以一党之政治目的操作选区划分，必然违背选区划分的基本原则。通常出现的问题就是违背人口比例平衡原则或者没有根据自然界限划分选区。比如，有的政党将支持本党的选民分散在不同的选区中，即"化整为零"，使多数选区中都有本党支持者集中存在，以此增加本党获得议会议席的机会。或者，将不支持本党的选民由分散而集中，即"化零为整"，这样一来，本党虽然可能失去某一选区的获胜机会，但在其他选区却可能连连取胜。

第二节　当代资本主义的政党制度

目前世界上200多个国家和地区中，除了十余个国家和地区没有政党外，其余的都有政党在活动。没有政党的国家主要是少数绝对君主制国家、政教合一国家和军人执政国家。对于近现代资本主义国家而言，政党制度已经成为国家政治制度中不可分离的组成部分。

一、政党的含义与特征

西方学者关于政党的定义，大多以西方国家的历史和现实为依据，社会主义国家则运用历史唯物主义与辩证唯物主义的分析方法，认为政党是代表一定阶级、阶层或集团的根本利益，为实现某些政治目的，特别是为了取得政权、保持政权或影响政权而建立的一种政治组织。政党属于政治组织，但又有别于一般政治派别；政党属于政治上层建筑，但又有别于国家政权机关；政党属于社会组织，但又不同于一般社会团体。作为一种特殊的社会政治组织，政党具有自己的特征和标志。首先，政党反映一定阶级或阶层的共同利益；其次，政党有明确的政治纲领和政治目标；再次，政党以谋取政权和执掌政权为实现其政纲的主要手段；最后，政党有系统的组织机构和组织纪律。

（一）政党的类型

为了更加清晰而准确地认识和把握政党的性质和特征，国内外学者从政党的社会基础、意识形态、纲领政策、参政方式、法律地位、阶级属性等角度，将政党划分为以下主要类型：

第一，以政党的纲领政策为标准，划分为自由党和保守党。这种分类主要着眼于政党的理论思想、行为准则和政治目标。第二，以政党的组织结构及其社会基础为标准，划分为干部型政党和群众型政党。这种划分着眼于分析政党内部的权力结构及其分配关系，考察政党影响的社会分布状况。第三，以政党的政治倾向和意识形态为标准，划分为左翼、中派、右翼、或左、中、右派政党或政党联盟。这种分类着重考察政党的价值取向和终极目标。第四，以政党的社会基础的广泛程度和意识形态多元化程度为标准，划分为兼容型政党与集中代表社会某一阶级或阶层或宣扬某一意识形态的传统型政党。第五，以政党是否执政为标准，划分执政党与在野党或反对党。这类划分着眼于政党的执政地位和执政方式。第六，以法律是否承认为标准，划分为合法政党与非法政党。第七，以政党的阶级属性为标准，划分为资产阶级政党与无产阶级政党。这是马克思主义的传统分类法。此类划分着眼于分析政党的本质属性或社会利益倾向。第八，以政党的活动范围为标准，划分为地区性政党、全国性政党以及跨国政党。第九，以政党的行为准则为标准，将政党划分为意识形态型政党与实用主义型政党。

由于政党现象的复杂性，仅用一种分类方法去认识现实中的政党是远远不够的，一种政党可能同时属于上述多种分类标准。换句话说，多种划分标准可能同时适应于某一个政党。因此，应该避免主观肯定其中一种分类方法或标准而否定其他的分类方法或标准，否则，不符合社会科学领域只存在相对真理的基本现实。我们不妨借助于这些分类方法，多方位、多视角去认识现实中纷繁复杂的政党现象。

（二）政党的法律地位

国际共产主义运动、反法西斯战争在西方国家催生了众多的政党。德、意、日等国法西斯政党的独裁专制和疯狂的侵略扩张，给西方民主制度留下了惨痛的教训。在这种背景下，德国、意大利、西班牙等国的宪法先后对政党的法律地位做出了明确规定，将政党正式纳入国家的政治体制。联邦德国、奥地利等国还制定了专门的政党法。法国 1958 年宪法、俄罗斯 1993 年宪法分别从总结本国历史教训出发，以根本法的形式对政党予以规训。美国、英国等国则是通过普通法律或最高法院裁决的方式，对政党在本国的地位和作用予以规范。

在德国、意大利、法国、西班牙和俄罗斯等国，宪法主要从以下几个方面对政党予以规范：（1）关于政党的地位。1948 年意大利新宪法第 49 条规定："全体公民有自由地组织政党之权利。"法国 1958 年宪法第 4 条规定：各政党和政治团体"可以自由地组织起来并开展活动"。（2）关于政党的组织原则。德国 1949 年基本法第 21 条规定："政党的内部组织必须符合民主原则。它们必须公开说明其经费来源，使用的情况及其财产状况。"（3）关于政党的作用。西班牙 1978 年宪法第 5 条规定：各政党"可以提出和表达人民的意志，是政治参与的基本工具"。大多数资本主义国家没有专门的政党法，通常只是在相关的法律中规定政党活动的基本原则。

从法律实践看，资本主义国家对政党活动的限制主要有预防制和追惩制两种形式。预防制即由宪法或法律作出规定，政党必须事先经过申请，经有关机关批准后才能合法活动。预防制要求政党在成立和参加竞选前都要向政府当局登记，获准登记的政党必须在纲领内容、活动方式、党员数量等方面符合有关法律规定。目前，资本主义国家大都废除了预防制，主要采用追惩制，即国家对政党成立不作事先限制，但对其超越法律允许范围内的活动实行事后追惩，即政府有权根据宪法和法律，对其予以解散或取缔。

（三）政党的功能

理论上讲，如果说政治关系是由政治主体、政治利益、公共权力和政治权利四大因素构成的话，那么政党在政治关系中是诸多政治主体中最活跃最有影响力的政治主体。它是资本主义国家内部最广泛的政治利益的聚合者和调节者，是各种政治主体获取公共权力的主要工具，是公共权力运转的轴心，是实现政治权利的主要实施者，是政治关系诸因素的黏合剂。现实中看，政党的主要目标是代表一定阶级或阶层集团通过选举活动执掌国家政权，运用国家政权通过法定程序将政党利益变成政府决策并进一步贯彻实施。为此，在实现其目标的过程中，政党发挥着反映和聚合利益、整合政治体系、参加选举、组织政府、连接政府与公众，以及推进政治社会化进程等十分重要的功能，是政治活动运转的轴心。具体说，政党的功能体现在以下几个方面：

第一，反映和聚合民意，整合政治体系。作为一种政治团体，政党的力量天然地大于个人的力量，这也决定了人们不会单枪匹马地去参与政治，利益集团不会直接去谋取公职。个人和利益集团都需要借助政党能够反映和聚合更大共同利益的优势去谋取各自的利益。因此，政党反映聚合民意、整合政治体系的功能是由其内在的组织特性所决定的。

第二，动员和发展政治力量，培养和录用政治精英，组织竞选以获取或参加国家政权。政党的职责就是通过有组织的活动，在日常生活中把社会上与本党志同道合的精英吸取和储备起来，在需要时把他们作为本党的公职候选人推荐给选民。政治精英人物则借助党职获取官位，实现"入党做官"。这就是政党动员和发展政治力量，通过推荐和提出本党的候选人竞选政府公职，为获取或维护政权进行政治录用和选拔政治精英的过程。

第三，执掌国家政权，影响国家立法、行政和司法过程。政党通过选举获得议席，通过立法程序，将本党纲领和意志上升为国家法律。议会作为资本主义国家的最高权力机构或最高立法机构，不但有权制定国家诸项法律，而且对政府决策有很大影响。政党主要通过本党在议会中争夺议长职位，通过本党在议院中的政党领袖、督导员（党鞭）和议会党团等方式影响议院大会和各委员会的活动。同时，通过选举获得行政组阁权，是本党骨干担任政府部长或要职，忠实地执行党的政策和主张。不论是内阁制还是总统制国家，都把直接掌握行政权力的政党称为执政党，不仅政府首脑由执政党领袖担任，而且政府各部长和其他政治任命官员大多数是执政党的骨干分子或党内各派别的头面人物，因此，资本主义国家的政府实际上是执政党把持的政府。执政党通过掌管政府，就能在内政外交各方面推行本党的政策和主张，通过各种途径为其代表的阶级、阶层或集团谋利益。应该看到，司法独立原则是资本主义国家政治制度中分权与制衡原则在政府组织形式上的具体表现。一方面，司法权与行政权、立法权分立，即司法独立；另一方面，司法权又必须受到行政权的制约，以实现权力的均衡。因此，司法独立是相对的。

第四，监督政府，防止和纠正政府损害社会与公民的利益。分权与制衡原则或精神是以政党分权和制约为主要依托或载体，通过政党政治实现的，离开了政党监督，三权分立与制衡的原则就难以实现。具体说来，政党的监督功能主要通过以下方式进行：（1）选举制度。各政党在竞选中加强彼此之间的相互监督，对竞争对手的政治纲领、竞选口号及执政表现进行挑剔和批评，在揭露对手的短处或缺失中显示自己的优势。（2）议会监督。在议会内阁制国家，反对党或在野党可以利用议会质询、不信任投票等权力对执政党进行监督和制约；在总统制国家，在野党可以通过国家调查和弹劾等手段对执政党政府进行监督和制约。（3）行政监督。作为监督者的政党处于执政者地位，它可以利用党的组织机构和党所控制的政府机构，对国家立法机构展开的立法活动进行监督，对政府行政机关及其官员的执法活动进行监督。（4）舆论监督。作为执政党，可以利用舆论和大众传媒等工具对各级政府机构及其官员的执法过程进行监督；合法的反对党或在野党可利用大众传媒、公众舆论等社会监督工具对执政党及其政府进行政府外的监督。

第五，通过政治宣传和政治教育，实现政治社会化。政治社会化是指人们通过社会政治生活或政治活动，逐步学习政治知识和技能，塑造和改变自己的政治心理与政治意识的过程。政党通过竞选宣传、政策声明和组织学习等方式，向党员或选民倡导或灌输某种政治价值或政治思想，培养或塑造公民的政治心理和政治人格。政党在培养和训练党员骨干分子领导能力的同时，传播政党的信仰、主张和观念，竭力使其从中树立对政党执政和现存政治体系合法性的信念，培养其对本党或现存政治体制的忠诚。

二、政党制度

（一）政党制度的含义

政党制度广义上指一个国家关于政党的各项制度规范的总和，它包括国家对政党的政治地位、活动规范和执政参政的法律规定，事实上形成的政党执政参政方式、党际关系、党团关系，政党自身的组织原则和组织体系等。目前国内外学者比较容易达成的共识是：一个国家的选举制度在很大程度对其实行的政党制度有重要而直接的影响。狭义上的政党制度指政党执政、参与或影响国家政权的合法方式，主要集中于探讨政党围绕国家政权采取的行为方式，即根据一个国家在相对较长的时间内，具有现实执政可能的政党数目来界定其政党制度。此处涉及狭义上的政党制度。由于资本主义国家各国政治经济发展状况、历史传统、政治结构和文化基础等具体情况各异，国内各阶级、阶层或集团力量对比不同，政党制度的表现形式也就不同。目前，资本主义国家大多数国家的政党制度不是通过法律直接规定的，而是政治传统和习惯的产物。

（二）政党制度的分类

关于政党制度的分类，中外学者从不同角度有多种不同的方法，其中主要有：（1）按一国较长时间内执政党数目，划分为一党制、两党制、多党制。这也是最传统的分类方法。（2）作为对传统分类方法的补充，按一国内较长时间内执政党数目以及其政党之间的关系划分为八种基本类型：一党集权制、一党权威制、一党领导制、一党多元制、两党制、温和多党制、极化多党制、碎分化的多党制。（3）按一国国内合法存在并参与选举过程的政党数目和执政党数目情况划分为多党一极政党体制，多党两极政党体制。（4）按党际关系和执政方式划分。乔万妮·萨托利按此标准将所有政党划分为竞争性的政党制度和无竞争性的政党制度两大类。本节将在传统分类法的基础上，合理借鉴其他分类法，即以一国较长时期内执政党数目以及执政党与其他政党的关系为标准，将政党制度分为以下三大类：一党制（细分为一党专制和一党多元制）、两党制、多党制（细分为左右两翼政党或政党联盟主导型的多党型和碎片化的多党型）。

三、一党制及其比较分析

一党制是指一个国家较长时间内由一个执政党执掌政权的政党制度，从该执政党与其他政党的关系看，一党制又可分为一党独裁制和一党多元制。

（一）专制的一党制或独裁的一党制

这指一国法律只允许一个政党合法存在和执政（20世纪90年代前的非洲大部分国家属于民族主义的一党制国家），或执政党宣布其他政党的存在非法并将之取缔或迫使其展开地下活动（二战时期的德意日属于法西斯专政的一党制国家）。专制的一党制是特定历史环境下的产物。非洲国家民族主义一党制与法西斯一党制有本质区别：前者是非洲反帝反殖争取民族独立、发展民族经济的特殊内外环境、部落成员平等参与决定部落事务的历史传统，以及民族主义政治领袖执政思想的产物；后者是抛弃西方民主制传统，推行民族复仇主义与对外侵略扩张的产物。

（二）民主的一党制或一党居优制

这指一国内有多个政党合法存在并允许各政党合法竞争，但实际上只有一个政党能单独执政，其他政党无力与之竞争获胜和分享政权。1947—1989年的印度国大党、1955—1993年的日本自民党就是此类典型。

一党独大最突出的特点是政治的焦点从政党间竞争转向独大政党内部的派别冲突。一党独大制或一党居优制除了稳定性和可预测性的优点之外，一般被认为是一种不良和不健康的现象。其原因在于：它往往会侵蚀国家与执政党之间在宪法上的重要区别，当政府不再更迭，国家官员和制度努力适应独大政党的意识形态和政治立场时，一个危险的政治化过程就不知不觉地发生了；长时间执政将造成独大型政党的自满、自大甚至腐败；一党独大体制中反对党势力弱小且难以发挥有效作用，若批评和抗议来自那些从来都不被认为是真正权力对手的党派，它们就容易被置之不理；"永久性"执政党的存在将侵蚀民主精神，使选民害怕变革，而支持"自然的"、历来如此的执政党。而真正的民主政治文化会有理由要求民众对所有党派持健康的不信任态度，最重要的是希望废黜已经失败的政府。

四、两党制及其比较分析

两党制是指一个国家中两大代表不同政治集团利益的势均力敌的政党，通过竞选获得议会多数席位或在总统选举中获胜的方式，在比较长的时间内轮流执掌国家政权、组织政府、行使国家权力的一种政党制度。目前实行两党制的国家主要有美国、英国、加拿大、澳大利亚和新西兰等，其中英国、美国的两党制最为典型。

（一）两党制的特点

作为同一种政党制度的表现形式，资本主义国家的两党制都具有以下特点：（1）两大政党在国家政治生活中长期居统治地位，都具有单独执政的实力，其他政党无法与之竞争。（2）两大政党势均力敌，享有平等执掌政权的权利和机会，两党轮流执政、平分秋色，虽有台上台下之分，却无主从之别。（3）两大政党通常是一党在朝、一党在野，彼此相互攻击、相互挑衅，处于对峙状态，但彼此之间的矛盾和冲突建立在不危及现存执政制度的基础上。（4）定期的议会和总统选举为两大党和平接管政权提供了合法的机会。

（二）英国两党制的组织特点

资本主义国家政党的组织结构主要分为议会内党组织和议会外党组织两大部分。议会内党组织在党内居于重要领导地位，是党的领导和决策机关，负责决定党的路线、方针和政策，并使之贯彻执行。议会内党组织具有一定的独立性，不受议会外党组织的约束。议会外党组织则为议会内党组织服务，接受议会内党组织的领导，负责执行议会内党组织的方针和政策。具体说，（1）两党议会内党组织均由领袖和议会党团组成，是党的领导和决策机关；（2）两党议会外党组织均由中央事务机构和选区基层党组织组成，主要为议会内党组织服务，执行议会内党组织的方针和政策；（3）由于受单一制、议会内阁制和不严格的分权结构等因素的影响，英国两党组织比较严密，权力比较集中，有较严格的党纪约束。

（三）美国两党制的组织特点

美国的两党制在组织结构上与英国的两党制相比既有某些共同之处，如国会外党组织主要为赢得竞选而服务于国会内党组织，党员和党组织不能监督本党领袖等，但也有自己的特点：（1）两党组织松散，权力分散。美国政党组织结构自下而上是基层选区、县市委员会、州委员会、全国代表大会和全国委员会。由于受联邦制和选举制等因素的影响，两党只是松散的政治联盟，全国性政党是各州政党的松散联盟，各州政党又是地方政党的松散联盟。各级党组织在日常事务上独立自主，各自为政。上级党组织无权免除下级党组织的官员。只有在选举时才表现出两党内部各级组织之间的协调一致性。（2）缺乏党纪约束，没有党纪制裁。历史上美国政党组织机构松散和权力分散是主要原因。根本上看，与欧洲大多数议会制国家中政府通常由议会多数党组成，政府执政寿命取决于执政党通过党纪在议会维持其多数的时间长短的情况不同，美国政党执掌行政权力和立法权力的长短都有固定任期而且是由选民投票决定，与党纪无关。因此，党员入党、退党自由，也可随意变更党籍或跨党投票。在国会，政党领袖和督导不能约束而只能说服议员按本党立场投票。议员享有很大的独立性，常常打破政党界限，遵照自己的意愿或选区选民的要求投票，议会党团对议员的约束力远不及英国。

（四）对英、美两国两党制度的评价

结合英国和美国两党政治的实际情况，两党制与一党制相比，有利也有弊。英、美学者一般认为两党制的优势主要表现为，它使政党政府的制度成为可能，而这种制度据认为具有稳定性、选择性和问责性的特征。第一，对手型政治下的两党制能够在执政党和在野党激烈竞争和相互替代的基础上造就一党负责的强势政府,反对党或在野党能够借助宪政制度的保障对执政党进行合法有效的监督和制衡,使执政党永远不可懈怠或自满,否则,随时有可能被反对党取而代之。两党制因此具有较强的政治问责性。第二,对手型政治下的两大政党可以为选民提供简约化的政治选择,通过阐明选举政纲和政策宣传,强化自身的政治价值观和政策合理性,攻击对手的政策缺陷和治理劣势,竭力为选民做出政治判断和选择,或者为进行合法反对提供操作简单的政治手段和工具。因此,两党制具有较强的选择替代性。第三,两大政党在宪法和法律框架内活动,在非零和博弈规则的基础上展开反对与合作,在政治稳定的基础上谋求政治变化和政治发展,具有稳定性。

两党制的弊端主要表现为:

第一,由于执政党通过小选区——多数代表制当选,这种相对多数代表制不能保证获胜政党始终代表多数民意,因而常常出现得票数不过选民总票数半数的政党当选或执政的情况。为了选举获胜,出现两个旗鼓相当的政党竞相提出超过对方的选举承诺,由此造成公共支出的积聚增长并刺激通货膨胀。这种在自己无力兑现其竞选纲领基础上掌权的政党政府,无异于不负责任的政党政府。

第二,两党制没有造就温和的氛围,表现出间歇性的对手政治倾向,反映在意识形态极端化以及强调冲突与争论而不是共识与妥协。20世纪七八十年代英国两党制在钢铁和邮政行业国有化与私有化上的政策反复,以及20世纪90年代两党在铁路系统私有化与国有化的政策反复就是例证。由于政策不同,两党轮流执政容易造成政策或立法上的反复,浪费国家资源,导致无效的政府治理。

第三,美国两党制的对立经常演变为总统与国会两大政府机构的对立,两党对立与政治常常将政党利益置于民意之上。如20世纪90年代末在弹劾克林顿总统和2007年国会与总统围绕美国从伊拉克撤军问题上的两党较量,都置民意于政党利益之下,议员不是根据大多数国民的意愿行事,而是按照党派画线决定投票立场。又如1977—1996年,国会与总统在联邦政府年度预算案上分歧严重且互不妥协,导致联邦政府先后关门达17次,几乎平均每年关门一次,长则21天,短则1天。其中1995—1996年克林顿政府期间,政府因此两度关门，导致数十万政府雇员被遣散回家"待业"。

第四，两党本质上一致，都希望维护现存政治制度和统治集团的利益，都一致努力抵制第三党，维护两党对权力的垄断。两党制显然限制了选举和意识形态方面的选择范围，使两党制下产生的政府民主代表性大打折扣。

五、多党制及其比较分析

多党制是指一个国家中由多个政党竞争国家政权、多党轮流或联合执政的政党制度。

（一）多党制的特点

与一党制和两党制相比，多党制具有下列特点：（1）由于选举中多党角逐，无一政党能具备单独长期执政的实力，因此通常由几个政党或政党联盟联合执政。（2）多党制通常是实行比例代表制的产物，即多党联合执政的情况下，一旦某一政党退出执政联盟，容易导致内阁倒台，若各党分歧较大，联合不起来，则可能酿成政府危机。

（二）多党制的基本类型

目前，世界上绝大多数资本主义国家采用多党制，由于各国历史环境、政治体制、政党力量的对比状况等因素的差异，多党制可分为以下两个基本类型：

第一，左右两翼政党或政党联盟主导型的多党制。此种多党制是指一国内数目众多的政党都不具备单独执政的实力。为了赢得选举胜利，各党往往向左右两翼集结，形成阵野分明的左右两翼政党联盟，由两大党联盟轮流执政，或由左右两大政党分别联合第三党轮流执政。具有典型代表的是法国多党制、德国多党制。

第二，碎分化的多党制。此种多党制是指一国内多个政党势均力敌，无一政党能在选举中长期保持绝对优势。因此，往往由其中某一大党联合不固定的小党共同执政或者由选举中胜出的多个政党结成不稳定的政党联盟组成联合政府。目前大多数欧洲国家的政党体制都属于此类。具有典型代表的是意大利多党制和俄罗斯多党制。

（三）如何看待和评价资本主义国家的多党制

从理论上说，相对于一党制和两党制，多党制的政治优势在于：它是一种政治基础比较广泛的协商民主模式，政府的政策建立在多党达成共识的基础上。当政见出现分歧时，面临多种选择；当任何政党都得不到议会过半数的席位时，必须由占相对多数席位的政党出面协商以形成联合的多数，代表多数人治理国家。

从现实中看，多党制的优点在于它在政府内部促成了制约和平衡机制，显示出利于辩论、和解和妥协的倾向。联合政府形成的过程及其维系的动力确保政府具有广泛的回应性，使之无法不去考虑各种竞争性观点和利益。多党共识型政治难以促成采取长远的战略性行为，其价值似乎主要在于它具有处理深刻社会分歧的能力而非政策发展的能力；多党制生产的政策连续性在经济自然增长时是积极有益的，而在经济衰退萧条时致力于经济复兴方面则不太成功。

此外，多党制的自我节制和妥协的趋向，使多党制政府的政策常常是多党妥协的产物而造成责任不明确，以至于无法提供明确的意识形态选择。作为一种联合政治或共识型政治结构，多党联合政府时刻关心议会党派的分化组合，始终将通过谈判与和解寻求共同基础作为其首要政治目标，因此，联合政府中的政党对各自信仰和政治原则的执着与坚持被置于次要位置或被边缘化了。有人批判这种政治妥协和谈判过程具有内在腐蚀性，因为它使政党为了获得权力而摒弃政策和原则，它还使中间政党和中间利益的代表性被放大扩张了，使某些中间小党成为左右联合政府中其他大党组阁成败的决定性力量。

第三节　当代资本主义的议会制度

西方国家的议会是西方国家公民通过选举、委托自己的政治代表参与国家政治决策的重要场所。公民通过选举授权、委托代表行使国家权力，是当代西方国家实现主权在民原则的现实途径和主要表现形式。

一、议会的主体

议会的主体是议员。议员作为选民的政治代表，是议会的主要组成人员和议会活动的重要政治主体。由于代议制本身的性质要求，西方国家议员的资格比普通选民的资格要求要高一些，一般主要对议员的国籍、年龄、职业身份、智力和健康状况等条件进行限制。

（一）议员的产生与任期

西方国家议员产生的方式主要有三种：选举、任命以及因特殊身份成为议员。（1）选举产生。西方国家的绝大多数议员都经直接选举产生。间接选举产生议员一般出现在两院制的上议院议员选举中，如法国参议院议员由选举团选举产生。（2）任命产生。在某些实行两院制的国家，上议院议员通常由国家元首任命产生。（3）因特殊身份成为议员。在某些总统制国家（如意大利），总统卸任后即进入参议院成为终身参议员。在某些君主制国家（如英国），王室贵族（君主的男性亲属）、1999年上议院改革前的世袭贵族、大法官（由英王任命）、高级僧侣（教区大主教）和因功受封的终身贵族，都是上议院议员。

议员的任期指议员担任职务的法定期限，并非当任议员的时间总长度。由于议员是选民的代表，是主权在民原则的体现和象征，因此绝大多数西方国家对议员连选连任没有限制，也无年龄限制。西方国家各国议员任期不尽一致。

（二）议员的权利

西方国家议员的权利主要包括议员的职权和特权两大部分：

议员的职权指议员享有的与其职务活动有关的权利，一般由宪法或单行法律具体规定。概括起来，西方国家议员的职权主要有：第一，提案权，即议员向议会提出议案或建议并交议会审定的权利。第二，讨论和表决权。只有议员才可以参加立法讨论和表决。第三，质询权，即议员以口头或书面形式在议会大会上向政府及其组成人员提出质问和询问，要求后者在规定期限内予以答复的权利。第四，巡视和调查权，即为了立法而查明事实真相，或对政府政策和行为进行监督，或让公众了解政府运作等原因而展开巡视和国政调查的权利。

议员的特权指为保障议员履行职务时能排除干扰和消除顾虑而设置的议员享有的一些特殊权利。主要包括：第一，言论免责权，确保议员在履行职务时不会因其言论或投票行为而受到法律追诉、搜查、拘禁或审判。议员发表诽谤性言论，扰乱议会秩序和揭露他人隐私的言论不受保护。第二，人身保护权，即议员非经议会批准不受逮捕或审判的司法豁免权利。第三，生活保障权，即议员享有各种生活优惠待遇的权利，旨在使议员免于各种利诱，保持政治独立和清廉。

（三）议员的义务

议员的义务是指法律规定或依宪法惯例，议员必须履行的责任或行为规范，是一种强制性的要求。议员不履行义务即失职，重者要受到惩戒。概括起来，议员的义务主要有以下几个方面：第一，代表选民，向选民负责。理论上，大多数西方国家的宪法和法律都声称议员代表全体国民的意志行事，不受选民的强制性委托，议员代表国家和议会整体利益。在实际生活中，在某些总统制国家（如美国），受联邦制和松散的政党组织结构和组织纪律的影响，议员的代表性更多地表现为议员经常将选区选民的利益置于首位，将自己视为本选区选民的代表而非全体国民的代表。第二，勤奋工作，遵守纪律。议员必须出席议会会议，参加投票表决，必须遵守议会纪律，维护会议秩序。第三，不得兼任司法、行政及其他法律规定的职务。

二、议会的结构

西方国家的议会组成大致可分为两院制和一院制两种主要类型。从世界范围内看，采用一院制的国家居多，其中发展中国家、单一制国家采用一院制的居多；在资本主义发展较早、资产阶级民主发展较充分的西方国家中，采用两院制的居多；在联邦制国家中，采用两院制的居多。在西方两院制国家中，议会的上院和下院的具体称呼不尽一致，如英国称贵族院与平民院，法国称参议院与国民议会，德国称联邦参议院与联邦议院，美国、加拿大、澳大利亚、意大利、日本等国称参议院与众议院，俄罗斯称联邦委员会与国家杜马，印度称联邦与人民院等。

三、议会的组织机构

西方国家议会的组织机构主要包括议会的领导机构、议会的各种委员会、议会的秘书长，以及为议会和议院提供各类咨询与服务的辅助机构。

（一）议会的领导机构

议会的领导机构一般分为个人性质的议会领导机构和集体性质的议会领导机构。议长是个人性质的议会领导机构，是议会的主持人和议会对外的代表。议长的产生有以下几种方式：选举、由政府高级官员兼任、由国家元首任命、轮流担任。各国宪法和议会法对议长的职权规定不一，但是其主要职权是对内支持议会活动，对外代表议会。一般而言，议长对内主要有以下职权：召集和主持会议、主持会议辩论、主持议会表决。

集体性质的议会领导机构主要有：（1）议院主席团（如德国、丹麦、荷兰等），一般由议长、副议长或议会秘书组成，其职能主要是主持日常立法工作，议决议会活动的重要事项以及领导议院办公厅的行政工作，制定议院预算等。（2）议长会议（如瑞典、芬兰等），一般由议长、副议长或议会委员会主席、议会党团领袖组成，主要负责审查议会的工作，安排议会的议事日程或协助议长领导议会工作。

（二）议会的委员会

委员会主席一般由多数党议员担任，主要有以下几种委员会：

常设委员会或常务委员会：常设委员会一般在每届新议会成立时组成，其任期与议会一届任期或会期相同。常设委员会的主要任务是审议议案，对政府行政部门的活动进行监督，以及对议院本身的事务进行管理。

临时委员会或特别委员会：临时委员会或特别委员会是议会为处理某一具体问题或突发事件而特别成立的委员会，它的作用仅限于在会议期间按照议院决议就某一专门议题或案件进行审理和调查。临时委员会或特别委员会在完成其任期后随即解放。

两院联合委员会：在两院制国家中，当议会须作出与两院有关的决定或审议与两院意见不一致的议案时，往往成立特别的两院联合委员会，协商委员会对两院有争议的法案进行斟酌，并制定出妥协方案。

全院委员会：全院委员会是指由议会某一院全体议员组成的委员会，是议院多数党利用其政治优势加快通过或否决某一议案的一种议会组织形式。

四、议会的职权

资本主义国家各国议会职权的大小因各国政体的不同、议会的法律地位不同而有差别。一般来说，议会制共和国的议会职权大于总统制共和国的议会职权，总统制共和国的议会职权又大于二元君主制国家的议会职权。但总的来说，资本主义国家各国的议会一般都拥有立法权、财政权、监督权和其他一些重要职权。

（一）立法权

立法权是指一般立法机关制定、修改、通过或废改法律的权力，是统治阶级将其意志升华为国家意志即法律的权力，也是立法机关首要而传统的权力。议会在行使立法权时，为保证立法严肃慎重和议会少数派的权利，须遵循法定的程序，即立法程序。一般而言，立法程序主要包括提出法案、审议法案、通过法案和公布法律四个阶段。

（二）财政权

财政权也称财政议决权或财政监督权，一般主要指议会审议和批准政府的财政预算和财政决算的权力，常常被形象地称为议会的"钱袋子"或"管理国库的权力"。从近代西方资产阶级提出"不出代议士不纳税"的反封建王权的口号来看，财政权是西方议会的传统权力之一。

议会财政权的内容，各国规定不尽一致，但主要是批准政府的预算和决算。根据规定，政府每年的总收入和总支出都须得到议会事先的同意，支出的分配细目也须经议会同意，政府的支出只能限于议会同意的范围之内。因此政府事先编制出某一期限内国家收入和支出数额的方案，以得到议会的同意，这就是财政预算。同时，政府对上一个期限内政府收入和支出的数额作出总结，并向议会报告，这就是财政决算。

（三）监督权

监督权一般指立法机关行使的除财政权以外的监督政府的权力，它主要包括质询权、倒阁权、调查权、弹劾权。议会行使监督权的目的在于了解政府的信息，发现、暴露和纠正政府的过失，督促政府有所为有所不为，是政府承担忠实贯彻和执行宪法和法律的责任。

（四）其他重要职权

西方国家的议会除拥有立法权、财政权、监督权外，还拥有批准条约权、批准人事任命权等其他重要职权。西方国家议会的批准条约权主要有两种情况：对外缔结一切条约必须经议会同意和批准方能生效；对外缔结条约中，只有其中某些重要的条约或法律规定的某些方面的条约和协定才须经议会同意。从各国议会的实践看议会批准条约权的作用十分有限。西方各国议会批准人事任命权主要有两种方法：议会推荐某些官员候选人提交国家元首任命；议会直接批准或赞同政府对某些高级官员的任命。

五、议会的会议

议会议事和决策是有时间范围的，一般把议会开会和议事的期限称作议会的会期。议会通常在会期内召开各种会议并行使各项职权。议会的会议一般可分为常会（或例行会议）和非常会议两种。

（一）常会

常会即定期召开的议会会议，是议会会议的主要形式和工作程序的基础。

西方各国对常会日期和次数的规定详简不一。议会常会（例会）期间，议员并不是每天开会，只是宣布议员正式工作的开始，也是议会内部机构的工作时间。议会常会必须按照规定时间举行和闭幕。常会期间大部分议员经常被召集在一起举行会议，商讨重大事项；议员未经议会准假，不得擅自离开举行会议的城市，不得出访或进行其他与开会内容无直接关系的公众活动。

（二）非常会议

非常会议是指议会在常会会期之外，遇有特殊或紧急情况（如战争、自然灾害、国内动乱以及出现重大经济、社会问题等）而召开的会议。大多数国家的宪法或议会议事规则对非常会议的召开有明确的规定，有权要求召开非常会议的人员一般是国家元首、议长、议会主席团、政府和一定数量的议员，各国对此规定有别。非常会议具有较强的针对性，会议的重点是就主题举行辩论和表决，会期较短。实际上，西方国家议会召开非常会议的实例非常少。

（三）议会的休会

议会的休会指议会的任何一院可以通过决议在会期中中止活动。议会的休会主要有两种类型：一是自行休会，即议会因例假或某种需要可自行通过决议宣布中止开会若干天，一旦休会期满，议会应自动复会，不能无限期地休会；二是被动休会，通常由国家元首提出或决定，但对国家元首行使休会权在程序上予以一定限制。为了体现民主协商一致原则，不少两院制国家规定，议会的休会必须经两院的一致决议。休会期间，议会原则上停止一切活动。一些国家在议会休会期间，议会授予议长、常设委员会或特别委员会形式处理紧急事务方面的权力。休会期间，议会辅助机构的日常活动照常进行。

（四）议会的闭会

议会的闭会指议会因会期届满或会期未满但任务已完成而闭会。主要有三类闭会制度：（1）自动闭会：议会的会期结束，会议休止，会期工作结束而闭会。（2）一般由国家元首宣布闭会，也有少数国家是由于议会两院中的一院（通常是下院或众议院）被解散，另一院（上议院或参议院）被迫同时闭会。（3）特别闭会：由议会召集的特别会议由议会宣布闭会；由国家元首召集的特别会议，由国家元首宣布闭会。

（五）议会的解散

议会的解散属于议会闭会制度中被动闭会的一种方式。在实行责任内阁制的国家，当政府由于议会政治构成的变化而丧失了其在议会中的多数支持，或反对政府的不信任案获得通过时，政府（内阁）首脑要么主动辞职，要么提请国家元首宣布解散议会，择日举行新的大选。若原执政党在大选后产生的新一届议会中仍居多数，则继续执政；否则，则由在新一届议会中获多数席位的政党或政党联盟组阁执政。

六、议会的议事规则

议会议事必须有规则可循。理论上说，议事规则直接体现出西方国家代议制民主在程序上是否有法可依、是否公平正义。实际议会活动中，为了保障议会活动的正常秩序，提高议事效率，确保议员能依法行使职权，使议会中各种矛盾和争执的处理有条不紊，议会有必要制定一些共同遵守的规则，即议事规则。因此有人将其比喻为议会活动的"第一生命"。议会议事规则主要指议会全体会议和议院会议，以及非例行会议的规定和程序，包括议会的开会时间及议事时间分配规则、议会开会作出有效决议和通过法案的法定人数规则、议员在议会上的发言规则、会议公开或秘密举行规则、议会审议议案或法律草案的程序规则（包括议案或法律草案的提出、讨论或辩论、修改、通过或投票等程序规则）等。

各国议会议事规则所涵盖的范围和具体内容不尽一致，但综合起来，共同的议事规则主要有：

（一）法定人数规则

法定人数规则指议会需要有一定数量的议员出席，才能使议会作出的决议和通过的法案有效。出席者的一定数量即为法定人数。法定人数一般区分为举行会议的法定人数和通过法案的法定人数。各国议会规定的法定人数不尽相同。如英国上院开会的法定人数只有 3 人，下院为 40 人；上院通过法案的法定人数为 30 人，下院则为相对多数。日本国会开会议事和作出决议的法定人数为全体议员的 1/3，通过法案则需要出席议员的半数以上。一般来说，多数国家议会通过法案的法定人数为议院议员总数的半数以上。

（二）会议公开规则

会议公开规则指议会活动在国民的监视和批评下进行，议会会议公开举行，议院大会允许外人旁听，允许新闻媒介跟踪报道以及公开发表议事记录等。但是，旁听者和报道者若不如实反映情况，则要负民事或刑事上的责任。在某些国家（如英国、美国、法国、德国、日本等），根据一定数量的议员提议或政府的要求，经议院表决通过，可举行秘密会议。秘密会议除议员外（个别国家规定政府部长或国务大臣经议院许可也可出席会议），其他人一律不得出席、旁听，新闻报道、议事记录也不得发表。此外，委员会会议除举行听证会外，一般不公开举行。

（三）一事不再议规则

一事不再议规则指在同一会期内，议会所否决的法案不得再行提出，但不包括下院已通过、遭上院否决而下院再次讨论通过的情况。如对议会所否决的法案有异议，只能在下次会期中的会议上重新提出。实行这条规则主要是为了节省时间，提高议事效率。

（四）议员在会议中发言不得追究规则

议员在会议中发言不得追究规则指议员在议会辩论或讨论某项法案的发言中，只要不使用诽谤、侮辱性语言，不泄露国家机密和揭露别人隐私，发言均受法律保护，不得因观点异同而追究法律责任。

（五）法案必须两院一致通过规则

一般而言，在大多数两院制国家，议会讨论的法案只有经议会两院讨论一致通过，才能成为法律。

第四节　当代资本主义的行政制度

当代资本主义国家的行政制度，是资本主义国家为了有效地执行宪法和法律，实现国家的行政职能而依法规定的有关国家行政权限、行政组织、行政领导体制、行政活动及其行政监督等方面的制度，是资本主义国家政治制度的重要组成部分。

一、国家元首

现代资本主义国家中，国家元首对外作为国家的最高代表，是国家的象征。在不同政体的国家内部，元首的地位不尽相同。从目前西方各国宪法及其实践来看由国王或其他世袭君主担任国家元首的国家居少数，由总统担任国家元首的居多数。

（一）国家元首的概念

国家元首的概念大致可表述如下：国家元首是国家对内对外的最高代表或国家象征，是国家机构的重要组成部分。国家元首是最早产生的国家机构，在西方奴隶制和封建制时期，国家元首一般指君主。一般认为，现代国家元首是国家行政权的一部分；议会是国民意志的体现者，而国家元首则被视为国家最高行政权力的体现者。

（二）国家元首的形式

国家元首通常由一个人担任，但也有集体国家元首形式，还有些国家在一定时期内无国家元首或国家元首不明确。

个人国家元首：也叫单一国家元首，指由一人独任国家元首的制度。在西方国家，个人国家元首是比较普遍的形式，如英国女王，美国、法国、德国、意大利、俄罗斯等国的总统，卢森堡的大公等。需要指出的是，从法律上讲，副总统不是国家元首，也不是元首的一部分，故设置副总统的国家仍为个人国家元首的国家。

集体国家元首：凡由两人以上组成合议制的机关，由其全体成员共同担任国家元首职务和行使元首职权者，为集体元首。构成集体元首的成员彼此之间的地位基本上平等，拥有同等权力。他们中虽然可能有一人作为形式上的首领，但这仅是对外的代表或在内部集会时担任主席，并不具有超越其他成员之上的权限。

没有国家元首或国家元首不明确：现代澳大利亚、加拿大、新西兰等国严格说来没有本国的国家元首，只是由于这些国家属于英联邦的成员，为维持殖民地时代的做法才承认英国女王是他们的国家元首。

（三）国家元首产生的方式

西方国家元首产生的方式均由宪法或法律规定。一般说来，产生的方式主要有两种：世袭制和选举制。

元首的世袭制：凡担任国家元首职务，不经民主选举，而是按照血统亲属原则，依法世代相传者，叫作世袭制。当代西方君主立宪制下的国家元首普遍采用世袭制产生方式，如英国、荷兰、比利时、西班牙、瑞典、丹麦、挪威等国，这些现代国家的世袭国王一般都称为"立宪君主"。

元首的选举制：指国家元首经选举产生。西方共和制政体的国家元首普遍经选举产生。各国选举元首的方法多种多样，概括起来，有以下三类：（1）由公民投票直接选举产生。俄罗斯、奥地利、冰岛、埃及等国的总统均由公民投票直接选举产生。（2）由公民投票间接选举产生。指由选民选出的选举人团选举产生。（3）由议会或特定的选举团体选举产生。联邦德国总统由数量相等的联邦议院议员和按比例代表制选出的各州代表组成的选举团选举产生；意大利总统由议会两院议员和各区（州）议会选出的代表联合选出；希腊、印度、以色列等国的总统也是由此方式产生。

（四）国家元首的任期

西方国家元首任期的期限大都经宪法明文规定，也有以法律规定的，或存在于习惯之中。一般说来，元首的任期可归纳为终身任职制和限期任职制两大类。

终身任职制：世袭君主制国家的元首由于王位世袭，元首任期必然是终身的，如比利时、丹麦、英国、瑞典、挪威、荷兰、西班牙等国的国王以及卢森堡大公等。

限期任职制：指国家元首的任职有一定期限，不能终身任职。这种期限往往由本国的宪法明文规定。元首任职期满后，必须进行改选。元首的限期任职制一般只适应于共和制国家，在世袭君主制国家则根本不可能实行。

（五）国家元首的地位及职权

1.元首的地位

对外，国家元首代表国家，是国家的象征。作为元首，元首有权派遣本国使节，签署本国国书，接受外国国书；在国外，元首享有外交特权；在外交关系中，元首参加对外谈判，缔结条约等。总之，元首对外是国家的最高代表，是主权国家行使权力的象征。

对内，国家元首居于国家机构的首脑部位或是首脑机关的组成部分。如前所述，在不同政体的国家，元首对内的地位不尽相同。元首可能是最高国家行政权力的一部分（如美国总统），也可能是最高权力机关的一部分（如英王形式上是议会的一部分）；元首可能握有实权（如美国、法国、俄罗斯等国的总统），也可能徒有其名（如君主立宪制下的君主、共和制下不掌握行政实权的总统）。但不论怎样，元首总是处于国家机构的首脑部位或是首脑机关的组成部分。

2.元首的职权

各国元首的职权大都在宪法上有所规定。一般而言，我们可以根据各国元首行使职权的实际状况，将其共同之处概括为以下八类职权：(1)公布法律权。元首批准和公布法律之权。(2)发布命令权。元首采取发布命令、敕令或规则等方式来补充立法权的权力。(3)召集议会权。有些国家的元首拥有召集、停止及解散议会的权力。(4)外交权。又称最高代表权，包括接受并派遣外交代表的使节权、缔结国际条约的缔约权以及宣战与媾和等权力。(5)统率军队权。又叫军事权，即元首对本国海陆空军及其他武装力量的最高指挥权。(6)任免权。元首依宪法规定，在一定范围内享有任免政府高级官员的权力。(7)赦免权。元首以命令方式赦免罪犯，赦免已被定罪的罪犯或减轻其刑罚的权力。(8)荣典权。即元首规定或颁赐荣誉、荣典，授予荣誉职衔和荣誉称号的权力。

二、中央政府

（一）政府的概念

西方国家的政府概念有广义与狭义之分。广义的政府指制定法律、执行法律和维护法律的公共权力组织机构，包括国家元首、立法机关、行政机关、司法机关等所有国家机构。狭义的政府仅指国家行政机关或执行机关。一般认为，行政机关即执行法律的机关，因此，政府也叫国家执行机构，尤指中央执行机关。

第一，内阁。内阁的本义指"内室"或"密议室"。内阁最早出现于英国，其前身是中世纪英王下属的最高行政机关枢密院中的外交委员会。内阁当初只是国王的咨询和办事机构，是一种习惯的产物，无正式法律地位。

1714年，德国汉诺威选帝侯依王位继承法即英国王位，称乔治一世。乔治不懂英语，又不谙英国事务，故经常不参加内阁会议。从1717年起，内阁会议由英王指定的一位大臣主持，开创了内阁首席大臣领导内阁、英王不参加内阁会议的先例。1721年，辉格党（自由党的前身）在议会下院占多数，党首罗伯特·沃波尔领导内阁，名义上对下院负责，实际上控制下院，使内阁发展成为以首相为中心的制度化决策机构，形成英国首任责任内阁。1742年，下院不再拥护沃波尔内阁，沃波尔及其内阁集体辞职，开创了内阁失去下院信任时全体辞职的先例。1784年，托利党（保守党的前身）人小威廉·庇特内阁因遭议会多数反对而下令解散下院，重新选举，并在新的大选中获胜，从而开创了内阁在得不到下院支持时，可以解散下院以重新选举的先例。至此，英国责任内阁制的基本原则已基本确立。1832年选举改革后，责任内阁制作为宪法惯例被固定下来。直到1937年《国王大臣法》颁布后，内阁和首相的名称才有正式法律依据。英国责任内阁制形成后，为许多西方国家所仿效，尤其是第二次世界大战后，已被西方议会制国家广泛采用。

第二，中央政府与内阁。在西方国家，内阁是政府内部的领导核心。但有时人们通常也把内阁称为中央政府。严格说来，在英国、法国等国，内阁和中央政府有所差别。在英国，中央政府有内外圈之分。内圈指内阁，由首相、财政大臣、国防大臣、外交大臣等 20 名左右的阁员大臣组成，内阁大臣人选由首相根据需要决定，除负责本部门的事务外，内阁大臣还要在内阁会议上参与讨论决定整个国家的方针政策，是中央政府的决策核心。外圈由一部分主管大臣、国务大臣、政务次官等 100 人左右组成，形成中央政府的执行机构，这些人员一般不参加内阁会议，但必须遵守和执行内阁制定的各项政策并与内阁共进退。法国中央政府由总理、国务部长、部长、部长级代表和国务秘书等组成。从组织形式上讲，中央政府由总理府和中央各部组成，但实际上，总统府是法国的"真正政府"，总统府的官员被称为"超级部长"。总统和总统府是政府决策的核心，中央政府只负责执行总统决定的内外政策。

（二）政府的组织原则

政府的组织原则即选举政府成员、组织政府的原则。西方国家一般实行以下三类组织原则：

第一，相容或不相容原则，指政府成员的职务同担任议员的身份是否相容的原则。在总统制国家，由于实行比较严格的三权分立与制衡，一般实行不相容原则。在内阁制国家，为了实现政府对议会负责和议会监督政府，一般实行相容原则。如在英国、加拿大、澳大利亚、新西兰等国，政府部长必须是议员。

第二，禁止兼职和从事营业原则。确立禁止兼职和从事营业原则，旨在保持政府公共权力不受其他公权或私权的干扰和腐蚀，保持政府权力的独立公正性和廉洁性。

第三，政府成员必须是文职而非军职原则。日本宪法第 66 条规定：内阁总理大臣及其他国务大臣必须是文职人员，不得是现役武官。这是为了吸取第二次世界大战时期日本军人把持内阁，发动侵略战争的教训。

（三）政府的组织形式

政府的组织形式，广义上是指政体，即国家政权的组织形式，尤指国家最高权力机关（包括立法、行政和司法在内）的组织形式，主要有共和制和君主制两大类政体。狭义的政府组织形式，主要指国家行政机关或中央执行机关的组织形式。根据国家元首、立法机关与行政机关的关系特征，目前西方国家狭义的政府组织形式主要有三类：议会制政府、总统制政府、混合制政府（半总统制半议会制政府），另外还有瑞士的委员会制政府等。

（四）政府的构成

政府的构成，一方面指政府内部各机构的组成，另一方面指政府内部政府成员的组成。政府机构的作用一般说来与政府成员的法律地位相一致。

政府首脑及其办事机构：西方国家的政府首脑一般称为总统、总理或首相。政府首脑负责组织政府，并就政府政策对国家元首或议会负责。因此，政府首脑的地位及作用十分重要。

政府部长及政府各部：部长或大臣是西方各国政府的重要组成部分，部长一般具有双重身份，即政府成员兼政府某部的部长。作为政府成员，部长参加内阁会议和内阁委员会，参与讨论和制定政府方针和政策，代表本部向政府首脑（首相或总统）负责。作为某部的部长，部长负责本部门政策的制定和本部门的行政管理工作；是媒体中本部门的形象代表和首席发言人；代表本部门协调与政府其他部门和机构的关系；负责策划与本部门有关的立法提案；就本部的政策和行为向议会（国会）提供信息或出席听证，接受立法部门的监督。

（五）政府的职权

从西方国家各国政府的实践和三权分立与制衡的宪政视角看：一方面，政府（行政部门）的职权主要是行使行政权，即执行和维护宪法和法律，按照宪法和法律的要求，使宪法和法律的原则和精神在全国范围内得以贯彻和实施；另一方面，政府在主要行使行政权的同时，也具有制约和监督立法和司法的权力。由此综合起来，政府的职权体现在以下几个主要方面：第一，行政立法权，为实施宪法和法律而制定法规、条例，或发布指示和命令的权力；第二，行政决策权，制定和执行政策的权力；第三，行政领导权，掌管军队、警察和监狱，对外捍卫国家安全，对内维持社会秩序；第四，官僚领导权，掌管行政机构；第五，行政监督权，参与立法，行使政府对立法的监督和制约权；第六，经济管理权，编制国民经济预算并向议会提出财政预算案，广泛调节和干预经济事务；第七，社会管理权，主管国家文化、教育、卫生、社会福利等方面的事务；第八，外交管理权，处理与其他国家或地区的外交关系，开展对外政治、经济、文化等方面的活动；第九，司法行政权。

（六）政府的责任

政府的责任是指政府对其实施方针、政策及其措施向谁负责的问题。

在议会制（责任内阁制）国家，政府的责任通常表现为：（1）内阁全体成员必须就政府总政策及各部的具体政策向议会负政治责任。政府要接受议会的质询，避而不答就是不负责任。内阁若失去议会的信任，或者集体辞职，或者提请国家元首解散议会、重新大选以决定内阁的去留。（2）内阁部长（大臣）必须向首相或总理负责，部长之间也要负连带责任，彼此相互支持，对外一致行动，否则就是不负责任，就得辞职或被免职。（3）部长（大臣）对国家元首的行政行为负责。元首发布命令，必须经主管部长（大臣）或总理（首相）的副署才能产生法律效力。

在总统制国家，政府的责任具有以下特点：（1）政府（内阁）一般不是集体决策机构，政府部长无须就政府的总政策对国会负责，只就本部门的事务对总统负责，部长必须与总统在政治上保持一致，否则辞职或被免职。（2）总统（作为政府首脑）一般不是由国会而是由选民（或选举人团）选举产生，总统不直接对国会负责，而只对宪法和选民负直接政治责任。在实际生活中，选民除了在总统选举中可通过直接投票以支持或否决的方式制约和监督总统外，在总统任内的大部分时间内，由于缺乏其他监督总统的具体而切实有效的监督保障制度，比较难以对总统进行有效制约和监督。

在半总统制半议会制（混合政体）国家，政府的责任则兼有议会内阁制政府责任和总统制政府责任的特点：（1）政府总理形式上代表政府向议会负政治责任，内阁若失去议会的信任，或者集体辞职，或者提请国家元首解散议会、重新大选以决定内阁的去留。（2）内阁部长（大臣）必须向政府总理负责，部长之间也要负连带责任，彼此相互支持，对外一致行动，否则就是不负责任，就得辞职或被免职。（3）政府总理及内阁全体成员必须就政府总政策及各部的具体政策向总统负责，确保总统制定的方针和政策得到忠实贯彻和执行。（4）总统（作为实质上的政府首脑）一般不是由国会而是由选民选举产生，总统不直接对国会负责，而只对宪法和选民负直接政治责任。

三、公务员制度

公务员制度是指有关公务员考试、录用、考核、奖惩、待遇、培训、晋升、调动、解职、退休，以及分类管理等方面的规章制度和体制的总和。

（一）资本主义国家公务员制度的基本特征

西方国家公务员制度为了克服封建恩赐官职制和近代政党分赃制的弊端，保证政府行政执行人员产生的公平性、政府行政的绩效性、连续性、稳定性和廉洁性，适应现代政府科学管理的需要而建立起来的人事行政管理制度。因此，在有关公务员的考试、录用、考核、奖惩、待遇、培训、晋升、调动、解职、退休，以及分类管理等方面，各国的公务员制度具有一些共同的基本特征：

第一，公开考试和择优录用，保证政策执行者产生的公平性。所谓公开考试和择优录用，是指考生通过公开考试竞争公务员职位，它包括笔试、口试、品行和经历评定、实际操作考核、身体检查等环节。考试后由用人单位根据考生的考试成绩高低顺序，并参考个人资历、学历、品德和健康状况，鉴别优劣，择优录用。

为了贯彻和执行公开考试和择优录用原则，西方各国一般都强调遵守下述三项具体行为准则：（1）机会均等。对报考者要给予均等机会，不因民族、种族、性别、家庭出身、政治见解和倾向、宗教信仰、婚姻状况、生理缺陷等受到歧视，主要应以品行和考试成绩作为衡量标准。（2）公开招考。各种录用考试均须公开告知，公开进行。考试公告必须通过报刊、广播、电视、人事部门的业务通讯、政府公报等形式，写明招考的职务、责任、待遇、报考资格、考试科目，以及考试时间、地点。考试合格者名单须张榜公布，并通知本人。（3）择优录用。主要根据报考生的考试成绩，并参考个人资历、学历、品德和健康状况，优胜劣汰，择优录用。

第二，严格考核和奖优罚劣，保证政府行政的绩效性。严格考核和奖优罚劣不仅是西方各国公务员制度的一项重要内容，而且也是西方国家政府追求行政效率的重要激励机制之一。它以功绩制为核心，即通过制定严格的考核制度和具体的考核标准，主要从公务员的职业道德、业务能力、勤勉程度、实际业绩等四个方面对公务员进行考核，并根据考核结果决定公务员的任用、留用、加薪、晋级、降职、免职等。

西方各国在公务员考核过程中，一般都注意遵循以下三项具体原则：（1）职责一致原则。要求名称其职、职责分明，使考核具有针对性。实践证明，建立明确的岗位责任是实施有效考核制度的前提。美国首创、后为各国仿效的职位分类制度，就是为了把职、责、待遇、奖惩更好地结合起来。（2）奖惩结合原则。要求人称其职、赏罚严明。实践证明，只有根据考核的结果，奖勤罚懒，奖优罚劣，考核才有效力。只奖不罚或奖罚甚微，考核就形同虚设，终将丧失效力。（3）公平对待原则。要求薪称其职、同工同酬、同等待遇。强调考核不应受政治、种族、肤色、民族、宗教、性别、婚姻等因素的影响，注重工作能力、知识和技术水平，以及工作实绩。

第三，职务常任和权利保障，保证政府行政的连续性和稳定性。职务常任，也叫作"无过失不被免职"，主要指公务员一经公开考试和择优录用后，若没有重大责任过失不得被免职，也叫终身任职或职业保险。公务员的权利保障有两方面的含义：一方面，通过各种公务员法规对公务员的基本权利予以明确规定。这些基本权利一般包括：信仰自由、言论自由、结社及参加工会的权利，享受劳动工资、津贴、福利、保险等权利，申诉权、培训权、休假权、辞职权，以及享受领取退休金和抚恤金的权利，向国家申请救济补助的权利等。另一方面，当公务员的权利受到侵犯，或因违反义务受到不适当的处分时，有权向司法机关或有关专门机构提出申诉，并受到法律和法律程序的保障。

第四，严明职业道德与行为规范。为了适应西方现代民主政治不断发展对政府行政过程"公开透明""公平公正""廉洁高效"的要求，树立国家公务员超脱于政治斗争和党派政治之上的"公正""廉明"的政治形象，西方各国通过制定一系列公务员法规、条例和道德法典，对公务员的职业道德与行为规范进行约束，以保持其正直、忠诚、谨慎、睿智的职业品德，保证公务员公平有效地执行政府的政策。

（二）资本主义国家公务员制度的局限性

当代西方国家通过制定和颁布一系列公务员法规和条例，对公务员的考试、录用考核、奖惩、培训、晋升、退休、权利保障以及职业道德与行为规范作出了比较全面而严格的规定，建立了比较完善和系统的公务员制度。理论上说，这些法律和规定体现了西方国家民主政治的平等和公正原则，有助于树立所谓超阶级和超党派的"公正""廉洁"和"高效"的政府形象。实际生活中，公务员制度也的确在西方国家政府有效地执行宪法和法律、防止政府结构性腐败、保持国家内外政策的连续性和稳定性等方面，发挥了制度保障作用。但是，西方国家公务员制度本身，以及在国家实际政治生活当中，都存在有悖于平等、公正、中立、廉洁、高效原则的现象。这主要表现在：

第一，尽管西方国家在公开考试和择优录用公务员时规定对报考者要机会均等，不因民族、种族、性别、家庭出身、政治见解或倾向、宗教信仰等而受到歧视，但实际上并非完全如此。如 20 世纪 90 年代初，妇女在美国、加拿大、澳大利亚、英国四国高级公务员中的比重分别只有 10.1%、16.1%、12.9%、8.6%。少数民族受到歧视的现象也不同程度地存在。在英国，工人阶级中被录取的公务员比例很低，高级公务员大多是来自牛津和剑桥的高才生。法国公务员（尤其是高级公务员）代表着一个封闭的受到过特殊教育或有着良好社会关系的精英集团，他们轻易地从一个管理部门转到另一个部门，不论它是公共领域还是私人领域。20 世纪 90 年代中期之前法国 3 位总统中的 2 位，8 位总理中的 6 位，以及现在半数以上的内阁成员都是顶级学府——国家行政学院（ENA）的毕业生。

第二，虽然西方各国建立了比较完善的考核制度，但在实际执行过程中由于考核标准尺度的客观性仍然缺乏科学的数量与质量依据，迄今尚难完全避免不受考核官员主观臆断的影响。如美国各级政府虽然执行相同的考核制度，但效果却因单位和主管人员的不同而有所差异，政府行政的绩效性由此受到影响。在英国，由于过分强调公务员的综合能力而使公务员科技知识和实际管理技能缺乏，在某种程度上影响了政府行政的效率。此外，一些国家的高级公务员由于长期任职且具有丰富的专业知识和工作经验，工作态度日趋保守且自以为是，认为自己作为职业常任文官，比那些来去匆匆作为政治

"候鸟"官员的部长们更专业、更精通业务，到头来是他们将不得不打扫"候鸟"官员们因政策失误而留下的政治垃圾，因此工作作风过分小心谨慎和墨守成规，对政治任命官员（行政决策者）的改革政策反应迟钝或消极对待，也在某种程度上妨碍了政府行政效率的提高。

第三，尽管西方各国要求公务员政治中立、超脱于党派政治，但实际上要做到完全不受政治影响而严守中立是不可能的。随着现代西方国家政治行政权力的扩大，公务员（特别是高级公务员）具有长期积累的经验和知识，掌握大量档案资料、情报和数据，又有可供支配的人力资源，在政府决策中的作用日趋增大。另一方面，现代社会日益增加的复杂性使立法机关和行政机关对公务员专业知识的依赖越来越严重，政治任命官员（即行政决策者）常常依赖于职业公务员所提供的信息和建议，实际上成了职业公务员的追随者。在英国，由于部长缺少重要的个人幕僚，他不得不严重依赖常务次官为其提供政策建议和管理本部。这种依赖性为公务员（通过常务次官）对政策产生重要影响提供了机会。在法国，绝大部分内阁成员曾经是高级公务员。政府官僚与政治行政官员已更加彼此咬合。政治已变得更加官僚化，官僚已变得更加政治化。

第四，虽然西方各国通过制定一系列法规、条例和道德法典，明文规定公务员不准索贿、受礼，不准以权谋私、经商、兼任有报酬的其他公职，实行财产申报制度以防止公务员贪污腐化，并对违法者绳之以法。但事实证明，这些有关廉政建设的法规和规定并不能完全防止和根治腐败。一些国家政府官员受贿、索贿、贪污、盗用或侵吞国家财产、不正当兼职以谋取私利、非法获取政治资金等种种腐败现象时有发生。按照美国学者的话说，绝大多数国家都存在腐败现象，只是程度或轻或重。不断健全和完善公务员廉政制度建设，仍然是西方各国需要进一步努力解决的问题。

第 七 章

当代资本主义法治

法治是一定社会的经济、政治和思想文化条件的产物，其产生和演变赖以一定的条件，诸如法治产生的社会经济条件是资本主义商品经济——市场经济；法治产生的社会政治条件是资产阶级的民主政治，包括议会制、普选制、多党制、权力制衡、司法独立、法律面前人人平等等一系列制度；法治产生的思想文化条件是以个人主义、人本主义为特征的理想自然法、自然权利的思想法治。

第一节　当代资本主义法治概述

当代资本主义法治不是抽象的、一成不变的，而是具体的、历史的，随社会实际而不断调整的，当社会条件发生变化，法治及其运行的原则随着变化。因此，基于当代资本主义法治形成的历史背景，其特点自然也有别于自由资本主义法治时期。

一、当代资本主义法治形成的历史背景

20 世纪西方世界面貌的最重大变化——从经济上说，经济体系已全面地完成从自由资本主义向垄断资本主义的转变；从政治上说，第一次世界大战的爆发和第一个社会主义国家苏联在地球 1/6 土地上的出现，都有力地证明帝国主义时代的资本主义固有矛盾正在大规模地激化。这种形势一直持续到50 年代，即第二次世界大战的完结以及东欧和中国、朝鲜、越南等一大批社

会主义国家的涌现，与该阶段的经济、政治的特征相一致，法治领域（包括思想领域和制度领域都在内）的重大转折，就是由 19 世纪的"个人本位"向"社会本位"的转折，自由放任主义向国家干预主义的转折。所有这些就决定了该时期的法律制度的性质同 19 世纪有重大差别：19 世纪的法律制度是自由资本主义的工具，而现在则是垄断资本主义和帝国主义的工具。法律制度的一切具体特点，都是由这个基本性质派生出来的。法治不是永恒的范畴，也不是伴随着法律制度而始终存在的范畴，它有其运作的界限。随着资本主义经济自由竞争到垄断的发展，与之相适应的法律制度及其运作原则也发生了很大变化。这种变化可以概括为两种基本形式。

第一种形式表现为一定时期某些资本主义国家法西斯化的倾向，公开抛弃法治的民主内容，像列宁在分析第一次世界大战时期的德国的法律制度时所说的那样：近 50 年来，德国的统治阶级曾建立 19 世纪下半叶最强大的国家，并造成了法治长久存在的条件，但现在，他们就要走到反面，就要为保存资产阶级的统治不得不毁掉他们的这种法治了。"法制为资产阶级所建立，如今却成为它所不能忍受的东西了！"① 列宁认为，无产阶级在一定时期的斗争"可以在资产阶级法制的基础上进行"，即利用资产阶级的法治，但是当阶级斗争进入最后阶段时，"利用资产阶级建立的法制"就会变为将摧毁全部资产阶级法制的伟大革命斗争。摧毁旧法治体系，建立新型的社会主义法律体系就是这一斗争的结果。

第二种形式表现在垄断时期资本主义法律制度的结构性变化上，出现了许多与自由资本主义时期法律制度的特征截然不同的倾向。西方学者对当代西方法律制度的变化有不同的概括，如昂格尔所说的从法律秩序、法治转变为"福利——合作国家"，鲍尔曼所说的"西方法律传统危机"，科特利尔所说的自由裁量规章、机械规章和特定规章，诺尼特（P. Nonet）和塞尔萨尼克（P. Selznick）所说的从自主性法（Autonomous Law）向适应性法（Responsive Law）的过渡，以及斯坦福大学的梅利曼教授所说的公法与私法划分的危机、公法私法化和私法公法化等，他们使用了不同的术语，强调了当代西方法律制度发展变化的不同方面。

① 《列宁全集》第 16 卷，人民出版社 2017 年版，第 309 页。

二、当代资本主义法治的概念和特点

在当代世界，资本主义法治是第二次世界大战结束以来与西方发达国家的国家垄断资本主义相适应的法治。

（一）当代资本主义法治的概念

资本主义法治主要是指美英法德意日等资本主义国家的法律制度、法律原则、法律理念以及与法律相关的意识形态、治国方略和社会文化现象等。从社会制度的性质来看，第三世界中大多数国家的法律，也属于资本主义法律类型。资本主义法治在西方各主要资本主义国家有不同的表达形式，但都是在资本主义的市场经济和民主政治条件下存在和运行的，当代资本主义法治的一个总的特征就是依照资本市场经济和民主政治的本质要求，建立了资本主义法治国家。

（二）当代资本主义法治的特点

当代资本主义法治不同于自由资本主义的法治的特点可以归纳为以下几个方面：

（1）加强国家对社会生活的干预，国家不再只是担当"私有财产的守护神"这一被动角色，而是积极参与社会财富的再分配，自由资本主义时期通行的绝对所有权和契约自由原则为对所有权的限制和标准化契约所代替，从而大大加强了行政权力。某些学者因此警告说，行政权力重新变为至高无上的、不受法律约束的力量。

（2）与福利国家的政策相联系。为了缓和阶级矛盾，法律推理日益从规则为中心转变为以原则的和政策为依据，由注意"形式公正"转变为注意"结果公正"。

（3）加强法官的自由裁量权。法官判决不再只是受既定的法律规则的限制，尽可能明确分清公民的权利与义务，相反，国家越来越经常发布一些含糊的"不确定规则""任意标准"或"一般条件"，从而使执法者有更大的自由裁量权、行动变通性和灵活性。

（4）随着行政权力的扩张，各种行政规章调整的范围越来越大，议会立法虽然仍涵盖社会生活的主要领域，但其多是一些抽象的一般规定，为执行者留有许多空白，或需要行政规章加以具体化。

（5）与行政规章的大量出现相联系，对它们的合宪性、合法性的立法审查和司法审查制度的各国普遍建立。这一方面加强了法治，另一方面又进一步使三权分立的制度受到破坏。

（6）由于社会立法的出现，打破了传统的公法和私法的划分，一方面私法公法化，民法已不再居于整个法律体系的中心，另一方面公法私法化，国家对经济生活的干预，国营企业的出现，使国家成为司法活动的主体。

（7）随着保险事业的发展，在刑法和侵权行为法中体现法治精神的过错责任原则在某些领域正在逐渐让位于严格责任原则即无论主观上是否有过错，只要造成有危害的结果，都要承担赔偿责任。

（8）在法律指导思想上，严格的概念法学正在为各种各样强调法外因素对法律过程影响的流派所取代。以当代美国法理学为例，德沃尔金（R. DWORKIN）的权利和原则法学强调原则和政策对法官判案的影响，波斯纳（R. POSNER）的经济分析法学把"福利的最大化"作为刺激法官判决的动力批判法学则宣称"法就是政治"，认为在每个法案和判决的背后都可以看到不同政治力量之间的斗争。

总之，正像某些西方学者自己所说的，当代法律制度的这些变化反映了从法律统治到官僚主义行政管理的变迁过程。如果国家要维护现行的社会、经济和政治秩序，必须要求政府摆脱法治原则所框死的规则的束缚，采取在作用上更有针对性、在运用中更富有灵活性的规则。

第二节　当代资本主义法治观念与法治模式

进入 20 世纪后，法律思想和法学派别获得了新的发展。虽然新时代的法治观念并没有完全脱离西方传统法治思想的轨迹，但由于社会制度的变迁和经济的发展变化，无论是上层领域的政治法律观念还是下层民众的法治理念，都随着法治实践的需要而具有了新的内容和表现出新的形式。

一、当代资本主义法治观念

概括地说，西方资本主义法治观念大致经历了三个阶段，即 19 世纪中叶之前的良法法治观念、19 世纪中叶至 20 世纪初的规则法治或硬法法治观念和当代的软法治观念。

（一）当代资本主义法治观念形成的历史背景

学界普遍认为，20 世纪西方法学理论方面先后出现了社会法学派分析实证主义、法学派新自然法学派和新康德主义及新黑格尔主义法学派的四大法学流派。在第二次世界大战时期，西方自由民主法律秩序遭到法西斯的践踏和破坏，德国法西斯党魁、元首的意志凌驾于宪法和法律之上，把法律变成统治者迫害人民的工具，法律对公民基本权利的保护作用逐渐消失，战后在人类共同努力下，对纳粹主义分子破坏民主法制、践踏人权的残暴行为进行了清算，正当的法律秩序和法治理念得到了恢复和发展。

20 世纪以来西方社会法学的产生对当代资本主义法治观念的形成具有重要的影响。当代资本主义法治的特点催生了社会法学，其产生同时意味着一种新的法律观的产生，这种法律观不再把正式的法律规则作为法律的唯一形式，甚至否定它是主要形式，而提出了"活的法"和"行动中的法"或"事实上的法"的概念，认为真正的法不是由国家制定的正式的法律规则，而是存在社会中事实上对人的行为发生作用的各种准则及其实现过程。

诺内特和塞尔兹尼克在关于法的类型的论述中，也清楚地显示出他们对原有法治规则观念的否定和批判，并主张一种新的法律状态——回应型法。这种法又叫目的型法，在其中法律目的占支配地位和具有普遍性，而规则、秩序、政策被视为工具；法不再那么独立和自治，不再那么与政治、道德分离，而是能够与社会保持某种联系，因而能及时回应社会的需要和变化，执法机关人员的自由裁量权又得到承认，但受到了严格控制等。

当代著名的自然法学家德沃金试图用"整体性"概念取代"法治"，也从某一侧面反映西方一些法学家对原有"法治"观念的否定以及对新的理想的追求。德沃金认为法并不仅仅只是一个规则的体系，而且是由原则、政策，包括道德原则和政治理想等联结起来的整体。他说："整体性要求尽可能把社会的公共标准制定和理解看作是以正确的叙述去表达一个正义和公正的首尾一致的体系。"[1]它要求政府说话统一口径，用一种原则上一致的态度对待所有公民，把用于一些人的正义或公平的实际标准推广到应用于每个公民[2]。而且它还要求一个国家的不同时期的法具有持续性，能与以前的法保持一致，像后续的小说能与原作保持一致一样。德沃金认为，整体性是比法治更广泛的原则，因为按照法治原则，我们可以用不同的标准（不同的法律规定）处理交通事故损失。有的赔偿，有的不赔偿，因而出现矛盾，而整体性要求不同的规则反映和执行同样的道德和政治原则。由此看来，德沃金试图用"整体性"取代西方原有的法治观念，而整体性原则要求不仅在形式上而且在实质上保持一致，使法律规则统一于社会的道德原则和政治理想。这实际上是修改和发展了西方原有的规则法治观念。

西方一些学者对规则法治观念的修改和否定，也表现在他们对法治原则的具体论述上。如许多学者在法治原则中增加了法律的可行性原则、自然正义原则等。罗尔斯在归纳法治原则时，就把"应当意味着能够"的原则放在首位，并且从三个方面进行了详细的论述。他还把规定自然正义观的准则，如法官必须是独立的、公正的，而且不能判决自己的案子等，作为法治原则的四个方面之一。

从以上法治观念的变迁来看，法治一词并没有绝对的、永恒不变的意义。然而我们并不能因此说法治的本质发生了改变。西方现代法治观念实际上是在良法法治观念的基础上丰富和发展起来的，它反映了人类政治文明进步的基本规律。

（二）当代资本主义法治观念的主要内容

当代资本主义法治观念以软法观念为主。"软法"这一概念的最初渊源出自国际公法学，英国国际法学家麦克耐尔被公认为提出"软法"术语的第一人，根据其定义：软法是在没有法律约束的黑色地带与有法律约束的白色地带之间的灰色地带中发挥作用的、没有确切内容与适用范围的行为规则。[3]软

---

① 〔美〕德沃金著，李常青译：《法律帝国》，中国大百科全书出版社 2012 年版，第 196 页。

② 〔美〕德沃金著，李常青译：《法律帝国》，中国大百科全书出版社 2012 年版，第 149 页。

③ 杜志华、陆寰：《欧盟消费者保护的新工具——软法》，《法学评论》2010 年第 4 期。

法的发展与经济全球化和规则趋同化以及国际贸易投资、人员流动扩大化密切相关，也与多中心治理的潮流相一致，在国际硬法尚未触及以及无法调节的领域发生作用。软法因其生成和适用的灵活性且不具有强制约束力而逐渐被各方主体所接受甚至偏爱。今天在学术界得到广泛认同的软法概念由弗朗西斯·施尼德提出，"软法是原则上没有法律约束力但有实际效果的行为规范"；埃里克·波斯纳则认为，"软法指的是一套没有中央权威加以创设、解释和执行的规则"[①]。

软法是与硬法相对应的，如果说硬法是具有强制约束力的法律规范，那么软法就是那些具有执行实效且被相关各方接受认同，但却不具有强制约束力的文件。学界有时甚至不会刻意给出一个明确清晰的软法概念，而是习惯于就软法、硬法两者之间的比较来解释和说明软法的特征。概括而言，软法是指由共同体成员协商一致同意制定的，由成员的自我约束来保证实施的行为规范。硬法是指由共同体中拥有权力的主体制定的，并由该主体的强制力保证实施的行为规范。

软法最初在国际贸易领域出现并发生作用，雷内·西尔顿和弗里茨·斯特因克在其合编的《欧盟及其成员国和美国的行政法比较分析》一书中将软法视为欧盟治理的一种手段或工具。他们认为，《欧盟条约》中规定的建议、意见、一般行动纲领、中长期框架计划以及大量的无《欧盟条约》法律基础的决议、指南、宣言行为准则等均属于欧盟软法的范畴。这些形式的软法具有一个共同的特征：不具有完全的法律上的约束力但也并非完全没有法律效力。软法是相对于硬法而言的，软法与硬法比较其特征有五：第一，软法创制的渠道是多元的，既可以由国家机关制定、认可，也可以由社会组织及民间团体制定、认可，还可以是人们在社会生活和政治活动及交往中自然地生长和

---

① 资料来源：Eric posner, Soft Law in Domestic and International Settings. htmp：//w.j.u- tokyo.ac.jp/ coelaw/ download/ material.

形成，而硬法只能由国家机关制定、认可；① 第二，软法通过个人、组织的自我约束和相互约束以及舆论约束和利益机制而实现规范人们行为调整社会关系的作用，而硬法主要以国家强制力为后盾由国家强制力保障实施；② 第三，软法的法源既可以是法律文件，也可以是社会组织、团体的章程、村规民约以及政治惯例、社会惯例等，而硬法的法源只能是国家法律文件；③ 第四，软法既可以是静态的法律规范也可以是动态的公共治理方式、治理手段，如调解、协商、讨论、指导、说服等手段被认为是软法手段，而硬法一般仅指静态法；④ 第五，软法既具有相对的普遍性，又兼顾一定时间、地点、对象的特殊性，注重保证在形式正义的同时最大限度地保障实质正义，而硬法则更多地强调普遍性，注重形式正义优于实质正义。

---

① 关于法律（包括硬法与软法）的起源和生长、法律的普适性与特殊性、法律的静（稳定性）与动（发展和变动性），美国原最高法院法官卡多佐指出，"我们今天的法律面临着双重的需要，一是需要重新表述，它将为那些杂乱无章的判例带来确定性和条理化，这是法律科学的任务。二是需要一种哲学，它能够调和稳定与进步这两种相互冲突的要求，并提供一种生长的原则"。"法律必须稳定，但不能一成不变。我们每每在这一点上陷入严重的矛盾。无法消除和无法限制的静与动，有着同样的破坏性"。"我们必须记住两句忠告。在我们敬仰确定性时，我们必须分清正确的确定性和虚假的确定性，分清真金与镀金。此外，当我们获得了确定性时，我们必须记住，它并不是唯一的好东西，人们也许得为它付出过高的代价；恒静与恒动有着同样的危险；必须从生长的原则中找出妥协之道。""法律就像旅行者一样，天明还得出发，它必须有生长的原则。"参见〔美〕本杰明·内森·卡多佐著，刘培峰、刘晓军译：《法律的生长》，贵州人民出版社 2003 年版，第 1—11 页。

② 关于软法与硬法在法律约束力方面的区别，罗豪才和宋功德教授在其合著的《软法亦法》一书中指出，"能否运用国家强制力保证实施成为我们区分、理解和定义软法与硬法概念的一个关键"（参见罗豪才、宋功德：《软法亦法》，法律出版社 2009 年版，第 297 页）。《欧洲法律杂志》主编弗朗西斯·施尼德（Francis Snyder）亦曾就软法的法律约束力指出，"软法是原则上没有法律约束力但有实际效力的行为规则"（参见 Francis Snyder，Soft law and Institutional Practice in the European Community）。

③ 关于软法的法律渊源或法律形式，参见 Rene Seerden，Frits Stroink，Administrative Law of the European Union，its Member States and the United States—A Comparative Analysis. p.273.

④ 关于法（软法）的动态性，卡多佐法官曾指出"法律不仅是一系列孤立的判决，在调解那些引出它们的争端时，它们行使着法律的力量"。"在说到行为的原则或规则时，我把另一些行为规范或标准也包括在内，它们因为没有在法规或裁决中被正式宣布，也许不是严格的规则或原则，但它们却是有望得到法规或裁决遵守的类型或模式。我仅仅否认它们是一种凌驾于那些国家已建立的机构的力量。它们扎根于商业和伙伴关系的习惯形式与方法中，扎根于公平和正义的主流信仰中，扎根于我们称之为时代风俗的信仰和实践的复合体中"。参见〔美〕本杰明·内森·卡多佐著，刘培峰、刘晓军译：《法律的生长》，贵州人民出版社 2003 年版，第 21—27 页。

同规则（硬法）法治观念相比，这种法治观念有以下特点：（1）依法治国之"法"已不局限于国家制定的正式法律规则，而是包括法律原则、"活的法"等。因此不再要求死扣成文法规则，不再那么坚持"罪刑法定"原则。（2）法治所追求的已不限于形式正义，即适用于法律上的平等，而是注意追求实质正义目标，即要求所依之法是良的，服务于统一的价值目的或能依照普遍的道德原则和政治理想组成一个统一体。（3）这种法治观念不再那么严格坚持三权分立原则，允许行政和司法机关享有适当的自由裁量权，甚至包括在正式规则有空缺时，以判例等形式出现和创造新的法律原则，当然这一活动也得依法（法定秩序）进行。

二、主要资本主义国家的法治观

英国当代的法治观发端于詹宁斯的福利法治观，戴雪思想可视作英国古典自由法治观的一次系统总结。但正是从这一时期开始，古典自由主义日益遭遇挑战。

（一）英国：福利法治观及其新发展

20世纪初期，尤其是第一次世界大战和随之而来的经济危机，迫使英国逐渐转向凯恩斯的国家干预政策，以戴雪为代表的古典自由法治观也开始遭遇批评，其中最重要的批评来自詹宁斯（Sirlyor Jennings）。在《法与宪法》中，詹宁斯逐一反驳了戴雪的法治原则，并在此基础上建立了自己的积极法治观。戴雪强调法治要排斥专断权力，应最大程度减少自由裁量权。但在詹宁斯看来，"所有权力都不能被滥用，不管它们是否来源于正当法律"。问题的关键不是要不要自由裁量权的问题，而是需要多大程度的自由裁量权的问题。在詹宁斯看来，广泛的裁量权在现代社会已经不可避免，因此对裁量权的讨论重点应是如何审查及限制的问题。英国人应受法律的统治，但关键是这种法律绝非法院的任意创造，而必须符合法律的最低标准和原则。针对戴雪强调法律之下的人人平等，詹宁斯认为，现代法律总是不可避免地对不同法律地位的人做出区分（地主与租户、雇主和雇员等），对不同类别的人适用不同的法律规则。诸如行政法的目的也并非为免除官员的责任；相反，行政法是"通过确定公共机构的权力和职责，有效防止越权和滥用职权的行为"。不能因为"法国拥有一套控制权力的有效体制，而英国是另有一套体制，就成为解释英国没有行政法却有法治的奇怪理由"。最后，针对宪法原则是司法结果的观点，詹宁斯认为，这种观念不符合19世纪后期以来国家职能不断扩张的实际，"现代国家职能的新发展已经使他的很多曾经努力的分析与之无关了，他的所见并不确切"。戴雪将法治简单等同于普通法院的独立审判，忽视了很多国家有独立法院（如大革命前的法国）但不能保证人民权利的事实。同时，仅仅将公民权利视作普通法的产物也不符合英国的事实；在现代英国，公民最基本的自由权也同样由制定法规定，尤其是公民的经济和社会福利都来自制定法，而非普通法。

20世纪70年代以后，资本主义经济危机进入到新阶段，社会矛盾日益尖锐，人们对福利国家政策开始产生怀疑，古典自由主义又呈现复兴之势。在法治理论上，福利法治观也开始遭遇危机，自由主义法治开始重新被阐释，其中最重要的即是哈耶克的新自由主义法治观。哈耶克对法治的理解建立在对福利国家的批判之上。在哈耶克看来，福利国家与法治这两者之间存在内在矛盾。一方面，福利国家以国民经济计划去调整不同人的特殊需求，破坏了法律面前形式平等的原则。另一方面，政府调控与福利计划必然借助于行政裁量权，从而破坏法治最重要的品质——法律和政策的可预期性。尽管这些活动从表面上看是纯粹服务性的，但它们事实上却构成政府的强制性权力，最终可能走向通往奴役之路。在此基础上，哈耶克提出了自己的自由主义法治观。第一，法律制度的形成来自"自生自发"的行动，而非人为设计；因此，尝试设计社会的努力会伤害社会的健康发展。第二，在一个自由的社会中，真正的法律是被发现的而非被创建的。在英国，这种被发现的法律就是作为历史经验集合的普通法，而非国会的制定法。第三，法治要求平等地对待所有人，但不能以人为的方式迫使人平等，否则最终会摧毁法治。第四，法治要求以一般的法律规则限制政府权力；除非是实施众所周知的规则，否则不得对个人实施任何强制。

在新自由主义之外，20世纪后期具有较大影响的法治理论还有以拉兹为代表的程序法治观。拉兹认为，法治有广义和狭义之分。广义的法治指一切人都服从法律并受法律统治。狭义的法治仅表示一切政府行为必须基于法律并由法律赋予权威。这里的"法律"并非法律人眼中的法律，而是普通人眼中的法律，即一套公开、普遍并且相对稳定的规则。当然，这并不排除在法律制度中包含大量具体的、细节的规则；只不过法治原理要求这些具体规则的制定必须受公开、稳定的一般规则的指导。在此基础上，拉兹进一步指出，法治的含义有两方面：一是人们应该受法律的统治并服从法律；二是法律应该让人们能受其引导。他认为，法治的重点应该关注后一种含义。法律要被人们真正服从，就必须要能够引导人们的行为。为此，他提出法治的八条原则：第一，法律必须是可预期的、公开的和明确的；第二，法律必须是相对稳定的；第三，必须在公开、稳定、明确、一般的规则指导下，制定特定的法律命令；第四，必须保障司法独立；第五，必须遵守自然正义原则；第六，法院对原则的实施应有审查权；第七，法院应易于接近；第八，执法机构的自由裁量权不得歪曲法律。

（二）德国：实质法治国及其新发展

德国的法治思想主要表现为"法治国"理论。与英美的"法治"传统不同，德国法治国思想重在强调以"法"制"国"，即以法律来制约国家。法治国观念在德国历史上也并非一成不变，而是经历了漫长的发展演变，大致包括"自由法治国""形式法治国"和"实质法治国"三个阶段。1919 年的《魏玛宪法》即是形式法治国思想的产物。首先，《魏玛宪法》重申了行政合法性、法官独立等法治国的形式原则。其次，《魏玛宪法》虽规定了充分的公民权利，但并未赋予基本权利以至上地位。同时，宪法还授权总统在紧急状态下可以为了公共秩序限制公民权利。因此，立法者被完全置于法律控制之外，即便立法者颁布的法律违背了基本权利，也不存在宪法机制去审查这些法律，这一形式法治国的尝试也最终招致恶果：由于缺乏对公民基本权利的保护，缺少必要的合宪审查机制，最终未组织纳粹政府的上台。

第二次世界大战结束后，德国法学家开始重建法治国的概念。拉德布鲁赫认为，"法"之所以成为法，必须包含三项内容：即法的安定性、合目的性和正义；同时，正义超越法的安定性成为更高的准则。拉德布鲁赫试图将追求正义视作新的法治国概念的核心，但同时也包含了传统形式法治国所关注的法的安定性。正如谢伊勒指出的，法治国不仅是指一个依法行政的国家，在实质意义上还指一个尊重个人自由、致力于公正、平等的人际关系的共同体。

1949 年的德国基本法即是新理念的产物。首先，基本法将"法治国"概念引入宪法，明确规定"宪法制度必须符合基本法规定的共和的、民主的和社会的法治国基本原则"。其次，基本法强调"超法律的法"和人权的至上性。基本法规定，人的尊严不可侵犯，将人权确立为和平与正义的基础，同时赋予基本权利以司法的可诉性。最后，基本法设立了联邦宪法法院，处理联邦法律或州法律是否违宪的问题，以及剥夺公民基本权利的案件，从而在内容上维护法治国的正义性，防止对法治国实质价值的颠覆。

（三）美国：权利法治观及其新发展

美国建国以来，美国法治思想的主流始终是分权制衡为核心的自由主义法治观，直至今日仍然构成美国法治思想的底色，并不断得到当代思想家的补充和发展。尤其是在 20 世纪 50 年代之后，美国逐渐成为西方法学的中心，美国学者关于法治的阐释也构成了现代西方法治思想的主流。其中，比较具有代表性的是德沃金的法治观。

20 世纪后期以来，美国影响力最大的政治哲学家和法学家是德沃金。他将法治区分为"法条观法治"和"权利观法治"，并倾向于后者。两者的区别在于：（1）前者认为公民的权利来自国家的赋予和保护，而后者主张权利与生俱来，国家在赋予和保护个人权利方面存在缺陷，无法及时赋予个人以新权利。（2）前者认为权利来源于法律规则，后者认为权利不是源于法律规则，而源于道德，除法律权利外，公民还享有道德权利。（3）前者认为个人权利以立法规则为限，而后者认为个人权利与原则相联系，在缺乏法律规则或规则不合理的情况下，司法机构可以根据原则发现并确认个人权利。

德沃金强调法治的维系依靠司法与法院。面对疑难案件，法条观法治主张法官寻求立法意图，而权利观法治主张法官根据原则判断。权利观法治认为，涉及个人权利问题，立法机构并不比法院更有优势，因为立法机构易于受到民众情感和利益集团压力的影响，从而导致政策倾向的立法。相比之下，在疑难案件中，法官可以通过对原则的解释来寻求正确答案，更好地维护法律的整体性与稳定性，也更充分地保护人民的道德权利。总之，在德沃金的法治理论中，法院与法官扮演了重要角色，"法院是法律帝国的首都，法官是帝国的王侯"。与传统的形式法治观不同，德沃金主张以法律之外的"道德权利"作为衡量法律的标准，强调个人权利具有超越于立法规则之上的地位，并将识别和判断道德原则的最终权力留给法官，体现了明显的实质法治观的转向。

三、当代资本主义法治模式

当代法治的发展出现了一些新的引人注目的特点，这些特点正在逐渐改变人们对法治的原有理解与法治的传统形态。

（一）传统法治模式的积弊

原有法治模式更多地具有一种形式主义的色彩，其根据严格确定的规则本身选择行为，"说一种规则体系是形式的，就是指，该体系允许它的官方的或者非官方的解释者仅仅根据规则本身，以及是否具备规则所要求的有关事实而论证自己的决定"，[①]这样一种严格的、抽象的规则主义不可能是完备无遗的，尤其面对现代社会的极度多变性与复杂性。这就使得在现实问题的处理上可能出现法条主义的做法，即不考虑问题的具体现实而硬性套用，结果是不能灵活有效地解决具体问题，实现社会发展的应然目标。"对规则的关注有助于缩小法律上相关设施的范围，从而使法律思维与社会现实分离，结果是法条主义即一种依靠法律权威而不利于实际问题解决的倾向。规则的适用不再充满对目的，需要和结果的注重，法条主义的代价很高，这在某种程度上即是因为它所施加的各种硬性做法，也是因为被抽象解释的规则太容易为那种隐藏了对公共政策的实质规避的形式遵从所满足了。"[②]法条主义所尊奉的是一种侧重于形式的正义。"当把一致地用普遍的规则看作是正义的基石时，或当确认有效性，被认为是独立于相互冲突的价值观的选择原则时，这种正义

---

① 〔美〕R.M. 昂格尔著，吴玉章、周汉华译：《现代社会中的法律》，译林出版社2001年版，第197页。

② 〔美〕詹姆斯·博曼著，黄相怀译：《公共协商：多元主义、复杂性与民主》，中央编译出版社2006年版，第71页。

的理想就是形式。”[①]普遍的形式主义是必需的，有其存在的正当性，然而它却极有可能忽视形式正义下的实质差别与实质公平，因而有可能出现这样一种社会状况，规则是形式正义的，社会却是明显分化的，社会资源的占有是不平衡的，贫富的差距是巨大的，社会的矛盾与问题是尖锐的，由此，昂格尔才指出公平愈是屈从于规则的逻辑，官方法律与老百姓的正义感之间的差距也就越大，从而在老百姓的眼中，法律就会渐渐地失去自身的可理解性和合法性，这种情况在自由资本主义时期是非常明显的。这表明仅仅形式的正义是不完全的。如果是一种制度，缺乏对实质正义的关注，这种制度在理念设计上就必须进行调整与纠正。正是在以上所论的意义上，法律从单纯规则主义向实质关注的转向是一种进步，换言之，这一转向是法制走向实效的一步。这并非法治的危机，而是法治的更好实现。

形式主义的规则模式也有可能导致机会主义的问题解决方式，因而无论规则如何全面，总有些情况规则没有规定，在规则缺乏规范之处就存在机会主义行为的可能。“一个拘泥于形式为规则所束缚的机构在与环境发生冲突时，对于认识哪里是问题的真正所在，缺乏手段。它大概会机会主义地去适应，因为它缺少合理重构那些过了时的或不适宜的政策的准则。”[②]同时，严格规则的控权模式也与现代社会公共权力职能的膨胀不相适应。现代社会的大量复杂与具体事务需要公共权力去处理，政府承担了越来越多的管理与服务职能。在这种情况下，用过于严格刻板的制度规定去约束政府行为，不利于公共旋律灵活，及时有效地解决问题。“由于政府承担了管理责任，他就必须在下述领域中展开工作。在这里，判决所涉及的有关因素实在是太复杂，太琐碎了，以至于不允许人们使用普遍规则，而只能诉诸于模糊标准。那些负责使这些标准在行政上和司法上实现的，人们就有必要使这些标准具体化和个别化。”[③]公共权力这种灵活的适应性意味着宽泛的自由裁量权。

① 〔美〕R.M. 昂格尔著，吴玉章、周汉华译:《现代社会中的法律》，译林出版社 2001 年版，第 188 页。

② 〔美〕詹姆斯·博曼著，黄相怀译:《公共协商：多元主义、复杂性与民主》，中央编译出版社 2006 年版，第 85 页。

③ 〔美〕R.M. 昂格尔著，吴玉章、周汉华译:《现代社会中的法律》，译林出版社 2001 年版，第 198 页。

（二）当代资本主义法治模式的变革与调整

当代法治模式呈现出的新特征，比如在立法、行政与司法中，大量使用内涵并不完全清晰的抽象词语，像"正当""合理""必要"等；法律从严格规则的形式主义开始转向关注程序公正与实质公正，法律的目的导向与政策导向日益明显；法律与政治的内在关联日益密切；公共权力的自由裁量权日益膨胀。以上这些变化使得传统的、强调一致而严格适用的普遍性规则的、以自治性为理想的法治模式逐渐消解，法治处于变革之中。昂格尔在《现代社会中的法律》一书中将其称之为"法治的解体"或"法治的衰落"，法治真是解体或衰落了吗？实际上，这种种的变化应视作法治模式的调整。换言之，在不同的历史语境下，法治具有不同的模式或者范式。当代的法治正在通过这种变化与调整建构一种新的模式。

注重规则形式主义的传统法治模式必须变革方能适应社会发展的需要，适应社会成员切实权益的需要。这种变革更加关注具体化与实质性正义，这是为了更好地协调利益关系，保障每个公民尤其是社会弱势群体的权利与发展。这种趋向于追求更高、更彻底平等的价值理念，是在社会发展推动下法治观念的一种进步，是法治理念对道德理念在内容上的一种创新，表明法本身德性的进一步提升，必须认识到这种转向并非是对法律规则一般性与普遍性的根本放弃。对特定目的与实质正义的追求必须建基于形式正义之上，法律的基本权利的平等与机会的平等，对于每一个社会成员在形式规定上应是一致的。法治的调整是在这种前提与基础上，对规则予以封闭性、僵化性与单纯形式性的调整，而不是为了改变这一基础。这一调整对普遍性规则既有保留与承认，也有突破与创新。进而言之，任何实质性正义的追求与具体化的调整也必须以一定的规则形式来规范，而不能是完全任意的。这一类规则必然具有某种普遍性。如果没有一定的规则，那么法律的稳定性就丧失了，法律的权威就没有了，法治也就沦为人治了。当然，这类规则的普遍性与一般性可能范围要小一些，其局限于社会部分成员或某种类型的社会情势之中。

法治的这种调整使得其目的性色彩更加鲜明。传统的法治模式也包含其自身的目的，主要是明确政府权责保障刑事正义的权利规定维护经济与社会秩序。除此而外，法治本身并不负担太多的义务与责任。而现在政府职能不断扩大，管理的事务急剧增加，公民各种权利要求不断增多且越来越具有实质性，社会问题也日益复杂。在这种情况下，法治必然打破传统形式规则的约束，突破自身原有的功能界限，更多地关注到政策与社会目标的达成与实现。因此，法律原有的自制性难以维持，法律与政治的关联趋于内在化。"法律和政府重新整合则是一种方法，这种方法把法律价值的含义和范围从一套最低限度扩大为各种肯定性责任的渊源。"[1]对目的的关注有助于突破对规则的僵化秉持，因为这时规则的价值是以是否有利于目的的实现来衡量的。随着目的与价值的凸显，"它们就为批判现行规则、造就新规则以及指导正当程序向一些新型机构的扩展提供了有权威的标准"[2]。这就使得规则比以前具有更多的灵活性与调适能力。当然，这种目的、目标和规则的选择与调整必须是审慎的、符合社会正当价值理念且充分体现民主并具有程序严谨性。

法治的这种目的性关注使得法律具有一种"工具主义"的色彩。"有目的的调整认定是一种广泛的、多的包容性的法律程序概念。在这种观点中，法律是一种解决问题、提供便利的事业，这种事业能运用各种权力并调动一系列认识上和组织上的资源。"[3]但是，法律的这种工具性不应再被理解为政治权力单纯的统治工具，那是一种"压制性"的工具主义。相反，如果公共权力受到有效的多重监督，法律规则的目的表现为维护公民个体权益且具有公共性，那么这种工具主义就会尽可能少地具有压制性，就会最大限度地具有正当性。法治在尊重公民自由、平等权利的前提与基础上，成为社会调整和社会变化的更能动的工具。

为关注现实的目的与结果，法治就必须突破各种僵化封闭规则的约束，直面不断变化的现实实践、当下的生动经验以及发展中的种种问题与目标。法治只有保持与现实的回应性与能动性，才能获得自己的开放性、现实性与生命力，才能不断推动自身的完善与发展。"法律的富于经验性促使神秘的语言、虚构的分类和各种歪曲的类比逐渐被清除。法律探究摆脱形式主义和程

---

① 〔美〕詹姆斯·博曼著，黄相怀译：《公共协商：多元主义、复杂性与民主》，中央编译出版社2006年版，第131页。

② 〔美〕詹姆斯·博曼著，黄相怀译：《公共协商：多元主义、复杂性与民主》，中央编译出版社2006年版，第88页。

③ 〔美〕詹姆斯·博曼著，黄相怀译：《公共协商：多元主义、复杂性与民主》，中央编译出版社2006年版，第124页。

式的影响，就更有系统性，更具有经验性。这种发展提供了一种更有效的法的前提。"①

当代法治的发展转向中，面临着一系列的挑战：如何有效约束公共权力的自由裁量权？解决这一问题，我们要从权力的分立制衡、多层次全方位的监督等方面加强制约，尤其是相关公民对权力运行的程序性参与（即程序控权）作为切入点。"在目的型组织中，权威必须是开放的和参与性的、鼓励协商、说明决策的理由、欢迎批评、把同意当做是对合理性的一种检验。"②法治如何在具有开放性和回应性的同时保持与保护公共权力、法律机构的自主性，避免各种社会压力的不正当侵扰？对于以上问题，即使给出答案，也只能是学理性的、方向性的。在一个政治共同体中，法治能否解决这些问题，解决的程度如何，取决于现实政治的发展状况、政治文化的传统、社会阶层分化状况与力量对比等诸多实际因素。而这需要实践理性地逐步探索。

第三节　当代资本主义法律制度

第二次世界大战胜利后，西方各个国家（不论是战胜国还是战败国）的人民强烈地逼迫本国政府奉行民主与和平的政策。在经受过巨大变化的新情势之下，为了维持自己的生存和发展，各国垄断资产阶级也不得不相应地调整其政策。

一、当代资本主义法律制度的新变化

回顾近半个世纪的历程，可以说西方各国法律制度的主要脉络，是沿着当初没有得到实现的 1919 年德国魏玛宪法的精神发展的。当然，时代毕竟大

---

① 〔美〕詹姆斯·博曼著，黄相怀译：《公共协商：多元主义、复杂性与民主》，中央编译出版社 2006年版，第 92 页。

② 〔美〕詹姆斯·博曼著，黄相怀译：《公共协商：多元主义、复杂性与民主》，中央编译出版社 2006年版，第 92 页。

不一样了，因而，当代资本主义法律制度所提供的新东西，又是魏玛宪法所不能包容的。当代资本主义法律制度的新变化主要体现在以下几方面：

（一）对基本人权和公民权的保护有所加强

当代西方资本主义国家的宪法和法律，一般都不同程度地对基本人权和公民权予以补充、修改与注解。

1. 对公民平等权的主体条件的阐发

1947年意大利宪法第3条规定："全体公民，法理念探索不问其性别、种族、语言、宗教、政治信仰、个人地位及社会地位如何，均有同等的社会身份，并在法律上一律平等。"1946年日本宪法第14条规定："一切国民在法律之下均属平等，不得以人种、信仰、性别、社会的身份及门第在政治的经济的或社会的关系上而有所差别。"1949年《德意志联邦共和国基本法》第1条规定："在法律面前人人平等。"1958年法国宪法（即第五共和国宪法）第2条规定："全体公民，不论血统、种族和宗教信仰的不同，在法律面前一律平等。"谁也不得因性别、世系、种族、语言、籍贯、出身、信仰、宗教或政治观点而受到歧视或优待。

2. 社会经济权利的普遍规定

社会经济权利主要包括：①生存权。1946年日本宪法第25条规定："国民均享有最低限度的健康与文化生活的权利。"1949年《德意志联邦共和国基本法》第1条规定："人人有生存权和肉体完整权。"在英、美及北欧各国依照"福利国家"精神所进行的立法，通常都是在保障公民生存权的名义下进行的。②劳动权。1947年意大利宪法对此规定得比较详细，例如，第1条规定："意大利为民主共和国，基础为劳动。"第4条规定："共和国承认全体公民均享有劳动权，并帮助建立实现此项权利的条件。"第35条规定："共和国保护一切形式和种类的劳动。"第36条规定："劳动者均有按其劳动之质与量的比例获得报酬之权利。"第37条规定："劳动妇女享有与劳动男子同样之权利并与劳动男子同工同酬。"第38条规定："每个没有劳动能力和失去必需生活资料之公民，均有权获得社会之扶助和救济。一切劳动者，凡遇不幸、疾病、残废、年老和不由其做主的失业情况时，均有权享受相当于其生活需要的规定措施和保障。"③劳动者的团结权，包括建立工会和集体交涉的权利。1946 年日本宪法第 28 条规定："劳动者之团结权利，集体交涉及其他集体行动之权利，应受保障。"1947 年意大利宪法第 39 条规定："职工工会组织自由。"第 40 条规定："罢工权应在调整此项权利的法律范围行使之。"

3. 政治权利的新发展

（1）知情权。知情权是为实现政治参与权而获得有关信息的权利。1949 年《德意志联邦共和国基本法》第 5 条规定，人人"有自由采访一般可允许报道的消息的权利"。1967 年美国《情报自由法》、瑞典的出版法，都有类似"公民有权通过各种途径要求公开必要的官方情报"的规定。1969 年日本的最高裁判所的 11 月 26 日一项判决中，确认了公民的知情权，从而补充立法的缺欠。（2）请求国家赔偿权。这指公务人员在履行公职过程中不法地给公民造成损害，而受害人有要求赔偿的权利。如，1946 年日本宪法第 17 条规定："任何人于因公务员之不法行为，而受损害时得依法律规定，向国家或公共团体请求赔偿。"1947 年意大利宪法第 28 条规定："根据刑事法律、民事法律及行政法律，国家与公共机关的官员和职员应对侵权行为直接负责。在此种情况下，国家和公共机关亦应负民事责任。"1949 年《德意志联邦共和国基本法》第 19 条规定："任何人的权利如遭受有关当局损害，可通过司法途径上诉，如所属辖区不予受理，可向联邦普通法院上诉。"（3）反抗权或抵抗暴政权。这是 1776 年美国《独立宣言》和 1789 年法国《人权宣言》的传统精神；但是绝大多数国家的宪法和法律不规定这种权利。二战后，鉴于反法西斯暴政的经验，在人民一致要求下各国法律设置了这种权利。联邦德国的黑森、不来梅等州宪法最先规定了反抗权；1968 年联邦宪法补充第 4 款规定："所有德国人对于一切企图废除现存秩序的人，在不可能采取其他防卫手段的情况下，有抵抗的权利。"1976 年葡萄牙宪法第 20 条规定："任何公民对于侵犯其权利、自由或保障手段的命令，有抵抗的权利，在不能诉诸公共权利的场合下，有权力排除任何形式侵害的权利。"1946 年的日本宪法第 18 条规定："任何人均不受任何奴隶性的拘禁。又除因犯罪而受处罚外，不服违反其意志之苦役。"日本法学界把这条规定扩大解释为人民的反抗权。（4）事先审查制度的废除。这是许多国家废除对人民行使思想表达权方面的一种限制，主要指对出版物、音像制品的不受当局事先审查而制作和发行，但这完全不排除当局事后的违法追究。在这方面，1947年意大利宪法的第21条规定得最为详尽："每人均有以口头、书面及他种传布思想之方法自由表达其思想之权利。"1949年《德意志联邦共和国基本法》第5条规定："新闻出版、广播与电影报道的自由予以保护，不受检查。""这些权利的范围在一般法律内予以规定。"（5）公民的倡议权和复议权。美国、瑞士等国对此类权利的规定较为详细。

4. 其他方面的新权利

有的国家宪法规定了"和平生存权"，以避免原子弹、氢弹等大规模杀伤性武器对人类的威胁；有的国家宪法规定了"环境权、健康权"，以对抗各种公害致成的环境污染和生态平衡的破坏；有的国家宪法规定了"安乐死权"，例如1978年美国加利福尼亚州议会通过安乐死法。由于这些权利尚未取得广泛一致的认同，因而称为"处于发展过程中的权利"。

（二）宪法保障制度的普遍设立

宪法作为国家的根本法，是国家一切法律制度的依据及法治的标志。所以，二战以后，伴随西方各国民主与法制的加强，保障宪法的权威性和宪法的有效实施问题，越来越受到重视，并采取一系列的保障措施。

1. 立法机关的保障，又称议会保障

议会是西方民主制的"橱窗"，拥有宪法解释权和宪法监督权，并能依照特定程序来审查和决定有关国家机关所制定的法律、法令、命令、决议等是否符合宪法。在议会被宣布为国家最高权力机关（主权机关）的国家（如荷兰、瑞士），立法保障的意义就更为突出。此外，立法保障的另一侧面就是由议会制定一些专门的法律，使国家机关和公务员不去违背宪法精神。战后的日本设立"行政监理委员会"并制定相关的法律，促使行政工作效能化。意大利设立专门的"审计院"，并通过了对政府事前监督的法令。

2. 公务人员"守护宪法"的责任

法律赋予国家官员以忠诚宪法的责任，例如，国家元首、议会议长、政府首脑及议会议员、政府阁员、法官等，他们任职时要进行守护宪法的宣誓。法律对国家元首或最高国家机关的监督或审查也是立法程序的一个重要环节。根据各国的宪法规定，有两种模式：（1）美国、德国、法国（1958年宪法）、

奥地利等总统制国家，总统在签署法律并予以公布之前，若认定该法律违宪时，有权拒绝颁布。在此情况下，总统可将该法律退回议会重新审议，或者将它交付最高法院或宪法法院来审查其是否违反宪法。（2）法国（1946年宪法）丹麦、芬兰等议会制国家，议会议长享有类似总统制国家的总统的各项权力。

3. 司法违宪审查

司法违宪审查是借助司法机关或司法程序审查和裁定国家的立法和行政是否违反宪法的制度。司法违宪审查多限于刑民案件和行政案件，而不涉及国家的外交、军事和政治性的立法与决策。

（三）议会与政府权力对比关系的新调整

第二次世界大战以后形成了世界新格局，西方国家内部的社会、经济、政治和文化出现新变化，各国主要政党调整政策，强有力地促使各国国家权力机构间的地位、作用和力量对比关系的相应变动。除美国等为数极少的国家外，西方国家议会地位衰落情况非常明显，表现为三个方面：（1）作为议会最基本权利的立法权受到巨大的挑战。政府机构议案的比例不断上升，而议会议员议案的比例逐渐下降。（2）宪法中规定的议会对政府的控制和监督政府的职能，逐渐弱化变得越来越有名无实。（3）在二战后的宪法中将议会执行权全部取消。

当代行政权力的强化主要表现为：（1）政府的委任立法权不断增加。（2）作为政府首脑的总统，越来越多地承接了原本属于议会的权力。（3）随着国内政党关系的相对稳定，政府统治也趋于稳定。（4）官员机构和官员队伍空前膨胀，强化了政府对社会的控制能力。

二、当代资本主义国家的议会制度

19世纪是西方"议会的世纪"，20世纪议会的地位和作用一直处于下降的趋势，而成为"政府的世纪"。不过，按照"三权分立"的原则，议会仍居国家三种基本权利之首，仍是西方民主制的第一标志。这一点是不会（至少在相当长的历史时期内）发生根本性变化。根据西方各国现行的宪法，议会是表现"人民主权""主权在民"的"民意"代议机构。

（一）议会制度的起源

议会又叫国会，资本主义国家的议会一般分为两院制和一院制两种主要形式。议会制度的起源可以追溯到古希腊雅典的贵族会议、罗马帝国的元老院。虽然它们仅代表贵族阶级，但萌发了当代议会制度的萌芽。被称为"议会之母"的英国议会则成为当代资本主义国家效仿的榜样。

英国议会制度的形成经历了一个复杂的演变过程，近代议会制度的确立是随着资产阶级革命的成功实现的。1688年6月，资产阶级发起了"光荣革命"，这既是英国历史上的重大事件，也是英国议会史上的重大事件。它使英国的政体由君主专制制度变为君主立宪制，表明议会有权决定政体，迎废君主。光荣革命在法律上的表现就是1689年的《权利法案》和1701年的《王位继承法》。《权利法案》规定：国王不经议会同意不能停止任何法律的效力，也不能决定任何人免受法律的制裁；国王不经议会同意不能征收任何赋税；议会有言论自由，下院议员由选举产生，议会必须经常举行会议，这就明确了议会的权力和作为最高立法机构的地位。《王位继承法》规定了威廉三世以后继承王位的具体人选。这样，王权受到限制。英国现代意义上的议会真正开始了。

近代资本主义国家的议会制度不是封建代议制机构简单地继续，而是建立在近代资产阶级"三权分立"原则基础之上的。英国资产阶级革命胜利后，法国启蒙思想家孟德斯鸠和卢梭在总结英国议会实际经验的基础上，提出了完整的"三权分立"学说和人民主权思想，主张将国家统治权力分为立法权、司法权和行政权，三权分立，彼此平等，相互制衡。人民始终是国家的主权者，政府是人民的代理人，议会是人民的代议机构。当然，这里的人民只是资产阶级的别称。近代资产阶级思想家的分权学说和人民主权思想，使议会形式更加完备，而且很快风靡法国、美国等欧美国家。

（二）议会的载体——议员

议员指议会的成员，行使议会权力的人们。由于西方国家的议会有一院制和两院制的区别因而议员的产生方式就有不同。一院制议会议员通常是经过选举产生。两院制议会中，下院议员经过选举产生；上院议员的产生就相当复杂了。概括起来，上院议员产生的方式如下：（1）世袭制。也就是由贵族出身的某些人世袭担任。（2）任命制。如，意大利总统有权批准社会贤达和学者 5 人为上院终身议员。（3）直接选举制。如日本上院 252 名议员，100 名由全国选区选出，152 名由地方（都道府县）选出。（4）间接选举制。如，在法国，由市镇议员（议会代表）、省议员、国民议会议员组成选举团。（5）议员内部选举制。如，挪威上院议员，由下院议员相互推选 1/4 的人数担任。（6）混合制。即采用上述方式的任意两种或两种以上的方式，如英国上院议员是由贵族世袭和英王任命两种方式产生的。议员当选的资格一般地都有一定的限制，对上院议员限制更多一些。年龄的限制是最普遍的限制。

议员有下列各项职权：（1）提案权。在议会开会期间，议员可以提出法律案、预算案、不信任内阁案、弹劾案、公私议案、综合议案等，并要求会议决议。（2）议决权。就是议员对议会开会期间的议题和议案进行讨论和对讨论结果加以表态（赞成、反对或弃权）。（3）质询权。议员对政府（内阁）的工作加以质疑和询问，而政府对所质询的事项一般地有义务回答。此外，法律还赋予议员以一定的特权和豁免权。

（三）议会的结构

从结构形式上看，当代西方国家的议会分为一院制和两院制两种。现今，美、英、法、德、日等国实行两院制，而丹麦、荷兰、西班牙、葡萄牙、瑞典等国实行一院制。一院制国家其数量占多数，但大多数是中小国家。至于两院制国家的上下两院之名称也多有不同：英国原先称贵族院与平民院，现改为上议院和下议院；美、日称参议院与众议院；德国称参议院与国民议会；法国称参议院与联邦议院；荷兰称第一院与第二院；瑞士称联邦院与国民院，而且两院权限相同。议长，其地位是对外代表议会，对内主持议会的一切活动。

当代西方国家的议会都设有若干委员会。它们实际上成为议会中的议会，使议会的主要活动在这里进行。委员会主席通常由多数党的议员担任，其成员多是按照党派议席数的比例分配。议会的委员会的种类有：（1）常设委员会，以协助议会审议案为主要任务。（2）临时委员会或特别委员会，以调查和审理专门议题或特定案件为任务。（3）两院联合委员会。其活动的内容是协调两院的共同行动，制定两院共同的原则，审议和处理两院分歧的议案等。（4）全院委员会。由一个议院全体议员参加，讨论某些特别规定的事项。

（四）议会的职权

在西方国家，由于各国政体（管理形式和结构形式）的不同，议会的法律地位的不同，因而议会的职权也就不同，但还是可以找出某些共同点的。

1. 立法权

这是议会最首要的基本的职权。议会立法的范围。议会制国家及其他多数国家，对于议会立法范围是没有限制的。少数国家议会立法范围有限制。联邦制国家还存在着联邦议会与地方议会的立法权限划分的问题。议会立法的程序。（1）法律议案的提出。在议会制或内阁制国家，议员和政府都有提案权。不过，政府越来越成为提案权的控制者。在总统制国家，提案权一般地为议员所独有。但实际上政府通过变相形式来行使提案权。例如美国，总统在国情咨文中，部长们在给议长的函文中往往附有法律草案；总统还可以同两大院的领袖会晤，或者让议会中的代理人与支持者进行提案等方式，影响议会的立法。此外，还有议员和政府之外的其他提案权。（2）法律议案的审查和讨论。英国式的"三读"程序已被当今西方国家普遍采纳。（3）法律议案的通过。在多数国家中，一般性法律以超过1/2的多数票通过。宪法和宪法性法律须2/3以上多数票通过。（4）法律的公布。通常，公布法律的权力属于元首。

2. 财政权

即议会掌管的国家收支大权，其中主要是批准政府的预决算。预算指未来期限内的收支方案，决算指过去限期内的收支总况。这些均得向议会报告，并须取得同意，除此而外，政府采取的征税、发行公债等筹款举措亦要经国会审查批准，议会的财政权实际上仅是对政府的财政监督权，国家财政的真正主宰仍然是政府。

3. 监督权

也就是议会行使的监督政府活动的职权。相对地说，议会制（内阁制）国家的监督权大些，而总统制国家小些。议会监督权的形式，各国亦有差异。

大体是:(1)质询权。议会制国家的议会对政府首脑及其阁员提出质疑和询问,而被质询者有责任作出答复。(2)调查权。议会就行使立法权、选举、政治、侵犯公民权利等问题,对政府的行为进行调查。(3)不信任投票权或倒阁权。这是议会制国家中议会监督政府极重要的手段。(4)弹劾权。议会对政府高级官员实施违法犯罪行为所进行的司法性的控告、裁决和处罚制度。

三、当代资本主义国家的政府制度

"政府"这一概念,历来就有广义的和狭义的区分。广义的政府概念,就是指国家权力体系及其载体国家机关体系,即包括国家管理形式和国家结构形式在内的政体。在当代西方,国家管理形式有立宪君主制和共和制;国家结构形式有单一制和联邦制。不过,同以前相比,当代西方国家立宪君主制与共和制的界限、单一制与联邦制的界限,其相互间的差别日趋缩小。目前,在全世界的30个左右的君主制国家中,西方国家有英国(联合王国)、荷兰、比利时、西班牙、瑞典、丹麦、挪威、卢森堡等欧洲国家及亚洲的日本。现在实行联邦制的西方国家有美国、加拿大、德国、澳大利亚、瑞士等。有时人们也从民主制和独裁制角度上来划分政体或政府。在二战前这种区分的标准是比较容易把握的,如德、意、日及西班牙等奉行法西斯主义、军国主义的政府就是独裁制政府。不可否认,在当代资本主义国家中民主制政府与独裁制政府的划分仍然是有意义的。相对地说,民主制政府通常是比独裁制政府对人民有利。但是二者的界限却越来越难以掌握,至少近期的情况是如此。当然,最重要的问题并非政体问题,而是国体即国家的阶级本质问题。不管当代西方国家政体状况怎样纷纭复杂,但都不影响它们是资产阶级统治的国家。狭义的政府概念,指国家行政管理机关,国家最高权力机关的执行机关,经常指中央政府。换言之,狭义的政府就是"三权分立"体制中的行政权及其组织形式的那个环节。政府的纵向管辖范围,在单一制国家中有中央政府和地方政府两个层次;在联邦国家中,在中央(联邦)政府和地方政府之间还存在着邦(州)政府,有三个层次。我们以下所讲的"政府",主要指狭义的政府。

（一）政府体制的种类

当代资本主义国家的政府体制，大多是议会制政府（内阁制）和总统制政府，个别的还有会议制政府或称委员会制政府。

1. 内阁制

这是对议会负责、接受议会监督的政府体制。在这种体制下，行政大权操纵在总理或首相为首的政府（内阁）的手中，而国家元首实权不多。属于这种体制的国家有英国、荷兰、意大利、加拿大、新西兰、冰岛等。二战后的法国（1946年宪法规定）、德国、日本也采取内阁制。内阁制政府是由议会下院里占多数席位的政党也可能是由占据多数席位的政党联合所组成的，政府的总理或首相，由执政党（议会中占极多数席位的党）的党魁来担任。不过，他要经过国家元首任命这样一个仅有形式意义的步骤。在内阁制的国家，国家元首（君主或总统）通常对政府不插手也不负责任。除了内阁提请国家元首批准解散议会的个别情况外，总理或首相不对国家元首负责。国家的全部的行政权力都集中于政府，也可以说集中于总理。内阁制国家就是所谓议会立法的国家。

如果从政党制度方面来概括当代西方内阁制的情况的话，有以下几种：（1）以英国为典型的两党制的内阁制。两大党中何者获得下院中的多数席位，它就能组阁，其政党领袖一般出任国家总理。（2）1946年宪法下的法国是多党制的内阁制的典型。这是因为进入议会中的数十个政党无一能赢得半数以上的席位，所以内阁只能由政党联盟来组成。正是这样，往往一个或几个政党退出内阁，立即就会导致瓦解。（3）一党为主的多党制的内阁制，这以日本为典型。在那里，议会下院中拥有多数席位的政党就是执政党，该党魁就是唯一的总理大臣的候选人。

2. 总统制

这是共和政体国家的一种政府体制。在当代资本主义国家，这种政府体制有越来越大的趋势。总统制国家与内阁制国家的一个重要的不同点在于，国家的最高权力（主权）由总统和议会分掌，而不由议会所独掌。总统制政府有美国式的、1958年宪法体制下的法国式的两种典型。在美国，不论总统还是议会，均由选民定期选举产生，所以二者相互之间只有三权分立意义上的制约平衡关系，而没有从属关系；它们都只对选民负责，而不对对方负责。

总统是国家元首，也是政府首脑；政府的部长由总统任命并对总统负责。议会有权听取总统的国情报告，有权弹劾总统；总统不能解散议会，但能够对议会通过的法律和议案实行有条件的否决权。正因为总统与议会经过平行的渠道产生并且是平行的关系，所以议会中的占多数议席的党不一定是总统所属的那个政党，即不一定是执政党。同时，除副总统一人兼任上院的议长（从而是议员）外，政府部长不能兼议员。相对地说，在这种体制下总统很难控制议会，而议会中的党团也不容易对总统施加影响。

3. 委员会制

其典型的代表是瑞士。根据瑞士1874年公布、现今仍在实行的瑞士宪法第2章第2节的规定，瑞士联邦政府是由7人组成的委员会。它的成员（委员）每4年一次由联邦议会从有资格被选为众议员的公民中选举产生，但同一个州不得选出一人以上。委员在任期内不得担任联邦政府或各州的任何其他职务，也不得从事任何其他职业或行业。联邦委员会由联邦总统任主席，并另设副主席1人。总统与副总统由联邦议会从联邦委员会委员中选举，任期1年，退职总统不得于下年连选为总统或副总统。联邦委员会委员不得在两年内连任副总统的职务。根据宪法规定，联邦委员会的主席与副主席，总统与副总统实际上由7名委员在任期内轮流担任的。联邦委员会要对议会负责和报告工作，执行议会的决定。它无权解散议会；而当议会否决它的提案或给予批评时，它亦无须辞职。

（二）政府的结构

作为行政权载体的称谓，美国、法国、意大利、希腊等叫政府；英国、加拿大、日本等叫内阁。此外，还有叫委员会、部长会议、大臣会议等。但可以把它们统称为政府。一般的政府由政府（行政）首脑和各部部长（大臣、委员等）所构成。比较起来，英国政府结构复杂一些。它包括两个层次：（1）内阁，其成员叫内阁大臣，有20余人，包括首相及掌玺大臣、枢密院院长、大法官、财政大臣、国防大臣、内政大臣、贸易和工业大臣外交及联邦事务大臣等。（2）外层内阁，其成员叫非内阁大臣或不入阁大臣，有100人左右，负责执行政策的机构，包括非主要部的大臣、政务法官（副部长）、执政党督导员、各部出席议会的秘书长和少量皇室重要长官。除皇室长官外，所有的非内阁大臣均同内阁一起进退。在英国，内阁是政府的核心集团，但不是政府机构的合体。美国政府指总统、副总统、各部部长及总统指定加入的国家行政机关负责人所结成的集团。法国政府结构在宪法中没有具体规定，很大程度上由总统具体决定。法国内阁会议主席由总统担任，但在特殊情况下他可委托总理担任。内阁成员除总理外，还有国务部长（副总理级）、部长、国务秘书（副部长级）等40人左右。日本宪法第66条规定："内阁依据法律规定由其首长内阁总理大臣及其他国务大臣组织之。"内阁成员数不超过21人。

1. 政府产生的程序

（1）议会内阁制国家。在这种国家中，政府由议会里的多数党组成。具体方式是，国家元首任命议会（下院）多数党的领袖任总理（首相），总理再提名政府其他成员（阁员）请国家元首任命。如，英国、日本都是这样。若是多党制的内阁制国家，多是由国家元首、议长、议会中的执政党领袖等磋商产生总理，然后由总理提出其余阁员名单是国家元首任命。如，意大利、荷兰、瑞典等大体是这样。（2）总统制国家。以美国而言，作为国家元首的总统是选民经过选举人选举产生的，同时他又兼政府首脑；政府其余成员由他提名，经参议院同意之后，再由他任命。法国总统是选民直接选举产生，所以他可不必事先同议会或议会党团领袖磋商任命总理，再依总理提名来任免政府其他成员。

2. 政府机关的建置

随着战后行政权力的不断加强，政府机构也相应地扩充。（1）美国。行政机构分为：其一，总统办事机构，如白宫办公厅、国家安全委员会、中央情报局、行政管理与预算局。其二，政府各部13个，包括国务院（相当于外交部）、财政部、内务部、司法部、国防部、农业部、商务部、劳工部、卫生与公共福利部、房屋和城市发展部、运输部、能源部、教育部。其三，政府各独立机构62个。（2）英国。其一，内阁，包括办公厅（下设中央统计局、史料组、中央政策审查处等）和常设委员会（防务和海外政策委员会、经济战略委员会、内政与社会事务委员会、立法委员会）。其二，政府各部门包括国防部、内政部、外交与联邦事务部、财政部、环境事务部、教育科学部、贸易部、工业部、就业部、卫生与社会保险部、农业渔业食品部、运输部、能源部、苏格兰事务部、北爱尔兰事务部、威尔士事务部。其三，大法官办公署、检察长办公署等。（3）法国。其一，总统府，下设秘书处、总统办公厅、总统私人秘书处、总统私人军事参谋部。其二，总理府下设总理府办公厅、总秘书处；还有计划总署、原子能等4个直属机构。其三，政府各部门包括内政权力下放部、对外贸易部、运输部、计划与领土整治部、科研技术部、民族团结部、司法与掌玺部、对外关系部、国防部、经济与财政部、国防教育部、农业部、工业部、贸易与工业部、文化部、劳工部、卫生部、文娱部、城市规划与住房部、环境保护部、海运部、交通部、邮电部、妇女权力部、退伍军人部、消费部、职业培训部、新闻部。（4）日本。其一，内阁机构包括内阁官房、内阁法制局、人事院、国防会议。其二，总理府包括总理府本府（包括11个机关）和直属机构（包括3委9厅）。其三，各省（部）包括法务省、外务省、大藏省、文部省、厚生省、农村水产省、通商产业省、运输省、邮政省、劳动省、建设省、自治省。

（三）政府的职权

政府职权因各个国家体制的不同而不同。但政府职权日趋扩大，则是当代资本主义国家的共同点。这种职权可概括为如下几方面。

1. 法律执行的权力

政府是国家立法机关所制定的宪法和法律的最高的、最主要的执法机关。这种执行包括制定法规（命令、条例、决议、指示等）的抽象行为、规定行政措施、强制执行以及行政处罚几种方法。

2. 外交事务处理的权力

如政府首脑作为国家的代表、派出和接受外交使节、战争与和平的决定权和缔结国际条约等。其中有些权力是受议会或国家元首的制约的。

3. 军事管理和指挥的权力

在总统制国家里，总统往往是国家的最高军事统帅。一般情况下，政府也有程度不等的军事指挥权。另外，日常的军事管理和国防建设都是政府职权范围内的事情。

4. 领导国家经济、政治、文化建设的权力

在经济方面如工农商业、财税、国库收支、交通能源、城乡、建设、社会福利的管理；在政治方面，如国家机关及公务人员的管理，警察、司法、狱政的管理，对选举及公民权利的保障，社会秩序的维持；在文化方面，如教育、科技、文化、卫生、体育、环境宣传的建设。这些管理行为均由政府来进行。

5.立法方面的权利

如总统的法律公布权和某种否决权，政府向国会提出议案和法案，接受委托立法等权力。

6.司法性质的权力

如总统或行政首脑的大赦、特赦、免刑、减刑，恢复权利的权力以及任命法官的权力。

四、当代资本主义国家的司法制度

当代资本主义司法制度是实现"三权分立"中司法权的制度。因此，它是国家制度的重要组成部分。

（一）司法机构

司法机构指依照法律行使国家审判权和法律监督权的专门机关体系。其中，最主要的是法院，有时也含检察机关。同司法机关密切相关的，还有司法行政机关、行政裁判机关，但核心还是法院。为了全面地把握西方法院的方方面面及其特点，就需要对法院的种类有一个大致的了解。

1.大陆法系法院和英美法系法院

由于大陆法系奉行成文制定法（尤其法典）因而适用这种法律的法院组织就比较单纯和划一。反之，英美法系国家的法律体系其结构复杂（普通法、衡平法、制定法等），相应的法院组织和诉讼程序复杂多端。大陆法系国家从上到下组织和诉讼程序一以贯之。但英国和美国的情况则不同。英国长期以来就有两套法院即普通法院和衡平法院；它们所适用的法律原则、诉讼程序，乃至法官的产生和地位，审判活动的方式均相互有别。美国法院亦有类似情形。但是近半个世纪以来，尤其战后以来，英美诸国力图改革，合并普通法院与衡平法院，消除繁琐的诉讼程序同古旧的司法术语，取得很大成绩。但它们同大陆法系法院的差异仍是到处可见的。

2.联邦法院和州法院

这是指一些西方联邦制国家的中央法院和有一定独立性的地方法院二者之间存在的双轨制。以美国而言，除都要遵守联邦宪法和法律以外各州法院还要遵守本州的法律；其地域管辖和案件管辖也不同。联邦法院系统由最高法院、上诉法院、地区法院组成；州法院由州的最高法院、上诉法院、下级法院组成。不过，同样属于联邦国家的德国和瑞士，则实行单一的司法与法院体系。

3.民事法院和刑事法院

当代资本主义国家都是把民、刑案件分别审理。但在民事法院与刑事法院的设置方面却是不一样的。在英国，民、刑法院是两个系统。民事法院系统包括郡法院、高等法院、民事上诉法院、上诉院这样4个审级。刑事法院系统包括治安法院、皇家刑事法院、刑事上诉法院、上诉院4个审级。上诉院同时作为刑、民法院的最高审级。在美国，虽然联邦法院和州法院是两套平行的系统，但又注意到处理案件要尽可能统一。这表现在，联邦法院之下的地区法院和州法院之下的各级法院统一设置，而且同时兼有审理民、刑案件的职权。在法国，基层法院分别设立审理民、刑案件的法院。而中级法院、高级法院则是合一的。

4.普通法院和专门法院

普通法院是处理被当作普通的刑民案件的法院。专门法院是处理法律所规定的特定案件的法院。一般设置种类不同的专门法院。如，德国有宪法法院、行政法院、军事法院等。法国有宪法委员会、行政法院以及会计法院、劳工仲裁会议、商务法庭等。美国有权利申诉法院、海关法院、税务法院、军事上诉法院等。

（1）检察机关，在法律上是当代资本主义国家检察机关专门的法律监督机关，但这一性质恰恰是最含糊不清的，至于其司法性质则很明显。检察机关的设置，大陆法系国家一般没有一套独立的系统，或设于法院系统中，或设于司法行政系统中。如，法国的检察官就是履行检察职能的法官；德国的检察机关归司法部管辖。与此不同的，在英美法系国家，一般设有独立的检察机关系统，但情况也有很大的差别。在英国，检察长、副检察长担任英王的法律顾问、皇家首席法官、下院议员，有时还参加内阁。美国的检察长兼任司法部长、总统及政府行政部门领导人的法律顾问。凡检察机关自成系统的国家，其建制大多同法院系统相对立。检察机关的主要职权是：参加刑事案件的侦查和提起公诉；监督审判活动；监督判决的执行；对政府提出的法律问题进行咨询等。在帝国主义时期，尤其当代，随着行政权、司法权的强化，检察机关的权限也在急剧扩张。以美国而言，联邦检察机关即司法部设立的"联邦调查局"，是一个拥有几万名特工人员的特务机关，横行于美国各地。

（2）司法行政机关是管理司法行政建设的国家行政机关。如管理法院、检察机关的机构设置与调整，人事编制与培训，活动经费等事务，一般地不参与行使司法权的活动。但是，由于前面已述及的那样，各国的情况也不同，有时司法行政机关的职权相当大。

（二）司法活动

1. 侦查和公诉

在当代资本主义国家，如美国、日本等其侦查职权为检察机关所独有，检察机关甚至还能调动司法警察来协助自己的工作；有的是由检察机关与司法警察机关配合进行。提起公诉则属于检察机关独有的权力，这是各国通例。在这方面检察机关的裁量自由极大，案件中存在犯罪构成与否，提出公诉与否会由检察官定夺，其中往往带有迫害性质。当然，在广大人民的要求下，一些西方国家正在把控制所谓"不当公诉"作为议题。如日本国会提出"检察审查会制度"的法案等。

2. 审判

在司法机构的职能活动中，审判是一个核心环节，以至于人们经常把司法权归结为审判权。由于司法权是"三权分立"体制中的一种基本的国家权力，因而审判权的行使是备受重视的。从立法方面看，当代资本主义国家宪法中都有关于审判权的条款。此外，像法院组织法及民事诉讼法、刑事诉讼法、行政诉讼法等基本法律，也主要是围绕着实现审判权的。正因为如此，所有西方国家法院行使审判权都以国家或人民的名义进行。审判权被看作是保卫国家制度、保障公民权利和自由、维护社会秩序以及实现正义的重要手段。

3.违宪审查

亦称司法审查。我们前面已经提及，它指西方国家法院拥有的、借助司法程序来审查和裁决立法机关制定的法律以及行政机关的决议决定是否违反国家宪法的制度。如果认为违反宪法，就有权宣告其无效。最早提出这种主张的是"美国宪法之父"的汉密尔顿，但他的观点没有被纳入美国宪法之中。不过，从1803年"马伯里诉麦迪逊"案件起，开始确立联邦法院的违宪审查制度。也可以说，形成一条美国宪法习惯。到了二战以后，西方国家纷纷起来效法美国的这样的制度。在实践中，又形成两种法院行使违宪审查制：（1）由普通法院（主要是最高法院）行使违宪审查权，有美国、日本、加拿大、澳大利亚等国家。（2）由宪法法院行使违宪审查权，有意大利、德国、法国、奥地利等，多是欧洲大陆国家。宪法法院（法国叫宪法委员会）的主要任务是维护宪法的正确实施，并不审理一般的刑、民案件。

4.行政裁判

这是司法机关审理行政诉讼案件的活动。通常这类案件由行政机关及其公职人员因违法、越权、不履行法定程序的行为引起的；行政机关之间的权限冲突引起的；行政机关及其官员侵犯公民权益行为引起的。在当代资本主义国家，随着行政权限的扩展，行政诉讼案件也必然大量增长，从而使行政裁判权问题越来越重要。相应地，国家也就需要不断地加强行政诉讼案件的处理。当代资本主义国家处理行政诉讼案件或行使行政裁判权的司法机关有两种情况：（1）大陆法系的国家多由专门设立的行政法院来行使行政裁判权。法国是设立行政法院最早的国家。此外，还有德国、奥地利、意大利、卢森堡、瑞典、荷兰诸国。（2）英美法系国家多由普通法院或普通法院设立的行政法院、行政裁判所来行使行政裁判权。最高法院或有独立行政法院系统的最高行政法院，是行政案件的终审法院。

（三）司法原则和具体司法制度

当代资本主义国家所奉行的司法原则，仍然是建立在17—18世纪古典自然法学派的自由主义理论基础上的。最突出的是司法独立原则、法律面前人人平等和公平原则。司法独立原则，是直接来自"三权分立"的司法原则。当代西方国家宪法普遍地确认这个原则。美国宪法第3条第1款规定："合众国的司法权属于最高法院及国会随时制定与设立的下级法院。"1949年德国基本法第92条规定："司法权赋予法官；它由联邦宪法法院、联邦最高法院、本基本法所规定的各联邦法院和各州法院行使之。"1947年意大利宪法第101条规定："司法权以人民名义行使之。法官只服从法律。"1946年日本宪法第76条规定："一切司法权属于最高法院及由法律规定设置的下级法院所有法官依良心独立行使职权，只受本宪法及法律的约束。"从这些规定中可以看出，所谓司法独立原则，主要有下列几方面的含义：（1）司法权由法官或法院来行使，只服从宪法和法律。（2）司法机关处理案件过程中，不受立法机关、行政机关的干预。（3）法院与法院之间不得相互干预对方审判活动；上级法院无权就案件的处理问题向下级法院发出指令，它只能在上诉程序和审判监督程序的范围内对下级法院已审结的案件表示意见和做出决定。（4）在法庭上，法官凭借个人的"自由心证"进行审理，不受双方当事人，特别是检察官的影响。法律面前人人平等原则，这是最根本的宪法原则。因而，它也必然是一项非常重要的司法原则。作为司法原则，主要表现在两个方面：（1）公民有平等的司法告诉权。就是说，当一个公民认为自己的合法权益遭到国家机关及其官员、社会组织及其他公民的侵害时，都有平等的权利通过法定的程序向司法机关进行告诉。这种告诉可能是属于民事案件、行政案件或者刑事案件。（2）司法机关在处理案件过程中，对公民适用法律必须平等。即，法院不承认任何当事人一方享有特殊权利，也不偏袒任何当事人一方。这里还直接涉及所谓"审判的公正"问题，包括行使审判权的法院必须是合法的法院、法庭和法官；严格依照法定的诉讼程序办事；根据有关的法律来作裁决；正确地执行裁决。为了实现上述原则，当代资本主义国家采取一系列的具体法律制度。撮其要者，有下面一些制度：

1. 法官制度

这是指为了实现"司法独立"原则而对法官给予特殊法律保障的规定。（1）法官终身制。如法国、英国、荷兰、爱尔兰、卢森堡、加拿大。在美国，最高法院法官是终身制，而州法院是任期制。（2）长期任期制。如瑞士6年，日本10年，巴拿马18年。（3）不可更换制。在任期内，未经弹劾或其他法定情况（患严重疾病等），不得撤职、免职或令其退休。（4）专职制。法官不得兼任议员、行政官员、不得从事其他营利活动，不得从事政治和政党的活动。（5）优厚待遇制。许多国家的最高法官的工薪同政府首脑一样，而且退职后给予多方照顾。

2. 陪审制

13 世纪英国开始采取陪审制度，其程序是：第一步，由大陪审团初步的审查，确定被告是否犯罪、是否要向法院起诉；第二步，由小陪审团对被告开庭审理，以事实而裁决被告有罪，然后再由职业法官或者其组成的法庭来适用有关的实体法作出具体判决。资产阶级在各国确立起自己的统治以后，为了表示司法中心的"民意性"纷纷效法英国陪审制。但二战后，1948 年英国正式废除这种烦琐的形式主义大陪审团制度，此后，仅有美国联邦地区法院和少数州的一审法院沿用英国老制度，其他国家一律弃而不用。现在所讲的陪审制，大体上都是指小陪审团制度，其人数因国家和案件而有不同，英国郡法院 8 名，法国 9 名，美国某些州 6～7 名，最多没有超过 12 名的。所配备的法官人数，通常是 1 名或 3 名。陪审员多从选民中选举，然后抽签决定出庭准名单。选民做陪审员，是有文化和财产等条件限制的。

3. 律师制度

在西方，律师制度历史久远。随着当代西方国家事务的增加及违法犯罪现象的膨胀，立法越来越多，相应的律师队伍也迅速扩大。目前，在发达的资本主义国家里，每平均不足 200 人至 400 人就至少 1 名律师。许多国家的总统、总理和议员，很大比例是出身于律师的。律师是来自民间的自由职业者。律师的职能主要有两个方面：（1）出席法庭，为民事案件、行政案件和轻微刑事案件的双方当事人作代理人；为刑事案件的被告作护人，同公诉人的检察官相对抗，以影响法庭作出有利被告的裁决。至于被告在刑事诉讼的各个环节（侦查、预审、庭审等）聘请律师帮助，各国的刑事程序法的规定不同。（2）担任国家机关、社会团体、企业和公民的法律顾问，协助处理各种法律事务。在当代西方社会中，律师地位很重要，有等级的和业务的分工，还有自己的组织（律师协会联合会等）。

第 八 章

当代资本主义的文化

文化体制是指一国通过宪法和法律调整以社会意识形态为核心的各种基本关系的规则、原则和政策的综合。随着资本主义社会发展，传统文化与现代文化、资本主义文化外部也在碰撞。自工业革命以来，资本主义文化伴随殖民主义运动将其影响散播到世界各地。从当代资本主义文化体制、当代资本主义文学艺术、当代资本主义文化产业观察当代资本主义文化新的格局，是可能的维度。思考当代资本主义文化的得与失，对于反思我国文化政策转变具有重要借鉴意义。[①]

第一节　当代资本主义的文化体制

　　当代资本主义文化体制构成了当代资本主义上层建筑的一部分，主要包括教育事业、科技事业、文学艺术事业、广播电影电视事业、新闻出版事业、文物事业、图书馆事业以及社会意识形态等方面的制度，具有政治性、历史性、民族性等特点。

一、当代西方资本主义软实力

　　自葛兰西至福柯皆有对文化与权力关系的深刻论述。葛兰西强调统治阶

---

① 文化的界定有很多，有狭义和广义之分，本文采用狭义层面的文化定义。狭义的文化指精神层面的东西，包括道德伦理、宗教、制度、历史遗产、习俗传统等，文化的形成是一个变动的过程，它受到历史发展路径、政治文明、历史遗留下来的文明因素等因素影响。

级的文化霸权，认为社会领域不仅有阶级斗争，而且还有意识形态的争夺，社会中通行的文化恰恰是统治阶级的统治堡垒。福柯认为社会权力是弥散在社会的各个角落的，不是掌握在特定人的手里，而是持续生产出来的，文化是具有治理性的。而布迪厄关注了文化教育在社会阶级再生产中的作用。当前，更为广泛传播的则是软实力概念。

软实力是文化与权力的关系比较简约和形象的表述。"软实力"是美国著名政治学学者约瑟夫·奈提出的概念，它与军事实力这种"命令性"的权力相对，是一种同化性权力，主要体现在"文化、意识形态和体制"等方面，相对于硬实力，它的优势在于"能够让其在别人眼里更具合法性，于是就会遇到更少的抵抗"，也就是说如果美国的价值观能够以一种更为潜移默化、更可接受的方式所传达，它就在事实上成为更大的无形权力[①]。要使这种无形权力真正在世界上产生影响，关键的一点在于"输出"，而在全球化的语境之下，当代资本主义社会一直努力地让自己融入世界，让世界拥抱自己，而好莱坞电影对于美利坚意识形态和文化价值的输出是功不可没的，比如《泰坦尼克》《花木兰》《狮子王》等，无数民众自愿掏钱购买该种文化体验，由此当代资本主义所倡导的种种价值观贯彻到民众中，起到了"随风潜入夜，润物细无声"的效果。软实力的提出提供了许多思考文化体制和文化现象的具有操作性的概念，与传统的文化研究中较为有效的工具比如表征、语言、编码具有共鸣。

二、当代资本主义的意识形态

成功的意识形态必须具备两个特点：首先，"因为意识形态是由互相关联的、包罗万象的世界观构成，它必须解释现存的产权结构和交换条件是如何成为更大的体制的组成部分的"，即它能够为现存的制度提供合法性证明。其次，"但凡成功的意识形态必须是灵活的，以便能得到新的团体的忠诚拥护，或者作为外在条件变化的结果而得到旧的团体的忠诚拥护。""至为关键的是，任何一个成功的意识形态必须克服搭便车问题，其基本目的在于促进一些群

①〔美〕约瑟夫·奈著，马娟娟译：《软实力》，中信出版社 2000 年版，第 125 页。

体不再按有关成本与收益的简单的、享乐主义的和个人的计算来行事。"①从这两个方面来说，当代资本主义的意识形态建构是较为成功的。

（一）资本主义意识形态的本质

以个人主义为根本指向的资本主义意识形态在促进生产力发展的同时，因私有制无法克服的内在矛盾导致了阶级对立、对抗加剧和社会动荡，19世纪三四十年代引发了持续不断的抗议、罢工、起义，直至1848年的巴黎公社革命。马克思恩格斯据此提出了"资本主义必然灭亡""社会主义必然胜利"的著名论断。20世纪30年代的经济危机更是暴露了资本主义的弊端。于是，出于资本主义生存的本能，资本主义对自身进行了调整，凯恩斯主义代替了古典自由主义而成为后资本主义社会30多年的主流意识形态。20世纪70年代持续的滞胀和由"石油危机"引发的经济危机，使资本主义意识形态被迫进行了第二次大的调整。于是，新自由主义一跃而成为资本主义的主流意识形态。20世纪90年代中期由西方国家倡导并开始流行的"第三条道路"或"中间道路"思潮，主张寻找一条介于自由放任与国家干预、福利国家之间的新的发展道路，其实质也是对资本主义的一种修正。

（二）当代资本主义社会文化多元主义外壳构建

当代资本主义文化的意识形态构建中，不容忽视的一个角度是文化多元主义的建构。自20世纪70年代开始，西方社会面对社会割裂，逐渐发掘多元群体文化的异质性，主张以差异公民身份来对抗"普遍公民资格"，反对关于正义的普遍主义标准对少数弱势群体权利的可能侵害。其身份政治理论的积极价值主要体现在：一是对多元的、少数群体文化的保护，为边缘化群体提供捍卫自身生活正当性和尊严的重要工具；二是提供了多民族国家处理内外部关系的多元价值参照；三为平衡少数群体权利保护与民族国家建构提供了理念支持。然而，以尊重差异文化为名，诉求特殊的"身份政治"承认的文化多元主义，不仅其内部在如何实现差异平等的问题上一直众说纷纭、争议不断，更因其多元身份可能引发差异承认与普遍共识之间的冲突等不断遭

---

① 〔美〕道格拉斯·C.诺思著，陈郁、罗华等译：《经济史中的结构与变迁》，上海三联书店1981年版。

遇种种批评和质疑。

当代资本主义社会的一个显见事实是，法律规定的平等并未能完全带来经济或社会的平等，对少数群体的忽视、歧视和不尊重等依然广泛存在。在此背景下，文化多元主义身份政治理论着力强调文化多元和群体差异权利，以挑战普遍公民资格的单一性及其背后隐含的霸权。但是文化多元主义的深入则导致群体细分，社会结构碎片化、社会政治议题共建能力弱化。

（三）自由民主话语权的攫取

经过 1848 年捷克斯洛伐克共产党的二月革命和《共产党宣言》发表之后长达一个世纪的社会平等化运动，古典意义上多数人统治的民主和近代作为人民主权的民主，最终深入人心，西方思想界左翼化，哈耶克的精神导师米瑟斯在 20 世纪 20 年代出版的关于社会主义的著作中宣称不承认社会主义的基本价值在道德上有瑕疵，熊彼特在 1942 年出版的《资本主义、社会主义与民主》的第一篇更是以"人类大步进入社会主义"为题。当时，社会主义就是民主、人民当家作主的同义词。面对这样的世界政治大势，西方世界不但没有在理论上回避，而且在理论上建构起自己的民主话语体系，对民主概念加以改造，把人民主权改造为选举式民主。

第二次世界大战后，由于原殖民地国家的建国主张多是以"民主"的名义展开，很多新兴国家被冠以"民主共和国"的称谓，争夺民主话语权更是成为东西方理论阵营的关键点。在这种背景下，西方政治家谈论民主时多是沿着熊彼特的民主理论展开，即把竞争性选举视为民主最重要甚至唯一的标准。在这个简单明了的操作性定义下，民主成为西方国家的题中应有之义和囊中私物，而曾经秉持实质民主和经济平等追求的社会主义国家则遭遇了民主问题上的尴尬处境。曾经在马克思主义经典文献中所自信的"社会主义和民主的紧密关联"慢慢淡化；而在资本主义世界，社会民主主义政党则以自由、公正和团结互助这三个"社会主义基本价值"对资本主义现行体制框架进行改造。[①] 20 世纪初，资本主义国家广受诟病的社会问题如贫富差异、阶级分化等议题，由于社会福利的扩大和进一步扩大选举权，也慢慢得到改善。可以说，这场话语权较量改变了东西方的力量对比，除了西方国家在政治社

---

① 曾毅、杨光斌：《西方如何建构民主话语权》，《国际政治研究》2016 年第 2 期。

会上的全面自我改善之外，社会科学理论家对于民主话语权的建构也功不可没。

20世纪40—80年代，自由主义民主理论的建构在资本主义社会基本完成。发挥主要作用的有：熊彼特改造了民主的概念并将之置于资本主义的政治语境之中；达尔和萨托利则系统地完成了资本主义民主的自由主义化改造，将资本主义置换成自由主义，资本主义民主变成了自由主义民主；李普塞特则力图证明自由民主政体（核心是选举式民主）的合理性合法性乃至神圣性。20世纪80年代之后的民主理论都是在这个框架内推演乃至重复。

三、当代资本主义意识形态霸权

"文化霸权"，主要指意识形态、文化和价值领域里，官方与民间、国家与社会的广泛而密切的联系，既有斗争又有广泛的共识和认同的辩证关系。葛兰西的霸权是社会统治集团可以使用的各种社会控制模式，它的产生背景是社会冲突。霸权观念的关键不在于强迫大众违背自己的意愿和良知，屈从于统治阶级的权利压迫，而是让个人心甘情愿，积极参与被同化到统治集团的世界观或者说霸权（意识形态）中来。因此，所谓文化霸权，其实质就是一种意识形态领导权。

新世纪以来，西方发达国家凭借其在世界文化产业格局中的优势地位，通过占有市场份额、垄断信息创造、国家战略推动和话语控制等方式对非西方国家进行文化产品输出，在传播西方价值观念、制度文化和生活方式的同时对异质文化进行打压和颠覆，从而赋予自己在文化全球化中的支配地位。西方国家的文化产业发展与意识形态输出给全世界提供了全新的课题。

文化产业发展与意识形态输出构成了西方国家对外文化交流的主要特征，通过文化产品输出和文化服务供给将其主导价值观和规则制度以更隐蔽的方式传播给非西方国家，在强化自我身份认同的同时对异质文化的身份表达进行垄断，从而维护和巩固自己在全球资本主义体系中的支配地位。借助文化产业进行意识形态输出已经成为西方对外战略中的一项重要内容，西方国家向来把我国当作意识形态输出的重点国家，给我国的文化自信与文化安全带来了严峻挑战。

西方国家文化产业价值取向的建构及意识形态的对外输出，主要包括以下几个方面的内涵：首先，西方文化产业发展及其对外传播的实质是一种意识形态的扩张。虽然西方国家文化产品输出手段多样、内容层出不穷，但是就其本质和核心来讲，以自由、民主、平等为代表的西方"普世价值"的输出代表了西方文化输出的主流形态，其实现的途径则是含有文化价值的产品或具有意识形态属性的商品的全球化销售，其目的是把异质文明变为同质文明，实现西方文明的一统天下。其次，西方意识形态输出是一个以强大的资本实力为后盾，主要通过市场占有而进行的扩张过程。西方意识形态输出越来越依托于其发达的文化产业体系，大众文化为其输出提供了有力的平台。最后，西方意识形态输出以单向传播为主。由于西方国家在世界文化产业格局中居于优势地位，西方国家对非西方国家的文化产品输出，不仅给非西方国家带来了一定程度上的思想混乱和文化认同危机，而且给非西方国家的文化安全带来了严峻的挑战。

（一）文化帝国主义

在当代资本主义中，文化帝国主义改头换面以新的形式殖民全球，给很多国家和地区造成了文化混乱和危机。当代文化帝国主义的新特征主要表现在四个方面，即输出型文化产业体系的建立、文化输出的大众化与意识形态输出的隐蔽性、"网络文化帝国主义"的形成、固守"西方文明优越论"及文明冲突论思维。当代文化帝国主义所引发的文化危机体现在三个方面：一是破坏世界文明的多样性；二是威胁各民族国家的文化认同和文化主权；三是阻碍人类精神文明进步，将人类引向物质主义与享乐主义。

西方国家意识形态的强制性主要表现为：在国内，对主流思想意识形态的全面控制，将自己扮演成信仰自由、舆论民主、公平正义的榜样和典范；在国外，对其他国家以及社会主义国家意识形态全力打压，以达到意识形态控制目的。

当代资本主义社会，资产阶级牢牢地把握着新闻媒介和舆论工具，掌握着对意识形态的控制权和领导权，所有的言论和舆论只能为维护资本主义价值观念和思想体系服务，执政党和政府经常采取强制性手段向公民灌输资本主义主流意识形态。以美国为例，政府凭借强大的国家机器和媒体平台不断地向公民灌输资本主义主流意识形态。广播电台、闭路电视系统、电视台全天播放以维护资本主义价值观为主线的节目。正是借助这些在意识形态领域的强制性政策，资本主义意识形态才能保持其在国内的统治性、领导性地位。

（二）挑起文明冲突

后冷战时期，西方国家鼓吹"全球化"意识形态即"全球思维"，表面看，主张全世界的"共同繁荣""共赢""共同进步"，本质讲，是想通过话语霸权来统摄和占领全世界的精神领域，将西方国家的文化价值观普遍化、全球化、世界化，以此为工具来主宰和控制整个世界。当前，新帝国主义、新干涉主义和新殖民主义就是西方国家意识形态强制性的直接表现；美国发动的科索沃战争也是在以"为价值观而战"的借口下，凭借强大军事力量进行文化强制性输出和侵略的典型例证。正如美国学者杰姆逊所言：现在第一世界掌握着文化输出的主动权，可以通过传媒把自身的价值观和意识形态，强制性地灌输给第三世界。而处于弱势和边缘地位的第三世界则只能被动接受，他们的文化传统面临威胁，文化价值观和意识形态受到不断的渗透。

（三）污名化其他文明

西方发达资本主义国家在对内实行意识形态教化和控制的同时，不遗余力地向外输出和渗透资本主义的价值观念和意识形态。其主要途径和方法，一是利用经济霸权，在对外经济交往中附加政治条件，或者以提供经济援助为诱饵，或者动辄实施经济制裁或以经济制裁相威胁，迫使对方接受其政治要求，以达到输出意识形态的目的。这一策略在苏联演变过程中得到了充分体现。二是利用其在联合国和国际组织中的政治霸权，向其他国家施加压力，甚至使其改变政权，以输出其政治主张、价值观念，乃至整个意识形态。三是利用军事霸权，采取军事干涉或者直接推翻别国政府的方法，扶持或建立一个听命于自己的政府，从而把自己的意识形态全盘输入。四是打着文化交流的幌子，在对外输出文化产品的同时，把西方的价值观念一并输入其他国家，使人们在麦当劳的美味、美国大片的视觉盛宴、摇滚的疯狂和迷乱中，不知不觉地认同和接受资本主义意识形态。

（四）灵活的文化策略

当代资本主义意识形态有着强有力的推广与控制策略，这是当代资本主义意识形态得以存在、发展的重要因素。分析西方国家强化其意识形态所采取的策略，可以进一步认清资本主义意识形态的实质，同时也可以为社会主义意识形态建设与发展提供借鉴。当然，社会主义意识形态与资本主义意识形态有着本质的不同，对此，我们必须保持清醒头脑。

表面看起来，当代资本主义国家对文化产业极少干预，实际上以美国为代表的当代资本主义国家打赢全球文化战争自有其一以贯之的逻辑，弗雷德里克·马特尔在《主流：谁将打赢全球文化战争》一书中深入探讨了美国如何通过文化的全球传播实现了国家意志的有效传递。美国拥有世界上最强大的经济实力、成熟的市场经济运行机制、优秀的文化产品、完善的文化产业法律体系，这些使得美国引领和控制着现代文化的标准，使得美国文化产业无须政府干预和政府保护，就能实现全球化的扩张。实际上，这种"无干预的干预"和"无策略的战略"的累积作用，更有助于为美国文化产业创造国际影响力。比如，通过其时尚文化和品牌文化输出核心价值观，路易·威登和爱马仕等法国奢侈品本身蕴含着推崇精英文化和消费主义的价值观。

（五）话语控制是实现意识形态输出的重要方式

意识形态输出的前提是话语的控制，而语言文化的输出扮演了至关重要的角色。德国通过歌德学院积极推动对外教学，培养"亲德"人才。法国通过法语联盟，在135个国家和地区，建立了1071个分支机构，来推广法国语言和传播法国文化。语言不仅是人和人之间交流的工具，还具有历史记忆、表达身份和掌控现实的功能。长期以来，西方国家凭借在话语传播方面的优势和主导地位，成功地占据了道义制高点，致使非西方国家的民众在惊羡于西方发达的物质文明的同时，几乎陷入了自我否定的状态，认为非西方的文化就是糟粕、西方的文化就是先进的文化。

学术话语控制在一定程度上影响了非西方国家知识分子的价值观念。马克·伦纳德在《中国的新知识分子》一文中指出，知识分子的观点越来越与"美国思想家的观点一样，从八十年代的里根主义经济学家到九一一时代新保守主义战略家"。对西方学术文化不加分析、全盘接受的态度，极容易导致学术变成了西方学术的传声筒。在西方学术思潮的强力牵引之下，学术思潮呈现出"唯洋是举"的倾向，很多知识分子习惯于用西方学术话语解释和评判实践，西方国家倡导的学术研究方向、学术研究评价标准和学术研究的资源平台成为学术话语体系的"金科玉律"，导致非资本主义国家的哲学社会科学出现了脱离具体实践、盲目照搬照套的问题。

四、当代资本主义意识形态的衰落

20世纪中后期的美国终究没有逃脱公共性消解的困境，如果说当代资本主义社会内部共识正在解体，很重要的方向是其民主运转制度出了问题，从根本上说当代资本主义的公民社会（公民意识、公民组织、公民行为等，总之是公民生活）发生了变化，留在社团、新加入社团的美国公民，活动频度、参与程度、捐款额度相比其上一辈，都有所下降。

（一）当代资本主义社会内部共识解体

在西方国家，由于其自身条件（环境）的变化，选举式民主对于西方国家的现实与前景都有待观察。冷战时期竞争性选举的外部环境就是面临国家安全的挑战，而当外来压力解除之后，竞争性选举在美国等西方国家内部就变成了毫无顾忌的政党恶斗，美国政治已经变成了福山所说的"否决型政体"。政党恶斗有其社会结构的后果，那就是2016年美国两党候选人选举中的社会分裂，一方面是左翼的桑德斯，一方面是极右翼的特朗普。而在很多发展中国家和地区，竞争性选举早就演变为否决型政体。

（二）当代资本主义意识形态实践失败

当代资本主义社会意识形态在实践形式上未能满足各个国家民众对于发展和稳定的诉求。以竞争性选举为核心的自由主义民主理论与西方国家建设的"时间性"逻辑背道而驰，那些以竞争性选举为优先选择的转型国家必然走上不归路。比如俄罗斯、埃及等又回到西方人所说的威权主义状态，甚至称为"独裁政权"；有些国家则因此而成为"失败国家"，比如乌克兰、叙利亚、阿富汗和伊拉克等，输出的是恐怖主义；更多的国家则成为"无效的民主"即无效治理的国家，新旧非西方民主国家大多如此，比如印度、孟加拉国、巴基斯坦、菲律宾，以及整个非洲和很多南美国家。在这种世界政治的背景下，自由主义民主的名声自然不好，其吸引力自然下降，这是由自由主义民主的性质及其在实践中的畸变所决定的。

民主的社会条件比民主本身更重要。20世纪80年代之前美国的民主理论家在建构其民主理论的时候，还是相当审慎的，都特别强调条件的重要性。比如，熊彼特将选举式民主置于资本主义的政治选人机制之下，也就是说资本主义是选举式民主的前提和条件，而资本主义则是经济发达的象征，也可以说民主是经济发达的产物。萨托利更是将民主置于自由主义的框架内论述，然而，自由主义不仅是一套观念，更是一套制度机制，比如限制权力的宪政，即民主的前提是法治或者西方人所说的能保护个人权利和首创性精神的宪政。因此，无论资本主义还是自由主义，本身都是民主的土壤或结构性条件。而选举式民主的文化条件则是李普塞特所说的"均质文化"。因此，无论资本主义、自由主义还是均质文化，都是对西方发展到此时此刻的一种书写和理解，西方已经具备了从事选举式民主的经济条件（资本主义）、政治条件（自由主义）和文化条件（均质文化）。这就是为什么西方民主问题重重但依然能运行的"条件学"。换句话说，选举式民主只是一系列制度和价值的一种实践模式。

但是20世纪80年代以后，西方学者更加理想主义，不顾条件地推行其民主转型学，坚持不管非西方社会的起点如何，都要最终走向自由主义民主这个终点。然而，转型中的非西方社会要么缺乏资本主义这个经济条件，要么缺少自由主义这个政治条件，或者宗教关系与民族关系存在异质化，如此一来，没有土壤和社会结构的自由主义民主必然是"无效的民主"，乃至出现"民主的回潮"。美国人因此也不得不宣布，是时候放弃"转型范式"了。

大众文化中的非理性主义和完善资本主义市场经济体的享乐主义也为传统的坍塌推波助澜。对暴力和残忍的炫耀、沉溺于性反常、渴望大吵大闹、抹杀艺术和生活的界限、艺术的政治化和政治的艺术化等让当代资本主义社会对真善美的评判体系陷入混乱不堪的境地；资本主义经济的发展一方面要求精打细算，而另一方面又要求刺激消费的矛盾让人们在纷繁复杂的物质世界中迷失了自我。资本主义经济不仅提出了多多消费的需要，而且提供了提前消费的手段。

资本主义发展早期，清教的约束和新教伦理扼制了经济冲动力的任意行事。但在资本主义内在的矛盾驱动下，人们内在强大的消费欲望被不断激发，并随着生产力水平的提高，这种欲望的可实现程度也越来越高。于是，美国社会出现这样一个奇特的混合："一方面，商业公司希望人们努力工作，树立职业忠诚，接受延期报偿理论——说穿了就是让人成为'组织人'。另一方面，公司的产品和广告却助长快乐、狂喜、放松和纵欲的风气。人们白天'正派规矩'，晚上却'放浪形骸'。"[①]"一方面强调功能理性，专家决策，奖勤罚懒；另一方面强调天气情绪和反理性行为方式。"[②]这就是目前美国资本主义的历史性的文化矛盾和文化危机。就社会而言，这意味着凝聚力的消解；就个人而言，这意味着生活意义的失落。由于这种文化危机和文化矛盾，"美国资本主义已经失去了它传统的合法性"。

（三）当代资本主义社会的文化断裂

贫富差距的扩大化在很大程度上是由于文化信息资源的不均衡所造成的。如果说早期资本主义社会的贫富分化现象主要是由于经济资本的不平等分配所引起的，那么，当代资本主义社会的不平等不仅与经济资本的不均衡有关，而且在很大程度上还和信息、技术、教育等广义文化资本的不平等分配有着直接关联。

文化资本是布迪厄从象征支配角度对马克思的资本理论进行非经济学解读之后提出的一个重要的社会学概念。布迪厄指出文化资本和经济资本一样，也可以投资于各种市场并获取相应的回报。由于文化资本的再生产主要是以一种"继承"方式进行的，所以它同样凝结着社会成员之间的不平等关系并体现出社会资源的不平等分配。

资产阶级群体可以沉迷享乐、纸醉金迷。利用高端制造、前沿科技、现代农业，展示着当代资本主义的鲜花茂盛。但更多的底层民众则每天辛苦奔波忙于生计，资产阶级与普通民众之间生活水平的差距，就像是横跨了几个世代。普通民众越来越难以分享资本主义发展溢出的红利，反而要承担产业

---

① 〔美〕丹尼尔·贝尔著，赵一凡译：《资本主义文化矛盾》，人民出版社 2000 年版，第 119 页。
② 〔美〕丹尼尔·贝尔著，赵一凡译：《资本主义文化矛盾》，人民出版社 2000 年版，第 132 页。

转移的收入下降甚至失业的成本。他们没有发声渠道、成为沉默的大多数，一旦危机降临，这些沉默的大多数就会用行动来展示存在。如"占领华尔街运动""黑夜站立"和"黄马甲运动"等。

布迪厄在《区隔》一书中阐述了文化资本的两种主要获得方式：第一种方式"在人们对此还未形成意识的早期就全面展开了。它是通过年幼时期的家庭体验获得的"。第二种方式"从较晚的时期开始，以一种系统的、速成的学习方式进行"。家庭无疑是文化资本最初也最主要的再生产场所。而且它通常都是通过第一种方式，即继承的方式进行的。在充分反映出父母文化素质和兴趣爱好的家庭环境中，他们的一举一动都将成为孩子们竭力仿效的对象。孩子们正是通过这种无意识的模仿行为来继承父母的文化资本并将其身体化的。所以，出身于书香门第或艺术世家的孩子们从小就受到来自父母的文化熏陶并有大量的机会接触各种音乐和文学艺术作品。这一最初的人生经历在不知不觉中把他们培养成了具有高贵气质、敏锐感性和良好趣味的文化贵族。

与经济资本的继承方式不同，文化资本的继承通常始于人生的初期。行动者从小就在不知不觉的情况下开始继承其父母的文化资本了。这种被布迪厄称为提前执行的遗产继承或生前馈赠的资本转移方式，显然不同于经济资本的继承。它不需要履行任何法律手续。而且，由于这种转移通常发生在家庭这一私密空间内部，所以它始终是在秘密状态下进行的。因此，以继承的方式所进行的文化资本的再生产更具隐蔽性、更容易被人们所忽略。

除了家庭以外，文化资本的传承也经常发生于各种公共场域内。其中最为典型的是教育市场的学历再生产。布迪厄指出，学校是除家庭之外最重要的产生文化资本的场所，但和家庭不同，孩子们只有等到法定年龄才能入学。也就是说如果达不到年龄要求的话，他们是无法接受学校教育的。此外，与个性化的家庭教育不同，孩子们在学校接受的是一种经过预先设计、内容统一的集体教育。在此情形下，文化资本的传递必然以第二种方式，即"从较晚的时期开始，以一种系统的、速成的学习方式"进行。显然在现代社会中，家庭和学校所承担的传承功能是不尽相同的。家庭和学校有着各自不同的培养目标。通常情况下，家庭主要是培养"教养"和"规矩"等广义的趣味及感性的地方。与此不同的是，学校则主要是一个传授系统性专业化知识与技能的场所。孩子们从学校获得的主要是系统性知识及社会技能等文化资本。这些知识与技能往往通过考试的形式正式获得社会的承认并通过颁发文凭的方式被固定与制度化。资本主义文化资本正是通过这种方式被转换成一种制度化形态的资本的。

（四）当代资本主义社会充斥的政治议程

晚期现代性的主要矛盾是自决权和对其背景控制能力之间的巨大差距。人们已经丧失了把握现在的能力。他们自己的生活都不在自己的控制范围内，而是被各种各样的神秘力量冲击着——竞争、萧条、危机。对这个动荡世界的理性反应是目光短浅、对长期生活漠不关心、把生活分割为碎片。

当代资本主义社会都是个体，不是出于自主的选择，而是出于客观的必然。当代资本主义社会中间有很多人都已经被分化，但没有真正地成为个体，足以面对分化过程带来的后果。成为权力上的个体意味着没有任何他人为自己的苦难负责，意味着别人对当代资本主义社会的问题坐视不管，而只能寻求"对系统性的矛盾的传记式解决办法"。然而这种"权力上的个体"深陷困境，因为根本就不可能自己搞定问题。鲍曼认为，在权力上的个体与事实上的个体之间存在着一个鸿沟，其中一个重要原因就是公共空间的缺失。

"后现代主义和虚无主义"，现代意识形态何以建成主体的受难地。晚期福柯认为现代资本主义社会的治理是其"治理技艺"，并且不仅涉及生理层面，还涉及精神层面。后现代主义和虚无主义，前者解构着一切，后者消解着（主体的）存在和意义。在当前社会中，两者往往是相互交织的。例如现实中各种对于主流理论观念进行解构的理论，像女权主义，在现实生活中很快便会扭曲为一个矛盾的、无意义的游戏，这个游戏往往还消解主体性。而在科技应用革新迅速、社会变迁不断加速的现在，"生活体验的现代性矛盾重重"。虚无主义和后现代主义便在当今社会中大行其道，登上意识形态的"神坛"。一个个矛盾的游戏之中，虚无的空白便是一种炫目的诱惑，让人（主体）丧失警惕，沉醉于矛盾的游戏和自我消解之中。可见，意识形态在其中以两者的名义，在消解着主体的同时，又在另外一个矛盾的游戏中塑造着一个新的主体。这是一个主体被要求"indulgere"（沉溺）的过程，即阿甘本所解释的"人必须归顺守护神"的过程。也是一个"它被称作我的守护神,因它生成我"的关系揭示——"守护神"即作为意识形态信徒的主体。资本——那个"不喜欢血祭,主管出生的神",把各个人装上属于他们自己的"愚人船"(那是作为自我的"Gethsemane"),待其靠岸,便重获新生。

五、当代资本主义的价值观与道德观

(一)凸显个人主义

当代资本主义社会的文化具有个体化的色彩。所谓个体化,贝克、鲍曼、吉登斯等人做了较为充分阐释。贝克认为:个体化是一个当代西方资本主义社会正在进行着的社会过程。表现为民众由于减弱了对于传统共同体的依赖,在福利国家的保障状态下,脱嵌出来或者说叫作解放出来,更多地从旧的家庭、社区这些组织中脱离出来了,具有了更多的自主性以及自我思考、自我行动的空间。进而依据个体的喜好,再嵌入小的共同体之内,构成了当代资本主义社会中民众再社会化的过程。

在鲍曼看来,历史上发生了三次个体化进程。第一次个体化发生在社会生产大量剩余之后。这一次分化进程的机制和原因是社会剩余;整合机制是家庭和封建关系;这一时期社会的特点是差异和尊卑。第二次个体化进程发生在启蒙运动之后。这一分化进程的机制和原因是商业贸易和工业生产;社会的整合机制是社会化大生产和制度机构;这一时期社会的特点是平等和个性。鲍曼认为,当代资本主义社会世界现在正在经历第三次个体化的进程。这一时期社会的分化机制是社会流动性;而整合机制暂时缺失;这个时期社会的特点是碎片化,个体独自面对困难。现代个体分化同样是一个命运,而不是一种选择。这个意义上个体化的含义与个人主义不同,个人主义只是一种选择。在分化的进程中,风险和矛盾由社会不断地产生,但对付他们的职责和能力正在被分化着。作为命运的个性特征就是分化过程中不断"分化了的"个体,而获得自决权的个性特征就是"个体分化",即行动的个体化。在分化了的个体和个体分化之间差距日趋增大。

（二）个体与集体割裂

理查德·桑内特在《公共人的衰落》一书中从日常生活行为及其社会交往模式出发，呈现一个生动而具体的公共生活形象：包括人们和陌生人说话的方式，他们在街道上所穿的衣服以及室外空间和室内房间的对比，描述了现代社会的人已经越来越不爱在公共领域这座人间戏台上表演。人们遁入自我的内心世界，关注个人的情感，而对社会事务要么缺乏理性判断，要么了无热情，最终表征为公共生活的衰落。

文明就是以对待陌生人的方式对待他人，保护人们免遭他人骚扰，然而又使人们能够享受彼此的相伴。这就需要人们在交往时佩戴面具，而面具必须通过试验与失败，通过一种和他人共同生活的欲望而不是一种和他人接近的冲动，由那些即将佩戴它们的人创造出来。

第二节　当代资本主义的文学艺术

对当代资本主义文化的认识，还应该加入当代资本主义文学艺术的分析，新的角度的分析，不仅仅将窥见当代资本主义文学艺术作为当代资本主义的表征，还可以发掘出当代资本主义背后所隐藏着的文化统治政策。

一、当代资本主义文学艺术路径

"前现代—现代—后现代"的序列时间顺序，表征着当代资本主义文艺已经走到了现代到后现代的节点，基本上是 20 世纪资本主义现代与后现代的交织，无论是"前现代"还是"后现代"，都是与"现代"进行比较后才可能产生的看法，从风格和形式都有了较为显著变化。

资本主义的后现代文学艺术，与之前现代和前现代文艺相比，其典型特征是解构。通过离奇、怪异、荒诞、不可理喻，扭曲生活、悖逆现实、寻求强烈刺激，直至以丑为美。这个时期的文学艺术，本质上就是反传统（文学艺术上的历史虚无主义：基本或完全抛弃现实主义和典型化这两个文艺创作的根本原则和主要方法）、反艺术自身（异化的文学艺术：赤裸裸地宣扬假、丑、恶的东西）。

二、当代资本主义文学艺术理论

自 20 世纪 50 年代以来在文学、艺术上的一些发展趋势，体现为后现代主义。其在某种程度而言是对现代主义的反抗。

哈桑将文学写作一种新的趋势（20 世纪 60—70 年代）命名为后现代，后现代主义更加地反思、讽刺、不确定并且带有一种游戏性。哈桑将后现代主义视为一种"风格"，比如在萨德的卡夫卡、品钦等人的作品里展示的那样。

利奥塔指出了宏大叙事的消解，类似基督教或者关于科学和理性的进步的叙事是一种元叙事，这些叙事讲述了人们对于世界和他们自己的认知。对于虔诚的基督徒来说，历史的一切都是上帝的计划；对于科学的信徒们来说，科学和理性只会让世界越来越好。但是，后现代就代表了这种宏大叙事的崩溃。对于现在的人来说，后现代主义解构了资本主义社会所崇尚的理性和道德，相信可以解释一切的宏大叙事是不可能的了。

三、当代资本主义文学艺术手法

如果说现代主义属于精英，那么后现代主义属于普罗大众，它打破了高雅艺术与大众文化的界限。詹姆逊将后现代主义视为晚期资本主义（第二次世界大战后的资本主义）的一种文化逻辑。后现代主义的小说，例如《万有引力之虹》，虽然内容也很丰富，但却没有什么宏大的命题。它展现的内部就是矛盾的文化逻辑。詹姆逊强调后现代主义是大众文化与高雅文化的界限之毁灭。并且后现代主义的文化产品——刻奇电视剧、洛杉矶的脱衣俱乐部、B级电影、庸俗小说，不再引用传统高端文本而是直接将其吸收进去，并且让两者的界限变得异常模糊。

（一）细节拼贴

"拼贴"是一种没有动机的中立的戏仿，没有嘲讽的冲动，也缺乏笑点。

拼贴是空的戏仿。大卫林奇的实验短片《兔子》是个很好的例子，它在空洞的重复之下，重复着同样空洞的罐头笑声。它的超现实严格发生在日常之内，打破了两者的界限，但是破解的动机却让人完全摸不着头脑。或者说，这种没有动机就是它的动机本身，是后现代主义的逻辑。

拼贴意味着人们不再相信标准语言、日常说话以及语言规范。詹姆逊吸收了鲍德里亚的拟像理论，他认为，在后现代社会中，"空间具有主宰的地位，'变化'这个概念遭到怀疑，承继变化的时间也变成了一个可疑的概念……不仅时间具有空间性，而且一切都空间化了"。这些变化显然和技术有关，就像伍德斯指出的那样，大众媒体在大众和高雅文化的界限崩坏中发挥了巨大的作用。哈贝马斯指出，后结构主义里有某种已经普遍的美学化。真理被化约为话语表述风格的一种效应。解构主义者直接排除真理的维度，德里达认为中心不存在，而拉康则将中心视为一种缺席。

自西方资本主义社会进入后现代社会之后，被完全整合进作为历史宏大叙事的普遍史观的框架，于是，以碎片化的、狭义的视角作为切入点来解释社会经验、构建局部社会结构。在"进步"中失去信仰是导致历史"宏大叙事体"终结的主要因素之一。同情从原来的可触、可见向虚无缥缈转变。唯有具体可带入方能引起大规模传播。人们无法认识抽象的人，抽象的人并不能成为人群中的一员。

现代性的动力机制派生于时间和空间的分离和它们在形式上的重新组合，正是这种重新组合，使得社会生活出现了精确的时间—空间的"分区制"，导致了社会体系（一种与包含在时—空分离中的要素密切联系的现象）的脱域；并且通过影响个体与团体行动的知识的不断输入，来对社会关系进行反思性定序与再定序。

（二）微观叙事

西方资本主义体系的深入将西方社会带入工业社会与消费社会，城市的发展、区域的分割、社会阶层的分野似乎打破了公共生活之间的纽带；理性化对现代世界的祛魅也让社会的联结机制变得模糊。在整体性的开放社会下，思想叙事也呈现出纷繁多元的复杂景象。随着本体论走向颠覆以及"宏大叙事"的解体，现代性开始了后现代性转向。映射到现实社会当中，理性沦为庸俗的现实主义，人俨然成为法国诗人波德莱尔笔下的"浪子"，人与整个社会表现出原子化与碎片化的特征。

致力于研究现代性或者描绘现代性的思想家们都会不约而同地将自己引向社会碎片化。尤其在西方的大都市，碎片化的特征随着城市社会学的发展而越发受到关注。理查德·桑内特将这种现象称为"公共人的衰落"，并援引托克维尔的话：每个人都只顾自己的事情，其他所有人的命运都和他无关。对于他来说，他的孩子和好友就构成了全人类。至于他和其他公民的交往，他可能混在这些人之间，但对他们熟视无睹；他触碰这些人，但对他们毫无感觉；他的世界只有他自己，他只为自己而存在。在这种情况之下，他的脑海里就算还有家庭的观念，也肯定不再有社会的观念。

应然下的社会关系的相互依赖与实然中社会关系的彼此疏离是碎片化的基本表现。鲍曼将碎片化视为现代性的结果，当然，鲍曼的碎片化是在比较广泛的意义上使用的。不仅是社会的碎片化，也包含着言辞、意义与权力。碎片化越是明显，作为结果的混乱便越是杂乱和不可控制。在这个意义上，碎片化带来的矛盾是现代世界依靠着彼此的联结才获得意义，但是现代性的特征却带来了联结与疏离之间的撕裂。这是现代社会不确定性的来源，也会带来现代社会的风险。

第三节　当代资本主义的文化产业

"文化产业包括了当代资本主义社会称之为'传统的'文化产业——广播、电视、出版、唱片、设计、建筑、新媒体和'传统艺术'——视觉艺术、手工艺、剧院、音乐厅、音乐会、演出、博物馆和画廊。"它表明了当代资本主义社会的文本和情境是互动的，体现着现代技术发展先进成果。

一、当代资本主义文化产业的繁盛

随着科学技术的飞速发展和经济全球化的进程，与文化产业相关的一系列概念应运而生，信息产业、媒体产业、内容产业、版权产业等概念相继出现，人们对文化产业的态度发生了彻底的转变，不再"把它当成一件'好事'或'坏事'，而是把它与经济、社会和文化的某些根本性变化联系起来看待，对于这些根本性变化当代资本主义社会既不能简单地置之不理，也不能一味攻击"。这种转变促进了文化产业理论研究的开展和繁荣。

影视产业是当代资本主义重要的文化表现形式，在资本主义社会已经走过百年历程，可以说是当代资本主义社会中重要的文化产业之一。以美国为例，"好莱坞"几乎成为"美国电影产业"的代名词，自1913年建立起，好莱坞在百年历程中经历了20世纪三四十年代大制片厂的黄金时代和八九十年代之后独立电影茁壮成长的文艺复兴，让主流商业电影和独立小成本电影共生共赢，各自为政，互相补充。而好莱坞在寻找艺术与金钱的平衡中，也从未忘记讲述美国故事、传达美国价值的使命。好莱坞大片，特别是表现抢眼的漫威电影，与领跑奥斯卡角逐的佼佼者影片为对象，探究其在文化、意识形态输出等方面的软实力表现。

在消费社会中，所有商品既有实用价值，也有文化价值。倘若将这一要点模式化，当代资本主义社会必须扩展原有的经济概念，把文化经济容纳进去。在文化经济中，流通过程并非货币的周转，而是意义和快感的传播。于是此处的观众，乃从一种商品转变成现在的生产者及意义和快感的生产者。在这种文化经济中，原来的商品变成了一个文本，一种具有潜在意义和快感的话语结构，这一话语结构形成了大众文化的重要资源。在这种文化经济里，没有消费者，而只有意义的流通者，因为意义是整个过程中的唯一要素，它既不能被商品化，也无法消费。换言之，只有在当代资本主义社会称为文化的那一持续的过程中，意义才能被生产、再生产和流通。

当代资本主义社会是多样化的，而这一多样性，面对形形色色的同质化策略，是靠大众与文化的力量维系下来的。当然资本主义也要求多样性，但它所要求的是一种被控制的多样性，一种由资本主义生产模式的需要所决定所限制的多样性。资本主义需要各式各样的社会控制，以及形形色色的社会机构，以便再生产自己和自己的主体，所以它生产出阶级差异，以及这些阶级当中微量的或局部的差异。美国文化产业高度发达、模式先进，具有很强的思想创新性和国际竞争力。2015年版权业增加值高达20972亿美元，占

GDP11.69%，核心版权业增加值 12356 亿美元，占 GDP6.88%。

可以说，文化产业成为 21 世纪资本主义的黄金产业和绿色产业，是经济发展的重要增长点和推动经济转型的关键因素，具体归功于其扩张的市场份额和积极的文化产业政策。

（一）扩张的市场份额

西方国家建立了强大的文化产业体系，可以"通过大众意识来建立霸权"。以美、英、德、法、日为代表的西方五国占据世界文化市场份额的 2/3，美国电影产量占世界产量的 1/10，但是却占据了世界电影市场的 2/3 以上。在文化产业强力助推下，西方大众文化成为全球性的流行文化，其中好莱坞成为美国最佳的形象大使和文化大使，大众文化在西方国家的文化输出战略中扮演着越来越重要的角色。

（二）积极的文化产业政策

美国的文化产业虽然以自由主义著称，但是"无为而治"并不等同于美国政府的"无为"，文化产业的发展时时刻刻都体现着美国的主导意志。英、法、德三国都把文化产业作为特殊产业来看待，都注重发挥政府在文化产业发展过程中的主导作用，注重核心价值观的传播与构建，其中尤以法国最为典型。"法国今天文化产业的管理政策主要以政府扶持和保护为主，采取国家财政拨款方式，辅之以立法和行政手段。"英国是世界上首先以政府名义提出创意产业的国家，也是首先制定创意产业政策的国家。英国政府虽然不直接干预文化产业的微观管理，但是依然通过国家战略主导着文化产业的发展方向，"政府不仅强调文化艺术的经济效果，还注重文化艺术的社会效益，保证普通大众能够享受到文化产业的成果。"德国则采用了文化联邦制模式，文化的管理权和立法权主要集中在各级政府及其行政部门，通过财政扶持和政策规范，促使民主精神、爱国主义、德意志精神通过文化产业深入人心。

英国社会学家斯科特·拉什和西莉亚·卢瑞在《全球文化工业——物的媒介化》中指出，"截至 2002 年，文化产品已经以信息、通信方式、品牌产品、金融服务、媒体产品、交通、休闲服务等形式遍布各处。文化产品不再是稀有物，而是横行天下。"曾经专属于艺术的品质和特征如创造性、差异性、符号性、美感性等，如今已经扩散到所有产品的生产之中，使得这些产品的象征价值远高于其实用价值；商品的购买与消费行为的经济性也被不断弥散的文化影像（通过广告、商品陈列与市场营销）所调和、冲淡；消费者获取和使用的产品在满足其需要（营养、居住、行动、娱乐等）的同时，依据其特定的价值观和世界观产生了意义，消费行为逐渐成为某种文化宣言和个性化表达的方式；同时，随着通信和多媒体技术的广泛运用，各种文化体验壁垒的降低令相当数量的人群能够在文化产品的生产过程中充分发挥他们的创造潜能，生产组织形式更为灵活多样，产业的文化品格因其重组了生产与销售系统以及围绕这些系统的社会生活而得以彰显。全新的文化生产与消费的方式正在改变人们的艺术和文化观念，并同时影响了人们"认识世界、定位自身、确定权利以及与他人构建有效的生产关系的方式"。

当前的"文化＋"在一定程度上清晰地诠释了这一概念所反映的市民或交流话语的深刻内涵，即表达、交融、开放、共识。从产品的品质到消费的品位，从创意农业到特色小镇，从故事挖掘到城市品牌，从文化节庆到美学生活空间，文化符号价值、文化经营理念正逐步向其他产业渗透、融合，在经济载体的建设过程中不断促进美学增值和品牌塑造，不仅推动了产业结构的升级和经济增长方式的转变，更体现出文化经济一体化的发展趋势。而正是在这种不断的交流和融合中，文化也展现出自身的魅力和价值。

恰当的政策术语对制定方针政策与实际应用有莫大的帮助。以"文化经济"作为政策术语的文化政策将采用一种全局化的、平等主义的而不是片面的、偏袒的视角来看待社会、理解社会，致力于追求文化、社会和经济维度的相互认同，为解决发展问题提供了一个更加有效的框架和途径，使得文化活动、经济活动与所有其他社会活动之间实现平衡、和谐与平等的关系成为可能。

二、当代资本主义大众文化产品

当代资本主义文化产品集中在大众文化产品，具有"生产性文本"的特点，费斯克要求对大众文化的分析需要作"双重聚焦"，一方面是分析它的意识形态内容，从阿尔都塞的意识形态理论到葛兰西对文化霸权的论述为这种分析提供了重要的理论与方法，另一方面就是分析读者观众对它的接受特征。"研究大众如何与现存的制度打交道，如何阅读它所提供的文本，如何利用它的材料资源创造大众文化。"

1. 鼓吹消费主义

不论穷人还是富人，对新款电子产品、运动鞋、衣服、包包、旅游、汽车等的欲望普遍压倒了对公平、正义，以及各种人类美好理想的追求。物欲是一张无边的、交织的大网，每进行一次消费，都会引发新的消费欲望。并且，消费的意义早已超越实际的功能需要，消费的目的就是满足消费欲本身。自古以来被各文明谴责的拜物主义史无前例地压倒了精神追求，成为当代资本主义社会真正的宗教。在物欲中耗尽人生，无暇顾及其更宏大的政治诉求。并且，当代资本主义成功地将消费至上主义扩散到全世界，成为拜物教的"耶路撒冷"。

2. 彰显"泛娱乐主义"

泛娱乐主义是一种传染性甚强、弥散性甚广的社会思潮，对民众思维方式、精神生活有深刻影响。泛娱乐主义的生成有其必然机理：首先，以商业逐利为目标的资本驱动文化娱乐化、商业化，推动形成社会性的娱乐热潮；其次，技术进步对个体产生"赋权效应"，这种效应降低个体娱乐成本，裹挟个人陷入娱乐茧房，致使个体化娱乐演化为社会性泛娱乐。泛娱乐主义通过营造虚假狂欢，引发人们审美取向庸俗化；冲击伦理道德，引发人们道德取向虚无化；消解主流价值，引发人们价值取向去崇高化；恶搞戏说政治，引发人们政治态度戏谑化。

诺文·明根特在《好莱坞如何征服全世界》一书中提出了"欲望制造"这个好莱坞巨头文化战略的中央机制，并指出好莱坞要"对观众的口味和喜好有所了解"，并"找出一种符合全球大众口味和喜好的产品"。也就是说，好莱坞电影要渗入全世界，必须把其定义为一种文化的"大众产品"，如可口可乐或麦当劳一样，以一种最接近于大众口味的"一致性"标准化模式生产。但大众会为什么样的口味买单呢？好莱坞制片人给出的答案是简单：简单的故事，简单的对白，因为"对话越少，出口越容易，它所需要的配音和字幕成本也更低。特效壮观的画面可以超越对白的重要性，而观众也就不需要去理解电影而是去感受电影"。于是，一种被称作"大片"的电影概念应运而生，它指以大众市场为导向的制作成本大、故事模式化并且取得极大市场影响力和票房收益的故事片。斯皮尔伯格 1975 年的《大白鲨》（Jaws）被认为是好莱坞大片的滥觞之作，而"星球大战"（Star Wars）系列则正式拉启了好莱坞大片时代的帷幕，以更高效而夺目的方式制造着内核为"美国梦"的视听盛宴。

3. 内核贫乏的现代景观

20 世纪 60 年代，法国思想家居伊·德波提出了景观理论。景观一词源自拉丁文的 "spectae" 和 "specere" 等词语，意为奇景、奇观、被观看、假象。虽说普遍翻译为景观，但必须要时时注意其中"假象"的意味。景观既可以表现为一种客观的景色，也可以指代一种主体性的、有意识的表演和作秀。通俗点理解，景观就是一种脱离本质的虚假，一种被资本构筑的表象。在后现代社会中，一切事物都可以表现为"被展现的图景"。

德波发展了马克思的理论：工业社会中人与人的关系异化为了物与物的关系——在后工业时代中进一步异化为了虚拟的视觉图景，景观成为"人们自始至终相互联系的主导模式"。景观出现的根本原因在于当代资本主义社会现实的自我分离：本质已经并不重要，"所有活生生的东西都变成了表征""在现代生产条件无所不在的社会，生活本身展现为景观的庞大聚集，直接存在的一切全都转化为一个表象"。

景观世界中，最典型的体现在于本质与表现的分离，或者说表现体现了一种虚假的本质。德波借用了费尔巴哈的哲学构架，精确总结了当今景观时代的特质："影像胜过实物，副本胜过原本，表象胜过现实，现象胜过本质"。在景观世界中，真实世界沦为影像，影像却升格成为真实的存在。

当代资本主义文化中，典型的景观有两种。一种是营造的主题公园、城市景观、街道景观等实体性的景观。一种是电影式虚拟性景观。比如超级英雄的爆米花电影系列（漫威影视为代表），在近十几年取得了巨大的成功，票房、口碑和号召力远超其他类型的电影。但是这种类型电影系列的崛起，从实质上来讲也是一种特效绚丽的现代景观，缺乏现代内核。"漫威电影不能称之为电影，更像是主题公园的产品。"

4. 受操纵文化

整个工业时代就是构筑景观的时代，整个后工业时代就是景观统治的时代。景观无处不在，社交网络只是最新涌现的一个具有代表性的事物。城市，尤其是一线城市，这个资本最集中、商品最丰富的地方毫无疑问成为景观聚集的典范。这也是众多劳动者对大城市趋之若鹜的原因，这里除了有较多的工作机会可上升渠道的可能性，更重要的是有着吸引他们的炫目景观，于是被景观意识占据脑海的年轻人，就像飞蛾追逐篝火一样纷纷扑向一线城市，去追求他们浮光掠影、炫彩斑斓的"一线城市景观生活"。除却大都市这样的"空间展示"，景观还对当代资本主义社会所有人实现了"时间占领"。随着时代的发展，资本无孔不入的剥削已经从劳动生产领域入侵了再生产领域，而且更加隐蔽更加难以察觉。

农业社会中实践的循环是根据自然规律来的：日出而作，日落而息。时间的循环是生产财富的过程，这些都可合并为人的生存时间。但在当代，传统的时间循环被景观所打破，当今社会进入了一个虚假的循环——"虚假循环时间是被工业改造过的时间"。虚假循环形成了不同于人们本真生活时间的时间，是人为制造的时间，有幕后操纵者支配着的时间。比如24小时购物中心、彻夜灯火通明的餐馆、通宵营业的便利店、光怪陆离的夜店和KTV、随时随地可以使用的在线购物等。这些景观有两个特征：第一是消费场所，第二打破了自然时间循环。于是"劳动力再生产"的时间被这些景观满满地侵占，人们很少再有自知自觉的行为，难以再有自然的时间流逝的体验感，而一切以消费行为的循环为规范，成为景观的附属物。

当代资本主义文化产品实现着景观对世界的统治，除了"空间—时间"的二元模型外，还有"景观—观众"的维系纽带。"景观—观众"的模式构筑了当代资本主义秩序最牢固的底座。景观已经安排好当代资本主义社会所有的闲暇时间，看似是劳动者的自由选择，但背后无一不是资本做好了预设，实施了控制。仅有的区别只是消费这个或是消费那个、沉迷于这个景观或是那个景观的差异。

在景观之中，"观众"们不再具备曾经生产模式下"劳动者—资本家"的二元对立性，反而热情地投入景观之中，除景观之外对客观世界一概忽视，用德波的话说就是："观众只是通过一种他们单方面的联系与真正的中心相联系，这一中心使他们彼此之间相互隔离。"

三、当代资本主义文化市场

大众文化是指工业化社会以来，出现在都市的一种以大众传媒为手段、按照市场规律运作、旨在为普通民众带来休闲娱乐并创造意义空间的日常生活文化。大众文化涉及的范围很广，几乎涉及民众生活的方方面面，既包括观看电影、电视，阅读畅销书，看网络文学，听流行音乐，也包括广场购物、广告文化、广场文化、旅游文化等。

（一）大众文化市场

麦克唐纳在《大众文化理论》一文中，开篇就提到西方文化事实上是有两种文化。其一是高雅文化，可以叫作经典文化。其二是大众文化，是为市场而成批制作出来的，包括广播、电影、卡通、侦探小说、科幻小说和电视，这些都是严肃的艺术家很少愿意涉足的领域。麦克唐纳认为大众文化有一个显著的特点，就是它是一种直接供大众消费的东西，就像口香糖。而高雅文化的作品有时候也会流行，虽然它时下愈见萧条。根据麦克唐纳的观点，大众文化因此成为标准文化、程式文化、重复文化和肤浅文化的同义词，是为一种虚假的感官快乐而牺牲了许多历久弥新的价值观念。

在阿多诺和霍克海默看来，大众文化是资本主义寡头政治和垄断资本联手，自上而下批量生产出来的劣质产品，目的即是麻痹工人阶级，使他们乐此不疲，忘却了肩上担负的推翻资本主义制度的历史使命。《启蒙辩证法》中题为《文化工业》的章节有一个副标题："作为大众欺骗的启蒙"。这或许是霍克海默和阿多诺对文化工业的一个最言简意赅的概括。该章开篇就说，在社会学看来，传统宗教的基础已经不复存在，文化上混沌无分的前资本主义社会，其残渣余孽已经彻底消解，反之技术突飞猛进，社会分化与日俱增。但是文化不同，文化并没有因为社会分工的明晰而变得分门别类，各美其美。千篇一律、千人一面的标准化就是文化工业产品的特征。文化生产的原则在这里与商品生产的原则毫无二致。在资本主义的高度垄断之下，所有大众文化都是一致的。电影和广播不再需要装扮成艺术，它们已经变成了公平的交易，为了对它们所精心生产出来的废品进行评价，真理被转化成了意识形态。既然它们自命为工业，那么它们就是工业。这就是文化工业。电影制造幻觉的本领，远胜过传统戏剧，以至于经常看电影的观众，把外部世界当成他刚刚看过影片的延伸，反过来这些观众的以往经验，则是制片人苦心揣摩的对象。其结果就是，真实生活与电影从此难分难解。制片人复制生活经验的技术越是严谨无误，观众便越是容易产生错觉，以为外部世界就是银幕上所呈现的模样。大众媒体使得消费者的想象力由此丧失殆尽，他们看过的所有影片和娱乐产品，教会了他们要期待什么，也教会了他们如何自动作出反应。制片商则是心知肚明，即便消费者心烦意乱，依然会一如既往地消费他们的产品，因为每一个产品都是庞大无比的经济机器的模型。整个文化工业，就这样让人类得以在每一个产品上有条不紊地不断进行再生产。

（二）亚文化市场

亚文化是相对于主流文化而言的，主流文化是处于支配地位和官方背景的文化。从亚文化概念的历史演变中可以发现，它和社会学维度上的越轨文化、政治学维度上的仪式抵抗和文化学维度上的意义争夺密切相关，可以说亚文化既是对社会问题的文化表征，也是社会问题的一部分。因而大众娱乐习惯发展中产生的亚文化现象也映射出社会结构变迁的复杂镜像，勾连着社会利益分化的社会事实。当代资本主义的快速发展和对多重现代性的压缩并进，也导致亚文化景观具有更加复杂的面相。

青年在社会权力结构中的边缘地位决定了青年亚文化与生俱来的社会批评性。如对社会不公平、社会权力结构不平等的抵抗，对主流文化、父辈文化压迫的反抗。这种抵抗时而温和时而激烈，主要通过拼贴、模仿、反讽的手段在符号层面进行象征性抵抗或者仪式化反抗。"换言之，青年亚文化不只是被动地接受电视、电影、音乐、服饰等流行时尚的东西，而且也会通过各种形式来抵抗主流的社会价值。比如许多青少年通过追求奇装异服、流行的电子游戏和街头舞蹈等，不仅在逃避而且也在挑战社会的约束"。曾经一个时期，青年亚文化实践以地下摇滚乐为代表，它可能是当代最具抵抗性的亚文化，但终究难逃被权力压制或者资本收编的命运。那就是借由对旧集体主义制度的批判而固守中产阶层个体主义生活的追求。他们的控诉得到了回应，他们的批判却只能在内部群体中自我强化。阶层之间也必然存在亚文化，底层青年的文化自我实践、少数族裔的文化实践，都构成了当今的亚文化景观，不仅具有仪式抵抗、意义争夺等自我实践的亚文化，还存在表征群体冲突和阶层歧视的他者建构型亚文化，以及具有自我实践与他者建构的双重面向的复杂亚文化。总之，大众娱乐习惯的亚文化需要引起重视和引导，毕竟它不仅展现社会问题，其本身也是社会问题。

（三）宗教文化市场

提出宗教"市场论"的美国社会学家斯达克·芬克说：宗教经济的构成包括现有的和潜在的信徒（需求）市场，寻求服务于这个市场的一些组织（供应者）以及不同的组织所提供的宗教教义和实践（产品）。一个宗教经济的最重要特征是无管制的程度，也就是受市场驱动的程度，而这与由赞同垄断的政府进行规定完全相反。这是一把钥匙，可以解释不同社会的宗教性质差异。社会科学奠基者们认为多元和宗教竞争的作用是有害的。这个观点是完全错误的。竞争导致的结果并不是令所有信仰的可信性都遭到侵蚀，而是产生了热切而有效率的宗教供应商。这正像竞争对于世俗商品的供应商的作用一样，结果是同样的：整体"消费"层次要高很多。[①]

（四）消费主义

大众传媒就是当代资本主义社会的文化感官。几张报纸、几个电视频道或者几个网站就布置出了一个大千世界的幻象。这个幻象的核心就是种种幸福生活的神话。阿兰·德波顿在《身份的焦虑》一书中写道："报刊和社会舆论没完没了的鼓噪，让每个生活在底层的人都相信他们总有机会攀上社会金字塔的塔尖，有机会成为实业家、大法官、科学家，甚至是总统。这种无限机遇的论调在一开始也许能给人一种盲目的乐观，对那些底层的年轻人尤甚。"

资本给商品构建附加符号价值，并通过铺天盖地的广告轰炸、打折促销、购买示范，从而给商品附加诱人的"景观"，对受众形成强大的视觉冲击力和审美诱惑，以迷人惑众的外观形象喧宾夺主，激发起消费者无穷无尽的购买欲。与资本主义生产关系对于主体的生理意义上的异化一样，"拜金主义""利

---

① 〔美〕罗德尼·斯达克、罗杰尔·芬克著，杨凤岗译：《信仰的法则——解释宗教之人的方面》，中国人民大学出版社 2004 年版，第 44 页。

己主义"和庸俗经济学把"资本"看作最高目标，让这些观念在民众的意识之中占据着统治地位，从而实现了维持资本主义自身的生产与再生产，推动着资本主义更进一步的发展。

"消费主义"，何以成为新的信仰？随着信用手段的发展和资本主义经济周期到达下一个阶段的复苏点，还有政府强调消费拉动内需的口号，消费主义应运而生。这是一个更能适应当时资本主义关系也是更加行之有效的意识形态手段。通过消费主义的影响，既能更加高效地去剥削无产阶级，又能将阶级对立关系隐于幕后，淡化无产阶级的对立意识。例如一些公司（尤其是奢侈品公司）通过更多的品牌营销手段，像"品牌价值"或者说"象征意义""限量""手作"等手段让群众认同于它的消费文化（这也往往是对抗生产力发展所带来的更多物美价廉的商品的手段）。在众多的消费文化之中，消费主义轻而易举地将主体发展为其忠实的信徒。消费主义实现了对主体的影响和渗透——资本允许以一个存在于信徒们各自的脑海中喜爱的远景并鼓励他们多多赚取财富以实现美梦的日常意识形态，成为新的信仰。

四、服从资本主义控制

马尔库塞指出："发达资本主义以前的社会是双向度的社会，在这个社会里，私人生活和公共生活是有差别的，因此个人可以合理地、批判地考虑自己的需求。"人类在正常社会中，理应拥有两个方面的向度：肯定现实、维持现状的态度；否定、批判和超越现实的向度。而随着科学技术的发展，当代资本主义社会以其高生产、高消费压制了社会中的对立性因素。人作为一个自由的富有创造性的社会实践的主体，其个性、自主性、否定性的特点逐渐消失，社会生活的各个领域也只剩下了单一的维度。丧失了价值与尊严的人表现出一种一味地顺从、肯定和维护现状，逐渐沦为了制度统治的工具。技术的操纵，最终使人由"双向度"衍变为"单向度"。

科学技术越发展，当代工业社会的意识形态就越具有控制性，社会可以借助最新的"意识工业"手段——无线电、电影院、电视、报刊、广告等加强对人们心理的控制。它们对人们进行说教和操纵，压抑人们的自由意识、规定人们的思想观念，建立了"单向度的思想和行为模式"。"自由与反对衰落"，人们把受操纵的生活当作舒适的生活，把压抑性的社会需要当作个人的需要，把社会的强制当成个人的自由。

文化被高度商业化，成为一种单纯的消费品。高层次文化作为表达人们理想的文化和高于现实、对现实持批判态度的文化，被资本主义社会现实所拒斥。艺术也发生了严重异化，失去了传统功能，变成了纯粹的商品，成为维护现存社会的工具。在发达工业社会，由于艺术的普遍传播，人已经变成了改造自己思想内容的文化机器上的零件。艺术虽然可以得到普及，却变成了单向度的艺术。一切标志着文明的东西，一方面成为解放的工具；另一方面又成为新的统治和压抑的工具。

（一）价值归依

在景观世界中，当代资本主义社会的主动性与创造性被抹杀，消磨了鲜活的个性，隐藏了本心的意愿，只是在景观的引导中随波逐流。景观扼杀了人们的主体性，屏蔽了人与本质之间的沟通与连接，让人们成为这个世界、他人乃至于自己的旁观者。这种被异化的痛苦，在心理学研究中是被证实的，就是马尔库塞和弗洛姆的理论，对于景观世界的分析，德波一针见血地指出："景观就是积累到某种程度的资本，这时它就成了图像"。景观，就是资本的宗教，通过隐性控制将宗教的幻觉在人们的心灵中代代相传。资本通过"景观"的塑造，不同于传统的统治阶级需要暴力手段和国家机器来对人进行控制。景观的高明之处在于它是去政治化的统治工具，它的功能在于证明资本主义体制的合法性——一切来自你"自愿"的选择。景观世界编译了历史，构建了时间，毁灭了抗争，消解了休闲，异化了人与社会的本质，让大多数人丧失了自己对世界本应有的批判性、反思性与创造性，将社会生产生活的全部纳入被制造的肯定性表象。然而这种隐性的统治才是最牢固最深入的统治。景观是一台粉饰异化的机器，暴力缺席，世界的秩序却没有紊乱。

（二）商业主导

在当代资本主义文化市场中，文化产品和消费者基本丧失了自主性。这就是当代资本主义社会文化有一种价值兑现感，但其实当代资本主义社会每个人都在无时无刻地被消费主义价值观所洗脑，被铺天盖地的广告、KOL 示范、他人对你的评价所包围，不但创造了"想要"这种伪需求，更产生了"审美幻觉"。于是，消费也成为非理性的强迫活动，一种虚幻的满足。在消费层面人同样成为"物"的奴隶。

（三）文化监控

高科技图腾的外衣下，当代资本主义国家垄断信息创造是实现意识形态输出的关键。2015年6月4日，美国《纽约时报》刊登题为《欢迎来到数字帝国主义时代》一文，标志着以数字化传播技术为依托的互联网、智能硬件、移动终端等成为新的入侵形式。以英语为通用语言的互联网已经成为西方国家垄断信息创造的重要工具。在现代网络技术方面，西方凭借拥有雄厚的科技实力及人才优势纷纷强化了在信息领域的主导权，如美国的《网络空间行动战略》（2015）、德国《数字战略2025》（2016）、《法国国家数字安全战略》（2015）、《英国数字化战略》（2017）等纷纷强化了西方国家在信息流域方面的优势地位。西方还垄断了大众传媒，向非西方国家或地区输出大量负面信息，影响了受众的正确认知。

弗洛姆指出：异化的人是一部自动机器，他在精神上是麻木的和消极的，异化的人不会得到真正的幸福，不能运用理性去面对生存的矛盾和痛苦。他说："物没有自我，变成了物的人也不可能有自我。无我的状况，引起了人的极度空虚、无力、恐惧与不安，使得人们日益失去生命力。同时，资本主义的经济规律和大机器生产给个人造成的孤独和渺小感在垄断资本主义时期变得更加严重。"在当代资本主义社会里，符号与表意、活动与文化、生活与知性是分离的。对根本处境的反应位于这条分界线的一边；人们却在另一边寻求这些处境的意义和答案。意义成了一个问题的对象，而这一问题又成了一种特殊活动（"文化"）的对象。

没有意义的活动被根据机器的模式组织起来，这一模式的目的在其自身之外，它并不对这一目的提出疑问。一种机械论的经济学，其原则是寻求花费和产出之间的最佳关系，被作为标准强加在所有活动之上。在文化实践中，人们被实体化、被作为一种特殊的情形分离开来，并根据同样的普遍经济学用特殊的练习来训练。娱乐和休息、饮食和居住同样被机械化了。所有这些成为机器的活动都拥有指派给它们的机构，这些机构由有资格保证其最佳运作的专家组成。这一机构本身必须服从最佳平衡的原则。于是一个新的机构被建立起来以保证前面一个的运作。这些机器互相叠加起来形成一个等级系统。

（四）议程设定

电视越来越受到商业逻辑的侵蚀，商业逻辑对电视的作用是通过收视率实现的，布迪厄发现收视率对电视的直接作用就是观众对轰动的耸人听闻的东西的追求，导致最有收视率的社会新闻取代了电视的文化品位和政治功能，电视对新闻事件有一种选择和排斥，就是把各种信息以一种新闻的模式来处理，将社会的生活转化为趣闻逸事，把观众的注意力转移到没有政治性的事件中去，有可能使受众的政治知识趋向于零。另外可以把非政治事件政治化。它能够制造现实控制受众，控制受众对事件的理解并达到特殊的目标。在商业逻辑的侵蚀下娱乐信息发展得比较迅速，而文化品位的东西降低了。传媒化的经济力量渗透到科学领域和艺术领域进而造成了传播者和学者、艺术家的合作，他们为了自己的声誉而到电视上去宣传自己。

五、凸显技术性依赖

现代科学技术对传统文化产业的不断渗透，文化产业的外延也在不断拓宽，不再局限于文学、电影、电视、美术、音乐、舞蹈等传统的行业，而是进一步把教育、旅游、建筑、体育、互联网、文化遗产等纳入文化产业研究的视野，而且越来越多地表现出新技术和高智力含量的双重特征。在这种情况下，对文化产业的行业界定和分类系统的建构成为文化产业发展和文化产业研究所面临的首要问题。因为如果当代资本主义社会不了解文化产业都包含哪些行业和领域，就无法清楚地了解文化产业的规模、发展状况和未来趋势，也无法对文化产业进行更进一步的研究，因而也就无法制订相应的政策计划。

（一）技术封装与赋权

当代资本主义文化产业发展注重网络技术、卫星通信技术和多媒体技术等新兴技术的广泛应用，负载特定社会中人的价值的科学技术的广泛应用，文化产品融入生产与传播过程；个体化的娱乐演化为社会性的泛娱乐，技术进步是重要因素。

在技术变革的背景下，发达的互联网信息技术对社会个体产生一种"赋权"效应，即不仅使个体以网络化的方式而存在，而且降低了个体娱乐的成本，提升了个体娱乐方式的自主性，扩大了个体文化消费的自由权和选择面。但这种技术赋权效应也极易消解、遮蔽人的主体性，裹挟社会个体滑向泛娱乐。

随着大数据技术的进步，社会个体"看到什么、娱乐什么"的权利正在被算法推荐所控制。算法推荐会根据用户在互联网上的浏览记录、停留时长、关注等行为信息数据，结合用户个体信息数据以及相似偏好用户数据进行大数据计算与分析，推测用户的信息需求，进而从海量信息中为用户选择和推荐信息。当人们在娱乐新闻、明星八卦、戏说段子、视频直播、网络游戏中停留时间越多、关注越多、娱乐越多，算法推荐会公式化、程序化地精准推送"懂你"的娱乐信息，人们在持续的狂欢宣泄、娱乐表达中接受同质化娱乐信息，继而算法推荐将人们束缚在其偏好的同质化娱乐信息区域内，久而久之，形成了娱乐的"信息茧房"，人们长期沉浸在自己无意识中构建的个体化娱乐"信息茧房"中形成"精神茧房"，不仅禁锢思维方式，加剧信息分化，形成信息区隔，而且在娱乐"信息茧房"与"精神茧房"的互动中悄然走向泛娱乐主义。

（二）流行生产车间

当代资本主义社会的文化产业可以看作类似于车间的"三个不同的工序"。这种整体主义的当代资本主义文化生产体系，并非资本主义话语所建构的想象共同体，而是建立在当代资本主义文化产业供应链之间诸多现实的关联性和耦合性之上的现实共同体。

马尔库塞把社会文化对人的本性的压抑划分为"基本压抑"和"额外压抑"。基本压抑是指为了社会正常运行必要的压力，额外压抑是一个特定社会的统治阶级附加于当代资本主义社会所有人身上的——在资本主义社会中就是"人的身心都成了异化劳动的工具"。同时，他认为工业化社会与奴隶或佃农这样的人身控制不同，资本主义通过看不见的手支配和控制着人，导致人丧失主体性，最可怕的是，人们还能自觉或不自觉地把这种奴役状态当成了"自由生活"。马尔库塞认为，在马克思的时代，异化对劳动者的影响主要是肉体上的痛苦（如物质生活的贫困、高强度的体力劳动等）；而在当今（马尔库塞的那个年代，也就是第二次科技革命后、第三次科技革命初），异化对劳动者主要是心灵的折磨、精神上的痛苦。这个论断在脑力劳动愈发成为主流的当今社会更加适用。

马尔库塞指出，发达资本主义社会用"技术控制"代替"政治统治"或"酋长统治"——"技术操纵人，机器驾驭人，物欲奴役人"。具体到每个劳动者的心理，他们最大的压力来自"管理压抑"——就是当代资本主义社会上面说的劳动异化的理论，从事劳动是被动的劳动、为了生存的劳动。在这种劳动中非但没有自己的主体性，更要受到管理者的种种规范，成为一个流水线上的螺丝钉。劳动者无法在工作中找到归属感，转而从购物里寻找自我。然而这个自我是被商业社会狂轰滥炸的、被价值观洗脑所异化的自我，人性在根本上依旧是被压抑的。

（三）工业主义

大众文化市场还是大众社会的必然产物。后者作为工业化的结果，被认为是抹杀个性，推广平庸，导致趣味习惯、观念，甚至行为千篇一律，个人的差异、社会阶级的差异，大有被一笔勾销的趋势。大众社会的特征是庞大的官僚机构，强大的传媒追求大一统，说到底是平庸和异化。而霍克海默和阿多诺将这样的大众文化称为文化工业，判定它是垄断资本和寡头政治联手生产低劣文化产品来给工人阶级洗脑，总之是在追逐利润中控制思想，在思想控制中追逐利润。大规模的现代工业生产技术、大规模的现代消费市场，以及大规模覆盖的现代大众传媒，构成大众文化的三个要素。

第 九 章

当代资本主义国家的社会治理与社会保障体系

社会保障制度对实现国家治理能力和治理体系现代化起着至关重要的作用。当代资本主义国家社会发展的现实决定其社会治理和社会保障体系的发展具有时代性与阶段性的特征。当代资本主义国家的社会治理与社会保障是相互融合、互为支撑的，从处理历次治理危机的意义上来讲，其社会保障发展的过程其实也就是治理能力提升的演进过程。深入了解当代资本主义国家的社会治理与社会保障体系的理论与实践具有重要的借鉴意义。

第一节　当代资本主义国家的社会治理与社会保障体系

当代资本主义国家在长期的实践发展过程中，产生了不少主流的、具有核心影响力的社会治理理论和社会保障理论。深入了解社会治理和社会保障的概念及相关理论，是了解当代资本主义国家的社会治理与社会保障体系的重要前提。

一、社会治理的概念及相关理论

（一）社会治理的概念

英文中的"治理"概念源于古典拉丁文和古希腊语，原意是控制、引导和操纵之意。长期以来，它与统治一词交叉使用，并且专用于与"国家公务"相关的宪法或法律的执行问题，或指管理利害关系不同的多种特定机构或行业。①1989 年世界银行在概括当时非洲的情形时，首次使用了"治理危机"一词，之后"治理"便作为惯用的词汇被广泛地运用到政治学、经济学、社会学、管理学等各个领域。②"治理并非是由某一个人提出的理念，也不是某个专门学科的理念，而是一种集体产物，或多或少带有协商和混杂的特征"。③格里·斯托克在他的文章中梳理了关于治理的五个主要的观点：(1)治理指出自政府，但又不限于政府的一套社会公共机构和行为者。(2)治理明确指出在为社会和经济问题寻求解答的过程中存在的界线和责任方面的模糊之点。(3)治理明确肯定涉及集体行为的各个社会公共机构之间存在的权利依赖。(4)治理指行为者网络的自主自治。(5)治理认定，办好事情的能力并不在于政府的权力，不在于政府下命令或运用其权威。政府可以动用新的工具和技术来控制和指引；而政府的能力和责任均在于此。④

关于社会治理，西方的社会治理从主体功能的角度大致经历了政府主导、政府让位、政府回归、新公共管理、合作治理几个阶段。在西方的封建社会时期，西方社会治理的主体是政府，政府承担了绝大部分社会治理的职能，这种情况一直持续到亚当·斯密"守夜人"思想的出现。在"守夜人"思想的影响下，19 世纪 20 年代以前的西方各国，社会治理的主体虽然是政府，但是政府却在从各个领域让位，特别是经济领域。到第一次世界经济危机之后，在凯恩斯主义的影响下，西方社会的社会治理重新回归到了以政府为主导的阶段，而且，此时的政府所承担的职能在不断地扩大。进入 20 世纪 60—70 年代，鉴于经济危机的影响，西方开始了新公共管理运动，以英国为代表的新公共管理国家开始将政府的社会治理职能逐步收缩，并通过引入企业管理模式、公共服务外包模式等来减少政府对社会治理的干预。⑤

马克思视野中的社会治理主体与形式经历了三个阶段：原始社会氏族部

---

① 〔英〕鲍勃·杰普索著，漆芜译：《治理的兴起及其失败的风险：以经济发展为例的论述》，《国际社会科学》1998 年第 3 期。

② 俞可平：《治理和善治引论》，《马克思主义与现实》1999 年第 5 期。

③ 〔法〕让－皮埃尔·戈丹著，钟镇宇译：《何谓治理》，社会科学文献出版社 2010 年版，第 19 页。

④ 〔英〕格里·斯托克，华夏风著，漆芜译：《作为理论的治理：五个论点》，《国际社会科学杂志》(中文版)1999 年第 1 期。

⑤ 〔英〕鲍勃·杰普索著，漆芜译：《治理的兴起及其失败的风险：以经济发展为例的论述》，《国际社会科学》1998 年第 3 期。

落时期的由社会自身执行社会治理职能；阶级产生后，社会治理职能主要由国家来执行，社会辅助；国家"消亡"，完成对社会的复归后，则由"自由人联合体"来执行社会治理职能，这时社会达到自治，人也得到真正的解放。[①]国家是"阶级社会中在经济基础上拥有绝对主导地位的统治阶级"，由于在阶级斗争中占据统治地位，"而获得了镇压和剥削被压迫阶级的新手段"。[②] 它是一个阶级和政治范畴，是阶级社会特有的组织，是一个阶级压迫另一个阶级的暴力机关。按照统治阶级的意志建立起来的国家，从表面上看，似乎是整个社会的代表，也治理一些公共社会事务，但其目的是维护统治阶级的根本利益，本质上是为统治阶级利益服务的机器。它是社会经济发展到一定阶段才产生的，是社会分层之后阶级的产物，它的存在表明阶级矛盾的不可调和。国家是从社会中产生，但又自居于社会之上，并且是"日益同社会相异化的力量"。[③] 国家属于上层建筑，具有鲜明的阶级属性，是经济上占统治地位的阶级压迫被统治阶级的工具，阶级矛盾和阶级斗争是国家产生的重要原因。一个阶级要取得统治，首先要夺取政权，国家以公共利益的形式存在。随着社会阶级矛盾加剧，各阶级之间就需要一种外部强大力量的制衡，国家也就应运而生。但它是一种虚幻共同体的形式，代表"公共利益"只是一种虚假现象，其实质仍然是代表着一定家庭、部落集团和阶级的利害关系的，是统治阶级借以实现其共同利益的组织形式。随着分工和阶级的消亡，国家也必将消亡。政治统治"是以执行某种社会职能为基础"，而且也只有在它执行了"这种社会职能时才能持续下去"。[④] 马克思从本质上把国家看成一个阶级压迫另一个阶级的工具，认为国家有工具性的一面，也有维护社会稳定、调节阶级矛盾的一面。他将国家职能分为阶级统治职能和社会治理职能，国家的本质决定了自身的阶级统治职能，对立的阶级之间的共同利益决定了国家的社会治理职能，即"执行由一切社会的性质产生的各种公共事务"的职能。[⑤]

随着国际共产主义运动的不断兴起和无产阶级革命实践的逐步深入，马

---

① 高健：《马克思社会治理理论与当代中国社会治理建设》，辽宁人民出版社 2018 年版，第 37 页。

② 林坚：《论国家学的基本问题及学科体系》，《探索与争鸣》2010 年第 6 期。

③ 《马克思恩格斯选集》第 4 卷，人民出版社 1995 年版，第 170 页。

④ 《马克思恩格斯选集》第 3 卷，人民出版社 1995 年版，第 523 页。

⑤ 《马克思恩格斯选集》第 2 卷，人民出版社 1995 年版，第 510 页。

克思通过对巴黎公社革命经验的全面总结，对社会治理职能的认识达到了新的高度。无产阶级掌握政权后，在打碎国家机器的同时，应该把资产阶级国家治理公共事务的合理职能保留下来，即保留社会治理职能。也就是要对"旧政权的纯属压迫性质的机关予以铲除"，而其合理的职能则应"从僭越和凌驾于社会之上的当局那里夺取过来，归还给社会的负责任的勤务员"。① 前者是指国家的政治统治职能，而后者就是指社会治理职能。此时，无产阶级的社会治理职能包括：维护社会秩序，社会需要创立国家政权"来保护自己的共同利益，免遭内部和外部的侵犯"，从而为社会发展创造良好的环境；国家要通过制定各种法律和政策，来指导和保障整个社会生产的顺利进行，如设立工厂调查委员会、规定正常工作日等；国家还要提供各种社会公共服务以及各项福利制度，如兴办各种公共交通以及水利工程、储存福利后备基金和设立保险基金，等等。② 这时社会自身发展得还不成熟，不能完全靠自己的力量来解决这些问题，就需要国家借助公共权力授权来进行公共服务提供的社会治理活动。随着生产力的发展，人们的物质精神文化得到极大丰富和发展，社会生活的各个方面各尽其能、各得其所，每一个社会成员将自由平等地生活在共产主义社会。那时，阶级成为"生产的真正障碍"，国家就"不可避免地要消失"。③ 但国家的消亡是其阶级性的消亡，而不是其全部职能的消亡。它的"公共职能将失去其政治性质，而变为维护真正社会利益的简单的治理职能"。④ 国家随着阶级的消亡也不可避免地走向消亡，它的职能最终也将复归于社会。

（二）社会治理的相关理论

西方资本主义国家为了维护资产阶级的统治地位和促进社会发展，不断调整和完善社会治理方式，长期以来积累了丰富的社会治理经验，形成了比较成熟的社会治理理论。二战后，对社会治理具有重大实际影响的理论主要有社会控制理论、福利国家理论、"风险社会"理论、"第三条道路"理论、

---

① 《马克思恩格斯选集》第 3 卷，人民出版社 1995 年版，第 57 页。
② 《马克思恩格斯选集》第 4 卷，人民出版社 1995 年版，第 253 页。
③ 《马克思恩格斯选集》第 4 卷，人民出版社 1995 年版，第 174 页。
④ 《马克思恩格斯选集》第 3 卷，人民出版社 1995 年版，第 227 页。

"新公共管理"理论等。这些理论主要是从社会政策层面和社会治理主体及方式的角度出发的。

1.社会控制理论

社会控制是伴随着人类社会矛盾的产生而出现的一种特殊现象。最早提出社会控制一词并加以阐述的是美国社会学家罗斯,他认为人性中本有的"自然秩序",包括同情心、社交性及正义感三种成分,人们彼此同情,互相帮助,相互约束,自行调节行为,人类处于自然秩序状态。[①] 罗斯认为,社会秩序虽然很难解决社会与个人关系的冲突,但是二者并非不可调和的。人们应该采取多种多样的方式引导和约束个体服从于社会,以利于社会稳定和平秩序的形成。在《社会控制》一书中,罗斯分析了自然秩序与社会秩序的不同,指出了对个人实行限制的理由和方法,论述了社会控制在人类历史发展中的作用,讲社会控制与社会影响区分开来,提出了多种社会控制工具,并详述了它们各自的作用。在个人与社会的交汇点上,罗斯重视社会整体的发展,并希望建立各种社会机制来支持社会秩序,解决社会问题,促进社会进步,这代表着当时社会进步运动的理想。罗斯的社会控制理论是建立在社会美德基础上的优于自然秩序的社会管理理论。社会控制的实施在于确保社会公共利益和共同秩序,而这为政府等社会公共管理部门实施社会控制提供了直接的理论依据。

2.福利国家理论

"福利国家"这个概念是1941年由威廉·坦普尔最初提出来的,以区别于纳粹德国为统治者服务的"权力国家"。现代福利制度起源于英国的《贝弗里奇报告》。人们常常把1948年7月5日英国国民可以享用国民保险的这一天作为英国福利国家的诞生日。从此,现代资本主义历史翻开了新的一页,欧洲各主要资本主义国家纷纷开始效法建立了福利国家。西方工业发达国家,特别是西欧国家自第二次世界大战后普遍实行社会保障制度,这些国家通过立法以及行政和社会经济政策,为本国公民提供广泛的社会保险和社会福利,建成了所谓的"福利国家"。福利国家理论的基本观点如下:第一,只要政府

---

① Edward Alsworth Ross.*Social Control: A survey of Foundations of Order*. New York: The Macmillan Company, 1901.

实行充分就业、公平分配、社会福利等政策，通过对遗产和收入实行累进所得税、举办各种社会福利事业等措施，就可以解决市场经济在内的许多缺陷，如失业、贫困和不平等。第二，一个国家只要致力于经济增长，使人均国民收入达到一定水平，并使国民享有社会保障和失业救济编福利待遇，就算得上是一个福利国家。第三，福利国家的主要任务是通过加强国家对社会经济活动的管理和监督，扩大社会福利，实现国民收入的公平分配。

福利国家模式在世界主要国家得到传播和复制，成为社会发展和国家进步的象征。20世纪50年代后期到70年代初期，是西方社会福利制度的鼎盛时期。从20世纪50年代起，社会保障进入新的发展阶段，其主要标志是普遍福利政策的广泛实施、"福利国家"的纷纷出现。普遍福利型的社会保障政策，使社会保障的覆盖面向全体社会成员扩展，逐步实现了社会保障全民化，并在西方世界建立起了从"摇篮"到"坟墓"的国家保障体系。福利国家以国家对社会领域的积极干预为典型特征。这种干预行为在战后资本主义社会的恢复和发展中，对于稳定社会、解决战争遗留创伤、促进就业、发展经济等都发挥了重要作用。福利国家的实施也产生了很多问题，其持续性不断受到质疑。早在20世纪70年代末80年代初，西方学术界就已意识到社会福利制度的严重弊端，这些弊端在20世纪80年代初期的经济危机中均以不同形式和不同程度暴露出来。这表现在：一方面，福利国家政策加重了福利国家政府的财政负担，赤字严重；福利国家政策在经济萧条时期缺乏持续性。另一方面，是众所周知的问题，福利国家政策的实施，造成了西方国家严重的"懒惰病"。社会成员工作积极性受到很大损害，自愿性失业严重，社会成员享受福利的"搭便车"现象十分普遍。社会面临着丧失活力和发展动力的潜在危险。此外，十分严重的老龄化问题、福利刚性等因素使福利国家面临的挑战和危机更为严峻。福利国家作为一种工业国家的国家形态，是为了应对工业化和市场化给整个社会带来的生存危机所实施的一项国家干预行动，却在发展中遭遇了严重的制约问题。当前，改变政府崇尚福利多元主义或混合的福利经济的新思想正在重塑西方国家的发展。一种新的不同于福利国家理论的福利社会观念正在西方兴起，与之相伴随的是社会管理和治理理念的变化。

3. "风险社会"理论

德国社会学家乌尔里希·贝克在 1986 年出版的《风险社会》一书中，首次提出了"风险社会"概念。[1]20 多年来，这一理论在社会理论界、政策研究界和公众中的影响与日俱增。"风险社会"理论指出：随着科学技术与现代化的高速发展，人类社会已经开始由以财富分配为主题的阶级社会向以风险分配为主题的风险社会转化，并由此导致了一系列社会结构和政治上的变迁，包括个体化进程、对科学技术和政治体制的反思等。根据贝克的理论，我们正处在从古典工业社会向风险社会的转型过程中，或者说，我们正处在从传统（工业）现代性向反思现代性的转型过程中。而且，这种转型正在以全球规模悄悄地进行。[2]因此，反思现代化意味着全球化，风险社会就意味着是全球风险社会。风险总是与责任联系在一起的。责任应归谁？或者说，我们真的生活在一个"有组织的不负责任"的社会里吗？这是我们时代政治冲突的主要问题。然而，"世界风险社会"的概念使我们认识到人为的风险只有有限的可控性。主要问题是在人为不确定背景下，如何采取行动来防范风险。

4. "第三条道路"理论

20 世纪 90 年代中期起，以美国前总统克林顿和英国前首相布莱尔为代表的新一代领导人相继提出第三条道路理论并加以探索实践，以期改变西方奉行新自由主义市场经济模式所带来的社会政治经济现象。[3]第三条道路理论的主要内容包括以下四方面。

其一，建立合作包容型的新型社会关系。新型的社会关系包括三方面内容：第一，在尊重个人价值的基础上，倡导建立共同体意识。第二，协调资本与劳工的关系，提倡双方建立共担风险、共享利益的关系。第三，协调国内居民和外来移民之间的关系。其二，确立能够团结各种政治力量的新政治中心。第三条道路的倡导者认为，政治力量要恢复对选民的吸引力，重新成为政治生活的中心，必须在理念和实践上改革政治规则和政党制度，并提出，在政治思维上打碎左/右两分法，团结各种政治力量，尤其是大量的中坚力

---

① 赵延东：《解读"风险社会"理论》，《自然辩证法研究》2007 年第 6 期。

② 〔德〕乌尔里希·贝克著，何博闻译：《从工业社会到风险社会（上篇）——关于人类生存、社会结构和生态启蒙等问题的思考》，《马克思主义与现实》2003 年第 3 期。

③ 薛晓源、杨雪冬：《"第三条道路"与新的理论》，社会科学文献出版社 2000 年版，第 25—27 页。

量，实现观点的多元化；实现社会正义以重塑社会团结的凝聚力；改革现行的封闭政治制度和政党制度，扩大制度的包容度，实现工党和国家政治制度的现代化。其三，从政府管理型向治理型转变。第三条道路的倡导者敏锐地把握住在西方学术界兴盛的"治理理论"内涵，提出要在实践上避免国家/市民社会的"两元对立"误区，"少一些管理，多一些治理"，政府要成为行动的牵头人，而不是包办人。从政府管理向治理的转变具体体现在：第一，建立政府与市民社会之间的合作互动关系；第二，改革中央与地方的关系，向地方放权；第三，协调政府各机构之间的关系，建立"整体型政府"，"整体型政府"的意思是政府的各个部门和机构要实现相互之间的合作而不是彼此对立；第四，实现国际和全球范围的治理，这意味着国家要积极参与国际事务，制定国际规则，协调国与国之间的行动，同国际政府组织和非政府组织建立合作互助关系。其四，改革福利制度，重新定位国家。第三条道路的倡导者敏锐地把握住在西方学术界兴盛的"治理理论"内涵，提出要在实践上避免国家/市民社会的"两元对立"误区，"少一些管理，多一些治理"，政府要成为行动的牵头人，而不是包办人。

5."新公共管理"理论

"新公共管理"理论产生于并指导着西方发达资本主义国家的政府改革，是将私营企业管理的一整套原理、技术和方法应用于公共部门管理的结晶。它表明管理理论正在超越公共部门和私人部门的界限，成为普遍适用于公私领域的管理哲学。

在基本理念上，新公共管理理论认为，管理是社会发展和经济持续增长的关键因素。运用复杂的信息技术、组织技术、物质形态的商品生产技术来有效地管理劳动力要素，是社会生产力进步的保证。因此，管理又是一项重要的组织功能。管理者必须拥有合理的"权限"。"新公共管理"的信条就是"让管理者来管理"。这是良好管理的基本准则。良好的管理可以消除繁文缛节，高度激励管理人员，促使机构有效运行必须发现和消除浪费，将资源集中到关键领域，为国家复兴提供钥匙。通过引进私营部门成功的商业实践，可以在公共部门实现良好的管理。

在具体内涵上，新公共管理理论包括：第一，强调管理的政治性质。公共管理者应当抛弃传统政府管理模式下政治与行政严格分离的教条，正视政府管理中大量存在的政策性行为及其特定的政治环境。在加强政府内部管理的同时，公共管理者必须有能力积极参与政策制定，正确处理与不同部门、组织、大众媒介和公众的关系，树立"顾客"意识。以政治眼光对待公共管理与外部环境的交互作用。第二，推崇自由化的管理。公共管理人员是高度专业化的、通晓管理和掌握信息的个人。政府管理的不良绩效不是因为管理者缺乏能力和不履行职责，而是过多的程序和规则束缚了管理者的权威和灵活性。因此，管理需要"自由化"，管理者应该拥有合理充分的权力，做到"让管理者来管理"。第三，崇尚市场取向的管理。竞争和私营部门管理是市场取向中两个带有普遍性的问题。首先，在公共部门内部创立市场竞争机制，通过竞争实现高效率和低成本，以改进政府绩效。其次，将私营部门的管理理念和管理技术应用于公共部门，打破公私管理之间的界限。第四，倡导企业家型的领导者。公共管理人员与市场中的理性经济人一样，具有自我利益最大化、逃避责任、机会主义、自我服务、欺诈及导致道德风险的内在倾向。私营管理人员与公共管理人员在管理绩效上的优劣之别，原因不在于自私自利的人性，而在于管理环境的不同。繁冗的程序规则恶化管理环境，压抑管理者情绪，导致低劣的政府绩效。相反，私营管理能够有效利用管理人员的自私自利、机会和风险的意识，使他们适应激烈变化的外部环境，容易创造良好的管理绩效。因此，改革的着眼点是设计恰当的制度环境，保证公共管理人员拥有充分合理的权威，并且赋予他们以企业领导者的角色。

6. 治理与善治理论

国家与社会的关系反映着一个国家的治理水平。就国家这样的共同体来说，实现善治的关键在于处理国家（政府）与社会的关系。从思想和实践的演进历史来看，由于有关善治的思考先后围绕三个侧重点而展开，于是，便形成了善治的三代理论。①

以"政府治理"为核心的理论算是善治理论1.0版。传统国家理论、政府理论、权力政治理论基本都属于这一代理论的衍生版。它们都强调政府是公共管理的主体，甚至把公共管理定义为政府管理，因此，"善治"被理解为政府良政的结果。于是，打造良性政府，实现对社会的有效管理或管控，被

---

① 燕继荣:《善治理论3.0版》,《人民论坛》2012年第24期。

视为第一代善治理论的追求目标。以"社会治理"为核心的理论堪称善治理论 2.0 版。现代公民自治理论尤其是 20 世纪 80 年代以来学术界有关公民社会的理论、权力政治理论等，属于这一代理论的主要代表。它们强调社会组织乃至公民个体才是公共管理，尤其是地方、区域或基层公共事务管理的主体，并且把"社会管理"的概念纳入公共管理的范畴，把"善治"主要理解为社会自我管理的状态，认为最好的治理应该是社会自治，因此，建设公民社会，实现社会自治，至少是基层自治，应该是第二代善治理论所倡导的核心思想。善治理论 3.0 版的主要代表是"公共治理"或"协同治理"理论。20 世纪 80 年代以来学界所提出的"多元共治""复合治理""多中心治理"等概念可以看作这一代理论的产物。从善治理论的学术演进来看，国家与社会的协同治理，即"公共治理"是善治思考的终点，由它所能引出的积极的政策性结论是：要实现善治，必须保持权力和权利的协调性，政府与社会的合作，让所有利益相关者共同参与、共管共治，以实现公共选择和公共博弈的有效性，政府与民间的互动性。3.0 版本的善治理论强调"公共事务公共管理"，它把公共管理定义为政府、社会组织、社区单位、企业、个人等所有利益攸关者共同参与、协同行动的过程，认为"善治"意味着国家与社会良性互动、协同治理，因此，建立集体决策和共同参与制度，加强公共选择和公共博弈，实现责任共担、利益分享、权力协同是第三代治理理论的主要诉求。

二、社会保障的概念及相关理论

（一）社会保障的概念

传统意义上社会保障是国家或社会依法建立的、具有经济福利性、社会化的国民生活保障系统。社会保障是国家和社会通过国民收入分配和再分配，依法保障生活基本权利，维护社会公平，实现社会平等的制度安排。社会保障制度也是国家的安全器、减震器和稳定器。适度的社会保障是有利于经济发展建设的，而经济发展的良性运行对社会事务的稳定是具有极大促进作用的。

近代英国在 1601 年颁布的《济贫法》是社会保障发展史上一个重要标

志，它的颁布也是社会保障制度化发展的萌芽。当时英国社会处于动荡时期，社会存在诸多不稳定因素，失业、贫困、流浪等现象急剧增加，对社会稳定造成诸多挑战。《济贫法》的颁布实施在一定程度上缓解了社会压力，解决了部分问题。19世纪80年代，德国成为世界第一个建立社会保险制度的国家，也为社会保障完善国家治理体系做了第一次探索，并取得不俗成就。19世纪末，德国进入工业化时期，传统的手工业逐渐被大机器生产所代替，传统自给自足的小农经济也被市场经济所取代，在经济模式转型下，社会生产模式的变化也产生了一系列问题，比如社会化生产中劳动力存在着疾病、工伤、失业等风险，对家庭或个人产生较大压力。而德国通过社会保险制度的建立，有效降低了生产者的风险，在一定程度上保护了生产力，减少社会不稳定因素，释放生产力热情，激发生产积极性，促进了经济发展。

社会保障制度不仅维护了社会稳定、安全，还在经济治理中发挥作用，随着时代的发展，社会保障在二战后重建中也发挥了不可替代的作用。二战后，许多国家都面临着战后重建，而首先需要恢复的就是国民的信心，而社会保障成为国家治理体系中最重要的政策手段之一。战后社会保障制度的发展，在给予国民福利待遇的基础上，大大加强了国民对社会生产的积极性，增强国民自身信心的同时，进一步强化了政府的公信力。

与欧洲国家强调社会保障福利化作用不同，亚洲国家结合自身文化背景与现实环境，合理发展社会保障制度，在国家治理中发挥出意想不到的效能。新加坡是亚洲国家治理的典型代表，其通过结合自己背景建立了完全积累制的社会保障模式，大大激发了国民潜在的生产潜力，在一定程度上促进了生产。日本和韩国两国也加大了社会保障制度的建设，特别是对家庭的保护。在东方文化中，家庭是社会生产重要的生产单位，日韩两国加大对养老、医疗、教育等领域的投入，在保障国民基本生活需求的基础上，以不同的方式降低了家庭生活风险，增加家庭生产水平，促进了经济发展。

社会保障制度在国家治理体系中，很难量化地去衡量它在国家治理体系中的作用，但其对国家治理能力的提升是显而易见的。针对不同国家环境，结合自身制度优势，加大社会保障制度投入，在一定程度上有利于国家经济治理、政治治理、文化治理、社会治理等领域的提升，完善了国家治理体系，提升了国家治理能力。社会保障是公民基本生活的保障，促进社会公平的实现，有利于政治稳定、提升政府公信力；社会救助体系针对弱势群体，体现了社会保障制度对人文关怀、社会公平正义的提升；在经济方面，社会保障制度起到了独特的作用。社会保障制度的不断发展加强了对生产力的保护，稳定生产力的同时也释放了生产力的活力，激发生产热情，促进生产，既对经济发展起到了保障作用还促进了经济发展，在经济发展中的作用是其他社会政策无法替代的。社会保障制度具有自身优势，但也面临着需要适应逐渐发展的国家治理体系。

（二）社会保障的相关理论

现代社会保障制度是一种以社会保险制度为核心内容的社会保障制度，其主要内容包括社会保险制度与社会救助制度。现代社会保障制度最早出现于西欧国家，迄今已经有百余年的历史。西方资本主义国家社会保障制度的发展既呈现出整体发展的阶段性特征，也各具国别特色；既存在从西欧国家到整个西方国家的空间扩展过程，也存在从社会保险制度到社会救助制度与公共福利制度的内容拓展过程；既存在社会保障的外部环境的发展变化，也存在社会保障内在机制的发展变化；与此同时，西方国家社会保障制度长期发展过程中既积累了许多具有普遍意义的历史经验，也存在不少具有深刻影响的历史教训。西方国家社会保障制度经过长期的发展演变才达到现在的程度和水平，可以说，西方国家社会保障制度现状的所有方面，包括制度构成、基本原则、国别特色、制度模式、思想理论、保障观念、面临的问题以及改革道路等，都与这种制度本身的发展演变有着直接联系，都可以从对这种制度的发展演变所进行的系统研究中找到答案。

1.经济自由主义

西方国家社会保障制度的发展变化受到西方国家经济、社会、政治与文化环境的重要影响，而社会保障思想在一定程度上构成西方思想文化的重要内容。西方国家社会保障制度的发展变化具有明显的阶段性特征，这些阶段性特点的形成离不开不同国家不同时期的经济、社会、政治与文化因素，更与不同时期的主流社会保障思想影响下形成的社会保障理念与政策选择直接相关。自由主义是 19 世纪前期西欧国家的主要社会思想，其在经济方面的主要思想派别是古典政治经济学，因此，古典政治经济学家的社会保障思想成为自由主义社会保障思想的核心。

亚当·斯密将社会贫富不均归因为社会财富分配的不合理。自从分工完全确立以来，个人所需的物品只有很小一部分依赖于自己的劳动，最大部分却依赖于他人的劳动，因此，一个人是贫是富要看他能够支配多少劳动，也就是看他能够购买多少劳动。亚当·斯密指出，社会财富的增长必须服务于人类繁荣与幸福的需要，社会尤其应该关注普通劳动者生活状况的改善。斯密以发展的眼光看待社会财富的增长与人类幸福的关系，他指出："劳动报酬优厚，是国民财富增进的必然结果，同时又是国民财富增进的自然征候。"亚当·斯密坚决主张实行自由放任政策，从而使其成为自由主义经济思想的早期代表。他指出："关于可以把资本用在哪些产业上其生产物才会有最大价值这一问题，个人处于他当地的位置，显然能判断得比政治家或者立法者好得多。如果政治家企图指导私人应如何运用他们的资本，那就是自寻烦恼地去注意最不需要注意的问题，这种做法是再危险也没有了。"[1]

李嘉图同样提倡实行自由放任的政策，主张国家不要对社会与经济生活施加不必要的干预。"工资正像所有其他契约一样，当由市场上公平而自由的竞争决定，而决不应当用立法机关的干涉加以统治。"[2]正因为此，李嘉图对《济贫法》制度表示反对，他指出，《济贫法》不能改善贫民的生活状况，而只能使贫富双方的状况都趋于恶化。它不能使贫者变富，却使富者变穷。当现行《济贫法》继续有效时，维持这种救济的基金就会越来越多，直到将国家的全部纯收入耗尽为止，至少也要把国家在满足必不可少的公共支出需要以后，留给我们的那部分纯收入全部耗尽为止。李嘉图还指出，如果贫民自己不注意，立法机关也不设法限制他们人数的增加或者浪费行为，那么，他们的幸福与享受就不可能得到保障。《济贫法》制度由于将勤勉谨慎的人们的一部分工资给予贫民，就使得节约的思想不再为人们注意，从而实际上鼓励了不谨慎与不勤勉的行为。李嘉图强调贫民应通过个人能力摆脱困难状态。

马尔萨斯认为，人口增长和生活资料的增长具有不同的模式，人口以几

---

[1] 〔英〕亚当·斯密著，郭大力、王亚南译：《国民财富的性质和原因的研究》下卷，商务印书馆1972年版，第26—29页。

[2] 〔英〕李嘉图著，郭大力、王亚南译：《政治经济学及赋税原理》，商务印书馆1962年版，第77—88页。

何模式增长，而生活资料则以代数模式增长，因此，人口增殖力与土地生产力天然地不相等，当人口增长超过生活资料增长所能允许的范围时就必然出现贫困，这是一个自然法则。马尔萨斯认为，贫困的存在不仅是必然的而且也是有用的。在人口原理的作用下，缺吃少穿者将永远存在，任何时候都不会使每一个人吃饱穿暖，富人对穷人的给予不仅将导致富人的权利感，而且还导致穷人的依赖感。[①] 马尔萨斯指出，英国现行《济贫法》制度存在以下弊端：第一，《济贫法》往往使人口趋于增长，而养活人口的食物却不见增加。穷人明知无力养家糊口，还要结婚生子，因此，《济贫法》制度在生产它所养活的人；第二，济贫院中的人一般都不是最有价值的社会成员，他们所消费的食物将会减少更为勤劳者本应享有的份额，因而会使更多的人依赖救济为生；第三，《济贫法》制度影响人们自立意识的发挥，英国社会应该把没有自理能力而陷于贫困看作一种耻辱；第四，《济贫法》制度不利于勤俭节约意识的发展。英国现行的《济贫法》削弱了普通人储蓄的能力和意愿，从而削弱了人们节俭勤勉、追求幸福的动机；第五，《济贫法》制度对民众的自由构成影响。为了使一些穷人得到救济，英国全体普通民众不得不忍受整个济贫法制度的限制，这与自由思想是格格不入的。《济贫法》还经常对劳动力市场产生障碍，并给那些不依靠救济者增添许多麻烦。

功利主义是19世纪前期自由主义的重要组成部分，功利主义社会福利思想具有重要的地位和影响。边沁将人类行为中导向幸福的趋向性称为功利。他认为，幸福并不是个别人的幸福，而是全体社会大多数人的幸福，他明确指出："最大多数人的最大幸福是正确与错误的衡量标准。"他把幸福分为四个具体的目标，这就是生存、充裕、平等和安全。值得指出的是，随着时间的推移，边沁对"最大多数人的最大幸福"越发强调，甚至认为用这种说法比用功利一词更能够全面充分地表达自己的真实观点。[②] 边沁阐述了实现最大多数人的最大幸福的途径。首先，人类应该努力做好自己的各种事情，并积极探求实现幸福的办法；其次，应该对现存事物进行不断的批判，同时进行社会改革，这是实现人类幸福的重要途径；再次，为了实现最大多数人的最大

---

① 〔英〕马尔萨斯著，朱泱、胡企林等译：《人口原理》，商务印书馆1992年版，第112页。

② 〔英〕边沁著，沈叔平等译：《政府片论》，商务印书馆1995年版，第92—100页。

幸福，就应该注意协调好个人利益与全体利益，社会要关心个人利益，个人要服从社会利益；最后，为了更好地协调个人利益与社会利益的关系，国家、政府尤其是法律是必不可少的，是实现幸福的重要保证。但是，国家、政府和法律所施加的干预必须尽可能限制在最低限度，不能妨碍个人最大限度地追求自己的幸福与快乐。因此，边沁对当时大部分由政府颁布实施的社会立法表示反对，例如，对实行新《济贫法》制度表示支持，而对《工厂法》却表示反对，认为这些社会立法尽管是趋向社会幸福，但它们牺牲或者限制了个人行动的自由，因而妨碍了个人最大限度地追求自己幸福的自由。

穆勒将自由放在十分重要的位置，他指出："自由放任主义将成为最普遍的原则，除非为了某些特殊的利益，否则，凡是背离这一原则的，都是有害的。"穆勒指出，对穷人提供的帮助如果不注意方式和程度，那就会造成有害的结果。解决这个问题的主要途径是实施有限救济，使得各种救济以不损害个人自主精神和自立意识为界限。正因如此，穆勒对"斯宾汉姆制度"表示坚决反对。他指出，这种救济制度一实行，英国人口就迅速增长，工资却大幅度下降，它不但使失业人口贫民化，而且使全部人口贫民化，其弊端超过了以前任何一种滥用济贫法的方式。穆勒对 1834 年实行的新济贫法表示欢迎和支持，认为它不仅可以使人人获得帮助，还可以使人人都尽力争取摆脱这种帮助。穆勒不赞成自然竞争的生活状态。他指出，一些人认为，人类生活的正常状态是生存竞争，坦白地说，他并不欣赏这种生活理想。这种状态也许是文明进步的一个必要阶段，但是，这种状态并不是未来应该实现的完美的社会状态。他主张人与人之间应该相互帮助，社会应该对贫困人口实行救济。"人类是应该互相帮助的，穷人更是需要帮助，而最需要帮助的人则是正在挨饿的人。所以，由贫穷提出的给予帮助的要求，显然最有充分的理由通过社会组织来救济亟待救济的人。"①

2. 马克思主义社会保障思想

19 世纪前期，马克思主义社会保障思想作为与其他社会保障思想不同的社会保障思想开始出现，并成为科学社会主义理论体系的组成部分和无产阶级社会保障思想的核心内容。马克思恩格斯始终关注无产阶级的贫困问题。

---

① 〔英〕穆勒著，赵荣潜等译:《政治经济学原理》下卷，商务印书馆 1991 年版，第 531—570 页。

马克思指出：工人的劳动为富人创造了财富，却为自己生产了赤贫，"劳动者越是生产更多的财富，他的生产在威力和范围上越是增长，但他反而越来越贫困。"恩格斯也指出："大城市里工人阶级的状况就表现为一个逐渐下降的阶梯：最好的情况是生活暂时还过得去……最坏的情况是极端的贫困，直到无家可归和饿死的地步；但是一般说来，是更多地接近于最坏的情况，而不是接近于最好的情况。"① 马克思恩格斯认为，无产阶级贫困化是资本主义制度的产物。无产阶级处境悲惨的原因应该到资本主义制度本身中去寻找。生产资料私有制使得整个资本主义经济活动从许多方面加剧了无产阶级的贫困化，资本主义工资制度导致无产阶级的贫困化，资本主义生产手段的改进加重了对工人的剥削，资本积累进一步加剧无产阶级的贫困化。马克思恩格斯还对19世纪前期的《济贫法》制度进行了批判。恩格斯指出，在新济贫制度下，"为了使穷人只是在万不得已的时候才去请求救济，为了使他在请求以前想尽一切办法，马尔萨斯的信徒们挖空心思地把习艺所变成一个令人望而生畏的地方。"《新济贫法》制度实质上把穷人当犯人，把习艺所当作惩治犯人的监狱，把住习艺所的人当作法律以外的人，当作人类以外的人，当作一切丑恶的化身。"《新济贫法》制度是英国资产阶级对付无产阶级的手段，在国家的这个措施中，英国资产阶级是作为一个整体，作为当权者出现的，在这里他们清楚地表明了他们的真正愿望，表明了他们那种使无产者处处遭殃但又把这归之于个别人的罪过的恶劣行为的真正含义。"恩格斯同时认为，《新济贫法》制度将唤起英国无产阶级新的斗争意识。他指出："习艺所的建立比执政党的任何措施都更激起了无产阶级对有产阶级的强烈仇恨……《新济贫法》大大地促进了工人运动的发展。"②

马克思还提出了著名的社会保障基金扣除理论。他指出，为防止各种不幸事故与灾变带来的后果，一般应该建立后备基金，这种后备基金来源于社会总产品。社会总产品在进行分配以前，应该从中首先扣除三个部分，第一，用来补偿消费掉的生产资料的部分；第二，用来扩大生产的追加部分；第三，用来应付不幸事故、自然灾害等的后备基金或者保险基金。在扣除上述三个

① 《马克思恩格斯全集》第2卷，人民出版社1958年版，第357页。
② 《马克思恩格斯全集》第2卷，人民出版社1958年版，第576—582页。

方面所需的生产消费资料部分以外，剩余的社会总产品才能成为消费资料。但是，在对这部分消费资料进行个人分配之前，还必须从中首先扣除下列三项费用，第一，和生产没有直接关系的一般管理费用；第二，用来满足共同需要的部分，如学校和各种保健设施等；第三，为丧失劳动能力的人设立的基金。马克思还指出，社会福利基金的扣除数额应该与经济发展状况保持协调。从社会总产品中扣除社会后备基金和保险金，"在经济上是必需的，至于扣除多少，应当根据现有的资料和力量来确定，部分的应当根据概率来确定。"同时，马克思还指出，社会福利费用尽管来源于生产者的劳动创造的财富，它"又会直接或间接地用来为处于社会成员地位的这个生产者谋福利"[①]。恩格斯也十分关注社会福利问题。他在《共产主义原理》中提出一系列与社会福利相关的重要主张：（1）组织劳动者或者让无产者在国家的田庄、工厂、作坊中工作，并迫使厂主所付出的工资与国家所付出的工资一样高；（2）直到私有制度完全废除时为止，对社会的一切成员实行劳动义务制；（3）所有儿童从能够离开母亲照顾的时候起，由国家机关公费教育，并将教育与工厂劳动有机结合起来；（4）在国有土地上为公民建立公共住宅；（5）拆毁一切不合卫生和建筑条件的住宅和街道。恩格斯进一步指出，建立为全社会所有的福利是无产阶级革命的目的之一。"即将到来的社会变革将把这种社会生产基金和后备基金，即全部原料、生产工具和生活资料，从特权阶级的支配中夺过来，并且将它们转变给全社会作为公共财产，这样才真正把它们变成社会的基金。"[②]

马克思恩格斯虽然提出一些社会福利思想主张，但是，其社会福利思想以服务于唤起和鼓动无产阶级进行革命为目标，这使得马克思恩格斯不仅对当时资产阶级政府的社会福利措施采取批评态度，甚至对工人阶级所提出的一些社会福利要求与主张也持批判态度。恩格斯指出，资本家"为了赢得火腿，可以给工人香肠"。马克思也指出："在工人自己所生产的日益增加的并且越来越多地转化为追加资本的剩余产品中，会有较大份额以支付手段的形式流回到工人手中，使他们能够扩大自己的享受范围，有较多的衣服、家具等

---

① 《马克思恩格斯全集》第 19 卷，人民出版社 1963 年版，第 19—20 页。
② 《马克思恩格斯全集》第 20 卷，人民出版社 1971 年版，第 211 页。

消费基金，并且积蓄一小笔货币准备金。但是，吃好一些，待遇高一些，持有财产多一些，不会消除奴隶的从属关系和对他们的剥削，同样，也不会消除雇佣工人的从属关系和对他们的剥削。"①古典政治经济学、功利主义及空想社会主义三大思想流派的社会保障思想，构成西欧国家济贫法制度时期社会保障思想的主要内容。尤其是古典政治经济学家以及功利主义思想家关于济贫法制度的态度和主张，对19世纪前期西欧国家济贫法制度的发展变化产生了直接的影响；空想社会主义思想家对工业化初期西欧国家社会问题的关注，对劳工阶级普遍贫困的原因的探讨，对理想社会状态的描绘和试验等，对19世纪前期西欧国家济贫法制度的改善以及工厂法的实施都产生了直接的影响；马克思主义社会保障思想是有别于上述三大社会保障思想流派的社会保障思想，其所提出的无产阶级贫困化理论、对济贫法制度本质的剖析以及关于社会保障基金扣除理论的提出，既体现了马克思主义社会保障思想的鲜明特点，也对19世纪前期西欧国家社会保障政策产生了重要影响。

3. 国家干预主义

19世纪末，以英国新自由主义和德国新历史学派为代表的国家干预理论开始出现，并成为推动社会保险制度出现的重要理论基础。19世纪前期，德国出现以李斯特为代表的经济国家主义和以罗歇尔为代表的旧历史学派。他们都反对自由放任主义，主张国家对经济进行强有力的干预，这些思想主张对德国19世纪前期资本主义社会经济的发展产生了直接的影响。19世纪末20世纪初，以施穆勒和桑巴特为代表的新历史学派开始出现。新历史学派思想家大部分是大学教授，他们利用大学讲坛宣传社会改良，主张通过社会改良过渡到社会主义。因此，新历史学派往往又被称为"讲坛社会主义学派"。新历史学派的主要经济社会主张包括以下几个方面：第一，强调精神和伦理在社会经济与生活中的重要地位。桑巴特甚至认为，"资本主义是由欧洲精神的深处发生出来的"，企业家精神和市民精神结合起来形成了资本主义精神，"这种精神创造了资本主义"。第二，强调国家在经济发展和社会进步中的重要作用，主张实行强有力的国家干预。施穆勒提倡实行"国家经济"，他指出："没有一个坚强组织的国家权力并具备充分的经济功用，没有一

① 《马克思恩格斯全集》第23卷，人民出版社1965年版，第667—668页。

个'国家经济'构成其余一切经济的中心，那就很难设想有一个高度发展的国民经济。"第三，资本主义经济组织形式的变化可以避免其经济发展中的某些弊端。第四，提倡社会改良，主张实施社会立法，促进社会福利事业的发展。施穆勒指出，现代的个人自由和私有制将永远保存下来，但同时应该促进经济的社会化，改变分配制度和所有制形式，以满足所有社会成员的权利和要求。

英国激进自由主义的重要人物有霍布森和霍布豪斯等，他们试图提出一种新的自由主义理论，并把这种新的自由主义称为"社会改革的理论"[1]。激进自由主义与传统自由主义的差别表现在：传统自由主义强调个人无限制的自由，激进自由主义则认为自由具有有限性和可共享性；传统自由主义总体上说反对国家对经济和社会生活的干预，而激进自由主义则积极主张国家对社会经济与生活的干预；传统自由主义通常认为社会问题主要是由个人原因造成的，主张应该依靠个人努力加以解决，激进自由主义更多地把社会问题归因于社会发展过程中的不和谐性，主张社会问题的解决不能仅仅依靠个人，应该依靠国家干预，建立一种有效的社会保障制度来解决。社会民主主义社会保障思想兴起于19世纪末，并对当时西欧各国社会保险制度的出现产生了直接影响。早期费边社会主义社会保障思想成为英国社会民主主义社会福利思想出现的标志。"费边社"成立于1884年，其基本理论被称为费边社会主义。早期费边社会主义是一个庞杂的思想体系。在政治思想方面，"费边社"主张走向社会民主主义，实现这一目的的手段不是通过暴力革命，而是通过渐进与渗透；在经济思想方面，"费边社"主张为了所有人的利益实现生产资料与交换资料的共有；在社会思想方面，"费边社"认为，社会是一个有机的整体，个体的活动与有机体内任何其他个体的活动紧密联系在一起，共同构成社会有机体的组成部分。费边社会主义者认为，贫困问题是资本为少数人所有而造成的，也是社会不平等和剥削制度带来的。但是，贫困和造成贫困的原因都是可以消除的，即把土地所产生的地租以及资本所带来的利润当作公共的或社会的财富用到公共事业上。费边主义者深刻认识到社会保障对提高公民的道德水平、促进社会文明、健康发展的影响，并指出应该让每一个人都感

---

① 　Paul Adelman，Victorian Radicalism，Longman，1984，pp.132—137.

到生活绝对有保障，应该让每一个人关于他未来的物质需要的所有忧虑都一扫而空。

　　新古典学派是一个相对于古典政治经济学的经济学流派，也是一种与国家干预理论相对立的经济学流派。新古典经济学派的著名代表是马歇尔和庇古，他们继承了英国古典政治经济学的传统，也受到了当时流行于西方的"社会达尔文主义"的影响。新古典学派重在对经济市场运行的分析，他们关心的是通过市场实现财富的分配而不是经济的增长，认为在资本主义经济制度中，只要合理地调整生产资源和分配国民收入，就能实现提高整个社会经济福利的目标。[①] 新古典学派指出，如果说在新古典理论中存在一种原则，这种原则就是对自由的信仰，其基本含义是社会福利应该按照这样一种方式来设计，那就是保护人们获得机会的最大自由。在这种原则下，对贫困的救济应该以现金的形式发放，其领取人被允许将其用于他们所希望的任何福利之中。新古典学派对家长式的社会保障管理非常不满，认为它使得国家对社会保障制度的几乎所有方面都实行干预，这影响了个人充分自由的原则。[②] 新古典学派将社会福利定义为个人从其行为特别是市场交换中获得满足，因此，为了促进社会福利的发展，不应该采取任何集体行为。相同福利服务的集体发放并没有导致社会财富的增长，因为有些人的利益将会因此而受到损害，特别是那些被迫为这种福利服务支付费用的人受到的损害更多，同时，这种集体性和强制性还减少了人们行为自由的机会。国家对社会福利的干预，只有在这种干预促进个人满足的机会的增长时才是合理的，这种福利应该通过现金再分配的形式来实现，而不是通过直接的实物或服务的形式来实现。

　　综上所述，在 19 世纪末 20 世纪初的西欧国家社会保险制度出现时期，存在着德国新历史学派、英国激进自由主义、费边社会主义与新古典学派等多种社会保障思想流派，其中德国新历史学派、英国激进自由主义和费边社会主义的基本主张具有一致性，这就是主张实行国家干预，提倡建立社会保险制度，因而成为这一时期西欧国家社会保障思想的主流派别，也成为西欧国家社会保险制度出现的理论基础。而新古典学派在继承古典政治经济学经

---

① Anthony Forder，Theories of Welfare，Rutledge，1984，p.27.

② R.M. Page，British Social Welfarein The Twenty Century，MacMilan，1999，pp.56—58.

济主张的同时，也提出了对私人互助保险的提倡和对国家实施的社会保险制度的反对，从而既使其成为古典政治经济学在新时期的继承者和发展者，也成为未来新自由主义社会保障理论的历史源流。[①]

第二节　当代资本主义国家的社会治理与社会保障体系的运行

自 20 世纪 70 年代以来，在新的社会变迁背景下，福利国家不断面临来自政治、经济以及福利制度本身的严峻挑战。但其社会保障制度仍然保持屹立不倒，成为主导西方国家治理行为的内在机理。[②] 本节以欧洲、美国和东亚为例，分析当代资本主义国家的社会治理与社会保障体系的运行。

（一）欧洲

欧洲是当今人类社会文明的发源地之一。在这里产生了主导当今世界发展的重要逻辑，对世界各国产生重要影响。现代社会保障制度在德国的诞生揭开了社会保障制度走向西方国家治理中心的序幕。作为西方现代文明的集中体现，社会保障制度成为一项重大的体制创新与制度发现，对创造当代资本主义文明产生积极意义。自资本主义在西方确立统治地位以来，大机器生产迅速取代传统手工作坊式生产模式，这极大地提高了社会生产效率，推动西方社会迅速发展。然而，随着工业化进程的加深，传统社会秩序逐渐瓦解。其中，作为传统社会秩序基础的家庭发生巨大变化。家庭不再是个体教育、养育以及其他照顾的单位，社会个体逐渐成为裸露在诸多风险之下的原子化个体。随着农村人口逐渐流向城市，成为资本积累中的无产者，城市贫困人口不断增多。这是因为早期资本积累是赤裸裸的直接剥削，国家由于是资本家的利益代言者，所以没有任何的国家保护机制。在早期，一旦发生工伤事

---

① 丁建定：《西方国家社会制度保障制度史》，高等教育出版社 2010 年版，第 82—83 页。

② 贾玉娇：《走向治理的中心：现代社会保障制度与西方国家治理——兼论对中国完善现代国家治理体系的启示》，《江海学刊》2015 年第 5 期。

故，工人就如同废弃的机器一样，被驱逐出去。时间一长，城市中的贫困人口规模越来越大，成为滋生社会问题和社会矛盾的土壤。

推动西方国家治理体系改革的另外一个重要因素是马克思主义的诞生。马克思系统、科学地论证了工人贫困的生活与资本家奢侈、糜烂生活之间的因果联系。而在此之前，没有人对此表示关心。在亚当·斯密开创的古典经济学看来，资本发展所依托的市场是资源配置的最佳机制，也是实现社会秩序的最好机制，能自发带来社会公平与效率。因此，对于资本主义社会中的贫富不均现象，很多人都认为是理所应当的。然而，马克思主义的诞生，犹如晴天霹雳，给资本主义国家带来重大挑战。同时，马克思指出的资本主义内在固有矛盾成为资本主义发展过程中无法回避的重大课题。在马克思主义的诞生地——德国，无产者最早得到启蒙。他们逐渐形成自己的组织，有自己的行动纲领与信仰，无产阶级逐渐形成。在共产党的引领下，无产阶级与资产阶级之间的对抗频繁发生，逐渐成为影响资本主义国家决策的力量。在俾斯麦时期，为提高国家治理能力与国家竞争力，俾斯麦推动颁布三部社会保险法，标志着现代社会保障制度建立，有效缓和了西方社会矛盾，提高了国家治理有效性。在此背景下，德国形成了独具特色的阶级联盟传统，形成了社会市场经济体制。

伴随西方社会转型，西方国家治理面临严峻挑战：传统的社会整合机制逐渐瓦解，新的社会整合机制尚未建立。著名社会学家涂尔干指出，传统机械团结式的整合机制已经不复存在，而新的社会整合机制正蕴藏在新的社会变迁内。社会分工越细，社会异质化程度越高，社会不同主体之间的相互依存诉求就越强烈，从而形成一种自发的整合机制。为解决西方国家治理基础危机，资产阶级与无产阶级之间需要达成某种共识，以实现国家稳定，为此，资本主义将社会保障制度作为社会黏合剂。正如建立现代社会保障制度的俾斯麦所言，一个领取政府养老金的人是不会反抗政府的。的确，随着现代社会保障制度不断完善、发展，社会成员得到越来越多的社会发展成果。这极大地提高了社会成员对国家权威的认同，夯实了国家合法性基础。受到德国国家治理经验的启发，其他欧洲国家纷纷效仿，社会保障制度犹如雨后春笋一般在欧洲大陆普遍建立起来。第二次世界大战后，为实现欧洲经济复苏，西方各个国家走上重建之路。在这个过程中，国家利益上升到各个利益集团之上，欧洲社会凝聚力空前。在此基础上，欧洲各国形成政治联盟，推动福利国家体制建立。福利国家的称法来源于第二次世界大战期间，是与法西斯主义相对而提出的，具有人民解放和自由的重要意涵。在国家重塑过程中，各个西方国家纷纷建立福利国家体制，根据各国不同的政治联盟基础，形成欧洲大陆模式与斯堪的纳维亚模式。这一时期的福利支出水平堪称资本主义发展史上最高，而这并不是因为当时西方国家经济发展水平高，恰恰相反，当时欧洲各国经济发展水平倒退至 19 世纪末，倒退了整整 30 年。可见，福利水平与经济发展水平之间并未具有必然联系。正如诸多欧洲学者所言，第二次世界大战后西方国家之所以会进入"黄金时代"，是因为福利制度的全面推行。这里的福利制度并不是狭义上的，而是广义上的，它包括凯恩斯主张的国家干预内容。凯恩斯认为，社会保障制度非但不是强加在经济发展之上的负担，恰恰相反，它是实现欧洲经济复苏与快速发展的内在助推器。

（二）美国

社会治理是实现公众广泛参与的公共管理形式，体现着政府治理水平的高低。社会保障是社会治理的基础，社会治理是落实和完善社会保障的关键，二者在促进社会和谐发展中相得益彰。在美国，社会治理更多地被作为一种社会学概念而提出，之后拓展到政策制定领域，指政府通过制定政策来管理社会、解决社会问题。美国社会治理起步较早，在实践上也更加成熟，主要表现在：第一，倡导合作治理。政府不是高高在上的单一行为主体，各行为主体是平等的合作关系，且各主体间有合理的权责分工。因此各方参与者职责明确，合作的机制相对清晰，不存在权责模糊、相互推诿的问题。第二，形成以社区为依托的治理模式。社区治理能充分地调动公众参与的积极性，减轻政府的负担与成本，提高社会治理的效率。社区是社会治理的基础单元，以社区为依托的治理路径促进了社会的变革和健康发展，是美国社会治理取得成就的重要基础。第三，社会组织发育成熟。美国的社会组织有充分的存在空间，比如在社区工作方面，社区自治组织发挥了重要作用。[①] 政府大力支持社会组织，通过社会组织了解公众的需求，并进行回应。社会组织是美国

---

① 刘梦园、王保庆：《中美社会保障与社会治理的比较研究》，《现代商贸工业》2019 年第 25 期。

社会治理的重要主体，承担着社会治理的主要职能。第四，志愿服务是社会治理的强力支撑。美国各种非营利组织是志愿者活动的载体，不仅承接了部分政府转移的公共服务职能，还开展多种服务项目，促进了社会治理的发展。公民可以在志愿服务中贡献力量、展现自身价值，有助于提升公民参与社会治理的积极性。

美国是市场化程度最高的现代化发达国家，在市场分配与政府作用、社会救助的结合上较好。美国在遭受经济危机时，开始意识到社会保障的重要性，逐步建立起社会保障制度，并在各方的利益博弈中趋于完善。以市场经济为基础决定了美国社会保障必然以市场和效率为导向，能有效促进经济发展。美国社会保障体系较完善，在发展中逐渐社会化、制度化，核心内容是不断提升保障水平、扩大保障的覆盖范围。从实践看，美国的社会保障与社会治理起步较早，目前已发展成为较完备的体系。建国初期，美国社会保障制度并未形成，早期的社会保障主要由社区和私人慈善提供，政府发挥的作用较小。在大萧条时期，社会力量因资金短缺问题无法提供有效的社会保障，联邦政府的重要性凸显。1935 年，美国通过《社会保障法》，明确了联邦政府的责任和作用，使美国形成了全国统一的社会保障制度体系。20 世纪 70 年代，初步建立起系统化的社会保障体系。但是，巨额的社会保障支出给财政带来压力，并引发一系列社会问题和矛盾。经过调整，社会福利建设不断加强，现代社会保障制度的轮廓基本形成。经历 80 多年的改革，美国社会保障最终发展成多层次、全面的体系，其覆盖范围广泛，在促进经济发展、维持社会稳定中发挥着重要作用。社会保障制度的内容包括养老保险、医疗保险、失业保险、残疾保险和社会福利、社会救助。政府、企业、个人和社会组织共同承担社会保障资金的模式使得社会保障资金来源渠道广泛，这在很大程度上缓解了政府的压力。社会保障的管理主要由政府和社会组织共同完成，联邦政府管理全国性的社会保障项目，具体的项目实施由州政府和企业完成。

1929 年，美国经济危机爆发。这次经济危机与以往不同之处在于，依靠经济自我调节无法走出阴霾。在危机爆发初期，美国的保守主义势力仍旧大肆鼓吹自由放任政策，而这无异于以毒攻毒，导致问题越来越严重。随着国家经济政策失效，社会恐慌的氛围开始蔓延。这一时期，把质疑深深带进了每一个美国人的头脑中，以往根深蒂固的思想与信仰在残酷的现实面前脆弱不堪。共产主义信仰开始在美国蔓延，这对于美国而言，无疑是另一场灾难。在此背景下，凯恩斯为美国指出一条既不同于传统自由放任，也不同于苏联社会主义的道路，将政府干预引入经济发展中来。后来罗斯福新政表明美国式福利国家时代全面到来。此后的两三年，美国经济实现了迅速恢复。美国的社会保障制度发展具有其自身的显著特色。社会保障基金是社会保障制度的物质基础，社会保障基金的管理运营问题一直是社会保障发展必须面临的挑战，而美国在社会保障基金管理取得了不俗的成就，并在一定程度上促进了国家治理能力的提升。一直以来，社会保障基金投资运营在任何国家都存在着一定问题，社会保障基金保值增值的压力也阻碍着社会保障制度的发展。美国在解决社会保障基金运营管理中，采取建立期间的信托基金管理社会保障基金进行投资。由于美国的金融业十分发达，信托基金依托美国良好的市场环境与经济情况，积极地有效地管理社会保障基金，科学合理地进行投资，保持了社会保障基金稳定的增值。同时，利用社会保障基金的投资运营，反哺社会经济，促进经济发展的良性运行，促进了经济发展，提升了经济治理能力。美国社会保障制度不仅在经济领域中产生效益，在其他领域也起着积极作用。现代美国的医疗问题十分严重，医疗资源的分配极为不平衡，大约有 3000 万公民无任何医疗保险，社会中下层公民面临着极大的医疗费用压力。奥巴马政府为了解决中下层公民的医疗问题，实现社会公平、社会正义，自上任以来一直致力于推进医疗改革，最终成功通过医改法案，将全部公民纳入了医疗保障体系。医疗保障是民生之本，医疗问题的妥善解决有力地促进了社会公平正义的推进，医疗保险的改革对国家文化治理起到了积极意义。

（三）东亚

在亚洲地区，日本、韩国等国在建设社会保障制度方面颇具特点，既在一定程度上满足了国民生活所需，同时也在国家治理中扮演重要角色，发挥重要作用。由于日本与韩国的社会保障模式与中国社会保障制度有很多相似之处，因此具有比较与讨论价值。社会保障制度作为一种实现社会成员非商品化的制度安排，既为公民基本生活提供保障，又在一定程度上实现了社会公平。第二次世界大战结束后，东亚地区国家都着手开展了社会保障制度的建设，并取得不俗的成果。日韩两国的社会保障制度建设均有别于西方社会保障制度建设，有自身独特的特点，是在遵循本国国情与发展需要的背景下逐步建立起来的。亚洲范围内，日韩在人文文化层面，有不少相似之处，各自文化也各具特点。文化导向的价值引导对社会政策的影响是相当显著的，社会保障制度本身就是与公民社会生活息息相关，社会保障制度设计中往往能折射出国家文化理念的影子，所以人文文化对社会保障制度的发展起着指导性的作用。日韩两国受儒家文化影响颇深，他们国家国民性格中有浓厚的儒家文化特点：韩国讲究"孝"道，日本重视"忠"的道德文化，从两国的社会保障发展上能窥见文化在社会保障的烙印。韩国建立社会保障初期，相关的社会保障制度为医疗、公共补助以及灾害社会救助，对家庭的保护显而易见，体现了文化在韩国社会保障制度的导向作用。同样日本根据自身文化背景建设本国社会保障制度，其社会保障制度也有相应特点。日本在第二次世界大战前就设立了军人抚恤金制度（1946年废止，但1952年又重新生效），对军人及军人家属提供了相应保障。

1997年，韩国因亚太金融危机导致国内经济陷入了困境，金融危机对国内社会保障制度的发展方向造成了严峻的考验。面对经济恶化、国内劳动力市场不稳定和收入分化严重，韩国政府反而选择了提升社会保障相关待遇，加大对社会保障的投入，将社会保险的受益人群扩大，通过社会保险待遇的提升反哺受到经济危机困扰的国民，大大缓解了国内的经济压力，由此可见，适度的社会保障建设对国民生产、社会稳定、国家治理在一定程度上发挥了巨大作用。社会生活中，人对基本生活的需求是大同小异的，但因个体差异，实际生活中人的需求层次是有区别的，随着需求层次的提高与自身生理条件社会条件的改变，人需要借助其他方式来满足自己的生活需求。个体无法满足自身需求时，家庭、社会、国家是满足个体需求的解决方法，社会保障的责任分担也由此产生。日韩两国的社会保障制度都是以政府为责任主体，社会和个人分担的模式。其中，日本企业中的职工往往是"终身制"，在这种特有的企业文化下，企业往往在社会保障中承担更多的责任与义务。虽然企业本身的社会保障负担增加了，但反而让员工更有安全感，愿意在工作上为企业付出更多的努力，个人与企业都实现了双赢。长久以来，社会保障一直被认为是具有经济福利性，满足国民基本生活需要的一项社会制度。社会保障涵盖了社会救助、社会保险和社会福利及补充性社会保障制度，但这仅仅是将社会保障制度化的一面加以定义，而随着社会进步，社会保障不仅作为一项社会制度良性运行着，它还在社会体系中发挥自己的作用。社会保障制度降低了国民基本生活的风险，减轻了国民的生活压力，间接地提高了生产积极性，对经济发展产生了推进作用。这种社会保障制度，侧重通过经济、政治、文化、社会等多方面政策，激发公民的潜力与活力，提升社会生产能力。生产能力的提高有利于经济良性发展，不仅带动社会经济的稳定运行，对政治建设、文化建设、社会建设等方面也有促进作用。本书定义这种社会保障模式为生产型社会保障。

特别是在东亚地区，日韩两国的社会保障制度理念与生产型社会保障极为相似，这种理念已经不是传统社会保障定义中以保障公民基本生活的效能为价值优先性，而将社会保障作为国家的一种治理手段，通过社会保障的制度革新，保证生产力的稳定，释放激发生产力，将激发人的活力作为价值优先性。这不代表着社会保障开始不在乎国民的基本生活保障，恰恰在满足国民基本需求的基础上，发挥社会保障制度更高层次的制度价值，也说明了社会保障制度走上了新的阶段。相较于西方发达国家的社会保障制度，日韩两国更多地将注意力放在了社会保障如何刺激消费上，如何增加国民福利上，而忽视社会保障作为社会生产促进者的价值，这也跟东西方文化观念有着密切关系。

第三节　当代资本主义国家的社会治理与社会保障体系存在的问题

当今世界正处于百年未有之大变局，全球走进了自 2008 年美国引爆国际金融危机以来新一轮动荡不安之中。尤其是近年以来，资本主义国家在政治、经济、社会等多个领域出现的诸多乱象，更是揭开了其社会治理与社会保障体系所存在的问题。本节试图阐述这些问题的表现和根源。

一、当代资本主义国家的社会治理存在的问题

2008 年金融危机和欧债危机相继爆发以来，很多西方发达国家难以达成"利益共识"，纷纷出现政治、经济、社会等多重问题，其社会动荡不安，治理能力面临严峻挑战。

新自由主义下的虚拟经济不仅正逐渐掏空实体经济，还让西方国家原本就亟待解决的贫富差距问题变得日益严重。这主要在于，一方面，以资本为导向的虚拟经济实际上是"有钱人的盛宴"，它越繁荣，就会导致越大的社会贫富差距；另一方面，更重要的是，虚拟经济一定要有实体经济作基础才能真正兴盛。"虚拟经济"的兴盛，在相当程度上掏空了实体产业基础，而实体产业恰恰是孕育和支撑中间阶层的最重要的经济基础。事实表明，以推行私有化、市场化、自由化为核心内容的新自由主义，实质是维护富人阶层利益以及让富者愈富、穷者愈穷的思想和政策体系。它所带来的是贫富差距扩大、不平等加剧、资本绑架民主、富豪统治和金钱政治，严重违背了公平原则，侵蚀了公众利益，撕裂了社会，导致民主制度劣质化，在经济上和政治上都具有深刻的破坏性。

学界对此进行热议，并指出当前社会治理难题主要有：（1）社会不平等和贫富分化加剧；（2）对自由市场缺乏信心；（3）西式民主体制的失灵；（4）不同社会群体的多元共处难题；（5）如何解决"法治"异化为"律师之治"；（6）全面体制创新难题。[①] 皮凯蒂在《21 世纪资本论》中指出，20 世纪 70 年代以来，美国和其他发达国家的收入不平等日益严重。数据显示，2012 年，1% 收入最高的美国家庭获得了全国收入的 22.5%，是自 1928 年之后的最高值。现在 10% 最富有的美国人占有的全国财富中的 70% 还不止，比 1913 年被称为"镀金时代"结束时的比例还高，且其中一半是由最富有的 1% 的人所占有。诺贝尔经济学奖获得者保罗·克鲁格曼说："保守派坚持认为，我们生活在一个靠才能成功的时代，富人的巨额财富都是赚来的，也都是应得的。"

自 20 世纪 70 年代以来，新自由主义开始在全世界尤其是西方国家盛行起来。而市场经济是新自由主义的两大核心之一。新自由主义中的市场经济

---

① 杨士龙：《发达国家热议六大社会治理难题》，《瞭望》2015 年第 10 期。

所标榜的"自由市场体系"，实际上是一种有利于资本最大限度地追逐利润的经济体系，强调的是重视货币的作用，寻求最大程度的市场化、私有化和自由化，以及市场的全球化，同时反对政府对经济的干预和对市场的监管。这种经济模式，不仅使强势的经济利益集团从中获利，也使以美国为代表的具有国际竞争优势的国家迎来了经济增长的黄金时期。然而，2008年爆发的全球金融危机，打碎了新自由主义的神话，也让人们开始对其包含的市场经济体系进行重新审视，认识到曾一味追求市场最大程度自由化的西方国家，如今也面临着多重的经济危机。

近年来西方社会的治理危机本质上是西方基本社会制度危机，其中民主政治体制失范，市场经济发展乏力，多元文化矛盾激化，民族分离主义兴盛，地方政府挑战中央权威，地方和中央关系陷入困境，以及在国际关系上一些新兴国家挑战西方霸权而导致全球治理难题，是这场危机的典型表现。[1]2008年金融危机引发的连锁反应导致西方国家出现了总体性危机，并一直延续至今。在社会治理不同领域和不同层面上，西方国家存在民主选举混乱、民粹主义兴起、暴力恐怖事件频发、经济持续低迷、难民危机爆发等问题，它们构成西方国家治理危机的主要表征：（1）民主政治危机；（2）市场经济危机；（3）新自由主义泛滥导致市场失灵；（4）自由市场受到冲击；（5）社会阶层之间、国与国之间的贫富分化加剧；（6）多元文化危机；（7）自由主义价值观走向反面；（8）社会群体多元共处困境凸显；（9）福利成本成为重大负担，文化冲突难以调和；（10）社会关系危机显现；（11）全球治理危机。[2]

二、当代资本主义国家的社会保障存在的问题

现代社会保障制度至今经历了100余年的发展历程，在这个过程中很多当代资本主义国家都逐步建立起了高福利、高保障和多层次的社会保障制度体系，保障了其国民在生活等各个方面的一个安全稳定的社会环境。但随着社会经济的发展和保障水平的不断提高，高福利的社会保障给政府带来日益

① 张国清、何怡：《西方社会的治理危机》，《国家治理》2017年第12期。
② 张国清、何怡：《西方社会的治理危机》，《国家治理》2017年第12期。

沉重的负担。尤其是自 20 世纪 70 年代开始，西方各个国家已经有意识地对社会保障制度进行调整和改革。对此，有学者指出社会保障制度存在以下问题：（1）社会保障支出日益膨胀，政府财政压力越来越大；（2）医疗支出增长迅速，医疗保险基金支付日趋紧张；（3）福利保障受惠不公。

超前发展的社会保障制度，给西方各国经济发展带来了诸多社会弊病：[①]（1）政府开支急剧增加，导致越来越多的经济资源用于消费，影响了资本积累，出现积累基金与消费基金比例失调。消费基金过度增长，一方面政府和企业无力拿出更多的资金用于基本建设，生产与再生产规模受到限制，经济出现"滞胀"；另一方面刺激了社会需求的发展，使社会总供给与总需求矛盾不断发生冲突，引起物价上涨，货币贬值，经济危机时有发生，社会动荡不安。（2）经济发展失去动力。西欧国家的社会保障制度，特别是"摇篮到坟墓"的福利制度，使得一些"福利国家"陷入了福利危机。由于社会福利计划一般地保证了未参加或不参加工作、没有正常工资收入的工人也能获得维持起码的生活标准的福利津贴收入，一定程度上降低了这部分工人寻找、恢复或换工作的紧迫性，也就是所谓的反而纵容了"懒汉"行为，甚至出现"混吃等死"的情况。尽管工资性收入比福利收入高，但还是会出现越来越多的人宁愿领福利救济收入，也不选择正常工作。（3）超前的社会保障。"福利国家"普遍实行高补贴、高福利和高保护政策，这在企业中更为严重。政府把大量精力、财力用于救济和维护落后企业，而这些被保护的企业大多是效率较低、成本较高的工业企业，它们的产品虽然缺乏竞争力，但由于背后有靠山，使得这些企业自然不愿冒风险改进经营管理，提高效率，转亏为盈，其结果在工业企业中，财政补贴助长了亏损，反过来要求继续补贴。这种保护落后和损害先进的做法对西欧经济产生了深远的不良后果，在一定程度上导致了"福利病"。

社会福利制度源于西方国家对人权理论的落实，更多关注底层民众的生存处境。随着资本主义社会的发展，西方国家出现了补缺型社会福利、普惠型社会福利、福利国家、混合型社会福利等模式。然而，围绕着社会福利的争议自其产生以来就从未停止。从总体上看，西方各国政府都力图通过改革

---

① 吴丽萍、鲍明：《西方国家社会保障制度对经济发展的影响》，《人口与经济》2004 年第 5 期。

让社会福利水平与经济发展、公众需求相适应。但问题在于，代议制民主制度在社会福利问题上的失效，导致了西方社会的治理危机，其具体表现为：一方面，在选票民主驱使下，西方政客承诺的社会福利超越了国家财政的承受能力，上台后又不得不面对削减社会福利的现实需要；另一方面，社会福利改革忽视了全体民众的现实需要，陷入了理念之争，导致社会福利改革政策反复。

例如，美国以经济自由为基本价值观，在经济发展中采取一种"自己对自己的福利负责"的态度，弱化政府对于社会福利的过度干预。但是这种福利模式导致美国医疗保障效率低下，底层民众看病成本极其高昂。美国前总统奥巴马在竞选时就承诺推行一项全民医保法案，2014年1月奥巴马医改法案正式生效，该法案让很多底层民众有生以来第一次有了医保，减轻了其看病负担。但该法案通过向保险公司、药企、医疗器材供应商加税这一"平均化"的方式来筹措保费，引起了大公司、强势利益集团、中产阶级的强烈不满。在2017年的美国总统换届之初，奥巴马医保法案就面临着被废除的命运。社会福利政策的反复不但体现了美国民主党执政和共和党执政的理念不同，更体现出了各党派的利益冲突，给社会公众尤其是社会底层最需要救助的人群带来了经济负担，增加了社会矛盾激化的潜在风险，甚至可能导致极端势力、种族矛盾、社会暴力冲突不断加深。

第 十 章

当代资本主义的生态治理

当代资本主义生态治理的实质，就是后工业化国家对已有的现代化成果进行生态化改造。面对资本主义工业文明带来的生态问题，一些有识之士不得不去思考生态危机的根源及其解决办法。当代资本主义的生态治理实践，集中体现在生态文明原则的基础上实现工业化、城市化和现代化，也就是发展循环经济实现生态治理的新型工业化、建设生态城市实现生态治理的新型城市化、倡导绿色消费实现新型现代化。

第一节　生态问题的提出

当代资本主义生态治理的逻辑起点是生态危机，其生成根源是资本逻辑的普遍支配。生态文明在西方发达资本主义国家已初现端倪，它们在资本主义制度框架下对生态发展模式进行了多元探索，但依然摆脱不了资本主义体制路径依赖，无法从根本上化解生态危机。

一、工业文明的发展与生态问题的出现

生态问题是一个文明问题。文明是人类文化发展到一定阶段的产物。一部人类文明史，就是一部人与自然之间的生态关系史。从人与自然的关系演进来看，人类在告别野蛮的自在状态走向文明的自为状态时，生产生活方式发生三次历史性飞跃：从居无定所的狩猎生活所形成的原始文明向定期耕作收获的田园生活所形成的农业文明飞跃，继而从农业文明向机器大工业生产

为主的城市生活所形成的工业文明飞跃,工业文明的高速发展催生了生态问题的涌现。目前,人类社会正从工业文明向生态文明进行历史性飞跃。

在原始社会,"人的依赖关系(起初完全是自然发生的)是最初的社会形态,在这种形态下,人的生产能力只是在狭窄的范围内和孤立的地点上发展着。"在居无定所的狩猎生活中所形成的原始文明,"是一种尚未与自然彻底分开的文明,是人类虽从自然分裂出来却仍然依赖自然而生存形成的一种文明,这是一种保持着淳朴自然本色的蒙昧文明。"①在原始社会,生产力极端低下,人类的物质生产活动主要是采集和渔猎,这两种活动都是直接利用自然物作为人的生活资料。尽管人类已经作为具有自觉能动性的主体呈现在自然面前,但由于缺乏强大的物质和精神手段,对自然的开发和支配能力极其有限。人类把自然视为威力无穷的主宰,人们匍匐在自然的脚下,顺从、敬畏自然,不敢也没有能力对生态平衡造成什么破坏。正如马克思所说:"自然界起初是作为一种完全异己的、有无限威力的和不可制服的力量与人们对立的,人们同它的关系完全像动物同它的关系一样,人们就像牲畜一样服从它的权力,因而这是对自然界的一种纯粹动物式的意识(自然宗教)。"

在农业社会,主要的物质生产活动是农耕和畜牧,人类不再依赖自然界提供的现成食物,而是根据自然的变化,通过创造适当条件,有目的性地进行农业生产,使自己所需要的植物和动物得到生长和繁衍,并且改变其某些属性和习性。农业生产有着明显的季节性,人们既利用自然又保护自然,力求顺应自然、适应自然,尽最大努力使人与自然之间处于平衡,实现风调雨顺。因此,在定期耕作收获的田园生活中所形成的农业文明,"是一种以农耕为主要生存方式的文明,是以土地为生命保障的文明,也是人类生存从被动开始走向主动的文明阶段。"②在这一阶段,人类社会发展比较缓慢,对自然界尚未造成质的破坏,自然界能够在一定时间范围内实现自我修复。因此,农业文明中人与自然之间是一种可控的掠夺与被掠夺的关系。

与工业社会相对应的工业文明是人类依靠大工业生产而征服自然,信心极度膨胀的一个文明阶段,也是依靠没有生命的黑色钢铁而发展起来的文

---

① 傅治平:《生态文明建设导论》,国家行政学院出版社 2008 年版,第 6 页。

② 傅治平:《生态文明建设导论》,国家行政学院出版社 2008 年版,第 7 页。

明。① 随着工业文明的发展，人与自然之间的生态关系发生了深刻变革。在
"以物的依赖性为基础的人的独立性"这种社会形态下，"才形成普遍的社会
物质变换，全面的关系，多方面的需求以及全面的能力的体系"。自然界不再
具有以往的神圣和威力。正如黑格尔所说："自然对人无论施展和动用怎样的
力量——寒冷、凶猛的野兽、水、火，人总是会找到对付这些力量的手段。"②
资本主义机器大工业和社会化大生产最大限度地提高了人类征服自然、改造
自然的能力。从蒸汽机到化工产品，从电动机到原子核反应堆，每一次科技
革命都树立了人化自然的里程碑。科学技术不仅有力推动了社会物质财富的
积累和社会文明的进步，而且促使人类的主体意识和物欲、权欲不断膨胀，
曾经被人类奉为神明的自然也沦为人类恣意蹂躏、掠夺的对象。资本主义工
业文明粗暴地把仅存的一点和谐生态关系给破坏了。人类陶醉在运用科学技
术武器控制和征服自然的伟大胜利之中，进而盲目地"向大自然宣战"。就这
样，人类不断挤压着自然生态的地盘，把自然生态作为被彻底征服的对象，
自然成了人类不断扩展的殖民地，自然界的一切都成了人类肆意加工的材料。
然而，自然不会善罢甘休，就此臣服，它以特有的方式向人类发起猛烈反击
和疯狂报复：全球性的生态失衡和人类生存环境恶化。"当我们的父母在为第
二次浪潮从事改进各种生活条件的同时，也引起了极其严重的后果，一种未
曾预见和预防的后果。其中对地球生物圈的破坏也许是无可挽救的。由于工
业现实观基于征服自然的原则，由于它的人口的增长，它的残忍无情的技术，
和它为了发展而持续不断的需求，彻底地破坏了周围环境，超过了早先任何
年代的浩劫。"③ "人类好像在一夜之间突然发现自己正面临着史无前例的大量
危机：人口危机、环境危机、粮食危机、能源危机、原料危机等这场全球性
危机程度之深、克服之难，对迄今为止指引人类社会进步的若干基本观念提
出了挑战。"④ 从20世纪70年代开始，西方资本主义国家都发生了程度不同的
环境污染，例如，"世界八大公害事件"，即比利时马斯河谷烟雾事件、美国

---

① 傅治平：《生态文明建设导论》，国家行政学院出版社 2008 年版，第 7 页。

② 〔德〕黑格尔：《黑格尔全集》第 11 卷，上海人民出版社 2013 年版，第 8 页。

③ 〔美〕阿尔温·托夫勒著，黄明星译：《第三次浪潮》，三联书店 1984 年版，第 187 页。

④ 〔美〕米哈依罗·米萨诺维克、爱德华·帕斯托尔著，刘长毅、李永平、孙晓光等译：《人类处在转折点上》，中国和平出版社 1987 年版，第 36 页。

多诺拉烟雾事件、英国伦敦烟雾事件、美国洛杉矶化学烟雾事件、日本的水俣事件、四日市哮喘病事件、富山县的骨痛病事件、米糠油事件。还有化学农药的滥用、珍稀动植物濒临灭绝、土地沙漠化荒漠化、全球气候变暖、温室效应、湿地减少与萎缩、臭氧层空洞、垃圾围城等环境问题像"灰色幽灵"一样时时困扰着人类社会。同时，垄断资产阶级还推行生态帝国主义政策，对发展中国家进行资源掠夺，并将环境污染转嫁到广大的发展中国家，从而使生态问题超越民族和国家的界限，成为全球性问题。总之，在资本主义主导下，人口激增、资源短缺、环境污染和生态破坏，这一系列日益严重的全球性生态问题，给人类的生存和发展敲响了警钟。

二、当代资本主义对生态问题的理论回应

面对资本主义工业文明带来的生态问题，一些有识之士不得不去思考生态危机的根源及其解决办法。从当代资本主义对生态危机的理论回应来看，大体上经历了三个重要阶段。

第一个阶段是 20 世纪 60 年代到 80 年代初的"生存主义理论"阶段，主要以蕾切尔·卡逊《寂静的春天》和罗马俱乐部《增长的极限》为主要代表。整个 20 世纪 70 年代对于激进的换季主义者的支持者和批评者来说，是"世界末日的十年"，人类发展前景堪忧。他们主张发生根本性变革，认为工业经济的发展和增长将不可避免地导致生态崩溃。

1962 年，美国海洋生物学家蕾切尔·卡逊出版了《寂静的春天》，披露了杀虫剂对环境的污染和破坏问题，第一次从生态学角度阐述了人类同环境的关系，标志着新的"生态学时代"的开始。美国前总统肯尼迪读后倡议次年为联合国自然保护年。美国前副总统阿尔·戈尔说："《寂静的春天》犹如旷野中的一声呐喊，用它深切的感受、全面的研究和雄辩的观点改变了历史的进程。"[1]有人将这一时期称为绿色意识的精英启蒙阶段。美国政府在此书的警示下，展开对杀虫剂的调查，开始了环境保护工作。1970 年成立美国国家环境保护局，并制定环境保护的法律，环境保护纳入了法制化轨道。

---

① 〔美〕蕾切尔·卡森著，吕瑞兰、李长生译：《寂静的春天》，上海译文出版社 2011 年版，第 V 页。

"如果说《寂静的春天》开启了人类对于自然环境问题的关注，那么《增长的极限》无疑更进一步打破了人类中心主义的幻想。"[①]1968 年，罗马俱乐部成立，并于 1972 年发表了《增长的极限》的报告，第一次以系统的科学论证向世人敲响了生态危机的警钟，在世界各地引起了巨大反响。它"在人们面前打开了一个在过去实际上被人们搁置一边的生死攸关问题的重大领域"。这份报告围绕五个全球性问题，即人口、工业化资金、粮食、不可再生资源和环境污染进行调查，并建立模型分析，得出结论：如果世界人口增长、工业化、污染问题、粮食生产和资源消耗仍然以目前的趋势发展下去，那么人类经济发展的极限将在今后 100 年内的某个时刻出现，其最有可能的结果就是人口与工业生产能力同时突然并不可遏制地迅速衰减。这就对正处于高增长、高消费的"黄金时代"的西方世界发出了关于"人类困境"的天才预言。罗马俱乐部关于"只有一个地球"的口号成为斯德哥尔摩联合国人类环境会议的重要背景材料，后来成为全球共识。有人把这个时期称为公众绿色意识的动员和形成阶段。

1972 年 6 月，联合国在瑞典斯德哥尔摩召开了环境会议。这是人类历史上第一次在全世界范围内研讨保护人类环境的会议。这次会议提出了响遍世界的环境保护口号：只有一个地球！会议讨论通过了《联合国人类环境会议宣言》和具有 109 条建议的保护全球环境的"行动计划"。随后，联合国大会规定，每年的 6 月 5 日为"世界环境日"。这一纪念日象征着全世界人类环境向着更美好的阶段发展，标志着世界各国政府积极为保护人类生存环境作出的贡献。

1973 年的石油危机应验了罗马俱乐部的预言，使生态危机得到资本主义社会更为广泛的关注。在此背景下，群众性的绿色运动蓬勃兴起，成为西方"新社会运动"的主流。面对日益严峻的生态危机，西方资本主义国家的青年大学生和中产阶级，都在探索如何以一场人类自身的革命，来摆脱人类的困境，并由此出现了声势浩大的学生造反运动、和平运动、环境保护运动。广大青年学生、知识分子和反战和平人士，纷纷走上街头，掀起一浪高过一浪的大规模抗议活动。美国加州大学的学生反战游行、法国的"五月风暴"、德

---

① 诸大建：《生态文明与绿色发展》，上海人民出版社 2008 年版，第 25 页。

国"社会主义学生联盟"领导组织的长达三年之久的学生造反、"绿色和平组织"阻止法国核试验的勇敢行动、20世纪80年代初在欧洲10多个国家400多万人参加的"全欧反核行动日"。"绿色运动是因历史上最大文明危机而出现的全球性回应"。[①]在这场群众性的绿色运动中,多种公民行动组织也雨后春笋般开始在各地出现,为绿党的创立提供了可靠的组织准备。生态环境问题从20世纪六七十年代鲜为人知到80年代成为妇孺皆知、家喻户晓的常识。有人将这个时期称为全球绿色意识形态的群众性普及阶段。

第二个阶段是20世纪80年代中后期兴起的"可持续发展理论"阶段,以联合国世界环境与发展委员会发布的专题报告《我们共同的未来》为标志,旨在通过建立世界不同经济社会发展水平国家和人类不同代际之间的需求平衡来解决生态环境问题。1987年,联合国世界环境与发展委员会在对世界环境和发展中国家的关键问题进行为期三年的全面调查研究的基础上,发表了由当时的挪威首相布伦特兰夫人主持研究的专题报告《我们共同的未来》。报告从战略高度系统阐述了可持续发展的战略思想和基本纲领,报告指出,当代危机是环境与发展相互割裂的结果,其根本原因是工业化发展的不平衡。解决问题的出路在于"采取保证今后世世代代得以持续生存的决策","当代人必须从现在开始行动",建设"一个强有力的,在社会和环境方面具有持久增长能力的新世纪"。同时,这份报告首次清晰地表达了可持续发展观,即"可持续发展是既满足当代人的需求,又不对后代人满足其需求的能力构成危害的发展"。这一报告的发表,标志着可持续发展观的基本形成。1992年,在巴西里约热内卢召开的联合国环境与发展大会上,183个国家和地区的代表、102位国家首脑出席了这次"地球高峰会议",通过了《里约热内卢宣言》和《21世纪议程》两个纲领性文件以及《关于森林问题的原则声明》,签署了《气候变化框架公约》和《生物多样性公约》,它标志着可持续发展观被不同发展理念的各类国家所普遍认同。

第三个阶段是20世纪90年代中后期以来逐渐盛行的"生态现代化理论"阶段。以2002年召开的约翰内斯堡可持续发展世界首脑会议为标志,生态环境问题的认知和解决思路日益与绿色经济与科技结合在一起。20世纪90年代

---

① 傅治平:《生态文明建设导论》,国家行政学院出版社2008年版,第109页。

中期以来，生态现代化的倡导者们开始有意识地将理论研究与全球化的发展进程结合起来。无论是在研究内容还是在实践领域方面，生态现代化理论都伴随着全球性的扩展趋势。在这一时期的研究者中，较具有代表性的除了亚瑟·摩尔、格特·斯帕加伦、戴维·索南菲尔德、达娜·费希尔、约瑟夫·墨菲、弗雷德里克·巴特尔和斯蒂芬·扬等人，也包括理论创始人马丁·耶内克和约瑟夫·胡伯。"西方生态现代化理论起源于对资本主义现代生产的工业设计的重新审视，寻求并力证资本主义生态化与现代化的兼容。"[1]这一理论的基本假设主要有：一是资本主义的自我完善功能；二是环境保护的"正和博弈"性质；[2] 三是社会主体的科学文化意识。西方生态现代化理论认为，现代化进程中产生的问题，只能在现代化进程中予以解决。生态现代化理论"假设本世纪以及下一个世纪已经（或将要）由现代化和工业化引起的最具挑战的环境问题，它们的解决方案必然在于更加——而不是较少的——现代化以及'超工业化'"。[3]据此，西方生态现代化理论的基本主张主要包括：一是推动技术创新；二是重视市场主体；三是强调政府作用；四是突出市民社会；五是关注生态理性；六是促进生态转型（环境变革）。21世纪以来，西方生态现代化理论自身逐渐呈现了一些新的发展趋势，就其未来课题而言，逐步从生产到消费的转变、从技术到政策的转变、从西方到全球的转变。

第二节　当代资本主义的生态治理实践

建设生态文明，进行生态治理，要形成节约能源资源和保护生态环境的产业结构、增长方式和消费模式。当代资本主义的生态治理实践，集中体现在生态文明原则的基础上实现工业化、城市化和现代化，也就是发展循环经

① 周鑫:《西方生态现代化理论与当代中国生态文明建设》，光明日报出版社2012年版，第53页。

② 所谓"正和博弈"，就是在促进生态现代化的过程中，所有利益体，包括国家（政府）、经济行为主体和社会（个人），如果都能参与进来的话，那么一个环境上合理的社会组织是可能的，各方利益都可以得到实现。也就是说，各方都能在生态现代化的原则下获益，这就是"正和博弈"的基本内容。

③ F.Buttel, Ecological Modernization as Social Theory, in Geoforum, Vol.31, 2000, p.61.

济实现生态治理的新型工业化、建设生态城市实现生态治理的新型城市化、倡导绿色消费实现新型现代化。

一、发展循环经济与生态治理的新型工业化

西方资本主义国家通过线性经济向循环经济的转变，实现了生态治理的新型工业化。20 世纪 90 年代以来，西方发达国家成为生态文明实践的先驱者，它们不仅迅速发展循环经济，而且在节约资源、保护环境方面积极努力，卓有成效。据不完全统计，目前世界上主要发达国家的再生资源总值已达到 2500 亿美元 / 年，并且以每年 15% ～ 20% 的速度增长。当代资本主义在发展循环经济方面，最具有典型性的是美国、德国、日本等国家的生态治理实践。

（一）美国利用市场发展循环经济

作为世界上第一大经济体，美国的生态治理实践对于全球具有重要的启示意义和参考借鉴作用。"美国的生态文明实践战略目标主要体现在可持续发展战略和环境保护战略两个方面。总体而言，美国提出了这样几个战略原则——保护原则、预防原则、公平原则、依靠科技原则、改进管理原则、合作原则和责任原则"。[1] 从 20 世纪 70 年代开始，美国经济模式实现从抛弃型向重视循环利用转变。据统计，美国的废金属和废纸回收利用率非常高。56% 的钢产量来自废钢回收，再生纸的质量也完全可以满足各个层次的需要。美国生态治理集中体现在环境可持续的经济发展模式、循环消费和排污权交易计划中。

美国作为典型的市场经济国家，它进行生态治理的最大特点是利用市场手段解决环境问题，其战略模式是以经济政策（与欧洲国家多用税收、补贴等经济手段不同，美国多用排污权交易手段）引导为主，按照市场规律办事，充分发挥市场对资源的调节、分配作用，以促进循环经济发展。具体而言，美国生态治理的起点在于企业，提出了扩大产品责任链和实施生态有效企业

---

① 闫敏:《循环经济国际比较研究》，新华出版社 2006 年版，第 119—121 页。

策略。一方面，产品责任延伸制是政府在产品的生产和消费环节中，明确环保责任，使制造商、供应商和消费者各负其责；另一方面，政府不仅鼓励企业进行生态生产，对包装物进行回收、利用和处理，而且还利用财政、税收等政策鼓励生态消费。尤其在能源方面，美国政府采取补贴等经济刺激措施，鼓励新能源技术研发，鼓励企业积极进行技术革新，生产出清洁、高效、低成本的新型能源。

（二）德国利用双元系统模式发展循环经济

垃圾问题是德国发展循环经济的直接诱因。因此，德国的循环经济又被称为垃圾经济。这一经济起源于 20 世纪 50 年代，政府建立了大大小小的专门垃圾处理站。随着德国消费型社会的逐步确立，特殊工业垃圾成为德国主要的环境问题。1972 年，德国政府制定了《废弃物处理法》，确定了预防优先和重视重复使用的原则。1975 年，德国国家废弃物管理计划提出了"预防、减量、回收和重复利用"的基本原则。垃圾焚烧的目的，从最初的环境保护逐渐发展到节约能源资源、获得经济效益等。

德国发展循环经济的总体战略是：以社会生态市场经济为框架，据此决定与循环经济、可持续发展相协调的生产和消费模式，同时促进工业与社会创新。在德国的跨世纪经济发展战略构想中，明确提出了两个战略：一是从原料消耗型增长转向效益型增长。从生态保护的目的出发，德国需要从大量消耗性原料的"量"增长转向注重效益的"质"增长。同时，改进国家教育水平和教育体系，提高国民的环境保护意识。未来德国要走一条科学技术和效益双赢的道路，而不是靠追加原料投入促进增长。二是从环境污染型增长转向生态保护型增长。从社会市场经济转向新的"生态社会市场经济"，即在未来的经济发展和机构转换中以生态平衡为导向，把生态现代化作为德国新工业政策和科技政策的重点，使环境保护和经济增长协调一致。[①]

德国在发展循环经济过程中，最具特点的就是双元系统模式。所谓双元制，是指没有贴上"绿点标志"的厨房垃圾类生活废弃物、报纸、杂志等传统废弃物由地方政府负责回收；贴有"绿点标志"的包装容器类废弃物由非

---

① 闫敏:《循环经济国际比较研究》，新华出版社 2006 年版，第 114 页。

政府组织回收。这个非政府组织就是著名的 DSD。DSD 是一个非营利组织，其运作资金来源于向生产厂家授予"绿点标志"时收取的注册费。注册后的企业，在签署了一份所谓"赦免协议"后，将包装废弃物回收和再循环的繁重任务交给 DSD 办理，而它们自己只是监督其执行情况。二元系统很好地展示了政府、企业、个人在资源、环境保护中的合作关系，对于中国的循环经济建设具有重要的参考借鉴意义。市场和政府的双重作用，实现了德国循环经济目前取得的成就。目前，废弃物处理已经成为德国经济中的一个重要产业，每年的营业额约 410 亿欧元，创造了 20 多万个就业机会。

（三）日本走强势政府路线建立循环型社会

第二次世界大战后，日本实行赶超型经济，创造了经济高速增长的奇迹。但在这一奇迹的背后，却是高昂的资源、环境代价。这一资源消费大国的主要资源大部分依赖进口。近年来，日本每年需要投入的各种资源总量约 20 亿吨左右，其中，30% 几乎全部依赖进口资源。单纯追求经济目标的最大化，不仅使得日本经济难以为继，而且日益呈现衰落的趋势。在此背景下，20 世纪 80 年代末，日本政府提出了"环境立国"、建立"以可持续发展为基本理念的简洁、高质量的循环型社会"的战略构想，其首要目标是节约有限的资源、减少浪费、保护环境安全。

日本政府在经济发展过程中一直走"强势政府"路线。所以，日本的循环经济战略采取的是建立循环型社会的模式。即政府对于循环经济发展进行指导和干预，在国家层面上颁布一系列法律法规，以法治形式贯穿循环型社会战略。同时，通过政府相关部门采取各种有效的综合措施，支持循环型社会参与各主体的活动，为各微观主体的行为奠定基础。首先是由环境省和经产省为主，与其他部门、地方政府、企业、非政府组织和国民建立良好的合作伙伴关系；其次是日本政府作为消费者，率先采取绿色采购行动，为消费者和相关者做了良好的表率作用；最后，日本政府擅长运用三种政策工具（即规制性政策、市场性政策和参与性政策），形成了政府、市场和社会三类主体在治理机制上的有机结合。并且，政府在产业政策上扶植循环经济、建设产业工业园区，在整个社会层面上大力发展循环经济。政府的强势推动，是日本发展循环经济的重要特点。[①]

二、建设生态城市与生态治理的新型城市化

西方资本主义国家通过从蔓延型城市向紧凑型城市的转变，实现了生态治理的新型城市化。它们进行生态城市理论探索时间较长，先后经历了生态城市建设的思想萌芽时期、现代时期的技术至上、城市区划及美国新城市运动时期到当代生态城市的实践阶段。在生态城市理论的指导下，近年来，生态城市在全球多个国家进行了实践探索。从总体上看，资本主义国家建设生态城市的途径主要包括：物质使用及排放的减量化，物质及材料使用的循环，生态社区的塑造及居住建设的节能，生态基础设施，生物多样性的培育，以及城市开发政策与法规的支撑。

（一）丹麦哥本哈根建设碳中性城市

丹麦的哥本哈根是世界上最适合居住的城市之一。2008 年，哥本哈根被英国 Monocle 选为世界 S20 个最佳城市之一，在生活素质和重视环保等方面排列榜首。哥本哈根为低碳目标采取的措施累计有 50 项。哥本哈根还宣布，到 2025 年，成为世界上第一个碳中性城市。[②]其计划分两个阶段实施。第一阶段的目标是到 2015 年，把该市的二氧化碳排放在 2005 年基础上减少 20%。第二阶段是到 2025 年使哥本哈根的二氧化碳排放量降低到零。为了实现该目标，哥本哈根主要采取了以下措施。[③]

（1）清洁能源与高税能源政策。哥本哈根大力推行风能和生物能发电，随处可见通体白色的现代风车，这使得哥本哈根的电力供应大部分依靠零碳模式。哥本哈根的风能很丰富但是不能储存其能源，通过风力所产生的电能电解水之后，产生氢能则能够储存。并且，哥本哈根在电力基础上实行热电联产，进行区域性供热，大力推广节能建筑。该市有严格的建筑标准，对房

[①]　诸大建:《生态文明与绿色发展》，上海人民出版社 2008 年版，第 39 页。

[②]　所谓碳中性，就是通过各种削减或吸纳措施，实现当年二氧化碳净排量降低到零。

[③]　沈清基、安超、刘昌寿:《低碳生态城市理论与实践》，中国城市出版社 2012 年版，第 481 页。

屋保温层和门窗密封程度都有严格规定，墙壁厚达三层，中间层是特殊保温材料，夏天隔热，冬天防寒。窗户也有严格的要求，外边的冷（热）空气不会进来。家家户户要求都使用节能灯，晚间通往郊外的路没有一盏路灯。同时，推行高税能源的使用政策，每消费一度电，需要支付 26.6 欧分，每度电支付电费所包含的税额高达 57%，如果不采取节能方式，用户则会付出高额的代价。

（2）低碳生活方式。哥本哈根市民积极提倡并实践低碳生活，把电子钟更换成发条闹钟；坚持到户外锻炼，很少使用跑步机；尽量少用洗衣机甩干衣服，而是让其自然晾干；坚持少开空调，冬天多穿衣服，夏天即使是公务活动也很少穿西装。哥本哈根还鼓励市民垃圾回收利用等。

（3）绿色交通。哥本哈根大力发展城市绿色交通，除电力车、氢动力车以外，很重要的点是其推行"自行年代步"。城市有很好的自行车代步服务及自行车专用道。如果驾车行驶在哥本哈根的大街上，总是会被一个又一个的红灯所阻挡，如果骑上一辆自行车匀速蹬踏，倒是可以几乎一路绿灯畅通无阻。这是因为在哥本哈根市内，所有交通灯变化的频率是按照自行车的平均速度设置的。这也可以反映出哥本哈根市对各种交通工具的重视程度：自行车居首，公共交通第二，私人轿车最末。哥本哈根还被国际自行车联盟命名为 2008—2011 年的世界首个"自行车之城"。这个城市已经把自行车代步作为一种城市的文化符号，作为一种城市文化。1997 年，时任美国总统的克林顿访问哥本哈根时，哥本哈根市政府送出的一份官方礼物就是一辆特别设计的自行车，名为"城市自行车一号"。哥本哈根全市有 100 多个免费自行车停放点，以 20 丹麦克朗的价格就能自行租借，把车还回任何一个停放点时，就可以将 20 克朗的押金拿回。但如果没有把自行车停放在规定的区域，罚款则高达 1000 欧元。

（二）德国发展低碳生态城市

1976 年以来，德国先后颁布了《建筑物节能法》《机动车辆税法》《热电联产法》《节能标识法》《生态税改革法》《可再生能源法》等 8 部法律。这些立法都有相应的政府部门负责实施，如联邦经济技术部负责节能和提高能效工作；环境和核安全部负责二氧化碳减排、再生能源和核能工作；交通、建筑与城市发展部负责交通、建筑物的节能工作等。

（1）清洁能源：改变传统能源结构。德国能源发展战略的重点在可再生能源和清洁能源，德国已成为世界上风能产业发展最早、最快的国家，它采取了很多策略来促进新能源发展。目前，德国的能源供应主要依靠进口，国内可供量仅占其消费量的1/4左右。能源消费结构大致为：天然气占24%，褐煤和石煤占25%，石油占38%仍是最主要的能源，其他为核能和水力发电。随着全球气候变化对能源排放温室气体的要求，以及不断增长的能源需求，德国确定了以可再生能源和清洁能源替代核电发展的战略。德国政府曾在2002年通过停止使用核能的法律。依据该法律，禁止新建核电厂，现有核电厂正常运行限定在投产的32年内，计划到2021年逐步关闭所有核电站。联邦政府的目标是使能源从石化时代转向太阳能时代，提出了以可再生能源替代核能的方案。而对核电发展争议的焦点主要是未来核废料的处理问题和核能使用过程中潜在的核事故风险问题。虽然世界各国对核能的利用与发展有不同的意见，仍在争议之中，但是，目前德国坚持不改变终止核能发展的法律，仍保持原有核电厂在其寿命期内的运行，但是坚决不容许新建核电厂。对于退役的核电容量，主张以可再生能源，主要是风力发电来替代，并且开始研究开发生物质能源发电。德国的能源研究人员普遍认为，积极快速发展可再生能源逐步替代不可再生能源资源是未来人类利用能源的必然选择。这大大促进了德国企业对可再生能源的开发研究和应用。

（2）绿色照明：竞赛方式推进减排进程。德国在城市中大力推广"绿色城市照明"运动。2008年，德国环保局提出新绿色照明竞赛计划。德国各联邦州大小城市均可参与，提出针对节能环保的城市灯光改造计划，最终由德国环保局从中选出最佳方案并资助其实现。这个最佳方案还将由德国环保局向全国推广实施，最终实现全德国范围内老旧城市照明系统的逐步绿色更新，大幅度减轻城市照明对气候环境的破坏，为实现"低碳生态城市"迈出一大步。

（3）建筑物节能改造。德国的《能源节约法》规定，消费者购买或租赁房屋时，建筑商必须出示一份"能耗证明"，告诉消费者该住宅每年的能耗。新法规还鼓励企业和个人对老建筑进行节能改造，并实行强制报废措施。目前，德国全国有3900万套住宅，其中有75%建于1979年之前。法律规定若业主要对住宅翻新改造，必须符合新的能耗标准。政府相应推出鼓励措施，由国家开发银行给予低息贷款支持，联邦政府再补贴银行。一旦改造后的建筑物达到二氧化碳减排指标，业主还款的本金还可免除15%。目前德国全国已有500万套住宅改造获得优惠贷款，减排二氧化碳400万吨。德国还出现"零供热"建筑，全年都依靠太阳能取暖。

（4）交通节能。其一，汽车发动机改造。由于柴油发动机比汽油发动机能耗降低35%，德国全国汽车已有50%为柴油发动机。1990年以来，汽油发动机的效率也提高了20%～25%。1990—2004年，全国汽车发动机效率提高了一倍，汽车燃料光耗减少了40%。其二，税收。德国的汽油价格中，税收占70%。法律还针对高速公路货车按二氧化碳的排量收费，而使用天然气的汽车到2020年前享受免税优惠。其三，推广新型燃料。第二代生物燃料占市场的3.4%，由此每年二氧化碳减排500万吨。其四，能耗标识制度。尽管政府没有强制淘汰高耗能汽车，但有了强制性的能耗标识，类似于家电建筑物那样，消费者自然容易作出选择。高耗能汽车生产设备正逐步淘汰。

（三）巴西的生态城市库里蒂巴

巴西巴拉那州的州府库里蒂巴市地处巴拉那高原，全市面积132平方千米，人口160万。因城市布局合理、城市环境优良、管理措施得当，其成为世界著名的生态环保城市。1995年，库里蒂巴和巴黎、悉尼等城市一起被联合国命名为"最适宜人居住的城市"。库里蒂巴在生态城市建设中，主要从建设完善的公共交通系统、结合公交系统进行城市开发和关注社会公益等方面着手。

（1）完善的公共交通系统。库里蒂巴市人均小汽车拥有率居巴西首位（约每3人拥有1辆），共有50多万辆小汽车。但是，完善的公交系统高效地吸收了交通高峰时的出行流量，约有75%的通勤者在工作期间选择乘坐公交车。因此，其使用的燃油消耗是同等规模城市的25%，车辆用油约减少30%，城市大气污染远低于同等规模的其他城市，交通很少拥挤。库里蒂巴市的公交系统布局合理，分流科学，条条线路各负其责，是目前世界上最实际和最好的城市交通系统之一。它为人口密集的城市提供了一个耗资低、建设周期短、速度快、准时性好的新型高效率公共交通的解决方案。库里蒂巴发展公交系统并不在于兴建地铁和加宽路面，而是根据自身财力，结合有效的管理和精心的设计建起了一体化公交系统。库里蒂巴市一体化公共交通系统由390多条线路、近2200辆公交车构成，每天客运量为200多万人次，覆盖了库里蒂巴市的1100多公里道路。库里蒂巴的一体化公交线路网呈分级结构，其中"快速公交系统"，别具一格。公交巴士可运行在专用的通道上，车速每小时达到60公里，和地铁相差无几，因此能在极短的时间里将大客流有效地加以疏散。人们可以在一个小时之内从市中心抵达郊区的任何地方。

（2）结合公交系统的城市开发。库里蒂巴结合完善的公交系统进行城市开发，将交通系统与土地利用很好地结合起来。加州大学伯克利分校的规划教授 Alan Jacobs 认为，库里蒂巴有着世界上最好的规划和开发计划，这得益于库里蒂巴连任三届的市长杰米·勒纳在过去20年中把城市规划设计和管理合为一体。库里蒂巴通过追求高度系统化的、渐进的和深思熟虑的城市规划设计，实现了土地利用与公共一体化，取得了巨大的成就。1964年，由圣保罗建筑师 Jorge Wilhelm 制定的库里蒂巴总体规划经公众讨论于1965年开始实施。正是由于早期的远见，才使得库里蒂巴走上了以低成本（经济成本和环境成本）的交通方式和人与自然尽可能和谐的生态城市发展道路。20世纪70年代库里蒂巴城市的发展呈现了新的形态，拥有了逐步拓展的一体化交通网络、道路网络，并采取了致力于改善和保护城市生活质量的各种土地利用措施。库里蒂巴较为成功的土地利用与交通相结合的典型政策之一是不仅鼓励混合土地利用开发的方式，而且总体规划以城市公交线路所在道路为中心，对所有的土地利用和开发密度进行分区。一体化道路系统提供的高可达性促进了沿交通走廊的集中开发，土地利用规划方法也强化了这种开发。

（3）关注社会公益项目。生态城市的内涵还应该在可持续发展方面，库里蒂巴在这方面的成就同样令人瞩目。目前，库里蒂巴有几百个社会公益项目，从建设新的图书馆系统，到帮助无家可归的人。一是在最贫穷的邻里小区，城市开始了"Line to Work"的项目，目的是进行各种实用技能的培训。

（4）4年来，该项目培训了40万人。库里蒂巴还开展了救助街道儿童的项目，把露天市场组织起来，以满足街道小贩们的非正式经济要求。公园和绿地建设项目使得人均公共空间从0.5平方米增加到52平方米，这在任何城市都是最高的。此外，公园和绿地网络受到专职人员和志愿者的保护与维修。二是公共汽车文化渗透到各方面。把淘汰的公共汽车漆成绿色，提供周末从市中心至公园的免费交通服务或用于学校服务中心、流动教室等，为低收入邻里小区提供成人教育服务。三是环境得到改善并且保护了中心区的文化遗产。许多街道设为步行街，历史建筑受到保护，并被改为新的用途，业主受到财政资助，将以前出售的开发权赎回，古老的工业建筑转变为商业中心、戏院、博物馆和其他文化设施。四是垃圾循环回收利用。库里蒂巴较为著名的环境项目是 1988 年实行的"垃圾不是废物"的垃圾回收项目，垃圾的循环回收在城市中达到 95%。每月有 750 吨的回收材料出售给当地工业部门，所获利润用于其他的社会福利项目。同时垃圾回收利用公司为无家可归者和酗酒者提供了就业机会。这些简单的讲究实效的成本很低的社会公益项目旨在成为库里蒂巴环境规划的一部分，并使得城市在环境和社会方面走上了一条健康的发展之路。

三、倡导绿色消费与生态治理的新型现代化

西方资本主义国家主要通过从物质主义消费方式向功能主义消费方式转变，逐步实现了生态治理的新型现代化。早在 1992 年 6 月，在巴西里约热内卢召开的联合国环境与发展大会通过的纲领性文件《21 世纪议程》中，首次提到了"改变消费模式"。《21 世纪议程》认为，全球各国对于可持续消费均有着共同的责任，但发达国家应该率先反思自己的消费模式。联合国环境规划署（UNEP）和全球性环保组织还从以下方面着力实现可持续消费：一是设计、制造与使用对环境友善的商品和服务；二是压缩消费的范围；三是扩大产品的生命周期；四是废弃物分类与回收。总体上看，西方资本主义国家倡导的绿色消费集中体现在以下方面。

（一）实施环境标志计划

环境标志又被称为绿色标志、生态标志，国际标准化组织将其称为环境标志。它是指由政府部门或公共、私人团体依据一定的环境标准向有关厂家颁布证书，证明其产品的生产使用及处置过程全部符合环保要求，对环境无

害或危害极少，同时有利于资源的再生和回收利用的一种特定标志。1979 年，联邦德国市场上首次出现了带有环境标志产品的特殊商品。实施环境标志认证，实质上是对产品从设计、生产、使用到废弃处理处置全过程（也称"从摇篮到坟墓"）的环境行为进行控制。资本主义发达国家的民意测验表明，大部分的消费者愿意为环境清洁接受较高的价格，其中的多数人愿意挑选和购买贴有环境标志的产品。德国环境数据服务公司（ENDS）2004 年完成一项名为《环境标志，在绿色欧洲的产品管理》的研究报告则认为，环境标志培养了消费者的环境意识，强化了消费者对有利于环境的产品的选择。

继联邦德国以后，各国纷纷效仿。国际上已有欧洲、美国、加拿大、日本等 30 多个国家和地区实施了环境标志，环境标志在全球范围内已成为防止贸易壁垒、推动公众参与的有力工具。加拿大于 1988 年开始实施环境标志计划。1989 年 11 月，北欧的丹麦、芬兰、冰岛、挪威、瑞典 5 国部长级会议决定实施北欧环境标志计划，其标志为绿色斜条背景下的白天鹅。日本于 1990 年颁布促进生态安全商标计划，即日本的环境标志计划。1990 年 11 月 28 日，欧洲共同体拟建立统一的环境标志系统，1992 年 1 月 1 日起适用各成员国。但由于各国的环境条件各不相同或由于其他原因，它仍希望各成员国建立自己的环境标志系统。1991 年，奥地利建立生态标志系统。1992 年，法国开始建立"NF 环境标志"系统。20 世纪 90 年代以后，环境标志计划逐渐在全球推开，除经济合作与发展组织（OECD）的成员国外，其他国家也陆续实施自己的环境标志计划。韩国生态标签计划始于 1992 年，以 ISO14024 生态标签和声明为基础，目的在于鼓励企业和消费者参与环境计划，从而实现可持续的生产与消费。泰国于 1994 年 10 月正式实施绿色标志计划。国际上环境标志计划一般由三个机构来管理：一个技术机构或专家委员会负责初审产品种类建议，起草、修改和制定产品标准；一个代表各界利益团体的委员会负责确定产品标准；一个办事机构负责与企业签订合同及管理标志使用。在已实施环境标志的国家中，基本上由以上三个机构分工负责、共同管理环境标志的实施，但由于各国情况不同，其在环境标志的组织结构和实施程序上也不太相同。

（二）绿色消费成为时代潮流

绿色消费又称"可持续消费"，是从满足生态需要出发，以有益健康和保护生态环境为基本内涵，符合人的健康和环境保护标准的各种消费行为和消费方式的统称。绿色消费内容丰富，它不仅包括绿色产品，还包括物资的回收利用、能源的有效使用、对生存环境和物种的保护等，涵盖生产、消费行为的各环节和全过程。绿色消费是一种以适度节制消费，避免或减少对环境的破坏，崇尚自然和保护生态等为特征的新型消费行为和过程。

发端于20世纪60年代的环境保护运动发展了众多的群众组织，比较著名的有"世界自然生态基金会""地球之友"和"绿色和平组织"。这些绿色环保组织的消费主张之一就是绿色消费主义。绿色消费主义要求消费者不购买那些在生产过程或使用过程中造成环境污染和生态破坏的产品。

1988年9月，英国人约翰·埃尔金顿和朱莉娅·黑尔斯撰写的《绿色消费者指南》一书出版。该书对消费者、厂商和零售商的影响非常大。在9个月内居于畅销书的首位，出售了30万册以上。《绿色消费者指南》提请消费者如何用自己的购买行动去鼓励厂商和零售商的环保努力。一般说来，绿色消费者避免使用那些可能危害消费者自身或其他人的产品；在制造、使用或处理上会对环境造成损害的产品；在制造、使用或处理上会消耗过多能源的产品；因其过度包装或制造寿命过短而造成不必要浪费的产品；应用来自濒临绝种动植物或濒临毁减环境物质的产品；因毒性测试或其他目的而使用动物的产品；对其他国家，尤其是第三世界国家，造成不利影响的产品。

（三）"乐活族"的兴起

"乐活族"又称乐活生活、洛哈思主义，追崇乐活生活方式的人又被称为乐活者。乐活，是一个由西方传来的新兴生活形态族群，由音译LOHAS而来，LOHAS是英语Lifestyles of Health and Sustainability的缩写，意为以健康及自给自足的方式生活，强调"健康、可持续的生活方式"。"健康、快乐、环保、可持续"是乐活的核心理念。他们关心自己的健康，也担心着生病着的地球。他们吃健康的食物，穿环保的衣物，骑自行车或步行，喜欢练瑜伽健身，听心灵音乐，注重个人成长，乐活是一种爱健康、保护地球的可持续性的生活方式。

"乐活族"来源于美国。1984年，美国社会学者保罗·瑞恩带领同事苦干15年，依靠发放调查问卷和统计学研究的方法，在1998年写出了《文化创造：5000万人如何改变世界》。在该书中，他提出"乐活"概念。以life styles of health and sustainability中英文单词的第一个字母组成了"LOHAS"这个新词汇，直译过来就是"健康可持续性的生活方式"，再形象一点说，乐活就是在消费时，会考虑到自己和家人的健康以及对生态环境的责任心。作为一种新的生活方式，乐活（LOHAS）不只是爱地球，也不只是爱自己和家人的健康，而是两者都爱的生活方式。跨越地理、种族、年龄的限制，渗透地球人的生命理想，这就是"乐活族"。

随着"乐活族"的兴起，"乐活"市场也应运而生。包括持续经济（再生能源）、健康生活形态（有机食品、健康食品等）、另类疗法、个人成长（如瑜伽、健身、心灵成长等）和生态生活（二手用品、环保家具、生态旅游等）。在美国每4人中有一人是"乐活族"，欧洲约是1/3。社会学家预估，10年内美国将有一半的消费者都是"乐活族"。

LOHAS作为一种生活理念，在美国已经十分普及。为掌握"乐活"市场，"乐活"论坛每年都会举办。这一论坛已经不再是学者们对未来生活物质和人类精神需求如何协调的研究，更近似绿色和可持续方式的物质消费理念推广会。从丰田到福特，所有尝试混合动力汽车和氢燃料汽车的制造商每年都要走秀上台，有机食品生产商们更是不遗余力地往LOHAS概念上靠拢，甚至旅行社也针对LOHAS认同者的增多，频繁打出绿色的自然之旅。按照美国《商业周刊》的说法，如果把所有跟LOHAS概念挂钩的产业都统计在一起，一夜之间美国出现了一个接近4500亿美元的超级消费理念市场。许多大公司也开始关注论坛。例如英特尔和戴尔计算机提供会议期间的计算机和免费无线上网；论坛还展示福特汽车新推出的全球第一台减少空气污染的油电混合车；主持人坐的椅子也是由有机原料制成。瞄准这群"乐活族"的媒体更是应运而生。据估计，美国至少有40本杂志针对这一市场。日本也约有10本杂志针对此市场。

和其他市场不同的是，"乐活"市场的投资人很多是因为自己身体力行，成为"乐活族"，也连带投资"乐活"市场。《华盛顿邮报》报道，二三十年前在科技领域活跃而跻身亿万富翁的科技"旧"贵们，最新的选择是投资

"乐活"。因为他们年纪渐长，开始关心自己和家人的健康，也顺便投资。如美国线上（AOL）创办人凯斯，就投资2000万美元制作瑜伽和彼拉提斯录像带。凯斯对记者说："我相信我们正接近一个转折点，会有越来越多的人寻求更健康、更平衡的生活方式。"应该说，"乐活"是20世纪末许多富裕阶层经历追求逸乐、过度消费的空虚之后，所产生的集体反思。令人欣慰的是，很多人开始追寻与实践一种新的生产方式与生活方式，这种新的"活法"能够保证人类健康、快乐而可持续地发展。于是，走时尚路线的"乐活"让许多人找到了真正优良品质生活的真谛。

（四）服务经济的兴起

20世纪50年代以来，全球经济经历着一场结构性的变革，对于这一变革，美国经济学家维克托·福克斯在1968年称为"服务经济"。富克斯认为，美国在西方国家中率先进入了服务经济社会。富克斯的宣言预示着始于美国的服务经济在全球范围的来临。伴随信息革命和技术的飞速发展，服务经济也随之表现出新的发展趋势。

服务经济是以人力资本基本生产要素形成的经济结构、增长方式和社会形态，是指服务经济中的就业人数在整个国民经济就业人数中的相对比重超过60%的一种经济态势。现代服务经济产生于工业化高度发展的阶段，是依托信息技术和现代管理理念而发展起来的，现代服务经济的发达程度已经成为衡量区域现代化、国防化和竞争力的重要标志之一，是区域经济新的极具潜力的增长点。在服务经济时代，人力资本成为基本要素，土地和机器的重要性都大大下降了，人力资本成为经济增长的主要来源。因此，服务经济增长主要取决于人口数量和教育水平。例如，美国是人口数量较大、教育水平较高的国家，也是服务经济时代的大国。

20世纪中期以来，世界经济结构发生了深刻的变革，自工业革命以来长期占据主导地位的制造业在西方国家国民经济中的比例日渐减少，作用日渐削弱，而各类新兴、门类繁多的服务部门蓬勃发展，全球经济正在进入服务经济时代。随着当代资本主义服务经济的发展，服务在资本主义国家社会经济中的地位和作用与日俱增，一个国家的服务水平也反映了该国的社会经济发展水平以及国际竞争力。

1. 服务业内部结构升级趋势明显

服务业内部结构升级趋势体现为服务业从劳动密集型转向知识密集型，知识、技术含量高的现代服务业逐渐占据服务业的主导地位。服务业内部结构升级从本质上看是人力资本逐步取代物质资本主导经济增长的集中表现，这种升级受经济发展、分工深化和技术进步的驱动。

经济发展使人力资本对现代经济增长的重要性作用日益凸显。技术进步驱动了一些现代新兴服务业如管理、咨询、广告服务的发展。一方面，这些服务业所提供的服务愈来愈以承载专业知识、专业技能或信息为己任，也就是说"服务"产品本身也在"知识化"和"信息化"；另一方面，服务业通过运用不断进步的信息技术使自身的生产率水平得到前所未有的提高，即服务业的生产技术也在"知识化"和"信息化"，如连锁经营、电子商务等服务在全球得到了极大的发展。信息技术，实现了服务产品在全球范围内的规模化经营，如沃尔玛、家乐福都是全球连锁经营的杰出代表。

服务业内部结构的升级趋势在发达国家尤为明显。西方国家在经历20世纪70年代经济"滞胀"现象的窘境后，利用服务业内部结构升级，成功地实现了经济的健康稳定增长。有研究表明，服务业内部结构呈现升级趋势的国家，其国民经济结构的稳定性也会得到增强。在相当大的程度上，发达国家的经济"服务化"实际是"知识化"或"信息化"。在世界经济合作组织的国家中，金融、保险、房地产及经营服务等服务产业的增加值占国内生产总值的比重均超过了1/3。

2. 服务业的全球竞争日益加剧

随着各国服务市场开放度不断提高，服务业全球竞争的格局基本形成。跨国服务企业的迅速崛起，加剧了全球服务业的竞争。以发达国家跨国服务企业在全球范围内的扩张为代表，如国际零售业巨头沃尔玛、家乐福，这些跨国零售巨头的海外销售额几乎占到其全部销售额的50%以上，其全球化可见一斑。另外，金融业、商务服务业等领域也有诸多在全球范围经营的杰出代表，这些领域也成为跨国服务企业的重点拓展领域。

3. 全球制造业的逐步服务化

一方面，许多制造企业的专业服务呈外包趋势，使制造业和服务业之间彼此依赖的程度日益加深。美国企业自20世纪90年代以来，致力于提高企业的核心竞争力，而把企业的专业服务进行全球外包，这一成功的运作，极大地提高了美国产品和服务的全球竞争力；另一方面，服务经济中的制造业对服务的关注热情也是空前高涨，诸如汽车、家电、计算机等许多制造商同服务企业一样注重管理他们的服务，这些制造商已认识到进行全球竞争需要提供优质的服务。服务正成为一个至关重要的竞争手段和提供形成巨大竞争优势的关键潜力。

从通用电气、施乐、惠普到 IBM，这些利润大都来自产品销售的企业正迅速转变为服务提供商。通用电气公司打算通过服务来创造 75% 的利润。IBM 从它为硬件业务所做的基本服务中得到了其收入的 33%，包括计算机租赁、维修和软件服务。太多的制造商正在迅速地卷入服务当中，加入基础生产商品的服务越来越多，延期付款和租赁系统、培训、服务合同、咨询服务等，以通过新的服务领域来获取竞争优势。在制造业工作的 65% 和 76% 的员工也正在从事服务工作，如研发、维修、设计等。可见，当今领先的制造商都是在其传统制造业务上通过增加服务从而获取竞争优势，如果世界上的竞争模仿日益增加，那么服务就是产生差异性的主要手段。服务经济中的制造企业也越来越多地依赖服务并将它作为重要的竞争手段，制造业也会逐步服务化，服务成为当今全球经济的主导要素。

4. 生产者的供给取向转向以最小化的成本向消费者提供服务

由于服务较产品具有无可比拟的减量化特点，目前服务经济已经在有些产业和地区试点性地展开。服务经济改变了传统三种产业划分模式。生产者的供给取向发生了根本性的变化，从以尽可能低的成本供给消费者乐于购买的商品，转向以最小化的成本向消费者提供所需要的服务，生产者花费在物质载体上的成本有最小化趋势。例如，在法国，室内供热由直接向消费者提供壁炉、汽油、煤气和电，转变为提供温暖服务。消费者只需要对温暖付账，而不必关注于温暖从何而来。美国著名的开利空调公司决定从提供"凉爽服务"中获得收益，提出了"出租舒适"的设想。提供"复印服务"的施乐公司被认为是成功实施产业重构策略的典范。该公司的数字复印机系列 95% 可回收利用，其在各地所建立回收分解中心，将可重复使用的部件组装为二手机以较低的价格出售，特别耐用的元配件则被使用于新机器上，最耐用的配件可重复使用 7～8 次。通过不同层面的循环，该公司增加了数亿美元的利润，同时增加了几千个就业岗位。界面地毯公司是又一个成功的典范。该公司发起了一场由卖地毯到提供地板覆盖服务的变革。其主要内容是：由界面公司持有地毯的所有权，每月更换10%～20%表面磨损达80%～90%的地毯，而不是像以前那样更换全部地毯，消费者只需对公司提供的保持地毯清洁、崭新的服务付费。在减少原材料耗费的基础上，该公司提供了更好的服务。在探索了4年之后，该公司收入翻番，职工人数接近翻番，利润则为原先的3倍。

第三节　当代资本主义的生态治理制度

当代资本主义的生态治理制度是在其环境污染治理过程中形成的，普遍经历了"先污染，后治理"的过程，具有丰富的生态治理制度建设经验。具体地说主要有三个演化历程：其一是命令控制型的强制性制度；其二是经济激励型制度；其三是以寻求合作的多元化生态治理制度。

一、以命令控制型手段为主的强制性生态治理制度

工业革命后期，环境污染成为严重的社会问题。从公共经济学的角度来看，环境资源具有公共物品的属性。对此，以保罗·萨缪尔森为代表的经济学家认为，政府作为公共组织的主体提供公共物品更具有效率。其理论依据是：私人厂商生产所造成的环境破坏会使社会福利受损，从而带来负面环境外部效应，而解决环境外部性的根本办法是将外部效应内部化，市场机制本身无法解决外部效应内部化问题，所以国家有必要对此进行干预。外部性理论为政府对企业行为和其他个人行为进行管制提供了理由。20世纪70年代末之前，许多国家在外部性理论指导下开始进行环境规制，政府制定系统庞大的法律法规和标准体系，通过立法形式明确环境保护是国家的一项基本职责，命令控制型政策成为这一时期世界各国主要甚至是唯一的环境规制政策。

（1）资本主义国家通过修改宪法，制定和颁布环境保护基本法，规定国

家在保护环境方面的基本政策，明确国家在保护环境方面的权利和义务。例如，1967年，日本颁布《公害对策基本法》，明确国家和地方政府对防治公害的职责为立法的目的之一。1969年，美国颁布《国家环境政策法》，明确宣布国家的环境政策。1975年，希腊颁布《希腊共和国宪法》，规定保护自然和文化环境是国家的一项职责。1976年，葡萄牙在其颁布的《葡萄牙共和国宪法》中规定，国家必须促进、不断改善全体葡萄牙人的生活质量，防止和控制环境的污染及其后果，等等。

（2）这一阶段各国纷纷设立国家环境保护机构，强化政府的环境保护职责。以美国为例，1969年，美国颁布的《国家环境政策法》对行政机关加以保护环境的职责和履行该职责的程序，并创立国家环境质量委员会辅助总统处理环境事务。1970年，美国国家环境保护局（EPA）正式成立，该机构将原先分散在内政部、健康管理机构、教育与福利机构、农业部门、原子能委员会、联邦辐射管理机构以及环境质量管理机构等众多部门的环境规制职能集于一身，共同致力于环境管理工作。

这个时期，政府在环境保护中的主要功能是从事环境管制，责成污染企业治理污染，修复环境损害，清除环境污染对人类健康的风险，改善环境质量，逐渐将污染治理的责任交还给污染者。管理手段上以许可、审批、标准控制等命令控制型的手段为主，环境立法和环境标准大量出现，环境管理机构在各个国家普遍设立并被赋予强大的职权。命令控制型环境规制在控制环境方面见效快、可靠性强，短期内取得了明显环境管理效果，长期占据环境制度的主导地位。

二、以经济激励手段为主的选择性生态治理制度

20世纪70年代以来，命令控制手段在环境保护方面虽然取得了明显效果，但这类环境政策的弊端也日益暴露。强制性环境政策虽然在短期内成效迅速，但长期内由于其对政府监管有较高要求，存在执行成本高的问题。此外，对于企业来说，缺乏弹性的强制性管制手段会损害企业的效率，抑制企业技术创新的积极性，这促使政府进行环境管制改革，不断寻求新的环境政策工具，以提高环境管制水平。与此同时，发达国家经济发展中暴露出的

"滞胀"现象让人们意识到政府宏观调控存在局限性，必须重新定位政府的职能权限，充分发挥市场机制的作用，才能解决市场经济体制下政府失灵问题。因此，强制性环境政策的低效率以及政府调控存在的失灵问题使得在环境保护中引入市场机制手段成为市场经济体制下的必然要求。

20 世纪 80 年代中期，建立在更灵活以及符合成本效益基础之上的经济激励型环境政策日益受到重视，环境管制进入以经济手段为主要政策工具的第二阶段。经济激励型的环境政策是指通过市场信号为企业提供经济激励，引导企业在追求自身利益的过程中实现污染控制目标。环境经济手段包括庇古手段和科斯手段两大类。其中庇古手段是侧重于以政府干预的方式解决生态环境问题的经济手段，如环境税费制度、押金返还制度、环境补贴制度等环境制度类型。科斯手段是侧重于以市场机制的方式解决生态环境问题的经济手段，包括排污权交易制度、自愿协商（讨价还价或兼并）、国际补偿制度等。

经济激励型环境制度相比命令控制型环境制度具有一定的优越性：对于企业来说，它使经济主体获得一定程度选择和采取行动的自由，为企业采用廉价和较好的污染控制技术提供了较强的刺激。对于政府来说，经济激励型制度为政府提供了一个资金来源的重要渠道，如环境收税、排污权的初始拍卖均可为政府带来财政收入。基于经济激励型环境制度的优越性，20 世纪 80 年代中后期，经济激励政策得到各国普遍重视，制度的适用范围逐渐从 OECD 成员国扩展到部分发展中国家，被广泛地运用于污染物的控制中，同时也得到不断改革和完善。尽管如此，在实际的环境管理中，政府的命令与控制的强制性手段仍占绝对比重，经济手段只是作为规制手段的有益补充而形成所谓的"混合制模式"。[①] 原因在于，虽然理论上经济手段相对于管制手段优越，但在实践中，经济手段的实施存在诸多障碍，如环境资源经济价值难以评估，经济手段实施效果的发挥存在时滞，环境成效不确定性大等；而且在市场体系不健全时，排污税、补贴和可交易的排污许可证等工具无法有效地发挥作用，这些因素均制约了经济激励政策作用的发挥。

---

① 周纯、吴仁海：《环境政策手段的比较分析》，《中山大学学报论丛》2003 年第 3 期。

三、以寻求合作的多元化生态治理制度

20 世纪 90 年代以来，全球性生态危机日益严重，公众对环境公共物品的需求不断提高，发达国家纷纷制定了可持续发展战略，可持续发展战略的实施需要强化政府职能，对传统的经济发展模式进行改革，而政府资源的有限性和特殊利益集团的"寻租"行为使其在处理环境问题时存在局限性，迫切需要社会各界广泛参与、共同合作，运用多元化手段治理环境污染问题。此外，现代的公共经济学和公共管理学等学科的发展也使公众认识到：环境准公共物品可以由多元化主体来提供。在现实生活中，欧美一些国家也印证了公共物品私人供给的可能性，出现了在城市垃圾及其他废弃物的回收处理、公共环境卫生、污水处理、城市绿化等领域的环境保护的私人供给。基于环境公共物品多元化提供的现实需要和理论可行性，从 20 世纪 90 年代开始，环境保护由将命令控制型、经济刺激型和自愿参与型结合起来的多元化治理时期。发达国家政府大量采用建立在自愿和多元合作基础上的环保措施。

自愿参与型生态治理制度主要是指除政府外，公众与企业也自愿参与到环境保护中，它一般不具有强制性的执行要求。其中，公众参与型环境保护主要是通过国家扩大公众的环境权益，鼓励民间环境保护组织发展的途径来实现的。发达国家环境保护政策在 20 世纪 90 年代已开始向着确定公民的环境权益、鼓励公众参与环境保护的方向转变，具体表现为赋予公民更多的环境权益，如环境监督权、环境知情权、参与环境决策权、环境索赔权等，公民可通过司法途径参与环境保护。同时，鼓励环境社会组织以及社会环保团体的发展，如允许自由缔结环境社会组织、环境互助组织等，公众可以通过成立或参与环境 NGO 来表达、实现自身的环保意愿。公众参与环境保护不仅有助于改进决策的质量与合法性，而且还能够增进环保参与各方的信任与理解。公众参与程序在许多国家已经普遍融入各项环境管理和决策程序中，公众参与机制的建立和有效运作成了衡量环境管理制度完善程度的重要指标。

此外，企业自愿参与型的环境制度指的是由行业协会、企业自身或其他主体提出的、企业可以参与也可以不参与、旨在保护环境的协议、承诺或计划。在现实生活中主要包括环境认证、环境审计、生态标签、环境协议等形式。通过企业自愿参与型环境制度，对于企业来说，可以在市场上树立良好

的形象，减轻来自环保利益集团的压力。对于国家来说，企业主动参与环保，不仅可以节省政府用于监督的污染企业的成本，还可以弥补环境规制机构监督能力的不足。自愿性环境规制在发达国家中应用非常广泛，并在环境保护中发挥了重大作用。政府、企业与公众的多元合作，管制手段与市场机制、公众参与机制的相互协作是当今发达国家环境保护的主旋律，实践证明，只有这样才能从根本上解决环境危机。

第四节　当代资本主义生态治理的评析

当代资本主义生态治理的逻辑起点是生态危机。我们要透过现象看本质。为什么会出现生态问题？马克思主义认为，当代资本主义生态危机的根源是资本逻辑的普遍支配。资本逻辑，简单地说就是以追求利润最大化为根本目的、不惜任何代价追求经济增长的逻辑。

一、当代资本主义生态危机的根源是资本逻辑的普遍支配

资本逻辑贯穿于资本主义生产方式之中，资本主义生产方式作为资本逻辑存在的载体，进一步促进了资本逻辑的运行和普遍化。"资本主义生产方式以人对自然的支配为前提"，[1]因此，这种生产方式决定了其运行逻辑必然是一种人对自然进行支配和剥削的逻辑。

但是，仅仅有人对自然的支配并不足以构成资本主义生产方式顺利运行的全部要素，其中还存在着人对人的支配。"良好的自然条件始终只提供剩余劳动的可能性，从而只提供剩余价值或剩余产品的可能性，而决不能提供它的现实性。"[2]即自然界只能提供物质前提，然而，"产业越进步，这一自然界限就越退缩。在西欧社会中，工人只有靠剩余劳动才能买到为维持自己本身

---

① 《马克思恩格斯全集》第44卷，人民出版社2001年版，第587页。
② 《马克思恩格斯全集》第44卷，人民出版社2001年版，第588页。

而劳动的许可"。^①也就是说，资本主义生产链条中剩余价值的创造，除了人对自然支配这一前提条件，还需要另外一种现实条件，即人对人的支配，资本家对雇佣工人的支配。因此，自然界仅仅使剩余价值的生产具有可能性，可供资本家支配的雇佣工人的剩余劳动才是实现剩余价值、维持资本逻辑运行下去的现实条件。

人对自然的支配以及人对人的支配从根本上是源于资本主义的本性的。列宁曾经指出，资本主义的本性一方面增加资本的积累并无休止地扩大生产和消费；另一方面却使无产阶级更为贫困化，并限制他们的消费。资本主义的本性滋生了人对自然的支配，使得人变本加厉地向自然进行索取，与此同时，也加深了人对人的支配，使得社会的富有变成了一部分人的富有，私有财产日益集中到少部分人手里，多数人沦为彻底的无产阶级。因此，隐含于资本主义生产方式之中的人对自然的支配与人对人的支配便产生了两种异化。一方面，人对自然的支配造成了人同自然界相异化，即生态异化。自然为资本家服务，工人越是进行劳动，就越丧失自己"无机的身体"，丧失生产资料与生活资料，使自己从属于资本家，强化了人对人的支配。另一方面，这种人对人的支配下产生的异化劳动造就了人同人的类本质相异化，从人那里夺走了作为自身对象化的自然界，使人同其之外的自然界相异化。因此，生态异化又源于资本主义的这种人支配人的剥削关系。所以说，资本主义生产逻辑下的两种支配是相互交织、互相强化的。

资本逻辑的本质催生生态危机。在早期资本主义阶段，资本积累促使资本家不惜任何代价扩大生产，提高利润。恩格斯在《英国工人阶级状况》中考察了当时处于资本逻辑支配下的快速工业化的英国的状况。他首先描述了伦敦极少数地区以外的英国全部的工人阶级的居住情况，对其周围的居住条件与卫生状况作了考察；对于工人的劳动环境以及河流、大气污染状况也都作了相应的描述。"到处都是死水洼，高高地堆积在这些死水洼之间的一堆堆的垃圾、废弃物和令人作呕的脏东西不断地散发出臭味来污染四周的空气，而这里的空气由于成打的工厂烟囱冒着黑烟，本来就够污浊沉闷的了。"^②可

---

① 《马克思恩格斯全集》第44卷，人民出版社2001年版，第589页。
② 《马克思恩格斯全集》第2卷，人民出版社1957年版，第342页。

见，为了提高利润，资本家们不仅摧残着工人的身体和精神，也破坏了自然环境；一方面支配着工人阶级，另一方面也支配着自然界，造成了人的异化与生态异化并存的局面，产生了深刻的生态危机。尽管这种严重破坏环境的工业资本主义早期阶段的情形现在看似有所收敛，但其追求利润最大化而回避环境责任的逻辑依然存在，只是不再那么赤裸裸了。资本逻辑驱使资本进行快速积累，但对于造成的环境影响却置之不理甚至无能为力。资本主义工业社会以大工业的形式降服了自然力并使之最大限度地为人类服务，其所产生的生产力的确远远高于以往任何时代。然而，恩格斯也曾一针见血地指出，人类对于自然界的"每一次胜利，起初确实取得了我们预期的结果，但是往后和再往后却发生完全不同的、出乎预料的影响，常常把最初的结果又消除了"①。尽管过了几百年，但恩格斯的见解仍然振聋发聩。资本逻辑在追逐剩余价值最大化的过程中驱使生产者对自然资源和生态环境进行商品化处理，将成本外在化，这一点随着资本主义生产方式的不断扩大而愈演愈烈。这样，随着资本的不断积累，资本主义工业社会的生态问题逐渐凸显。

资本逻辑运行于资本主义生产方式当中，是资本主义经济的固有属性。资本逻辑追求短期回报，环境改善需要长期规划，二者之间存在着尖锐的矛盾。随着资本逻辑支配地位的普遍确立，其所带来的生态危机也必然逐渐扩大，进而形成全球性问题。

二、辩证分析当代资本主义的生态治理

从当代资本主义生态治理的政治路径来看，西方国家的生态治理是在民间社会运动推动、政府制定政策及国际污染转移等多种途径中推进的。从区域生态效益或某一产业领域的角度看，污染已得到一定程度的改善或控制，但是从全球整个人类的生存环境看，是失败的。无论如何，绿党在欧洲国家的政治参与和社会活动是值得肯定的。欧洲绿党在欧洲国家政府中开始占有一席之地，有的甚至参加联盟组阁，这为欧洲国家生态治理提供了一定的政治机遇。绿党政策在政府中能否得以贯彻及其绩效对西方国家生态治理意义

---

① 《马克思恩格斯全集》第4卷，人民出版社1995年版，第383页。

非凡。生态治理的推动需要一个生态制度的建立。西方国家的绿党通过社会的环保运动和参与政府政策，将绿色理念、生态环保带入政府决策，具有历史的进步意义。逻辑上，绿党进入政府，参加政府的政策制定将会助推生态环保政策的制定、生态机制的构建。但事实上，欧洲多国的执政绿党并没有在实践中一直表现出令人鼓舞的成绩。这是因为，有的绿党并不认同权力能够带来生态的改善，有的绿党获得执政地位后因为意识形态的影响反而把自身置于选民争取中的不利地位。绿党公开希望超越阶级界限，超越左派和右派，把与人民和自然界共存亡当作自己的最高目标。绿党的主张既不是资本主义的，也不是社会民主主义的，更不是社会主义的。它的出发点是全人类的，是整个人类和地球的生存，不分阶级与阶层。这种意识形态与现存的国家权力机制与结构是格格不入的，这也导致绿党在推进生态治理中效果大打折扣。

从当代资本主义生态治理的经济路径来看，生态治理离不开物质基础的支撑，促进经济持续发展与产业转型是生态治理的内在要求。发达资本主义经济发展中遇到的生态环境问题制约了经济的增长，加剧了严重的失业问题。民众的生活失去保障、居住环境恶化，民众对政府的不满引发社会的动荡与不安，这些新的问题考验和挑战着当代资本主义政府的政策与战略。面对生态危机引发的生态社会问题，资本主义国家的政府不得不进行政策调整。从20世纪60年代开始，资本主义国家通过开展绿色运动、发展循环经济、实现生态现代化及污染产业的国内控制与对外转移等不同途径，修复本国的生态环境，改善本国的经济发展的条件与环境，保持本国的经济增长。从当代资本主义国家生态治理的进程和效果来看，西方国家较早开始探索生态治理的道路。被生态环境危机所困扰的西方国家从20世纪60年代开始，经过20年来自各方面的努力，到20世纪80年代它们基本控制住了污染问题，普遍较好地解决了国内环境问题。20世纪90年代以来，西方国家普遍开始追求一种更为合理的、可持续的发展道路，它们对生态环境保护的强调、采取的措施以及所取得的成就都令世界瞩目。法国和德国严禁采原煤，德国和日本发展循环经济，荷兰、丹麦等北欧国家以自行车作为交通工具的普及率达到了30%左右，英国建设核电站的谨慎态度，美国大森林的恢复以及对大面积国家公园行之有效的保护，等等。经济发展、社会稳定、人们生活富裕、生态环境良好的现状表明，西方国家的生态治理取得了一定成就，可以说，生态文明在这些国家已初现端倪。西方发达国家在资本主义制度框架下对生态发展模式进行了多元探索，资本主义正在再造自我，在未来可能建立新的社会积累与经济结构，但是依然摆脱不了资本主义体制路径依赖，无法从根本上化解生态危机。

三、当代资本主义生态治理的启示

第一，生态文明发展是一种历史必然。随着地球人口密度的增加，人类的物质需求增长和废物排放增加，都将逐步逼近自然环境可以承受的极限。虽然技术进步可以部分缓解环境压力，但仅有技术进步是不够的。人类生产、生活方式和现代化模式的生态转型是必需的。生态文明发展逐步成为一种不可逆转的世界潮流。

第二，生态文明发展不会一帆风顺。生态文明发展需要理性处理经济与环境的关系。随着经济波动和环境变化，人们的观念也会发生变化。当经济衰退时，环境保护意识会受到挑战。当发生环境危机时，经济增长会受到质疑。要发展经济，还是要保护环境，在不同条件下有不同答案。当然，发展经济与保护环境双赢是最理想的，生态文明必将是在争论中前行。

第三，生态治理需要创新和学习。生态治理要求环境友好的技术创新和制度创新，要求生态合理的结构转变和模式转变。在这个过程中，观念的变化和绿色发展理念的树立是关键。在生态文明发展的先行国家，创新和观念变化是本质所在。在生态文明发展的后行国家，学习和观念变化是重点，地域性创新也是必不可少的。创新和学习，是推动生态治理的两个杠杆。

第四，生态治理需要国内合作。生态文明是一次深刻变革，涉及经济、社会、政治、文化和个人行为方式的转变。变革必然会引发社会利益的重新分配和触动某些阶层或群体的既得利益。政府、企业、社会公民等，都面临变革的冲击。各个层面既是变革的力量，也是变革的对象，因此，全民合作和民主参与，是生态文明的一个典型特征。

第五，生态治理需要国际合作。人类只有一个地球，大气循环、水循环、碳循环、物质流动和能量流动等都是在全球范围内进行的，它们跨越了国界，超越了民族。全球气候变化、臭氧层破坏、空气污染扩散、废物污染转移、生物多样性保护、自然资源和能源的合理开发和利用等，都需要全球公民的通力合作。

第六，生态治理没有最佳模式，只有最适合自己国家的方案。从世界范围来看，生态文明可以分为两大类型。第一种类型，工业化后的生态文明。其主要代表模式为：一是欧洲的生态现代化，比较具有"理想主义"的特征。绝大多数欧洲国家的国土面积比较小，受国际环境的影响比较大，而且西欧国家具有优良的学术传统。它们首先提出生态现代化，推动欧盟的环境合作，并积极向世界其他国家传播生态现代化。二是北美地区的生态社会范式或生态革命，比较具有"实用主义"的特征。北美地区的国家，地大物博，自然条件得天独厚。它们首先提出工业生态学，推动了环境立法和环境治理。提出生态经济学，进而提出生态社会范式的转变。第二种类型，工业化过程中的生态文明。其表现为发展中国家的生态文明，应该具有"现实主义"的特征。所以，中国应结合国情，推进中国特色社会主义生态文明的进程。

第 十 一 章

当代资本主义的发展模式

资本主义国家的发展模式不是全球同步、路径统一的，是随国家的不同而不同。尤其是 20 世纪 90 年代初，苏联解体后，世界从两极分化逐步形成一极多元的格局，资本主义国家不同发展模式之间的差异变得更加明显。本章运用马克思主义政治经济学的基本方法，构建一个当代资本主义的发展模式基本分类，结合其主要特征比较其异同点，以期获得清晰的框架性认识。

第一节　当代资本主义发展的不平衡性与多样性

马克思的经济学理论是关于资本主义发展不平衡性与多样性的理论。当代资本主义社会生产过程中，体力劳动逐渐减少、脑力劳动占比增多及自动化程度加深，导致劳动对资本的隶属性愈发增强。在现实中，当代资本主义经济的迅速发展和巨大变化，在马克思的经济学理论中得到充分阐释。

一、马克思主义关于资本主义发展不平衡的概述

马克思的经济学理论是关于资本主义发展的理论，100 多年来的资本主义发展，在一些重要的方面证实了马克思对于资本主义的理论分析。同时，现代资本主义的变化并没有改变资本主义生产方式的内核，马克思在理论上所揭示的各种经济规律仍然会发生作用。[1]

---

① 邱海平：《正确认识马克思的经济学理论与资本主义发展的关系》，《教学与研究》2007 年第 7 期。

"经济和政治发展的不平衡是资本主义的绝对规律。"[1]列宁的这一论断及对资本主义本质的深刻见解,不断得到实践验证。当代资本主义的发展正是如此。资本主义发展不平衡的规律,在当代资本主义发展中主要表现为资本主义国家分化为发达国家和发展中国家,二者之间结构性不平等日益突出。同时,由于各个国家经济、政治和文化传统不同,发展模式各有特点,从而使当代资本主义发展呈现出不平衡性与多样性。

马克思主义关于资本主义发展不平衡,从其形成的原因和条件、表现范围和特点、对政治经济的作用和影响等方面进行了研究,概括说来,主要有以下几个方面的内容:资本主义发展不平衡规律是由资本主义制度的本质决定的;垄断是资本主义发展不平衡规律充分发挥作用的重要条件;资本主义发展不平衡表现在各个方面并呈现出发展跳跃性等特点;经济不平衡决定政治不平衡,政治不平衡有其相对独立性并反作用于经济不平衡;发展不平衡规律发生作用的起点是经济不平衡,结果是政治地位和经济实力暂时相称。[2]

二、当代资本主义发展不平衡的表现

"任何一个资本主义国家,任何一个经济部门,在市场的统治下,都没有也不可能有均衡的发展。"[3]列宁的论述表明,资本主义发展不平衡,是由资本主义制度的本质决定的。第二次世界大战世界经济,从自由竞争走向垄断,让资本主义发展不平衡规律日益彰显。

各种数据证明,资本主义的贫富差距在不断扩大,资本收益与劳动收益相较,前者越来越占据优势,后者根本无力逾越、无力改变其从属地位。当代资本主义发展的不平衡性主要表现在以下几个方面:当代发达资本主义国家和地区之间发展的不平衡;当代资本主义发达国家和发展中国家发展的不平衡;当代发展中资本主义国家之间发展的不平衡;当代资本主义各主要经

---

[1] 《列宁选集》第 2 卷,人民出版社 2012 年版,第 554 页。

[2] 刘儒:《当代资本主义专题研究》,红旗出版社 2020 年版。

[3] 《列宁全集》第 15 卷,人民出版社 2012 年版,第 104 页。

济领域发展的不平衡性。

三、当代资本主义发展不平衡的原因

造成当代资本主义发展不平衡的原因是多方面和错综复杂的。资本主义国家之间因资源禀赋差异、科学技术的不同发展水平、劳动生产率的不同增长速度、经济结构及调整方式的不同方式以及资本主义国家之间不同的经济、政治、文化条件以及历史传统等，都对当代资本主义不平衡发展产生了不同程度的影响。

社会变革的主体力量必然是以团结、集合的力量出现，无论是生产组织还是社会组织都离不开相互协调与合作。而资本主义生产的分散化和碎片化，加上资本主义以追逐利润为目标的生产，不可能解决当代资本主义发展不平衡，促使人与自然和谐共处。当代资本主义发展不平衡的主要原因在于：（1）垄断的进一步发展是当代资本主义发展不平衡规律充分发挥作用的根本前提和基础；（2）科技发展速度和水平方面的不平衡是影响当代资本主义不平衡发展的一个重要因素；（3）全球化的迅猛发展是当代资本主义发展不平衡进一步加剧的一个关键原因。[①]

四、当代资本主义发展不平衡对世界经济政治格局的影响

资本主义国家之间发展不平衡的加剧，使得资本主义国家之间的发展差距越来越大，资本主义社会内部矛盾越来越深，资本主义国家之间发展的不平衡问题越来越突出。20世纪上半叶的两次世界大战，就是资本主义各国经济发展不平衡导致各国矛盾加深和激化的必然结果。第二次世界大战后，资本主义国家和地区之间在政治经济发展方面的不平衡，引发资本主义各个国家和地区之间矛盾的尖锐化。美国霸权在苏联解体后，也逐步面临衰落的趋势，世界经济政治多极化的趋势不断得以强化；区域经济一体化迅猛发展，

---

① 刘儒:《当代资本主义专题研究》，红旗出版社2020年版。

诸如 RCEP、CPTPP 等区域合作协议不断签署达成及拓展。

五、当代资本主义发展的多样性

当代资本主义经济政治发展不平衡使得资本主义世界体系的发展水平是极不平衡的，不同资本主义国家的发展模式是不同的，在政治、经济、社会发展等方面都有着明显差异。因此，当代资本主义的发展呈现出多样性，这种多样性既是资本主义发展不平衡的必然结果，也与各国具体的经济、政治、文化条件以及历史传统有着直接关系。当代资本主义发展的多样性，突出体现在两个方面：一是"发达与后发"或"中心与外围"资本主义发展的差异性；二是资本主义发展模式的多样性。

（一）"发达与后发"或"中心与外围"资本主义发展水平的差异

在资本主义的世界体系中，处于"中心"的少数发达资本主义国家和处于"外围"的广大后发的资本主义国家，虽然都是资本主义制度，且共同存在于世界范围的资本循环过程中，但由于它们的国内基础和历史条件大不相同，加之在资本主义国际循环中所处的地位不同，其发展程度也不同。

1. "发达与后发""中心与外围"资本主义发展水平的差异是伴随着殖民主义体系的形成而产生的

19 世纪后半期，为了追逐全世界的原料产地，寻求投资场所和商品市场，各资本主义强国加紧了对外扩张，纷纷占领殖民地，掀起瓜分殖民地的狂潮。到第一次世界大战时，世界领土已经被垄断资本主义列强瓜分完毕。历史的事实证明，"发达与后发""中心与外围"资本主义世界体系的形成，是资本主义制度本身造成的，是以殖民为现实基础的。

2. 旧殖民体系的瓦解并未使后发或外围资本主义摆脱落后局面

第二次世界大战结束后，开始了一个世界范围内的民族解放运动的新高潮。绝大多数过去殖民地附属国获得了独立，帝国主义的旧殖民体系土崩瓦解了。然而，旧殖民主义体系的瓦解并没有触动旧的国际经济秩序，没有结束发达资本主义国家对后发资本主义国家的盘剥，相应地后发或外围资本义贫穷落后的局面就不可能从根本上扭转。

3. 全球化发展将进一步拉大"发达与后发""中心与外围"资本主义发展水平的差异

随着金融全球化和投资一体化进程的逐步深入，国际资本流动将日益频繁，各国将面临着资本的流入和流出。经济全球化并没有使当代世界经济体系成为以西方为样板的一元的统一模式；相反，随着全球化的推进，发达国家利用其对全球化的主导地位，集中积聚全球资本，实现其对世界市场的控制，大批后发的资本主义国家被进一步边缘化。主要原因有以下两点：第一，发达资本主义国家金融市场比较完善，市场上的资金交易成本低，投资的预期收益高于后发的资本主义国家，因此有利于组合股权投资和私人资本进入发达资本主义国家。第二，发达资本主义国家政治风险小，对产权保护程度高，这将促使更多外商投资涌入发达资本主义国家以获取长期稳定的投资收益。反观后发国家，一方面，后发国家经济增长速度较快，工资水平低，投资的预期回报率高，因此对外商投资企业也具有较大的吸引力；另一方面，后发的资本主义国家高速增长的同时也存在一定程度上的经济泡沫，资产价格虚高，经济增长的定力不够，潜在的投资风险较大。此外，由于金融体系不完善，对外来资本管制较严，一定程度上限制了组合股权投资和国际"游资"的进入，将进一步拉大"发达与后发""中心与外围"资本主义发展水平的差异。

（二）当代发达资本主义国家发展的多样性

老牌发达资本主义国家同新兴发达资本主义国家（如加拿大、澳大利亚、新西兰等）之间经济发展的差距，是第二次世界大战后资本主义发达国家之间呈现出多样性特点的原因，也是经济发展不平衡的一个重要表现。从20世纪70年代末80年代初到21世纪初资本主义新的危机爆发这段时间，新自由主义在西方主要资本主义国家中几乎都居于主流地位。在不到30年的时间里，资本主义国家的贫富差距骤然扩大，甚至已经超过了1929年资本主义世界严重经济危机爆发之前的状况。[①]

[①]　王曦、陈中飞：《发达国家长期停滞现象的成因解析》，《世界经济》2018年第1期。

1. 发达资本主义国家特征鲜明而又形式多样的发展模式

发达资本主义国家之间不仅在发展水平上存在一定的差异，而且在经济发展模式、治理国家的具体方式、文化传统和价值观念等诸多方面，也都存在着明显区别。这种在长期历史发展中形成的多样性，是根深蒂固的。

第二次世界大战以后，资本主义社会生产力的长期持续稳定增长，为资本主义各国在寻求合适国情的发展模式提供了机会。这一历史背景下，发达资本主义出现了形式多样又具有鲜明特征的发展模式，资本主义发展模式的多元性得到了广泛认同。"不同国家中存在的真实的各种资本主义，对重大社会问题不会提供单一的答案，不会提供'一条最美好的道路'。与此相反，资本主义像生活一样，是多种多样的。"[①]

2. 发达资本主义国家发展多样性在矛盾与竞争中进一步显现

追逐利润的内在动力、资本竞争的外在压力以及维护资本主义世界"中心与外围"体系的共同目的，促使发达资本主义各国联合成为一个整体。但发达资本主义并非没有矛盾、处处和谐的统一体，各种模式和各个国家之间充满了矛盾和权衡，这从另一方面体现了当代发达资本主义国家发展多样性的特点。

发达资本主义国家之间的竞争和较量，主要围绕如何维护本国垄断资本的私利、怎样最大限度地获取资本利润最大化展开的。竞争的内容包括经济、政治和军事等方面，其中经济领域的矛盾和竞争是焦点，这些矛盾和竞争，体现了发达资本主义国家之间的分歧和矛盾，也表现出了发达资本主义国家发展的多样性。发达资本主义的矛盾和竞争，突出表现在各个模式在不同阶段优势地位的此消彼长方面。

（三）当代后发的资本主义国家发展的复杂性

进入 21 世纪不久，资本主义就经历了一场严重危机，这场危机表面上看是次贷危机引起，是资本主义金融体系监管不严等多方面原因所致，但究其本原是资本主义自身矛盾使然，资本主义难以克服的周期性矛盾在继续发挥

---

① 〔法〕米歇尔·阿尔贝尔著，杨祖功、杨齐、海鹰译：《资本主义反对资本主义》，社会科学文献出版社 1999 年版，第 13 页。

作用。资本主义此次危机也绝非仅对其经济领域产生影响，而是一场波及民主政治、价值观等各领域的复杂的系统性危机。[①]

1. 后发的资本主义国家复杂多样的社会背景和经济结构

美国著名经济学家托达罗在《第三世界的经济发展》[②]一书中，列举了发展中国家存在的一些共同或相似特点，包括生活水平低、劳动生产率低、人口增长率高、失业和不充分就业水平高、在国家关系中处于劣势地位、对发达国家具有依附性等。但同时，他也特别强调了发展中国家在社会背景和经济结构方面的差异。

从社会背景来看：后发的资本主义国家是在原殖民地基础上，经过民族独立斗争建立起来的。在获得独立之前，大多数后发的资本主义国家都曾是西方发达资本主义国家的殖民地属国，不同殖民传统和当地民族多种多样的文化传统结合起来，使各国形成了不同的制度和社会模式。

从经济结构来看：在产业结构方面，后发资本主义国家的产业结构虽然都处于较低水平，第一产业即农业在国家经济中仍占有较大比重，但不同国家在产业结构上具有惊人的悬殊。在经济成分方面，后发的资本主义国家的经济成分非常复杂，有原始的自给自足、部落经济、封建经济、小商品经济、中小资本、国家垄断资本以及外国资本等。

2. 后发的资本主义国家发展水平不一的状况

后发的资本主义国家之间存在的差异，决定了它们在发展中国家不可能是同步的，必然会在经济发展水平上具有很大的差距。后发的资本主义国家水平不一的发展状况，主要表现在：第一，所处的发展阶段不同；第二，发展速度和发展水平不同。

3. 后发的资本主义国家形式多样的发展模式

后发的资本主义国家，由于各国国情有很大差异，其具体形态也必然各有特色，形成不同的模式。不仅如此，而且后发的资本主义国家在民族性质、历史传统文化特征、经济社会结构等方面，都存在着显著的区别。此外，与发达资本主义国家不同的是，它们在经济发展中，受外部的特别是来自西方

---

① 童晋：《21世纪初欧美左翼学者关于社会主义的观点及其评析》，《马克思主义研究》2019年第11期。

② 〔美〕托达罗著，于同申等译：《第三世界的经济发展》（上下册），中国人民大学出版社1988年版。

的影响较大，而不同地区的后发的资本主义国家所受的影响也不同，如拉丁美洲受美国影响较大，东亚受日本影响更多，而非洲受欧洲影响较深。这样，本民族文化和外来文化的交汇、碰撞，就会产生各种不同的效应，形成多种多样的经济模式。

第二节　当代资本主义几种主要发展模式

发展模式指在经济、政治、社会发展中，形成的固定或比较固定的发展形式，它不是一成不变的。在资本主义发展史上，只有那些在经济发展上取得巨大成就，综合国力处于强国地位乃至霸主地位的国家，其经济、政治、社会体制才是一种具有代表性的范式。本节将以美国、德国和日本等为例进行分析。

一、自由放任资本主义模式——以美国为例

美国模式，是以美国为主的资本主义市场经济发展模式，秉承自由放任资本主义，也被称作新美国模式、盎格鲁—撒克逊模式、"市场引导型资本主义"、"股票资本主义"等，英国、加拿大、澳大利亚、新西兰等国均属此模式，在西方资本主义国家的各类发展模式影响深远。2016 年特朗普上任后其内政外交理念基本政策导向是"美国优先"，即从"世界的美国"或"美国的世界"回归到"美国的美国"，但美国模式传统自由主义及所秉持的价值观由于新媒体的迅速发展和强烈冲击，影响深远。[1]

（一）美国模式的形成

1. 大萧条：曼彻斯特模式的终结

美国模式首先是在英国形成和发展起来的。英国创立了第一个资本主义

---

① 李强:《当代美国保守主义思潮研究》,《当代美国评论》2019 年第 4 期。

发展模式——曼彻斯特模式（与英国有着特殊历史、政治关系的美国亦是这个模式的主要代表），以无可抗衡的优势贯穿了整个 19 世纪，并在 20 世纪 20 年代达到了辉煌的顶点。这个模式的典型特征是自由放任的市场经济，它以古典经济自由主义奠基人亚当·斯密的"自然秩序"思想为指导，反对政府干涉经济活动。亚当·斯密赞扬市场这"一只无须人为控制和有意为之的'看不见的手'能自动地促进社会效益的增长"，是使社会处于自然、健康状态的保证。政府的职能仅限于三个方面：一是保护国家免受外来侵犯；二是保护公民免受不公正的压迫；三是建立和维持公共机构。

在自由放任的思想推动下，摆脱束缚的资本主义经济获得了前所未有的发展，资本利润率空前高涨。在经济飞速增长中，曼彻斯特模式以自由、平等、民主为政治价值目标的议会体制逐渐走向成熟。同时，由于资本利润渠道在国内饱和，为资本服务的政权必然凭借强大的实力向海外寻求发展空间，由此，曼彻斯特模式以武力拓展殖民地的对外关系特征便相应形成。因此，曼彻斯特模式可以简单地概括为如下几点：（1）自由放任的市场经济体制；（2）以自由、平等、民主为政治价值目标的议会体制（政治体制）；（3）以武力拓展殖民地的对外关系（旧殖民主义）。然而，1929—1933 年的大萧条宣告了曼彻斯特模式的终结。这场资本主义历史上前所未有的大危机造成了大批企业倒闭和大规模的工人失业，在资本主义世界造成了严重的社会动荡，这就意味着曼彻斯特模式的指导理论古典经济自由主义的破产。

卡尔·波兰尼在《巨变：当代政治与经济的起源》①一书中写道，19 世纪的文明已经崩溃。19 世纪的文明建立在四个制度之上。第一是均衡制，它在整整一个世纪内防止了霸权之间长久而毁灭性的战争；第二是国际金本位制，它象征着一个独特的世界经济组织：第三是自律性市场制，它造就了前所未有的物质繁荣；第四是自由主义国家制。在这些制度中，金本位制最具关键性，它的崩溃是这个大变动的近因。当它要崩溃时，其他制度也在各种徒劳无功的挽救过程中牺牲了。但是金本位制的源泉和母体是自律性市场制度。正是这个新制度配置了一个特殊的文明。金本位制其实不过是企图将国内的市场制扩展到国际领域上的一种制度；均衡制则是金本位制的上层建筑，且

---

① 〔匈牙利〕卡尔·波兰尼著，黄树民译：《巨变：当代政治与经济的起源》，社会科学文献出版社 2013 年版。

局部通过金本位制来运作；自由主义国家制度本身则是这种自律性市场制的产物。19世纪各种制度的系统的关键乃是支配市场的一些规律，资本主义从此进入了"罗斯福秩序时代"。

2. 滞胀："罗斯福秩序时代"的终结

"罗斯福秩序时代"模式强调对曼彻斯特模式中放任不羁的市场加以政府干预和管束，其指导理论是凯恩斯主义。凯恩斯反对古典学派的"萨伊定律"，主张通过刺激有效需求实现充分就业。凯恩斯认为，资本主义市场并不先天具备自动调节供给与需求的机制，一定程度的、以需求为导向的，积极财政政策的政府干预行为是解决失业问题的方法。凯恩斯反对古典自由主义的"自然失业率"理论，主张充分就业。

大萧条虽然未能使罗斯福改变对私人企业制度的推崇，但大萧条的严酷现实使其接受了凯恩斯主义理论，他相信："联邦政府应该在市场无所作为时采取行动，某种程度的政府计划对于刺激经济增长是必要的"。① 同时，他也敏锐地意识到就业是经济的基本问题，大规模的失业会造成灾难性的社会动荡，由此得出政府必须介入劳工就业市场的结论。

在凯恩斯主义理论和罗斯福新政实践的共同作用下，一个以政府全面干预经济、主张充分就业和刺激有效需求为特点的"罗斯福秩序时代"模式终于形成。这一模式在美国持续了近半个世纪，并在第二次世界大战后深刻而广泛地影响了西欧资本主义国家。社会保障体系的普遍建立是这一模式实践的鲜明特点。1935年8月，罗斯福签署了《社会保险法》，英、德、瑞典等国在第二次世界大战后相继宣布建成福利国家。这一模式另一大特点是劳工运动获得了很大发展，在劳工运动并不发达的美国，工人在罗斯福新政期间的入会率从9%跃升至34%；在德国、瑞典、荷兰等国的工会成为社会政治生活的重要角色，实行了工人与资本家共同参与企业管理的劳资共决制度。

"罗斯福秩序时代"是资本主义历史上经济发展最为迅速、劳资关系相对和谐、社会相对稳定的时期，史学家称为资本主义历史上的"黄金时代"。因此，"罗斯福秩序时代"可以简单概括为如下几点：尊重市场，政府干预，社会保障，劳资合作。然而，1973—1975年，资本主义世界发生的滞胀危机宣

---

① Daniel Preston，20th century United State History，Harpercdllins Publisher，2001：43.

告了凯恩斯主义的破产，资本主义发展开始转入里根－撒切尔时代。

面对20世纪70年代的滞胀危机，凯恩斯主义成了众矢之的，西方世界充斥着一片古典经济自由主义的复古氛围。为了反对政府干预，20世纪70年代末80年代初，英国前首相撒切尔夫人和美国前总统里根在经济政策领域，共同发起了一场新保守主义革命，即国家最小化革命。其理论依据来自货币学派和供给学派。

撒切尔夫人认为"大政府"是滞胀产生的罪魁祸首，并在执政后竭力扭转政府职能扩大和社团主义蔓延的势头，颂扬"小政府"的优点，减少政府在一系列领域的干涉行为。她信奉货币主义理论，上台后就进行大刀阔斧的改革。她主要采取如下措施：（1）缩减公共企业和公共服务的规模，削减公共开支；（2）鼓励发展私有企业，出售公共企业的国有股份；（3）削减福利开支；（4）打击工会力量；（5）控制货币。

而在大洋彼岸的美国则进行了一场"里根革命"。对于滞胀产生的原因，里根经济学的主要派别——供给学派认为，滞胀的根本因素源于凯恩斯主义三项基本政策产生的后果：（1）政府赤字政策产生了与供给不对称的需求；（2）高额税收抑制了生产的增长；（3）政府干预经济的规则和计划抑制了企业的创新。据此，政府的主要经济政策应该是："以供应为导向，削减税收，鼓励私人企业，减少政府干预。"[1]里根经济学另一理论支柱以哈耶克为代表的新自由主义学派，强调市场的自发调节作用，认为政府干预市场经济是一条走向"奴役的道路"，因为哈耶克崇尚私有制。

在供给学主张和新自由主义理论指导下，里根在美国实行了以"大幅度减税、部分私有化、减少政府管制、削减中等收入阶层的福利待遇为主要内容的"里根革命"，这场革命使美国走向一条全面修正"罗斯福秩序时代"的经济社会政策的道路。同时，里根政府时期的政治文化价值观也出现了回归资本主义传统和秩序的势头，宗教、伦理、家庭等观念得到提升。在对外关系上，里根扭转了"苏攻美守"的战略态势，转而实行"进攻性推回"战略。

在20世纪80年代，经过里根－撒切尔革命，西方资本主义的一个全新的发展模式——"新美国模式"产生了，这一模式在随后的布什政府时期得

---

① William Gracbner，The American Record，The McGraw-Hill companies，1997:280.

到进一步的巩固。在民主党的克林顿执政时期，虽有迂回反复，但总体走势未变，小布什政府则全面实行新美国模式的全部内容，并利用其控制的国际金融、贸易等组织在全球范围内推行这一模式。

20世纪80年代末90年代初新一轮经济全球化重新启动、加速发展。在此轮全球化浪潮中，美国模式在经济方面显示出了巨大优势，得到了不断扩展。该模式的典型代表美国也获得了长达10年以上的经济持续快速发展。1991年4月开始的美国经济增长，一直持续到2000年4月，创造了第二次世界大战以来美国经济增长新纪录。

自此，美国经济增长表现出如下几个特点：（1）经济增长快速稳健。自率先走出20世纪90年代初期的世界性经济危机以来，美国经济的年增长率均在4%左右，扭转了美国经济增长速度在20世纪80年代落后于日本和德国的局面。（2）低失业率与低通货膨胀率并存。美国失业率从1992年的7.5%高峰回落至2000年的4%，通货膨胀也一直保持在3%以下的低水平。（3）联邦政府的财政赤字得到比较有效的控制。历史上美国的经济增长大都是靠财政赤字政策维持的，因此巨额的联邦财政赤字长期以来一直困扰着美国政府。1992年开始，美国财政赤字状况有所好转，并在1997年出现了自1943年以来首次连续5年的财政赤字下降。（4）股票价格指数长期居高不下。美国此轮历史上历时最长的经济增长，引起了人们的广泛关注，有人甚至用"新经济"一词描述该模式的优势，认为美国经济由此进入了一个"长期繁荣"的新时代。

（二）美国模式的基本特征

通过追溯"新美国模式"产生的过程，可以看出，"新美国模式"的"新"仅仅是相对于罗斯福秩序时代而言，而相对于曼彻斯特模式，它只是古典经济自由主义的复归而已，美国学者阿兰·G.纳塞尔将其喻为"新瓶装旧酒"。因此，厘清这一本质后，就能准确把握新美国模式的基本特征。

1. 经济政策倾向"利润至上"原则

资本的本性是追逐利润，古典自由主义倡导的自由放任的市场机制，根本目的在于确保资本获利最大化。里根－撒切尔革命的目标就是重建资本利润至上的原则和架构，认为"罗斯福秩序时代"对资本课以重税后的再分配策略严重地损害了资本的创造性。对此，供应学派认为，"对拥有资本的富人征以过多的税赋势必影响资本再投资的积极性，同样，对于用这种税收给穷人以过多的补偿势必削弱他们的工作动力，二者都将导致生产效率的低下"。[1]

在里根执政期间，富人纳税额在总税收中的比例从 70% 减至 50%。对此，罗纳德·多尔的评价是，这种模式的目的就是"从假资本主义变成真正的资本主义，即从原先主要为雇员谋利益的公司改革成主要甚至专门为谋利润的公司"。[2] 同样，英国也实施各种有利于资本逐利的改革措施。撒切尔执政后，英国经济确有较快的增长，然而从增长中获利的是拥有资本的富人，"最低收入群体不再从经济增长中受益"。

2. 社会政策的社会达尔文主义

撒切尔主义者认为，竞争是普适性标准，"优胜劣汰"的丛林法则适用于社会各个领域。对于社会福利主义者试图用社会保障等救济和补偿手段拉平差距以达到结果平等的观念，撒切尔主义者认为，这实际是以一种更大的不平等作为代价的，是对社会"能者"和"智者"的不公。"每个人彼此之间存在不容否认的差别，这包括天赋、能力、容貌、体魄、意志力等方面的差异，高收入者的丰厚报酬是挣来的，我们生活在一个论功行赏的社会里。"[3]"因此，撒切尔主义者的观点是，社会不平等是合理的，只要竞争的机会平等就是公平，人为的结果平等的代价必然是自由的丧失。执行社会达尔文主义的后果也是明显的，在英、美社会，贫富差距进步拉大，越来越多的人跌入贫困阶层的队伍中。

3. 政治文化的保守主义

政治保守主义与政治自由主义在民主、平等等观念上有着不同的理解和观点，保守主义者主张"等级优于平等，秩序强于自由"。二者在英、美社会不同的历史时期交情占据着政治文化价值观的主要地位。在里根-撒切尔时代，以哈耶克为代表的新自由主义的经济理论战胜了凯恩斯主义，政治保守主义也战胜了自由主义。以罗伯特·博克为代表的政治保守主义对"罗斯福

---

① Micbel Albert, Capitalism against capitalism (English edition), Whurr Publishers Ltd.1993：155.

② 〔英〕罗纳德·多尔著，李岩、李晓桦译：《股票资本主义：福利资本主义——英美模式 VS 日德模式》，社会科学文献出版社 2002 年版，第 9 页。

③ 张世鹏：《二十世纪末西欧资本主义研究》，中国国际广播出版社 2003 年版，第 71 页。

秩序时代"的平等观大加鞭挞，他们认为，现在充斥社会中的暴力，毁坏财产以及仇视法律、权威和传统的行为和观点都来源于对平等的追求，现在的福利制度和类似"肯定性行动"对某些群体的照顾法律都是罪恶的根源，它唤起人的最坏的感情——嫉妒和懒惰，平等的要求也必然导向中央集权的大政府，从而导向专制。

与此同时，保守主义者对充斥"罗斯福秩序时代"的个人主义也进行了攻击。他们认为，个性解放是个人主义泛滥的结果，极端的个性解放必然导致秩序混乱和权威丧失，20世纪60年代出现的"色情泛滥、街头混乱、道德沦丧"等反主流文化正是自由派倡导个人主义的结果。里根竞选总统时，借助当时因越战失利和社会混乱形成的沉沦氛围，对政治自由派的价值观念加以严厉抨击，赢得了美国民众的共鸣。找回"秩序、传统、权威"的呼声日益高涨，各种派别的政治保守主义乘机抬头，尤其是宗教保守主义更是势头猛进，其倡导的"家庭、生命、尊严"的观念在美国社会大行其道。此后，一系列加强国家对社会控制以及诸如限制堕胎、反对同性恋等带有保守主义性质的法令、法规在一些地方州政府相继出台。在这一背景下，保守主义逐渐成为当今美国政府主导的政治文化价值观。

4.外交政策的"单边主义"

20世纪80年代末90年代初，随着东欧剧变、苏联解体，世界上第一个社会主义国家苏维埃社会主义共和国联盟从此退出了历史舞台，20世纪80年代以后，美国的资本主义获得了引人注目的发展，但这些发展并非主要是由里根的新自由主义意识形态和哲学带来的，而主要依仗的是美国那些得天独厚的条件及单边主义。单边主义是里根政府采取的进攻型理论对外军事战略的延续和发展，其根本宗旨在于为资本和美国国家利益服务，这与曼彻斯特模式时代大英帝国用强大的海军为其资本开辟殖民地的做法如出一辙。在全球化浪潮中，资本以跨国公司为载体在世界范围内流动，无边界国家成为资本的必然要求，这无疑会遭到民族国家的抵制。对于那些不遵从由美国等西方国家制定的全球化游戏规则的国家，美国的单边主义做法是：（1）利用其控制的国际组织迫使对方加入"华盛顿俱乐部"。有学者指出，世界贸易组织是出口美国价值观念的"新武器"，"公开的秘密是国际组织要保持运作的正常就必须满足大国，特别是美国的要求。那么，在现实世界中，该'新武

器'就允许美国深入地干预别国的内政，迫使它们改变法律条文和事实上的
做法"。①

（2）一旦上述"新武器"不能奏效，真实的武器便是理所当然的选择，
这种选样的随意性与当今美国的霸主实力是相吻合的，单边主义外交政策这
种态势的结果。

（三）美国模式的缺陷

人们容易看到美国在 20 世纪 80 年代以后出现的繁荣景象，而实际上掩
盖在这表面现象背后的是深刻的矛盾和深重的危机。托马斯·I. 帕利在 2009
年出版的著作《美国模式气数已尽：金融危机与大萧条的宏观经济原因》中
指出：支配美国经济过去 25 年的宏观经济制度安排是造成美国金融危机的关
键因素②。在宏观经济层面，要摆脱危机，必须针对新自由主义进行彻底的变
革；在微观层面，对资本主义危机在各方面的表现进行了微观的概述，形成
了关于资本主义危机五种不同类型的评判。其一是生产方式危机，认为资本
主义生存空间的极限日益凸显；其二是民主危机，少数人统治与治理无效率
并存；其三是价值观危机，自由平等神话走向终结；其四是生态危机，这是
资本逐利本性的必然结果，导致人与自然关系在根本上被破坏；其五是体系
危机，资本主义出现结构性崩溃的趋势③。

美国模式本身也存在一些内在的难以克服的缺陷，对于该模式的缺陷，
可以从自由市场本身的弊端以及该模式造成的不良后果两个方面进行概括。
一是自由市场本身存在的弊端：市场竞争的不完全性；市场机制无力调节公
共物品；市场机制的功能性紊乱；难以保证基础设施的建设；市场经济活动
引起的外部不经济。二是该模式本身引起的一些不利经济社会后果：过分强
调个人利益，忽视了社会整体利益；不平等现象突出，社会贫富分化问题严
重；工业薄弱、物质生产萎缩，种种金融衍生品交易和股市交易恶性膨胀，

---

① 〔美〕诺姆·乔姆斯基著，徐海铭、季海宏译：《新自由主义和全球秩序》，江苏人民出版社 2000 年
版，第 51 页。

② 〔美〕大卫·莱布曼著，童珊译：《资本主义，危机，复兴：对一些概念的挖掘》，《当代经济研究》
2010 年第 8 期。

③ 童晋：《国外左翼学者关于当代资本主义危机的五种评判》，《红旗文稿》2017 年第 19 期。

使经济沦为一种"赌场经济";盲目性和无政府状态加强;负债累累。[①]

二、社会市场经济模式——以德国为例

社会市场经济模式最具代表性的是莱茵模式。莱茵模式是由法国经济家、曾任法国保险公司总裁的米歇尔·阿尔贝尔提出来的。他在《资本主义反对资本主义》[②]一书中,将莱茵河流域的西欧国家,主要是德国(还有瑞典、挪威、瑞士等国)所奉行的市场经济模式,称为莱茵模式。与美国模式相比,莱茵模式具有深厚的社会基础和悠久的历史与文化传统,强调社会保障体系的建立,利用税收和福利政策来实现社会的和谐与公正。米歇尔·阿尔贝尔断言,在强势的美国模式面前,莱茵模式所包含的"人文价值"和其社会和谐平等的内涵,仍具有很强的生命力。

(一)莱茵模式的形成背景与发展

第二次世界大战结束后,欧洲大陆主要国家深受成争浩劫和创伤,面临着重建国家政权、恢复经济和社会发展的多重任务。在重建的过程中,一些国家根据本国国情,总结和吸取以前发展过程中的经验和教训,开始探索新的经济社会发展模式,莱茵模式正是在这种背景下产生的。

1. 莱茵模式产生的背景

(1)莱茵模式产生的政治环境。第二次世界大战结束后,为了彻底肃清法西斯势力,美国、英国、法国、苏联对德国实行了分区占领和分区管理,并先后成立了联邦德国(西德)和民主德国(东德)。随着时间的推移,美、英等国出于自身利益和欧洲重建等多方面考虑,对第二次世界大战后德国的政策由彻底消灭转向扶持,并在一定程度上把德国的命运交给德国人自己去安排(如路德维希·艾哈德担任联合经济区经济管理局局长),这为德国人自己探索新的经济社会发展模式提供了政治条件。而且,民主德国的社会主义

---

① 〔美〕山村耕造著,童晋译:《过剩:资本主义的系统性危机》,社会科学文献出版社 2016 年版。

② 〔法〕米歇尔·阿尔贝尔著,杨祖功、杨齐、海鹰译:《资本主义反对资本主义》,社会科学文献出版社 1999 年版,第 186 页。

制度对联邦德国造成了巨大的影响和压力，联邦德国垄断资产阶级和统治集团迫切需要一种经济理论和发展模式与东边的制度分庭抗礼，以稳定人心。在这种情况下，一种新的经济社会发展模式呼之欲出。

（2）莱茵模式产生的理论渊源。在希特勒纳粹统治期间及第二次世界大战后，德国有大批社会学家和经济学家对纳粹政权的统治经济进行了批判，对德国未来的经济社会制度进行了深入研究并建立了比较系统的理论。当时的主要代表有新自由主义理论和流亡学派的理论，但对以社会市场经济为基础的莱茵模式来说，具有德国特色的新自由主义理论贡献最大。新自由主义主要有两派代表：一派是以瓦特尔·欧根和弗兰茨·伯姆为代表的弗莱堡学派，自由和秩序是此派思想的两个核心概念，认为理想社会发展的第三条道路就是"社会市场经济模式"；另外一派是以米勒·阿玛克和艾哈德为代表的"实用主义"的新自由主义，他们不仅在理论上对社会市场经济有重大贡献，而且作为政治家对德国发展模式做出了重要原则性规定和贡献。两派理论的共同点是：既不主张完全继承传统的资本主义市场经济，也不赞成实行由中央控制的计划经济，基本上都主张走第三条道路。具有德国特色的新自由主义从而构成了以社会市场经济为基础的莱茵模式的主要理论基础。

（3）莱茵模式形成的经济基础。第二次世界大战后初期，联邦德国经济处于瘫痪状态，占领当局沿袭了战时的中央统制经济体制，实行紧急状态下的配给型经济体制，这种经济体制严重阻碍了联邦德国经济的恢复和发展。为了打破和改革过去的统制经济体制，1948 年 6 月 18 日，联邦德国在法兰克福召开"经济会议"，德国人艾哈德作为双战区经济管理局局长，参与制定了《货币改革后的管理和价格政策指导原则法》。该法否定了计划经济、统制经济和战争经济体制，成为社会市场经济的奠基石、雏形和胚胎。[①] 同年，艾哈德又进行了以冻结银行存款、新马克替换旧马克和严格控制货币供应量为主要内容的货币改革和以减少经济管理规定、放开物价为主要内容的经济改革。这两项改革标志着德国社会市场经济的诞生，在很大程度上改变了德国未来的命运和发展方向，后来又逐渐发展完善，形成以社会市场经济为基础的莱

---

① 〔法〕米歇尔·阿尔贝尔著，杨祖功、杨齐、海鹰译：《资本主义反对资本主义》，社会科学文献出版社 1999 年版，第 21 页。

茵发展模式。总的说来，这种模式的形成和产生，是在总结了自由资本主义的弊端，特别是 1929 年至 1933 年的世界经济危机和希特勒纳粹政权统治时期实行统制经济体制的经验教训的结果。因此该模式既摒弃了对经济的完全自由放任主义，也反对国家对经济社会的全面干预，试图在继承传统资本主义市场自由竞争的优点和吸收社会主义的公正平等先进理念的基础上来纠正资本主义的经济和社会弊病。在这一系列改革过程中，艾哈德对于建立社会市场经济的贡献最大，他本身掌握的权力加上美、英两国有逐渐向联邦德国政治机构移交工作的趋势，有力地推动了改革进程和对新的经济社会发展模式的探索。

2. 莱茵模式的发展变化过程

以社会市场经济为基础的莱茵模式在每个发展阶段中都有侧重点，并根据形势的变化对经济社会政策进行了不断的调整和革新。以德国为例，社会市场经济自 1948 年诞生以来，已经历了 70 余年的历史。在这期间，保守的基督教联盟党和德国社会民主党轮流上台执政，虽然政策的侧重点各有不同，但社会市场经济的基本原则和最高目标没有改变，只是根据经济和社会发展形势的变化不断调整发展模式中的具体措施。纵观莱茵模式的发展，依次经历了从自由主义、凯恩斯主义，再到新自由主义思潮的主导，大致经历了以下四个发展阶段。

（1）第一阶段（1948—1966 年）：这个时期是德国社会市场经济的初步形成阶段，主要以自由主义思潮作为理论指导。艾哈德作为第一任联邦德国经济部长和第二任联邦政府总理，对社会市场经济模式的形成做出了奠基性的贡献。首先，逐步确立了经济秩序。以保障更有效的自由竞争。这一时期先后制定了《原则指导法（基本法）》《反时限制竞争法》《德意志联邦银行法》和《信贷法》等重要法律，建立起竞争秩序和货币信贷秩序，通过财政改革和积极参与欧洲一些重要经济组织，建立起了财政秩序和对外经济秩序，而这些秩序的建立基本上形成了德国经济的"游戏规则"和"框架"。其次，逐步建立了社会秩序。德国在俾斯麦时期以来就有社会保障的传统，联邦德国成立后不仅继承了这一传统，而且建立和扩大了疾病、工伤、养老和残废保险，并在社会保障和社会福利方面先后通过了《照料法》《赡养费法》《均衡负担法》《住宅建设法》和《雇员保护法》等法律，有利于实现社会目标。经济秩序和社会秩序的逐步建立及一系列措施的实行，社会市场经济目标已经初步实现，经济取得快速发展，政治有所进步，社会基本稳定，尤其是社会民主党对社会市场经济态度发生了变化，经过 1959 年的《哥德斯堡纲领》之后，社会民主党在经济和社会方面的政策同其他党派更加接近了，德国政局更加稳定。总之，在这一阶段，重点强调自由竞争，国家干预的成分很少，德国社会市场经济模式初步形成，基本实现了社会市场经济的理论所要达到的目标。

（2）第二阶段（1966—1982 年）：这阶段社会市场经济的内涵和外延发生了变化，国家加强了对经济的干预，指导思想上吸纳了凯恩斯主义。艾哈德于 1966 年下台后，继续执行社会市场经济模式的是号称"超级经济部长"的席勒和他的继承者们。席勒赞同艾哈德经济政策的基本原则，但在一些具体问题上，两个人存在分歧。艾哈德反对任何形式的国家计划和干预，尽管席勒认为竞争是第一位的，但他认为必要时要使用国家计划，如果没有宏观调控，经济适度增长、物价稳定、充分就业和国际收支平衡就不可能实现，再加上这段时期出现了几次全面性的生产过剩危机，也促使联邦德国吸纳了凯恩斯主义关于宏观调控、需求管理和国家对经济干预的思想，并把它运用到经济政策中，进而使"有限条件的社会市场经济"转到了"全面调节的社会市场经济"。[1]

（3）第三阶段（1982—1990 年）：这个时期政府由全面干预经济转向减少干预的阶段。1982 年基督教联盟党和自由民主党联合执政后，在科尔担任联邦政府总理的十几年中，采取了一系列措施，核心内容是尽可能地减少国家干预，通过减少税收，缩减社会福利和政府财政赤字，让个人和企业拥有更大的经济自由活动空间，充分发挥市场竞争的作用，努力进行结构性改革，逐步推进私有化。但这种经济自由主义政策未收到预期成效，国民经济虽有温和增长，但始终未能出现繁荣。

（4）第四阶段（1990 年至今）：1990 年，德国实现了统一。除统一初期德国东部地区经济有较快发展之外，大多数时候德国经济处于低迷和乏力状态。出现这一状况主要是由于在经济全球化和信息化影响下莱茵模式本身社

---

[1]　刘光耀：《德国社会市场经济：理论、发展与比较》，中共中央党校出版社 2006 年版，第 19 页。

会经济结构的问题更加凸显，需要进一步调整和改革。1998 年施罗德出任德国政府总理以来，基本上延续了科尔执政时期的政策，尽管在推进改革方面做了许多工作，如 2000 年正式启动的"新社会市场经济倡议"运动和 2003 年初提出关于改革现行社会福利保障体制的"2010 改革计划"，也主要是为了减少国家对经济的干预，使社会保障制度和市场经济的自由竞争相协调，但总体来说，效果并不明显。2005 年默克尔出任德国政府总理以来，还未能完全兑现选举时进行比较激进的全面放松市场管制的改革和税制改革的承诺，只是实施了一些回避风险的政策，其前任留下来的经济社会问题依然存在。要想解决这些问题，还需进步的行动和更为积极有效的改革。除了德国，其他莱茵模式国家如法国、荷兰也遇到同样的困难，究其根本原因，是社会市场经济模式本身出了问题。

（二）莱茵模式的基本框架和根本特征

从自由主义思潮在社会市场经济模式中占主导地位，到凯恩斯主义在德国的制度化和普遍化，再到新自由主义的回潮乃至第三条道路的确立，以德国社会市场经济为典型代表的莱茵模式尽管自产生之日起，经济社会政策一直处于不断的变动之中，但其"既严格遵守市场经济自由竞争的原则，又注重从社会政策的角度对经济加以指导"的指导思想并没有变化，相应地，其基本框架和根本特征也保存下来：（1）坚持自由竞争原则，实行国家优先调控和干预；（2）在公平和效率的关系方面，更加注重公平（完善的社会保障制度）；（3）银行的地位和作用非常突出。[①]

（三）莱茵模式的优势及其影响

莱茵模式既强调竞争的优势，又注重效率和公平的有机结合，是一种将市场自由原则和社会平衡原则相结合的经济制度。这一特点使实行莱茵模式的各国，尤其是为 20 世纪 50 年代以后的德国创造了举世瞩目的经济奇迹，使这个昔日的战败国用了"不到两代人的时间"就变成了一个世界经济巨人。概括起来，该模式具有以下优势：（1）注重经济效率与社会公平的有机和谐发

---

① 刘儒：《当代资本主义专题研究》，红旗出版社 2020 年版。

展;(2)出色的教育和训练,造就了高素质的劳动力;(3)比较完善的社会福利和保障制度,形成了社会的和谐稳定与公正平等。①

(四)莱茵模式的困境

从盎格鲁－撒克逊模式与莱茵模式典型代表国家英、美和德、法数据统计来看,盎格鲁－撒克逊模式强调竞争与个人主义,而莱茵模式更注重公平与秩序性。应该看到在全球化初期,英美以追求效率为导向的经济表现较为出色。随着全球化进程的深入,德、法这类在市场竞争框架下强调社会保护和公正的莱茵模式国家会重新发挥作用。该模式在经济发展与社会整合方面起到积极作用的同时,也积累了许多负面效应。随着20世纪70年代世界石油危机的爆发,莱茵模式的这些弊端逐步暴露出来,因为随着全球化的深入,民众对莱茵模式国家较高社会福利水准的期望压力日增,劳动力全球化和社会福利将不可避免。如同上一轮工业化为标志的全球化从自由竞争最后进入强调社会福利的社会市场经济阶段一样,经济全球化进一步动摇了其"竞争秩序政策"框架,随着全球化进程的不断加快,该模式的困境也日渐突出地显现出来。主要表现在以下方面:(1)福利国家难以为继;(2)"共决制"面临威胁;(3)"竞争秩序政策"框架遭到动摇;(4)银行体制受到冲击。②

三、政府导向型资本主义模式——以日本为例

日本模式又称"政府导向型资本主义",亦有人称为"国家集权下经济统治或开发资本主义类型"③。日本模式的典型代表是日本,在日本经济社会迅速发展的驱动下,韩国、新加坡等亚洲一些国家和地区也纷纷采纳了这一颇具东方特色的经济社会发展模式。下面主要以日本为例考察该模式的发展过程、理论特征以及优势弊端。

---

① 李策划、刘凤义:《发达国家不同市场经济模式运行绩效的政治经济学分析》,《政治经济学评论》2018年第1期。
② 丁纯:《盎格鲁—萨克逊模式与莱茵模式的比较》,《世界经济与政治论坛》2007年第4期。
③ 〔英〕戴维·柯茨著,耿修林、宗兆昌译:《资本主义的模式》,江苏人民出版社2001年版,第12—13页。

（一）日本模式的形成背景与发展阶段

1. 日本模式的形成背景

日本模式的形成背景有一些是和以德国为代表的莱茵模式相同或相似的，因其发动侵略战争失败后导致本国经济崩溃，生产萎缩，被战胜国所占领，以及战后初期盟军占领当局所采取的解除武装、经济民主化等方针政策。不同的地方在于战后的日本并没有德国民主党那样的社会民主主义传统，相反却有着深厚的儒教传统和日本传统文化中强烈的家族意识与集团意识。正因这些特点才形成了不同于美国模式、德国模式的日本模式。

第二次世界大战后形成的日本模式的合理内核在于：它通过一种特殊的社会结构，把市场经济纳入政府、企业、劳动者共同协作的创新与竞争模式之中。20 世纪 80 年代以来，日本选择了新自由主义政策作为摆脱经济困境的"良方"，导致了金融泡沫的形成、破灭和经济的长期低迷，曾经辉煌一时的日本模式走向衰落。在美国金融风暴的冲击下，日本模式进一步陷入了危机。如今，日本模式中的合理内核仍然有其存在的价值。

日本模式把儒家文化的"忠孝"思想同日本的"家"文化相结合，使日本社会文化体现出日本模式特有的深刻东方文化底蕴，并呈现出如下特征。（1）国家和家长中心主义，它是"政府导向型"市场经济以及"官产复合体"管理方式存在的依据；（2）权威主义和等级意识，它是"年功序列制"等企业制度被日本社会广泛认可的基础；（3）集团主义民族文化传统和共同体意识，它们对"终身雇佣制"和"交叉持股制"的形成起了很大作用。[①]

2. 日本模式的发展阶段

日本模式以日本为主，包括新加坡、韩国等亚洲一些发达国家和地区，其本质是政府主导型市场经济模式。日本模式的形成和确立是第二次世界大战以后的事情，大致经历了三个发展阶段。

（1）第一阶段：从第二次世界大战结束到 20 世纪 50 年代中期，是日本从统制经济向政府主导型市场经济的过渡阶段。自明治维新后，为了适应天皇专制制度和军事扩张需要，日本资本主义经济始终是在政府直接扶植、保护和控制下发展的。所以，早期的市场经济体制兼有国家性、垄断性、封建

---

① 刘凤义：《新自由主义与日本模式的危机》，《政治经济学评论》2010 年第 2 期。

性和军事性的特征。1940年前后，日本在德国统制经济和苏联计划经济影响下，形成战时经济体制，将整个国民经济完全置于政府控制之下，这就是所谓的统制经济体制。第二次世界大战后初期，日本经济状况严重恶化，处于极度衰败和混乱之中。面对这种情况，为了抑制通货膨胀、恢复经济，日本政府曾一度延续了战争期间的统制经济体制，并起到了一定积极作用。但随着经济的恢复，其消极作用日益明显。1949年后，随着经济状况的好转和经济环境的恢复，开始逐步放弃统制政策。1949—1959年，日本进行了一场主要以美国模式为蓝本的内容广泛的体制改革，目的是铲除旧有的政权基础和经济体制，确立一种民主、和平的新型体制，即从以行政手段为主转变为以经济手段为主，从直接控制转变为间接控制，从统制经济体制转变为政府主导的市场经济体制。

（2）第二阶段：20世纪50年代中期到90年代初，是其迅速发展时期。在这一阶段，日本模式的诸多重要特征得以形成和发展，并促成了经济奇迹的产生。这期间，在自民党一党长期执政体制下，自民党采取种种行政、立法措施，发展以大企业为中心的日本经济，收到了成效。自民党重视国家对经济活动的干预，推行经济增长主义，即把经济增长的高速化和极大化作为第二次世界大战后日本国家发展战略的基本指导思想和理念，渗透到日本的经济、社会、文化、教育乃至政治和外交各个领域及其政策实践全过程。在这一阶段，日本经济取得了迅猛发展，投资迅速高涨，先后出现了四次经济持续高涨的局面。这一阶段的日本经济增长速度，即使在发达资本主义国家中，也是最快的。

（3）第三阶段：从20世纪90年代至今，在不断的改革呼声中，日本模式开始沿着缓和规制、限制政府主导经济的思路进行改革。从1991年下半年起，随着"泡沫经济"的瓦解，日本经济呈大幅下滑之势。1992年度的经济增长率仅1.6%，只是20世纪80年代平均增长率的1/3。1992—2002年，日本国内生产总值年均增长率仅为1%，其中，1993年和1994年连续接近零增长，1997年和1998年连续出现负增长，这是日本经济发展史上罕见的，受到广泛赞誉的日本模式开始陷入危机。1993年自民党下台，在不断的声讨和改革呼声中，日本政府于1996年推出"六大改革"措施，包括金融体制改革、财政体制改革、行政改革、经济结构改革、社会保障制度改革和教育改革。

改革的目的和实质是放松规制，限制政府对经济的主导作用，创造自由而富有活力的经济社会，以使日本经济恢复生机与活力。[①]

（二）日本模式的基本特征

第二次世界大战以来，日本市场经济从统制型转到政府主导型，在政府规制的调控作用下创造了经济奇迹。之后，随着"泡沫经济"的破灭，日本又开始放松规制，限制政府对经济的主导作用。但不论如何发展变化，日本模式的基本框架和基本特征变化不大。日本作为东方国家，其模式显示出不同于西方发达国家的一些重要特征。

1. 坚持自由竞争原则，强调政府的"主导"或"导向"作用

日本经过明治维新走上资本主义发展道路，国际上面临西方列强殖民主义的威胁，国内的封建生产关系在城市和农村中具有很大势力，私人资本尤其是产业资本力量薄弱，单纯依靠自由竞争不可能加快经济发展。因此，日本政府当然地成为经济生活的主导者。第二次世界大战后日本建立的经济模式就是一种充分体现政府与市场机制有机结合的、协调统一的政府主导型市场经济模式。如果说大多数西方资本主义国家的经济是靠"看不见的手"调节的话，那么，日本经济则是靠"看得见的手"来调节的，并且政府制定的宏观经济计划、产业政策以及财政金融政策和其他经济行政措施，都有较强的经济约束力和指导作用。强调政府的"主导"作用或"导向"作用是日本模式不同于西方资本主义国家的一个显著特征，日本模式的其他一些特点都是在这一基础上派生的。

2. 职工持股、法人成为股东且法人间相互持股

日本的大多数公司经过第二次世界大战后改革，其所有制结构采取了股份制形式。这种股份制既不同于以往财阀统治时期的形式，也不同于欧美企业的股份制，而是一种独特的股份制。其独特性体现在：（1）职工持股，股份十分分散。（2）广泛的法人持股。法人成为股东包括两种情况：一种是相互持股，也称交叉持股；另一种是单向持股，即公司与子公司的关系。以法人相互持股为基础的产权结构是日本企业制度的最基本特征。法人持股率由第

二次世界大战前的 30% 上升为现在的 70%，金融机构和企业法人是法人持股中的主要力量。

3. 强调劳资协调，实行终身雇佣制、年功序列制和企业工会制

在东方国家集团主义、家族主义和平均主义文化传统基础上建立起来的日本模式，在企业管理方面有着不同于其他资本主义经济发展模式的重要特点。该模式强调劳资协调，在企业中实行终身雇佣制、年功序列制和企业工会制，这是日本企业管理体制中的三大法宝。终身雇佣制，是指一个劳动者从学校毕业参加工作直到退休长期在一个企业工作，与企业是一种长期雇佣关系，中途雇员一般不跳槽，企业也很少解雇职员。即使在经济萧条、雇员过剩时，也通常运用轮休、培训等方式将过剩人员留在企业。与终身雇佣制相配套的是年功序列制，它是指保证职工工资随着年龄增长和在一个企业里连续工龄的增加而逐年增加。该制度是日本企业人事制度的基础和核心。而企业工会制，就是按企业组织工会的制度。在日本不像在西方国家那样按产业部门和职业系统组织工会，按企业组织工会可以更好地代表企业内员工的共同利益。日本模式正是以这"三大法宝"把职工利益与企业利益结合在一起，将企业变为"劳资命运共同体"。

4. 企业主要依靠储蓄和银行筹集资金，主银行在公司治理中起主导作用

在金融方面，日本长期实行低利率政策，且货币供给的增长率也远高于西方各国。通过固定利率结构和货币供给的高增长率，并利用国民的高储蓄倾向，日本的金融机构为企业提供了充足资金，以致日本企业的筹资方式一直以间接金融为主，出现企业"超借"、银行"超贷"现象，而第二次世界大战后日本居民支出结构中的"低消费—高储蓄"模式又恰恰适应了这一要求。这种金融政策在助长通货膨胀的同时，也确实对经济的高速增长产生了显著的刺激作用。日本大企业都有自己的主办银行，即主银行。所谓主银行，就是与企业保持长期而密切联系的银行，或者说，就是在一个企业的全部贷款中所占份额最大的一家银行。主银行制度是日本间接金融的一项核心制度。在对企业经营的监督中真正起决定作用的是企业的主银行。当经营良好时，控制权在企业内部，主银行不加干预；一旦经营不良，财务状况恶化，主银行就作为股东采取行动，行使对企业的控制权。有资料显示，第二次世界大

战后日本企业资金筹措有 60% 以上是商业银行提供，25% 产生于利润留存及资产折旧，只有 10% ～ 12% 来自股票和债券的发行。[①]

（三）日本模式的优势

第二次世界大战后，日本经济从废墟上站立起来，经过不到 30 年时间，出现了被称为"世界奇迹"的高速经济增长，从一个战败国一跃成为仅次于美国的第二大经济强国。虽然 20 世纪 90 年代以来日本经济陷入长时期衰退之中，但其总体经济实力仍不容忽视，国民生活仍维持在较高水平。这一模式的基本特征有以下几点。

（1）充分发挥政府的积极作用。政府主导型市场经济能从主观上自觉克服市场运行中出现的盲目性，弥补市场机制的缺陷和不足，使经济发展的各方面，从总体上达到高度的衔接与默契，为企业决策提供前景性预测，协助和激励企业的运作与发展，也使整个社会组织更有效率和活力，从而最终实现其追赶欧美发达国家的战略目标。

（2）企业法人相互持股形成稳定的股东。股东队伍的稳定有利于企业技术创新和稳定发展，还能有效避免企业被恶意收购，也有利于企业间的团结。增强企业的生存能力。"相互持股是一种相互保险的机制，因而，日本几乎没有大企业破产的记录，这是终身雇佣最基本的条件。"[②]职工持股能激发职工主人翁责任感，与企业结成风险共担、利益均沾的"命运共同体"。

（3）劳资人际协调管理。无论是终身雇佣制、年功序列制还是企业工会制，都体现出一种以企业为中心的人际管理和协调，这就可以增强职工的归属感，保持职工队伍稳定，有利于企业凝聚力形成，同时减少劳资冲突。另外，终身雇佣制和年功序列制能够实施的前提条件是：在企业内部对职工进行教育，不断提高其素质，增强其对企业的归属意识，造就一支集团精神强、技术水平高的职工队伍。因此，日本十分重视职工的在职培训和终身教育。

（4）产业资本与银行资本很好结合。在企业和银行关系上，通过主银行融资，能使产业资本与银行资本得到很好结合。从战争废墟中起步的日本企

---

① 刘嗣明、郭晶：《当代世界市场经济模式》，广东旅游出版社 1996 年版。

② 张杰、郑欣：《日本——融东西方为一体的市场经济》，武汉出版社 1994 年版，第 96 页。

业面对资金严重不足的局面，通过主银行向其提供的大量低成本资金，成功实现了负债经营，并保持了资本成本在发达资本主义国家中最低的水平。主银行持股能保证贷款的安全性，并使主银行对企业的监督管理具有一般市场经济模式所难以具有的作用。

（四）日本模式的危机

随着全球化进程的不断加快，以"追赶战略"为目标、"后发效益"为基础的"日本模式"也逐渐暴露出了一系列弊端，显示出了巨大的不适应性。

（1）政府对经济规制过多，使企业难以自由开展经营活动，弱化了企业的自立能力以及在日趋激烈的国际竞争中的应变能力。政府对经济的过分干预，尤其是财务省和金融厅（原大藏省）对金融机构的过分控制和过分保护，是泡沫经济形成和崩溃的根源，同时造成了日本市场的封闭性并阻碍了日本经济的国际化。政府主导经济必然导致金融机构缺乏竞争活力，缺乏金融业必备的风险意识。所以有学者指出，"泡沫经济的崩溃和创纪录的持续衰退，宣告了追赶型'日本模式'的终结"。[①]

（2）主银行制度面临困境与挑战成为制约日本经济发展的一个主要障碍。由于日本政府为银行提供不倒闭的挽救政策，而主银行为企业提供不破产的保障，在这双重"保险"机制的刺激下，银行和企业的过度借贷行为使金融风险加剧，由此导致"泡沫经济"膨胀。"泡沫经济"崩溃后，银行出现了巨额不良债权，大量不良债权制约了日本经济复苏，而长期低迷的经济又使不良债权越积越多，形成恶性循环。同时，"泡沫经济"的崩溃对银行业造成了极大冲击，北海道拓殖银行、东洋证券、山一证券等金融机构纷纷倒闭，这就是带来银行危机的日本模式。

（3）终身雇佣制、年功序列制是导致"大企业病"的制度因素。这些制度抑制了劳动力特别是年轻人的自由流动，导致日本劳动力市场缺乏灵活性，严重削弱劳动者的创造力和竞争力。

---

① 孔凡静：《"日本模式"的终结与"东亚模式"的危机》，《宏观经济研究》1999 年第 10 期。

四、出口导向型模式——以"亚洲四小龙"为例

1993 年，世界银行在《东亚奇迹经济增长与公共政策》报告中首次正式提出东亚模式的概念，把东亚模式概括为日本、"亚洲四小龙"（新加坡、韩国、中国台湾和中国香港）以及东盟国家（主要指马来西亚、泰国、印度尼西亚）在现代化的进程中所形成的一种不同于西方的发展战略与体制的选择。[1]这里主要论述后发国家的东亚模式，即不包括日本。但由于日本在东亚的特殊地位以及它与其他国家的关系，在这些论述中也会涉及日本的发展经验和理论。"东亚模式"基本上是沿着日本模式的道路前进的，但是与日本模式又有很大的差异。这种根本差异决定东亚模式有不同于日本模式的许多特点：一是出口创汇方面比日本更加艰难；二是日本主要依靠自身积累资金，而东亚其他国家和地区由于自身积累资金力量薄弱而主要依靠利用外资；三是把本国（地区）经济明确定位为"出口导向型经济"。[2]

与世界其他地区相比，东亚国家是唯一实现了经济的高速增长和相对平均的收入分配的经济体，因此说创造了近代世界经济发展史上的奇迹。1965—1995 年人均国内生产总值的增长率，新加坡是 7.2%，印度尼西亚是 4.7%，马来西亚和泰国是 4.8%，大大高于撒哈拉以南非洲国家和拉美国家的 0.2% 和 1.9%。

（一）东亚模式的特征

20 世纪 60 年代以来"亚洲四小龙"等东亚国家和地区高速发展，有别于西方的现代化发展途径，引起世界各方的瞩目，人们纷纷研究它们的特征，即东亚模式特征。东亚国家和地区的经济介入程度、发展阶段都有所不同。世界银行 1993 年的研究认为，"东亚模式"主要基于以下几点特征：稳定的宏观经济环境；高储蓄率和高投资率；高质量的人力资本；以利润为基础的官僚结构；收入差距低；出口激励；工业化的成功；外国直接投资以及相应的技术转移。[3]而帕金斯则认为[4]，东亚模式的特征主要归之于这样几个因素：

---

① World Bank, The East Asian Miracle:Economic Growthand Public Policy, Oxford University Press, 1993.

② 孔凡静:《日本、东亚和中国模式比较》,《招商周刊》2004 年第 6 期。

③ World Bank, The East Asian Miracle:Economic Growthand Public Policy, Oxford University Press, 1993.

④ Perkins, D.H., 1986, China:Asia's Next Economic Giant? Seattle:University of Washington Press.

良好稳定的政治环境，劳动生产率的迅速提高，"出口导向"的外向型经济发展战略，以及成功的土地改革政策和低水平的收入不均。综合来看，东亚开发战略与发展类型除中国香港以外有其共同点：（1）儒家文化的精神；（2）政府的强领导才能；（3）政府导向的开发政策与产业政策；（4）先经济发展后政治发展的顺序。

1. 社会文化因素：儒家文化

东亚社会文化因素有东亚资本主义、儒家资本主义、群体资本主义等，这些概念跟儒家有关系。东亚国家和地区属于儒家文化圈，所以它们具有共同的东方的儒家文化传统。它们重视靠人缘关系，重和谐，倡秩序，重视教育、劳动，重视群体主义的价值观，等等。这种儒家文化的因素促进经济社会的发展。

2. 政治因素：权威政府体制

东亚国家的发展主体是权威政府。东亚国家的经济发展的主要特征就是在东亚国家的权威政府主导下进行的经济发展。权威政府主导下的经济发展是东亚发展中国家初期为了经济发展而实行的有效的体制。强国家、强政府、强官僚是东业政治发展的特征，也是东亚经济发展的重要原因。这三方面的配合或重叠，推动了东亚经济的发展和危机后的复苏。[①]

3. 经济因素：国家主导型出口导向的产业化战略

东亚发展中国家为实现战略目标发挥了有效政府干预政策，实行了出口导向的进口替代战略，如高教育水平、控制劳动组织、廉价和高效的劳动力。通过开放与封闭的双重战略保护国内产业，集中投资战略性产业。产业政策以出口导向为主，保护国内经济。东亚国家有自身历史、政治、经济发展的特点，形成政府主导下的市场经济，在东亚崛起过程中发挥了重要作用。但在金融危机中也的确暴露了一些国家在政府与市场之间不恰当的关系。[②]

4. 社会发展的顺序："先经济发展，后政治民主化"

东亚国家对经济发展与民主化的相关关系及优先顺序很关注。问题的焦点集中在经济发展与民主化之间存在因果关系与相互作用，或者在经济发展与

---

① 周建勇：《东亚发展模式的再思考——政府干预的反思》，《珠江经济》2006 年第 11 期。

② 陈峰君：《东亚模式的争议与我见》，《教学与研究》2001 年第 2 期。

民主化中谁先进行的问题。东亚国家明确追求产业化发展战略，这是国家精英的计划性选择，所以这些政治精英首先掌握政权，其次控制政治民主化，然后发展经济，在经济发展中集中投入国家资源。因此居民的权利受到国家较多的限制与监管，到工业化后期再逐步转向民主化进程。比较西方国家与东亚国家的现代化革命时期，可以看出西方国家大部分是先进行民主革命后进行产业革命，但是在东亚国家，特别是韩国先发生产业革命后发生民主革命。

（二）东亚模式发展不同阶段的主要理论

新古典经济学把价格机制、市场调节、刺激与反馈、要素的流动和替代作为经济发展的主要条件。但是，发展中国家需要的是大规模的经济变化和重大的经济结构改革，而不是边际的增量调节，这样，就不能指望市场价格机制对经济过程进行自动调市，而需要借助于国家干预或政府计划来进行经济结构和经济关系的重大调整，因此，西方主流经济学在东亚并不完全适用，除了这些流行的经济学理论以外，东亚还有着自己的经验。纵观第二次世界大战后东亚经济发展的历程，对该地区经济发展影响大的有以下几种理论。[①]

（1）第二次世界大战后至 20 世纪 50 年代，亚当·斯密的"国际分工理论"、李嘉图的"比较优势理论"、"赫克歇尔—俄林理论"模式及"要素禀赋学说"占主导地位。经过战争创伤的东亚国家和地区普遍落后，人口和劳动力主要集中在农村，经济结构单一，地区发展极度失衡，分配两极分化严重，依据上述理论，东亚发展中国家应该向发达国家出口初级产品和劳动密集型产品，而发达国家则向发展中国家出口资本密集型产品。在这一理论指导下，东亚国家更多地从事低附加值产品的生产，如韩国在 1963 年的生产结构中，食品加工业占到 27.8%，在出口结构中占到 20.7%，这与 1985 年的 10.5% 和 1.5% 形成鲜明对比。

（2）"两缺口"理论、"二元经济"理论、纳克斯的"恶性循环论"及罗斯托的经济起飞论等都不同程度地影响了东亚地区的经济战略选择。1966 年钱纳里和斯特劳特提出"两缺口"理论，这一理论的核心在于：发展中国家或地区在储蓄、外汇、吸收能力等方面的内部有效供给与实现经济发展目标所

---

① 陶新宇、靳涛、杨伊婧：《"东亚模式"的启迪与中国经济增长"结构之谜"的揭示》，《经济研究》2017 年第 11 期。

必需的资源需求量之间存在着缺口，即储蓄缺口和外汇缺口，而弥补这两个"缺口"的主要方法就是引进外资。外资作为一种外部追加资源，可以填补国内储蓄缺口，维持适度的投资规模；同时，外资还能弥补外汇缺口，保持国际收支基本平衡，使全社会的总供给和总需求在一个较高水平上达到动态平衡。刘易斯的"二元经济"理论认为工业部门增长的动力来自资本积累，而农业部门隐蔽的失业劳动可用来支持现代化部门的资本积累。纳克斯的"恶性循环论"认为，不发达国家的贫困与落后是因为发展中国家存在着供给和需求两个有着因果联系的恶性循环圈。罗斯托的经济起飞论将人类社会发展分为五个阶段：传统社会、起飞准备阶段、起飞阶段、成熟阶段和高额群众消费阶段等。这些理论都不同程度地影响了东亚地区的经济战略选择。

（3）20世纪60年代后期尤其是70年代以来，"雁型模式"发展在东亚逐渐成了主导模式。这一理论最早是1932年由日本学者赤松要在《我国经济发展的综合原理》一文中提出的，即在一个国家的工业化过程中，首先要开发劳动密集型轻工业并出口这些产品进行创汇，以此作为资本进口初级、高级生产设备，然后再进行耐用消费品和重工业的生产，但这主要是指在单一国家之内。后来经过日本经济学家小岛清不断探索，这一理论得到进一步发展。20世纪70年代以来，大来佐武郎等日本经济学家扩大了雁型发展模式的适用范围，把东南亚作为一个整体，强调东亚经济发展中各国和各地区之间产业转移和产业结构的依次传递和逐步提高。

东亚各国在日本"头雁"的带领下，经历了产业结构由"初级产品—劳动密集型—资本密集型—技术密集型"从低到高的发展，不过每个国家和地区又都有着不同的侧重点，比如韩国的产业链比较全面，而中国香港和新加坡的银行、金融业较为发达。

经过30年的赶超，东亚经济取得了令世人瞩目的发展，但是由于内外因素，也埋下了严重的隐患。20世纪80年代中期特别是90年代之后，在主要国际经济组织——世界银行与国际货币基金组织的推动下，西方新自由主义经济理论在东亚地区得到更为广泛的认同，并开始积极推进投资、贸易自由化，促进资本自由化。而在没有完善的金融监管制度的条件下，东亚国家和地区吸引了大量国际游资，这些脱离了监管的热钱成了危机的导火索，从泰国引发的1997年金融危机，很快波及韩国、印度尼西亚等东亚国家，而韩国受到的损失尤其惨重，新加坡和中国台湾、中国香港的经济则受金融危机打击较小。

（三）东亚模式面临的挑战

20世纪末，金融危机的爆发和之前东亚经济发展的逆向转变，使亚洲国家开始怀疑西方经济学的普世主义教义，新宏观经济学、新古典综合、驾驭市场论等都遇到了挑战，在这一时期，新制度经济学受到了重视，引发了人们重新认识和反思政府与市场、改革与开放的关系。

1.政府失灵

东亚各国采取的是政府主导经济发展模式，但是随着国民经济的不断发展，政府理性、政府效率与政府自律方面的水平都与较高层次的经济发展水平不相适应。长期以来强人政治使得政治对经济的干预过大，影响了市场效率，加上滞后的政治体制改革，最终导致重大决策失误。同时，政府的频繁变动，也影响了政府对长期问题的关注，金融体制、劳动力素质的提高及工业结构的转型问题一直没有得到很好的解决，使得产业结构升级滞后，虚拟资本膨胀，经济泡沫加大，金融风险增大，政府经济战略逐渐陷入困境，经济增长缺乏内生动力。东亚的出口导向型经济发展战略，在资金、技术方面过分依赖于发达国家，使得国内生产成本增高，国际竞争力下降，出口受到抑制。随着发达国家经济转入低速增长和区域经济集团化的发展，美国对东亚产品的贸易保护主义日益抬头，出口导向的市场空间更加狭窄，依赖于出口的东亚诸国面临严重挑战。

2.金融发展水平滞后

金融发展水平的差异是影响国际资本流动的重要因素。金融发展程度的差异改变了传统的国内储蓄—投资循环模式，发达资本主义国家因完善的金融市场吸引了资本的流入而积累大量的对外净负债，而东亚各国金融市场不发达因大量的资本流出从而积累对外净资产。因此，在金融全球化的背景下，从金融发展滞后造成东亚各国国际资本流动的方向和变化趋势，对于深入认识东亚模式地位以及面临外部金融失衡挑战具有重要的意义。[①]

[①] 赵新泉、刘文革：《金融发展与国际资本流动：新兴市场与发达经济体的比较》，《经济学家》2016年第6期。

3.裙带主义与腐败滋生

集权式的政治体制，一方面有效地降低了交易成本，使经济在政府的推动下快速发展；另一方面，权力也为寻租提供了"空间"。长期的集权政治为政治腐败提供了温床，而腐败所带来的行政机构的低效率，不但造成了政府的合法性危机，还有可能在金融危机等重要外部威胁出现时成为经济不稳定的触发因素。

第三节　当代资本主义主要发展模式比较分析

20世纪70年代以来，新兴的比较经济学、演化经济学和马克思主义政治经济学新学派对资本主义发展模式的多样性展开了分析。不同范式的经济学在对当代资本主义主要发展模式展开研究时所运用的理论和方法不同，这对深入认识当代资本主义不同发展模式有重要意义。

（一）各种发展模式的相同之处

深入研究当代资本主义主要发展模式的不同特征，比较各自的优缺点，发现发达资本主义国家发展模式间存在一些共同特点：私人企业占有生产资料的生产资料私有制；经济利润作为生产和投资决策的指导力量处于支配地位；主要依靠市场和价格配置资源、分配产品等。具体来讲，各种发展模式的相同之处表现在以下几个方面。

1.属于私有制基础上的市场经济

作为资本主义国家的模式，盎格鲁—撒克逊模式、莱茵模式以及日本模式均是以私有制为基础的。尽管它们都经历了几个阶段的演进，在诸多体制方面都发生了一些调整甚至较大变动，但其生产资料的私人占有制度并没有发生改变，私人经济在国民经济中占据主导地位，垄断资本在私有制经济中起着支配作用。

盎格鲁—撒克逊模式是典型的建立在私人所有制基础上的自由市场经济制度。美国宪法明确规定了私有财产神圣不可侵犯的原则，其私有制具有两个明显特点：（1）私人部门在美国经济中占有主要地位，国有经济的比重小。据统计，在美国国民生产总值的生产中，私人部门产值占 3/4 以上。（2）私人资本集中程度高。尽管第二次世界大战以来美国股份公司股权分散化的趋势不断加强，股票持有现象十分普遍，但企业的控制权仍然集中在少数大股东和高级管理人员手中。

莱茵模式虽强调财产权的分散和社会平衡，主张实行多种所有制并存的经济制度，但仍属以私人占有制为基础的体制。该模式的倡导者认为，生产资料"私有制是竞争制度的前提之一"①。因此，尽管德国在历史上有国有制的传统，但依然实行以私有制为基础的各种所有制并存的基本经济制度。联邦德国以立法的形式提出保护私人所有权利，在 20 世纪 80 年代私有化浪潮中，部分国企实行了私有化。1982—1990 年，在政府持股的公有企业中，政府的股份明显下降，已基本完成"从工业撤出"的计划。

日本模式也以私有制为基础，私人所有制是日本市场经济的主体，并在国民经济中占有很大比重。虽然日本也存在一定的国有经济，但国有企业是在第二次世界大战后初期私有化浪潮之后的低起点上重新形成并发展起来的，其在整个国民经济中所占比重并不大，且主要集中在金融业等非生产领域。"据统计，在日本 116 个主要国有企业中，77% 都是非生产领域的企业。"② 从 20 世纪 80 年代中期开始，日本的国有企业也掀起了民营化改革，将部分国有企业股权出售给私人。

2. 属于现代市场经济

正如瑞典经济学家克拉斯·埃克隆德所指出的："我们在实际中永远也看不到一种完全纯正的市场经济。市场始终在不同程度上受到干预或者调节的补充和限制，这些干预和调节有的来自相互合作的企业或垄断集团，有的来自政权机关和各个不同的团体。"③ 尽管发达资本主义国家三种主要模式有的更加强调市场作用，有的更为推崇政府干预，但它们的一个共同特征是：都实行有计划调节的"现代市场经济"，"这种'现代的市场经济'，在基本维护市

① 〔德〕瓦尔特·欧根著，李道斌译：《经济政策的原则》，上海人民出版社 2001 年版。
② 丁冰：《资本主义国家市场经济研究》，山东人民出版社 2000 年版，第 260 页。
③ 〔瑞典〕克拉斯·埃克隆德著，刘刚来译：《现代市场经济理论与实践——"瑞典模式"的经验与教训》，北京经济学院出版社 1995 年版，第 76 页。

场经济机制作用的基础上，融合了许多新的因素，将政府干预与市场调节相结合，将适度垄断与竞争相协调，将国内市场与国际市场相统一。[①]

暂且不论以"政府为导向"、重视政府权威和政府计划指导的日本模式，也不论既遵守市场自由竞争原则又注重从社会政策角度对经济加引明导的莱茵模式，即便是自由主义色彩最浓厚，对"自由放任"经济理论最推崇、对个人主义和自由创新最强调的盎格鲁—撒克逊模式，也存在一定程度和范用的政府干预。尤其是罗斯福新政以后，政府干预市场的力度和范围不断扩大。

3. 都存在劳资矛盾和对立现象

虽然发达资本主义国家在多年的劳资对立和斗争中不断调整政策，并探索出了一套比较健全的劳资关系调整体系，劳资矛盾也逐步由激烈对抗趋于缓和。尤其是第二次世界大战后，各国政府加强了对劳资关系和劳动力再生产的干预，制定并形成了一套规范化、制度化的法律体系和调整机制（如劳资协议制、集体谈判制、三方协商制等），有效缓和了劳资之间大规模的对抗冲突。但是，劳资矛盾并未从根本上消除，在以私有制为基础的发达资本主义国家三种典型模式中，都不同程度地存在着劳资对立现象。

在盎格鲁—撒克逊模式中，劳资关系调整是在法律规范下劳资双方的自我调整，通过立法来约束劳资关系双方的行为，避免出现影响社会和经济发展的矛盾，并通过多种渠道和形式处理争议体制，缓解劳资之间的对立。美国工会力量在20世纪30年代以后的壮大，使劳资谈判的力量由企业和政府双方变成了企业、政府和劳工三方，在一定程度上缓和了劳资对立的现象，但该模式中的劳资利益冲突现象依然比较严重，"企业中存在着资方同劳方的对立和利益冲突，资方关心最大利润，劳方则关心增加工资"。[②]

相对于盎格鲁—撒克逊模式而言，莱茵模式和日本模式比较注重工人参与企业管理，并采取了一系列行之有效的措施，比如，在处理劳资关系方面，德国采取了劳资双方通过协商对话结成社会合作伙伴关系、"劳资共同决策制"等形式，日本刚实行了企业内的"劳资协议制"等，在一定程度上缓解了劳资矛盾，减少了工人罢工。但由于企业内部等级分明，决策的主动权大

① 徐小杰：《现代市场经济——变革时代的挑战》，社会科学文献出版社1993年版，第15—16页。
② 王跃生：《变化世界中的经济体制——90年代的比较经济体制学》，北京大学出版社1995年版，第92页。

都掌握在管理高层，经理与工人收入差别仍然很大，因而在实行这两种模式的国家中，各种形式的劳资对立和矛盾仍然时常直接或间接地表现出来。

（二）各种发展模式的不同之处

发达资本主义国家模式在经济理论基础、社会历史背景、经济运行机制、企业组织和经营管理形式以及财政、金融、社会保障等具体经济体制方面均存在一定的差异：盎格鲁—撒克逊模式主张小政府、大市场，崇尚个人主义和自由竞争；莱茵模式推崇社会优先性和社会和谐，注重社会公平和有序竞争，主张必要的政府干预和社会限制。日本模式崇尚集团主义和有控制的竞争，强调国家在社会中的权威地位以及在经济发展中的主导作用。概括起来，它们之间的主要区别表现在如下方面。

1. 国家调控和干预的程度和方式不同

各种主要模式均属于政府干预的现代市场经济，其差别就在于国家对经济调控和干预的范围、程度和方式不同。

（1）盎格鲁—撒克逊模式是公认的自由市场经济。尽管第二次世界大战后实行该模式的各国都加强了国家在经济生活和资源配置方面的作用，但相对于其他国家，其政府干预的程度较低、范围较小，国家的调控和干预主要是以间接手段，通过财政和货币政策等方式来完成的。政府的作用极其有限，被限定在市场失灵情况下微观、短期、被动的干预，限定在私人不能做或做不好的事情上。另外，该模式下的国家调控和干预是一种不得已的被动选择，"是在经济危机愈演愈烈，市场问题越来越严重，国家不得不出面干预经济生活的情况下出台的"。[①]

（2）莱茵模式寻求的是国家有限干预的"社会的"自由市场经济，包括"自由原则"和"国家有限干预原则"两方面。一方面，经济活动以市场为基础，市场机制在经济运行中起主导作用；另一方面，国家通过法律和经济手段，对市场进行有限的干预和监督，以便为个人和企业创造一个平等自由竞争的秩序，使社会经济活动有秩序地发展。该模式的实质是国家调节下的市场经济模式，在政府与市场的关系上，尽可能地通过市场调节经济运行，政

---

① 陈秀山：《政府调控模式比较研究》，北京出版社 1999 年版，第 101 页。

府主要扮演创造和维护"竞争秩序"的角色，采取直接干预（控制价格形成、制定政策和参与企业投资等）和间接干预两种手段调节市场运行中的偏差。

（3）日本模式在第二次世界大战后采用了凯恩斯主义的理论主张，在充分发挥市场机制调节作用的前提下，加强了政府对经济生活的干预，形成了"政府主导型市场经济体制"。在该体制下，政府的作用相当重要和独特，政府主要通过计划工作、产业政策、规制和行政指导等多种手段，指导和干预企业、产业活动，并在经济运行中形成了同欧美各国政府与企业关系大不相同的"官民协调体制"。该体制分为三个层次：①政府，包括各主管省（通产省、财务省、厚生省、运输省、农林省等）；②各经济团体（也称财界四团体，包括经团联、日经联、同友会、商工会议所等）；③政府所设立的征求民间意见的各种审议会等咨询机构，它们都在制定和推行国家政策中发挥着一定的作用。

2.企业组织结构、企业经营和管理制度不同

三种模式都实行私有制基础上的自由企业制度，但在企业组织结构和企业经营管理制度等方面，却各有特点且显示出了明显差异，下面仍然以其典型代表（美国、德国和日本）为例进行考察和分析。

美国尽管拥有世界上最大的垄断公司，但绝大多数美国企业都是几十人到上百人不等、资产不足50万美元的中小企业，"美国小企业所创造的产品和劳务的价值在GDP中的比重，第二次世界大战后一直长期保持在50%左右，20世纪80年代以后虽稍有下降，但仍约占40%以上"。[①] 美国在公司治理以及企业经营和管理方面有三个特征：（1）强调"股东至上"；（2）实行"高度自由的雇佣劳动制度"；（3）采取发行股票和债券的方式筹措资金。[②]

德国在法律上规定了多种企业组织的形式（包括个体、合伙制、股份制以及合作企业等），实现了产权多元化。在经营管理方面也具有自己鲜明的特色：（1）实行"双重委员会"（即监事会与执委会）的分权制度，执委会由监事会任命，负责领导公司日常生产经营和制定公司重大决策，监事会则拥有任免执委会、批准公司重大决策和监督执委会工作等权利。这实际上是将

---

① 丁冰：《资本主义国家市场经济研究》，山东人民出版社2000年版，第15页。

② 〔法〕米歇尔·阿尔贝尔著，薛晓源译：《两种资本主义模式的分析与比较》，《马克思主义与现实》1999年第6期。

盎格鲁—撒克逊模式中公司董事会的权利一分为二，分别赋予了两个机构。（2）实行"共同决策制度"，吸收工人参与经营管理，赋予工人更大的权力和责任，有效地提高了职工与企业目标的一致性，降低了雇员的机会主义行为倾向。（3）企业筹集资金主要依靠银行，而在股票、债券市场、社会集资方面比较薄弱。在欧洲，来自金融市场的投资仅占 35% ～ 40%，来自银行的投资却占 60% ～ 65%。[①]

　　日本企业组织结构是以几家大的企业集团为顶点。一批中小企业为基础的"垂直型"企业群体结构。每家企业集团或以融资、相互控股为纽带，或以生产联系为渠道，集结了一批企业，实行系列化经营，追求规模经济效应。在经营管理制度方面：（1）实行"法人相互持股制"，在上市公司中，法人持股比率从 1950 年的 50% 一直上升到 1989 年的 75% 以上，在这种稳定的股东体制下，股东权利被大大削弱，股东红利实际上成为一种固定利益利润的大部分被再投资，用于企业追求市场份额的竞争；（2）实行终身雇佣制和年功序列工资制，将企业变为"劳资命运共同体"，激发了劳动者的主人翁意识和劳动积极性；（3）主银行在公司治理方面起着主导作用，它们深深涉足于其关联公司的经营事务中，对公司拥有互惠的股本所有权，并提供债务资本。"主银行体制融合了银行与企业、企业之间以及银行与监管机构之间的相互关系。"[②]日本企业主要依靠储蓄和银行筹集资金。资料显示，第二次世界大战后日本企业资金筹措有 60% 以上是商业银行提供，25% 产生于利润留存及资产折旧，只有 10% ～ 12% 来自股票和债券的发行。[③]

　　3. 对公平与效率的侧重点有所不同

　　同为发达资本主义国家的模式，由于各国的经济、政治背景和价值观不尽相同，它们对效率和公平的侧重也各不相同。相应地，各国收入状况也就不同。据世界银行数据库中各国基尼系数（GINI 系数）的统计，实行盎格鲁—撒克逊模式的各国较实行莱茵模式和日本模式的国家，不平等程度要大得多。

---

① 〔法〕米歇尔·阿尔贝尔著，薛晓源译：《两种资本主义模式的分析与比较》，《马克思主义与现实》1999 年第 6 期。

② 〔日〕青木昌彦、钱颖一主编：《转轨经济中的公司治理结构——内部人控制和银行的作用》，中国经济出版社 1995 年版，第 95 页。

③ 邱询旻：《美国、德国、日本经济模式比较研究与择优借鉴》，《财经问题研究》2003 年第 3 期。

　　盎格鲁—撒克逊模式强调经济自由和政治民主，虽然该模式也注重平等但主要侧重于机会和程序平等，而把结果不平等看作个人奋斗和经济增长的动力。因而，实行该模式的多数国家尤其是美国，两极分化、分配不公现象非常严重。在当前的美国，两极分化严重，被公认为世界上最发达而又最不公正的国家。有学者分析了发达国家劳动者报酬占 GDP 比重（劳动收入份额）的决定因素，并使用 1960—2012 年 22 个发达国家的非平衡面板数据予以验证，研究发现，生产技术水平和人均资本存量的提高会显著降低劳动收入份额，而工会组织的市场地位和谈判能力的增强有利于提高劳动收入份额。20 世纪 70 年代末以来发达国家劳动者报酬占 GDP 比重下降的主要原因是生产技术水平和人均资本存量的持续增长以及工会覆盖面缩小、实际最低工资增长缓慢。因此，改善发达国家当前劳资分配格局的可行方法是鼓励工人参加工会组织，增强工会的谈判能力和在不增加失业的情况下提高实际最低工资。[①]

　　莱茵模式重视经济平等和社会统一，强调将"市场自由原则同社会公平原则结合起来"奉为其经济社会发展的基本理念。从艾哈德提出"要竞争，不要自私"[②]，到施罗德提出"要市场经济，不要市场社会"，德国在实践中始终遵循"尽可能自助，必要时他助"的原则，在大力提倡每个社会成员通过自身努力实现"自助"的基础上，要求社会在个人力所不及的时候，适当提供"他助"。正是因为该模式注重效率和公平的有机结合，且强调结果平等，善于运用各种社会安全保障措施（包括社会保险、社会照顾、社会救济等）扶持弱者、救济贫者，因此实行该模式的各国相对较为平等，收入差别也明显要小得多。

　　在对待效率与公平的问题上，日本模式同莱茵模式较为接近，与盎格鲁—撒克逊模式有着显著区别。日本模式也强调效率优先，但同时该模式非常注重民族团结和社会公正，为确保经济系统的安全和社会秩序的稳定，日本政府通过各种产业调整政策救助衰退产业，通过金融业中的"搭救"体制、"大店法"等反垄断法规，并通过实行收入高累进税制、终身雇佣政策等，保证了日本收入分配上的相对平等。

---

① 马磊：《为什么发达国家劳动收入份额下降？》，《世界经济研究》2015 年第 5 期。

② 〔德〕路德维希·艾哈德著，丁安新译：《大众的福利》，武汉大学出版社 1995 年版，第 4 页。

第 十 二 章

当代资本主义的历史命运

第二次世界大战结束后，资本主义国家和社会主义国家采取各种措施积极恢复战时受损经济，特别是发达资本主义国家纷纷调整本国各项政策措施，在一定程度上缓解了资本主义基本矛盾的激化。但是这种调整绝不能实现由旧变新的质变，并且这种调整也没有消除资本主义基本矛盾，反而使得矛盾进一步发展。研究探讨当代资本主义的历史命运，对于我们正确把握当代资本主义的历史地位、厘清当代资本主义的基本矛盾、坚定社会主义最终取代资本主义的信心和信念具有很强的现实意义。

第一节　当代资本主义的历史地位

　　第二次世界大战后，伴随着社会主义阵营不断扩大，社会主义国家在全球范围内呈现出蒸蒸日上的发展态势，向世人展示了社会主义制度的优越性，给战后资本主义国家带来了较大的冲击。在20世纪50年代后期，资本主义国家却借助科技革命的机会，赢得了较长时间的稳定和发展，双方的差距逐渐开始拉大，其经济、科技、军事等方面的成就对社会主义国家的压力持续增加，资本主义仍然是世界舞台的主要"舞者"。

一、第二次世界大战后主要资本主义国家经济建设和福利国家建设取得巨大成就

　　第二次世界大战结束后，西方几个主要资本主义国家执政党充分发挥其

娴熟的治国理政能力，对资本主义经济进行积极主动的调整，使得国家垄断资本主义发展达到高潮，国家垄断资本主义究其本质是资本与国家力量、市场与国家调控的相互结合，资本主义国家作为总资本家直接参与到社会的再生产活动，对自由竞争市场进行全面的调控，这是资本主义生产关系在其制度允许范围内适应生产力发展完成的一次重要变革。

（一）战后英国经济建设实践

纵观第二次世界大战后英国经济建设全程，可以看出国有化是其突出特点，特别是工党政府执政期间更为明显。国有化自 1918 年 6 月被列入英国工党党章之后，便作为一种进行经济改良的政策，一种实现党的奋斗目标的重要手段，贯穿于工党发展的始终，英国工党在 1945 年的宣言《让我们面向未来》中提议进行国有化，宣称："工党是社会主义的党，并以此自豪。它的最终目标是在国内建立大不列颠社会主义共和国。"[1]工党将"实施英格兰银行的公有制，其他银行也要根据工业发展的需要进行调整……将已经成熟的基础工业实施国有化，运行良好的小企业将维持现状不变，那些转为国有的条件暂时还不成熟的大型企业也必须受到国家的严格监督"[2]。为此，工党政府决定将在燃料和动力工业部门、内地运输部门、钢铁部门内实行公有制。此时工党认为"国家对英格兰银行的接管，是借以保证充分就业。而煤、气和电力工业的国有化目标，则是为了促进生产现代化、减少财政负担、防止浪费和提高效率"[3]。在英国工党看来："英国不仅需要食物、工作和家庭，而且需要有大量的好食物，每人都做有用的工作，需要舒适的、节省劳力的房屋，这些房屋充分利用了近代科学与生产工业的资源条件。我国还需要有日益增加的高度生活水平，人人有能作未雨绸缪的保障，以及使儿童有机会能发挥其所长的教育制度。"[4]为实现这一目标，"人民就会要求国家和战后政府把国家利

---

① 中共中央党校科学社会主义教研室国外社会主义问题教学组编:《社会党重要文件选编》，1985 年版，第 420 页。

② 转引自刘成、马约生:《欧洲社会民主主义的缘起与演进》，重庆出版社 2006 年版，第 161 页。

③ 〔英〕唐纳德·萨松著，姜辉等译:《欧洲社会主义百年史》上册，社会科学文献出版社 2013 年版，第 177 页。

④ 世界知识出版社编:《各国社会党重要文件汇编》第 1 册，世界知识出版社 1959 年版，第 314 页。

益放在任何派别利益之上，"①"工党要把全体社会成员利益放在首位，而将私营企业的部分利益放在第二位。"②工党打算这样做："第一，全部国家资源包括土地、物资和劳动力，必须充分运用。""第二，只有通过合理工资、社会服务、社会保险和减轻对收入低的人的税收，才能保持较高的和经常的购买力水平。""第三，对主要工业、房舍、学校、医院与市政中心的有计划投资将要占资本支出的很大一部分。成立国家投资委员会。""第四，英国国家银行及其财政力量必须公有化，其他银行的作用也必须符合工业需要。""通过这些和其他措施，全部就业就能实现。"③这对于战后英国经济的恢复、实力的增强起到了很大的推动作用，同时对于欧洲民众重拾信心，巩固资本主义制度也起到了极大的支撑作用。

（二）战后联邦德国经济建设实践

第二次世界大战结束后，联邦德国利用欧洲复兴计划，抓住新科技革命的浪潮，迅速恢复自身经济，特别是在 1969 年至 1982 年，社会民主党执政的 13 年，尽管未能从根本上触动资本主义制度，但确实为广大中下层人民的生活带来了一定的改善，例如，（1）扩大了社会保障，主要体现在社会保险、社会救济、医疗保险、养老金和助学金得到很大改善。职工实际工资在这期间提高 55%，失业救济从原来占工资的 58% 提高到 68%，养老金提高130% ～ 140%。（2）通过并实施企业法和参与决定法，在一定程度上扩大了职工参与经济管理的权利。（3）采用了凯恩斯主张的经济手段，使联邦德国自 1969 年至 1982 年在经济方面，危机和失业不像别的西方工业国家那样严重。④1976 年，德国社会民主党政府颁布《参与决定法》，规定凡是 2000 人以上的大企业，都必须成立最高权力机构监事会，成员由劳资双方对半组成，而且双方权力相同。监事会决定企业预算与决算、工资与分红、扩建与关闭、任免负责处理企业日常事务的董事会成员等重大问题。在中小企业中，必须设立完全由职工组成的企业委员会，企业主在重大问题作出决定前，必须征

① 世界知识出版社编:《各国社会党重要文件汇编》第 1 册，世界知识出版社 1959 年版，第 315 页。
② 世界知识出版社编:《各国社会党重要文件汇编》第 1 册，世界知识出版社 1959 年版，第 316 页。
③ 世界知识出版社编:《各国社会党重要文件汇编》第 1 册，世界知识出版社 1959 年版，第 317 页。
④ 李兴耕:《当代西欧社会党的理论与实践》，黑龙江人民出版社 1989 年版，第 142 页。

得委员会的同意。企业委员会还有权监督劳动保护条例、工资合同等各种法令和劳资协议的执行情况。工人参与制及其他政策和法令,不可能根本改变工人群众受剥削受压迫的地位,但对于遏制资产阶级的权力、改善工人群众的工作条件具有一定的进步意义。在一定程度上,对于缓解资本主义社会的矛盾、巩固资产阶级的执政地位起到了促进作用。

(三)瑞典福利国家建设实践

瑞典民主社会主义建设具有典型意义,瑞典模式一度成为各国社会民主党奉行的楷模,这一模式的突出表现就是社会民主党通过改良与和平的方式在实现民主社会主义的道路上不断地进行探索,其中最主要的特点就是高水平的福利国家建设。对于福利国家建设,第二次世界大战后至20世纪60年代,几乎所有的西方发达国家都宣称已经建成了福利国家制度,但瑞典社会民主党所宣称的福利国家仍具有它特定的表现。

瑞典社会民主党认为,就业是全部福利的基础,而失业是当今福利国家社会非正义和不平等的最重要的根源。反对失业的斗争是社会民主党的基本任务,从20世纪30年代起,瑞典政府就把"充分就业"视为经济政治的首要目标,调动了从宏观就业到微观就业的一切机制,始终保持一个较低的失业率。据官方统计,繁荣时期失业率在1.5%左右,危机时期不超过2.5%~3.0%。这个失业率与20世纪30年代萧条时期的25%相比相去甚远,与战后西方大国危机时期较高的失业率(如1980年英国、美国、意大利、加拿大均在7%以上)相比,也有明显差距。[①]

福利国家建设通过普遍的社会福利政策和措施,保障了广大劳动人民的基本生活,尤其是通过税收政策,为资本主义社会中广大低收入阶层带来了较多的实惠,从而缩小了社会各阶层之间的收入和贫富差距,在一定意义上而言,这是资本主义国家的一种进步。

---

① 张契尼、潘琪昌:《当代西欧社会民主党》,东方出版社1987年版,第195页。

福利国家实施福利政策前后贫困比例对比 [①]

国家	绝对贫困比例		相对贫困比例	
	福利前	福利后	福利前	福利后
瑞典	23.7	5.8	14.8	4.8
挪威	9.2	1.7	12.4	4.0
荷兰	22.1	7.3	18.5	11.5
芬兰	11.9	3.7	12.4	3.1
丹麦	26.4	5.9	17.4	4.8
德国	15.2	4.3	9.7	5.1
瑞士	12.5	3.8	10.9	9.1
加拿大	22.5	6.5	17.1	11.9
法国	36.1	9.8	21.80	6.1
比利时	26.8	6.0	19.5	4.1
澳大利亚	23.3	11.9	16.2	9.2
英国	16.8	8.7	16.4	8.2
美国	21.0	11.7	17.2	15.1
意大利	30.7	14.3	19.7	9.1

通过福利国家建设，欧洲尤其是北欧地区成为全球贫困率最低的国家，以样板国瑞典为例，基尼系数从 1967 年的 0.28 降至 20 世纪 70 年代中期的 0.2 以下，到 20 世纪 80 年代维持在 0.2 左右，此后，最高没有超过 0.3。[②]，这意味着，居民基本生活支出只占到全部收入的 30% 以内，人们普遍地拥有经济安全，不再为伤残、病患、失业担忧，更没有贫民窟。1930 年和 1970 年相比，占家庭总数 1% 的最富裕者的财产占家庭总财产的比例由 47% 降到了 23%，财产占有者之间的差距有了明显的缩小。[③]

在瑞典社会民主党看来，平等是全体人民具有同等价值的表现，是自由的先决条件，因此福利制度就成了他们消灭不平等的主要武器，其目标是实现国家收入从高收入阶层到低收入阶层的所谓垂直再分配和私人部门到公共部门的水平再分配。工人的工资政策主要由各类工会在劳工法律的基础上同资方谈判达成妥协，瑞典社会民主党在促成谈判机制方面起到了重要作用，它所做的就是建立收入均等化制度。第二次世界大战后几十年，以瑞典为代

---

① 转引自朱旭红：《论社会民主主义的历史演进》，社会科学文献出版社 2014 年版，第 87—88 页。

② 张传鹤：《瑞典社会民主党政绩和瑞典成功因素新解》，《科学社会主义》2009 年第 1 期。

③ 蒙子良：《论瑞典民主社会主义的和谐特点》，《广西质量监督导报》2006 年第 13 期。

表的民主社会主义国家通过福利体系建设，使得福利作为国家制度和政策，融入资本主义的体制和框架，保持了社会的稳定发展，从而使得无论哪个政党上台执政，都不敢轻易地对已经形成的福利体系进行质上的改变，在这种前提下，工人阶级和资产阶级等社会各阶层相互让步，和平共处，创造了资本主义生产和发展的黄金时代。

（四）联邦德国福利国家建设实践

德国是世界上最早制定社会保障法律的国家，历史上，德国的社会保障制度曾居欧洲领先地位，但后来渐渐落伍，被英国赶上并超过。战后，联邦德国实行社会市场经济，强调市场经济与社会保障的内在统一，这使得联邦德国的社会福利制度具有自己的特色。

1959年社会民主党在《哥德斯堡纲领》中就阐述了社会保障的思想，强调"每一公民在年老、丧失就业能力或自力谋生能力或者在家庭供养人死亡时，都有权从国家得到一笔最低限度的养老金"，每个病人的"医疗措施必须从经济上得到充分的保证"，"必须通过社会救济和个别照顾的措施来充实普遍的社会福利事业"，"全部的劳动立法和社会立法都必须统一地和总括地分别编成劳动法典和社会法法典。"[1]1969年社会民主党领导人勃兰特当选联邦总理后，在其施政纲领中，提出将遵循"连续性与革新"的方针，继续提高人民的自由权和福利水平，勃兰特宣称，社会民主党的执政目标是要把联邦德国建设成为福利国家。勃兰特政府时期，社会保险体制有了很大发展，老弱病残者的生活条件得到了不同程度的改善，1973年新的《劳动保护法》规定，企业有义务为劳动安全雇用企业医生和专业人员。1970年和1971年对"助学金法"的修改，使大多数中下层家庭的子女由于助学金额的增加而获得了更多学习和深造的机会。所有这些措施，使联邦德国的社会保障政策深深地烙上了社会民主党的印记。

（五）英国福利国家建设实践

英国工党政府在大力推进国有化的同时，为了减少失业现象，实现公平

---

[1] 〔德〕苏珊·米勒著，刘敬钦、李进军等译：《德国社会民主党简史（1848—1983）》，求实出版社1984年版，第356—357页。

分配，也推进了社会福利制度的构建，通过了一系列涉及工伤、健康、养老金、失业方面的法案，1946 年通过的《国民保险法》，其覆盖面包括全体国民，由国家执行并承担责任。1948 年通过的《国民救济法》，对一些因残疾等原因而不能工作的特殊群体作出了具体的救济规定。1946 年通过的《国民医疗保健法》是西方国家第一个为全体人民提供免费医疗的福利法案。这些立法的生效，向所有人提供了全面的社会保障，这其实就是从摇篮到坟墓的保障制度。福利国家的建设可以说是对发达资本主义的一种回应，在单纯的市场竞争体系中，主要关注点在于资本利润的获取，相对于对工人的保护往往得不到切实有效的安排，而福利社会的构建、社会保障体系的完善能够弥补这一不足。

在艾德礼政府执政后期，几乎完全实现了工党战前和战时所提出来的承诺：劳动者的生活有了保障，基本上消灭了失业，工人的工资增加了，妇女大量参加生产，劳动者家庭的生活水平提高了，自动化和安全措施的推广也改善了劳动条件。人民群众受到鼓舞，战争的创伤很快得到医治，经济恢复较快，1947 年底已恢复到战前水平，经济实力在资本主义国家中占第二位，到 1950 年，生产总值仅次于美国。与此同时，工党的威望节节上升，党员也大幅度增加，从 1945 年的 300 万人，增加到 1947 年的 500 万人。[1] 工党左翼理论家哈罗德·拉斯基认为，他们与无产阶级导师马克思、恩格斯有着"共同的理想"，"能够领导英国人民解除身上的锁链"，"而英国工人阶级将在全世界促进工人阶级的团结，从而最后赢得新的世界。"[2]

从上面相关例证分析可以看出，当代资本主义在战后确实表现出了惊人的发展，特别是在推动生产力发展方面，远超出同一时期社会主义国家，正如马克思恩格斯所指出的，资产阶级在它不到 100 年的阶级统治中所创造的生产力，比过去一切时代创造的全部生产力还要多、还要大，尽管在一定意义上而言，不论资本主义国家如何调整政策，推动生产力发展，其必然灭亡的历史命运不会变，但这种积极主动的调整在客观上却为工人阶级生活水平的提高，为新社会的诞生增添了新的因素，为未来向更高级社会的过渡奠定

---

① 张契尼、潘琪昌：《当代西欧社会民主党》，东方出版社 1987 年版，第 42 页。

② 〔英〕拉斯基著，黄子祥译：《共产党宣言是一个社会主义里程碑》，商务印书馆 1964 年版，第 4、86 页。

了物质基础。总而言之，战后欧洲主要资本主义国家执政党，给工人阶级和广大人民群众带来了切实的利益，使他们的生活条件得到了一定程度上的改善，生活水平有了较为明显的提高，能够使得欧洲国家普通民众不致因各种突发事件而丧失基本的生存条件，在一定意义上来说，西方国家的阶级矛盾和阶级斗争在一定程度上有所缓和，这是历史的进步。

二、资本主义国家战后取得的成就并没有改变资本主义的剥削本质

战后发达资本主义国家凭借着雄厚的经济实力和高技术优势这些有利条件，在全球市场大肆进行隐性经济剥削，获取超额剩余价值。在进行经济方面剥削的同时，发达资本主义国家利用自身的优势地位，不断强化"中心""外围"的资本主义世界体系，逐步形成有利于巩固自身地位的国际经济秩序，并以此作为对广大发展中国家进行剥削掠夺的重要形式。

特别是20世纪80年代以来，经济全球化在把资本主义先进文明推向全世界的同时，也把资本主义矛盾和危机扩展至全球范围。马克思恩格斯所揭示的资本主义基本矛盾在全球范围内非但没有被消除，反而不断扩展和加深，并在全球化背景下有了新的表现，即发达国家和发展中国家之间的矛盾，跨国公司内部生产的高度组织性与世界范围内生产的无序状态之间的矛盾，世界生产能力的无限扩大趋势与世界市场容量有限之间的矛盾等。这些国际舞台上的现实状况再一次说明资本主义生产资料被资本家私人占有，劳动者同生产资料相分离，充满剥削和两极分化的资本主义根本性质没有发生变化。

客观来看，当代资本主义世界仍然充满着不断加深的矛盾和危机，各个资本主义国家间政治经济发展既不平衡，也不协调，南北方差距不断增大，失业与贫困叠加等现象，这一切都与资本主义基本矛盾的发展相伴相生。尽管在可预期的一定时期内，资本主义是不断发展着的，但资本主义国家目前呈现出来的繁荣发展景象无法遮盖其整个社会秩序的动荡和混乱。面对各式各样的矛盾和危机，资本主义国家断然不会任其发展激化，而是为克服矛盾积极采取种种措施，而这些措施尽管在资本主义发展史上确实起到过一些作

用，尤其是对危机后的经济复苏有刺激作用，但资本主义所采取的调节措施没有也不可能从根本上克服资本主义基本矛盾，触动资本主义私有制的性质，改变资本主义的剥削本质。

第二节　当代资本主义的基本矛盾

马克思恩格斯认为，人类社会的基本矛盾即生产力与生产关系的矛盾运动推动着人类社会从原始社会、奴隶社会、封建社会到资本主义社会、社会主义社会、共产主义社会不断发展，在这其中生产力是决定社会发展的根本动力。从一定意义上来说，人类社会形态的更迭就是社会基本矛盾运动的结果。

一、资本主义基本矛盾的产生与发展

资本主义生产方式是在封建社会内部逐渐形成和发展起来的，马克思指出："资本主义社会的经济结构是从封建社会的经济结构中产生的。后者的解体使前者的要素得到解放。"[①]在封建社会晚期，由于生产力的发展，社会分工进一步扩大，商品生产和商品交换也随之进一步扩大，从而促使原有的自给自足自然经济解体，逐步演变为商品经济。伴随着商品经济的持续发展，便产生了初期的城市，出现了行会手工业形式的简单协作的生产方式。随着生产力的进一步发展以及新大陆的发现和新航路的开通，工商业和航海业的发展，对商品需求的不断增加，封建行会手工业生产逐渐不能再适应日益增长的需要，于是，资本主义工场手工业代替了封建行会手工业，生产的规模继续进一步扩大。由于市场总是在扩大，需求总是在增加，资本主义工场手工业也越来越不能满足人们对商品日益增长的需求，于是引发了产业革命，机器大工业代替了工场手工业。随着经济的发展和经济基础的变革，上层建筑

---

① 《马克思恩格斯全集》第 23 卷，人民出版社 1956 年版，第 783 页。

也发生了相应的变化。最初的资产阶级在行会手工业阶段与工人、农民一样，是被压迫的等级，到了工场手工业阶段，实力增长的资产阶级就成了能与封建贵族相抗衡的阶级，而到了机器大工业时代，现代资产阶级在主要国家里就取得了政治统治地位。

马克思恩格斯在《共产党宣言》中鲜明地指出："资产阶级赖以形成的生产资料和交换手段，是在封建社会里造成的。在这些生产资料和交换手段发展的一定阶段上封建的所有者关系，就不再适应已经发展的生产力了。这种关系已经在阻碍生产而不是促进生产了。它变成了束缚生产的桎梏。它必须被炸毁，它已经被炸毁了。起而代之的是自由竞争以及与自由竞争相适应的社会制度和政治制度、资产阶级的经济统治和政治统治。"[1]由此可见，资本主义制度取代封建主义制度是社会基本矛盾运动发展的必然结果。

从发展实际来看，资本主义经济制度和政治制度的建立是人类社会的一大进步，极大地促进了社会生产力的发展，这是客观存在的现实。但是，资本主义制度并不是永世长存的，人类社会的历史也不会终结于资本主义，这种制度在本质上而言，仍然是以一种私有制代替另一种私有制，以一种较为隐蔽的剥削方式代替另一种较为明显的剥削方式的制度，它与生俱来存在着不可调和的内在矛盾，随着生产力的发展，资本主义必然会被更高级的社会形态所取代。

从经典作家的论断可以得知，资本主义的基本矛盾是生产社会化与生产资料资本主义私人占有之间的矛盾。生产社会化主要表现为，生产资料使用的社会化，由于机器大工业代替了手工工具，生产资料相对而言日益集中，生产规模不断扩大，使原来由一个人所使用的生产资料变成由大批劳动者共同使用的生产资料。与此同时，生产过程也逐步地社会化。随着机器大工业的发展，社会分工越来越细致，社会生产也日益专业化，社会经济中的各个部分、部门，都是一种相互依赖的状态，生产过程也从单个人的行为变成一种互相联系、互相协作的社会行为，而所生产出来的产品也逐步地社会化了。此外，由于资本主义世界市场在全球范围内的形成，资本主义生产的社会化从一国范围扩大到了世界范围，将不同发展阶段、不同社会制度的国家全部

---

① 《马克思恩格斯选集》第 1 卷，人民出版社 1995 年版，第 277 页。

纳入资本主义世界体系。

伴随着资本主义生产力的发展，生产社会化的程度日益提高，这种越来越强烈的社会化大生产要求全社会共同占有生产资料，有组织地调节整体的社会生产，全社会共享劳动成果，但在资本主义历史条件下，一切的生产资料统归资本家个人所有，这样就形成了生产的社会化与生产资料资本主义私人占有之间的矛盾。随着资本主义的发展，"社会的生产和资本主义占有的不相容性，也必然越加鲜明地表现出来"。[1] 这个矛盾已经包含了现代一切冲突的萌芽，正是这个基本矛盾的存在和发展，导致了资本主义社会出现了一系列其他矛盾和危机。

资本主义基本矛盾在阶级关系上和社会生产上均有自己特定的表现形式，在阶级关系上表现为无产阶级与资产阶级的矛盾，也就是恩格斯所指出的："社会的生产和资本主义占有之间的矛盾表现为无产阶级和资产阶级的对立。"[2] 在资本主义条件下，由于日益激烈的竞争的存在和发展，生产资料逐渐集中于资本家手里，社会中的其他阶级阶层则变成了一无所有的雇佣劳动者，被迫将自己的劳动力作为商品出售给资本家，受到资本家的残酷剥削。正如马克思所指出的，在资本主义制度下，"规模扩大的再生产或积累再生产出现规模扩大的资本关系：一极是更多的或更大的资本家，另一极是更多的雇佣工人"[3]，资本积累的过程必然造成失业人口或相对人口过剩。

建立在社会化大生产基础上的资本主义企业，为了获取更多的利润特别是超额剩余价值，并在市场竞争中牢固占据优势，必然要积极主动运用先进技术，从而引起资本有机构成的提高。资本有机构成的提高，意味着在资本积累增长的同时，会相对甚至绝对减少资本对劳动力的需求。马克思说："一方面，在积累进程中形成的追加资本，同它自己的量比较起来，会越来越少地吸引工人；另一方面，周期地按新的构成再生产出来的旧资本，会越来越多地排斥它以前所雇佣的工人。""由于社会劳动生产率的增进，花费越来越少的人力可以推动越来越多的生产资料，这个规律在不是工人使用劳动资料，而是劳动资料使用工人的资本主义的基础上表现为：劳动生产率越高，

① 《马克思恩格斯选集》第 3 卷，人民出版社 1995 年版，第 621 页。

② 《马克思恩格斯选集》第 3 卷，人民出版社 1995 年版，第 622 页。

③ 《马克思恩格斯全集》第 44 卷，人民出版社 1986 年版，第 708 页。

工人对他们自己就业手段的压力就越大，因而他们的生存条件，即为增加别人财富或为资本自行增殖而出卖自己的力气，也就越没有保障。因此，生产资料和劳动生产率比生产人口增长得快这一事实，在资本主义下却相反地表现为：工人人口总是比资本的增殖需要增长得快。"①与此同时，由于人口的增长，妇女参加工作以及小生产者和部分资产者的破产等原因，劳动力的总供给是不断增长的，上述两种相反趋势的结合，必然造成失业大军或相对人口过剩。"工人人口本身在生产出资本积累的同时，也以日益扩大的规模生产出使他们自身成为相对过剩人口的手段。这就是资本主义生产方式所特有的人口规律。"②资本主义的人口过剩之所以是相对的，是因为并非资本主义社会的生产力绝对容纳不了那么多的劳动力，而是相对于资产阶级追求利润最大化而言，劳动力显得过剩了。相对过剩人口的增加，有利于资产阶级加强对在业工人的剥削，意味着无产阶级的相对贫困化有时是绝对的贫困化。正如马克思所指出的："假如资本增加得迅速，工资是可能提高的；可是资本的利润增加得更迅速无比。工人的物质生活改善了，然而这是以他们的社会地位的降低为代价换来的。横在他们和资本家之间的社会鸿沟扩大了。"③资本主义积累的一般规律"制约着同资本积累相适应的贫困积累，因此，在一极是财富的积累，同时在另一极，即在把自己的产品作为资本来生产的阶级方面，是贫困、劳动者、受奴役、无知、粗野和道德堕落的积累"④。这两个极端的积累既是对立的，又是互为条件、恶性循环的，在资本主义条件下，无产阶级的阶级地位决定了无产阶级要求铲除生产资料的资本主义私人占有，实现生产资料的社会占有，以求得自身的解放。因此，无产阶级与资产阶级的矛盾是不可调和的，无产阶级的历史使命就是开展反对资产阶级的斗争。

资本主义基本矛盾在社会生产上的具体体现为单个企业生产的有组织性与整个社会生产的无政府状态之间的矛盾，即恩格斯指出的："社会的生产和资本主义占有之间的矛盾表现为个别工厂中的生产组织性和整个社会中生产

---

① 《马克思恩格斯全集》第 44 卷，人民出版社 1986 年版，第 724、743 页。

② 《马克思恩格斯全集》第 44 卷，人民出版社 1986 年版，第 727—728 页。

③ 《马克思恩格斯选集》第 1 卷，人民出版社 1995 年版，第 355 页。

④ 《马克思恩格斯全集》第 44 卷，人民出版社 1986 年版，第 743—744 页。

的无政府状态之间的对立。"① 马克思认为："按一定比例分配社会劳动的必要性，决不可能被社会生产的一定形式所取消，而可能改变的只是它的表现方式，这是不言而喻的。自然规律是根本不能取消的。"② 社会化的大生产迫切要求资本主义社会按一定比例分配社会劳动，使经济能够得以协调发展，但在资本主义条件下，由于生产资料归资本家私人占有，企业生产什么，生产多少，完全由资本家个人所决定。这样一来，市场上什么利润最高，资本家就竞相生产什么，整个社会生产自然呈现出一种无政府状态。然而，资本家为了追求利润的最大化，必然要在自己的企业中加强生产的组织性和计划性。恩格斯说："资本主义生产方式用来加剧社会生产中的这种无政府状态的主要工具正是无政府状态的直接对立物，每一个别生产企业中的生产作为社会生产所具有的日益加强的组织性。"③ 资本家不断推行先进技术，实行科学化管理，降低产品的成本，这样做虽然有利于提高单个企业的劳动生产率，却加深了整个社会生产的无政府状态，必然使得社会生产的各部门之间的比例关系遭到破坏。与此同时，资本家在追求剩余价值的驱使下，会无限扩大资本主义的生产，以期生产出更多的商品，而广大劳动群众具有支付能力的消费需求相对缩小，结果必然导致生产过剩的周期性的经济危机。

二、资本主义基本矛盾与经济危机的爆发

资本主义国家的经济危机是与资本主义基本矛盾的发展相伴随的。自从1825 年英国爆发第一次经济危机后，经济危机就成了资本主义挥之不去的一种现象。经济危机的主要表现就像马克思恩格斯所指出的："在危机期间，发生一种在过去一切时代看来都好像是荒唐现象的社会瘟疫，即生产过剩的瘟疫。社会突然发现自己回到了一时的野蛮状态；仿佛是一次饥荒、一场普遍的毁灭性战争，使社会失去了全部生活资料；仿佛是工业和商业全被毁灭了，……"经济危机表明，"资产阶级的关系已经太狭窄了，再容纳不了它本

---

① 《马克思恩格斯选集》第 3 卷，人民出版社 1995 年版，第 624 页。

② 《马克思恩格斯选集》第 4 卷，人民出版社 1995 年版，第 580 页。

③ 《马克思恩格斯选集》第 3 卷，人民出版社 1995 年版，第 623 页。

身所造成的财富了。"① "一方面，资本主义生产方式暴露出自己无能继续驾驭这种生产力；另一方面，这种生产力本身以日益增长的威力要求消除这种矛盾，要求摆脱它作为资本的那种属性，要求在事实上承认它作为社会生产力的那种性质。"② 因此，"资本主义生产不是绝对的生产方式，而只是一种历史的、和物质生产条件的某个有限的发展时期相适应的生产方式。"③资本主义基本矛盾的"解决只能是在事实上承认现代生产力的社会本性，因而也就是使生产、占有和交换的方式同生产资料的社会性相适应。而要实现这一点，只有由社会公开地和直接地占有已经发展到除了适于社会管理之外不适于任何其他管理的生产力"④。也就是说用社会占有生产资料、社会调节社会生产的社会主义来代替资本主义是社会化大生产发展的客观要求。

恩格斯在《雇佣劳动与资本》一书的导言中指出："这种以前所未有的幅度日益提高的人类劳动的生产率，最终必将造成一种使当代资本主义经济走向灭亡的冲突。一方面是不可计量的财富和购买者无法对付的产品过剩，另一方面是社会上绝大多数人口无产阶级化，变成雇佣工人，因而无力获得这些过剩的产品。

社会分裂为人数很少的过分富有的阶级和人数众多的无产的雇佣工人阶级，这就使得这个社会被自己的富有所窒息，而同时社会的绝大多数成员却几乎没有或完全没有免除极度贫困的任何保障。社会的这种情况日益显得荒谬，日益显得没有存在的必要。这种状况应当被消除，而且能够被消除。"⑤

总之，马克思恩格斯认为，资本主义的生产关系已经发展成为生产力进一步发展的桎梏。生产社会化与生产资料资本主义私人占有之间的矛盾，反映了资本主义社会生产力与生产关系之间以及经济基础与上层建筑之间的矛盾，是资本主义社会一切矛盾的总根源。在经济方面，这一基本矛盾导致资本主义周期性经济危机的爆发；在政治方面，则是无产阶级与资产阶级之间的阶级斗争，从而导致资本主义的政治危机。

---

① 《马克思恩格斯选集》第1卷，人民出版社1995年版，第278页。

② 《马克思恩格斯选集》第3卷，人民出版社1995年版，第751页。

③ 《马克思恩格斯全集》第46卷，人民出版社1986年版，第289页。

④ 《马克思恩格斯选集》第3卷，人民出版社1995年版，第629页。

⑤ 《马克思恩格斯选集》第1卷，人民出版社2012年版，第325—326页。

　　当然，资产阶级为了维护资本主义基本制度的生存和发展，缓解资本主义私有制对生产力发展的羁绊和束缚，对资本主义的生产关系和上层建筑的某些环节以及资本主义经济社会的运行和管理机制都做了有针对性的调整和变革，为生产力提供了新的发展空间；与此同时，资产阶级还吸收借鉴同一时期社会主义国家的一些措施，使资本主义社会的阶级矛盾和社会矛盾得到一定程度的缓解。

　　可以肯定，当代资本主义的自我调节和改良确实在不同程度上帮助资产阶级统治更加稳固，减轻了经济波动的幅度和经济危机的破坏性，缓解了发达资本主义国家内部的激烈矛盾，有利于战后资本主义的稳定和发展。但是，这种调节和改良是在资本主义制度允许的范围内进行的，没有也不可能真正触动资本主义私有制的根基，因而也就不可能从根本上克服资本主义的基本矛盾和由此产生的经济危机与政治矛盾。[1]资本主义国家在面临新冠肺炎等重大公共卫生事件过程中的乱象，就是对西方国家自我调节能力的检验及其局限性的证明。所以，我们既要看到资本主义基本矛盾在调整中有所变动的新情况，又要透过现象去看本质，看到资本主义的基本矛盾仍然在不断地积累和发展，资本主义自我调节和改良的余地在不断地被压缩。

　　当然，在资本主义发展过程中，由于社会生产力的猛烈增长和生产社会化程度的不断提高，"迫使资本家阶级本身在资本关系内部可能的限度内，越来越把生产力当作社会生产力看待"[2]，对生产关系不断作出调整。这样，就出现了股份公司、垄断组织和国有资本等资本主义私有制的转化形式。这些转化形式在社会经济中占据支配地位，资本主义经济出现了部门乃至更大范围的计划调控。这在很大程度上确实缓和了资本主义的基本矛盾，促进了生产力的进一步发展。但是这些转化形式并没有真正消除生产力本身所附加的资本属性，不可能从根本上解决资本主义的内在矛盾。资本主义生产关系的调整表明："资本关系并没有被消灭，反而被推到了顶点。但是在顶点是要发生变革的。生产力归国家所有不是冲突的解决，但是它包含着解决冲突的形式上的手段，解决冲突的线索。"[3]

①　靳辉明:《社会主义的历史理论前景》，社会科学文献出版社 2004 年版，第 345 页。
②　《马克思恩格斯选集》第 3 卷，人民出版社 1995 年版，第 751 页。
③　《马克思恩格斯选集》第 3 卷，人民出版社 1995 年版，第 753 页。

虽然第二次世界大战后西方发达资本主义国家与同一时期的社会主义国家相比，展现出了社会的繁荣和经济的发展，但它的基本矛盾并没有被彻底消灭。当今世界仍然是"一个地球、两种制度"同时并存的时代，这两种制度将长期共存、相互竞争，历经漫长历史时期后，资本主义将朝向更高级的社会形态所演变。

第三节　当代资本主义的发展趋势

第二次世界大战后资本主义国家在经济领域、政治领域、社会保障领域等各个方面进行了积极主动的调整和变革，工人阶级的生活水平实现了较大程度的改善，在一定程度上缓和了资本主义矛盾的激化，但资本主义基本矛盾的存在使得资本主义社会终究会被社会主义社会所取代。

（一）马克思主义经典作家对资本主义发展趋势的判断

马克思恩格斯在《共产党宣言》这部论著中，运用历史唯物主义的基本原理，对资本主义产生和发展历史进行分析判断，得出了"两个必然"的科学论断。强调"随着大工业的发展，资产阶级赖以生产和占有产品的基础本身也就从它的脚下被挖掉了。它首先生产的是它自身的掘墓人。资产阶级的灭亡和无产阶级的胜利是同样不可避免的"[①]。他们根据当时欧洲发达资本主义国家的现实状况，认为资本主义的基本矛盾已经激化，无产阶级革命在这些国家很快发生，资本主义很快就要灭亡。但欧洲的发展事实证明，这种估计过于乐观，在总结 1848 年革命历史经验的基础上，马克思恩格斯逐渐认识到旧社会的灭亡和新社会的产生将是一个漫长的历史过程，1859 年，马克思在《政治经济学批判序言》中明确地提出"两个决不会"的思想。他指出："无论哪一个社会形态，在它所能容纳的全部生产力发挥出来以前，是决不会灭亡的；而新的更高的生产关系，在它的物质存在条件在旧社会的胎胞里

---

① 《马克思恩格斯选集》第 1 卷，人民出版社 2012 年版，第 412—413 页。

成熟以前，是决不会出现的。"①"两个决不会"的重要论述为我们当下正确认识社会主义代替资本主义的历史进程提供了一个科学的视角。我们在判断资本主义和社会主义关系时，要把"两个决不会"思想与"两个必然"思想统一起来："两个必然"论证了社会主义代替资本主义的客观趋势，"两个决不会"强调的是社会主义代替资本主义的长期性和曲折性。资本主义生产关系和生产力的矛盾运动，决定了资本主义灭亡的必然性，而只有当资本主义生产关系再也不能容纳生产力发展的时候，资本主义生产关系的外壳才会被撑破，新的社会形态才会出现。换句话说，只要资本主义生产关系的调整能够适应生产力的发展，资本主义就不会立即灭亡。但资本主义越发展，就会出现越来越多的新社会因素，新社会的来临是不可避免的，这是历史发展总的趋势。

在《资本论》中，马克思从分析资本主义的资本积累及其发展趋势出发，作出了资本主义的生产方式必然要被消灭的历史性判断。马克思指出，通过剥削手段的实施，统治阶级获取了由工人创造的巨额财富，在这些财富的基础之上，资产阶级开始进行资本的必要积累，统治阶级为了使资本积累得以持续进行不致中断，就必须对整个社会进行有效的控制，一方面通过资本家对生产过程的直接监督；另一方面通过马克思所说的上层建筑对工人进行全方位制约。然而，对于资产阶级来说，他们对社会的控制是不稳定的并且不是永久性的，因为生产力总是在持续不断地向前发展，随着生产力由这一时期发展到那一时期，与之相适应的生产关系同样要发生变化，但生产关系的改变，必然会削弱资产阶级的统治地位。因此，这些既得利益者定然会阻止生产关系的改变，但最终的结果并不能如统治阶级所愿，生产关系不可能因为人为的抵制而停止向前发展，资产阶级的种种努力仍旧要归于失败。因为一个新的与更高的生产力相适应的阶级已经出现，并且开始挑战资产阶级的权力地位，这个新的阶级通过实现生产关系的变革来实现自身的利益，随着生产力的不断发展，新的阶级会逐渐壮大，并且在社会中占据更重要的经济地位，他们会越来越清醒地意识到自己真正的阶级利益，这种利益的实现需要对现有生产关系进行彻底的变革，那么随着力量持续的积累，在某一特定

---

① 《马克思恩格斯选集》第 2 卷，人民出版社 1995 年版，第 33 页。

的时刻，新的阶级就会去实施社会革命，推翻现存的政权，并且夺得国家权力，一旦获取了国家的权力，新的阶级便会利用自己统治阶级的地位去改革生产关系，并使之符合自身的利益。

事实上，在这个生产力发展、新的阶级产生、革命的爆发、政权的重组、生产关系的变革过程中，存在其中的是资本的无止境积累。对于资本积累，马克思在《资本论》中给出了明确的阐释，资本积累是资本主义扩大再生产的源泉，剩余价值是资本积累的源泉。无止境的资本积累是资本主义发展的必然趋势，一方面，追求剩余价值是资本主义生产的动机和目的。剩余价值规律是资本主义经济的基本规律，这一规律决定了资本家为了追求更多的剩余价值，必须进行积累，占有更多的剩余价值，这是资本积累的内在动力，因为资本家是以发财为目的的，他具有狂热的对金钱的嗜好；另一方面，资本积累是由资本主义的市场竞争决定的，谁要在激烈的竞争中站稳阵脚，就必须扩大生产规模，追加投资，竞争迫使任何资本家都要拼命地进行资本积累，这是资本积累的外在压力。资本主义积累的持续发展，不仅为资产阶级的灭亡准备了客观的物质条件，而且还为变革资本主义生产关系准备了社会力量。

总之，资本主义制度的灭亡是不可避免的，这是资本主义积累的历史趋势。据此，马克思指出："随着那些掠夺和垄断这一转化过程的全部利益的资本巨头不断减少，贫困、压迫、奴役、退化和剥削的程度不断加深，而日益壮大的，由资本主义生产过程本身的机构所训练、联合和组织起来的工人阶级的反抗也不断增长。资本的垄断成了与这种垄断一起并在这种垄断之下繁盛起来的生产方式的桎梏，当生产资料的集中和劳动的社会化，达到了同它们的资本主义外壳不能相容的地步。这个外壳就要炸毁了。资本主义私有制的丧钟就要敲响了。剥夺者就要被剥夺了。"[1]

在《社会主义从空想到科学的发展》中，恩格斯通过分析资本主义社会的基本矛盾，进一步论证了社会主义取代资本主义的历史必然性。恩格斯指出，在封建社会内部逐步发展起来的资本主义生产方式发展到机器大工业阶段以后，使生产社会化的程度日益提高，但这种进步是在资本主义私人占有

---

[1] 《马克思恩格斯全集》第23卷，人民出版社1972年版，第831—832页。

的框架内实现的。随着资本主义生产方式的不断发展，"社会化生产和资本主义占有的不相容性，也必然越加鲜明地表现出来"。① 资本主义经济危机周期性的爆发便是资本主义社会基本矛盾发展的必然结果。经济危机的出现表明，"一方面，资本主义生产方式暴露出它没有能力继续驾驭这种生产力；另一方面，这种生产力本身以日益增长的威力要求消除这种矛盾，要求摆脱它作为资本的那种属性，要求在事实上承认它作为社会生产力的那种性质"。② 伴随着资本主义经济危机周期性的爆发，资本主义私有制终将被社会主义公有制所取代。

在马克思之后的时期，列宁依据 20 世纪初自由资本主义向垄断资本主义过渡的历史背景，指出资本主义发展到帝国主义阶段，这是资本主义发展的最高阶段。资本主义发展到帝国主义阶段的特征有如下五点，第一，垄断组织在经济生活中起决定性的作用；第二，在金融资本的基础上形成金融寡头的统治；第三，资本输出有了特别重要的意义；第四，瓜分世界的资本家国际垄断同盟已经形成；第五，最大资本主义列强已把世界上的领土瓜分完毕。在列宁看来，资本主义发展到帝国主义时期有一些在短时期看来对资本主义国家有益的作用，财富从殖民地国家流向宗主国，这就会使得资本家阶级不仅能够保持较高的利润率，而且能够利用这些财富中的一部分来收买部分工人，并且使这些工人中的上层分子拥有相对于其他工人而言更高的生活水平。因此而言，强化对殖民地国家的剥削就能使得国内斗争减少和利润获得都得以实现。本国工人生活水平及质量的提高，就会减少对社会的不满，从而减少社会的动荡，并且核心国为争取殖民地而发动的战争也会让本国的工人阶级感受到民族主义的召唤，强化工人阶级的向心力，这样资本家就成功地将工人反抗国内资产阶级统治的注意力转移到对外战争上，使得工人的反抗运动发生偏转。

然而，从长远来看，帝国主义将会自我毁灭并且由此导致整个资本主义世界体系的崩溃。发达的资本主义国家为了争夺殖民地而进行激烈的竞争会导致国家的破坏和经济资本的外流。之所以如此，在于为争夺殖民地而发

---

① 《马克思恩格斯选集》第 3 卷，人民出版社 2012 年版，第 802 页。

② 《马克思恩格斯选集》第 3 卷，人民出版社 2012 年版，第 808 页。

动战争的战败国，因为失去了本国先前的殖民地而面临严重的经济困难，而战胜国将会面临一系列殖民地人民反抗殖民统治的正义战争，这样的战争耗尽了战胜国的经济资源，直接导致他们不得不放弃控制的殖民地，而殖民地的失去使得这些发达资本主义国家经济发展缓慢，生活水平下降，社会动乱发生，最终导致一场工人阶级的革命和资本主义的失败。在列宁看来，帝国主义阶段仅仅是暂时地延缓了马克思所说的革命即将到来的那种情况，并不会对资本主义的长久存在起什么关键性的作用。所以，列宁根据对帝国主义实质的判断，得出帝国主义是腐朽的、寄生的、垂死的资本主义。

但我们在理解列宁论证的帝国主义是腐朽的、寄生的、垂死的资本主义命题时，要以发展的眼光去看待。列宁所揭示的帝国主义腐朽性，是从人类社会历史发展的总趋势上着眼的，我们不能简单机械地理解为资本主义不能发展或者不会发展了。列宁认为当资本主义发展到帝国主义时期后，垄断资本通过资本输出，剥削殖民地和半殖民地，榨取超额剩余价值，帝国主义国内出现了依靠减息票分红的食利者阶层，这种阶层的存在即是帝国主义寄生性的重要表现，可以肯定的是，帝国主义的寄生性确实是现实状况，但对寄生性的理解也不能简单化或者庸俗化。对于帝国主义垂死性的论断也应该以发展的观点进行看待，这种论断的提出是建立在对当时的帝国主义进行全面的考察，在列宁看来，在最大的资本主义国家已把世界全部领土瓜分完毕的情况下，由于帝国主义政治经济发展不平衡规律在起作用，随着力量对比的变化，后起的帝国主义大国必然要从老牌帝国主义国家手中争夺新的势力范围，从而导致新的战争爆发。在这种情况下，无产阶级要抓住战争爆发的机会，变帝国主义战争为国内革命战争，所以，列宁认为帝国主义是"垂死的资本主义"，是"无产阶级社会主义革命的前夜"。

资本主义的产生和发展是历史上的进步，这一点我们是肯定的，但资本主义的产生和发展充满着矛盾，它的发展是以工人阶级的巨大牺牲为代价的，尽管第二次世界大战以后，当代资本主义出现了一系列新变化，但没有也不可能消除资本主义基本矛盾，从历史发展趋势而言，资本主义被社会主义所取代是历史发展的必然，绝不会因为第二次世界大战后资本主义的新变化而改变这种趋势，我们应当坚定社会主义必然取代资本主义的理想信念。

（二）社会主义取代资本主义的长期性和曲折性

马克思主义经典作家所论证的社会主义必然取代资本主义的基本原理，不会随着当代资本主义新变化的出现而发生改变，但是社会主义取代资本主义的历史进程却是长期和曲折的，不会是一蹴而就的朝夕任务。正如马克思恩格斯所指出的那样，"历史表明，当时欧洲大陆经济发展的状况还远没有成熟到可以铲除资本主义的程度，1848 年要以一次简单的突然袭击来实现社会改造，是多么不可能的事情"。[①] 我们必须按照马克思恩格斯本来的思想，把社会主义取代资本主义的长期性和曲折性做正确的理解。

第一，当代资本主义还能在其制度允许的范围内进行自我调节，在一定时期内能够容纳生产力的快速发展，社会主义取代资本主义仍然是漫长的历史过程。

纵观人类发展历史，资本主义作为以一种私有制和剥削制度代替封建主义这种私有制和剥削制度的社会形态，经历曲折和反复的长期过程才最终得以确立资本主义制度，而社会主义是以消灭一切剥削制度和剥削阶级为己任的，这种制度要同传统的剥削观念和私有制度实行最彻底的决裂，这也就意味着社会主义制度的确立绝不能毕其功于一役。因为任何一种社会制度都不甘心于退出历史舞台，这种制度会竭尽所能地进行自我调节，以延缓矛盾的激化，延长自身的生命力，保持住自己的舞台地位。

回顾人类发展历史，"封建社会取代奴隶社会就经历了长达上千年的时间。从古罗马帝国奴隶制的衰亡到各地封建制的建立大致经历了 400—900 年，古埃及的封建社会取代奴隶社会则用了近 1000 年的时间。资本主义代替封建社会也经历了曲折反复的长期过程，从资本原始积累算起，英国过了 300 多年时间才最终确立资本主义制度，即便 1640 年英国资产阶级革命开始后，也经历了两次内战，并出现旧王朝复辟，直到 1688 年，英国才确立了君主立宪制，使英国资产阶级专政稳定下来。法国资产阶级革命于 1789 年爆发后，先后经历了 4 次资产阶级革命，7 次反法联盟的对抗，两次波旁王朝复辟，直到 1875 年第三共和国成立，前后经历了 86 年的斗争，才使资产阶级统治得以初

---

① 《马克思恩格斯选集》第 4 卷，人民出版社 1995 年版，第 512 页。

步稳定下来。"①我们可以看出，资本主义取代远不如它发达的封建主义尚且经历漫长的历史时期，那么社会主义取代资本主义至少要经历更加漫长的时间，并且这其中必然会出现暂时性的复辟与反扑，这是历史发展的规律。

我们看到，虽然资本主义基本矛盾继续发展，资本主义生产关系终将成为生产力发展的桎梏，但是当代资本主义的调节使它还能在一定程度上容纳社会生产力继续向前发展，资本主义还将存在一个相当长的时间，决不会在很短的时间内走向灭亡。第二次世界大战以来，为了缓和企业已激化的基本矛盾和各种经济社会危机，资本主义在保持其基本制度不变的前提下，不断进行自我调整和改革。正如前文所述，在经济上推行国有制的形式，强化国家对市场的宏观调控，在社会层面则建立起比较完备的社会福利保障体系等。所有这些保证了资本主义国家在一定程度上避免了经济的大规模动荡，使资本主义在第二次世界大战后又获得了长期的发展时机。总之，当代资本主义还有一定的发展余地和调节能力，资本主义还远没有走到历史的尽头，社会主义代替资本主义还是一个长期过程。

第二，国家垄断资本主义是资本主义的新的自我扬弃，新的社会结构的物质基础在资本主义内部进一步成熟，资本主义进一步向社会主义过渡，我们应辩证地认识资本主义的发展，对社会主义充满信心。马克思主义认为，资本主义在其自身矛盾的推动下，不断进行着自我扬弃，是一个自我否定的过程，由于资本主义自身的扬弃，就使它开始向新的、更高级的社会生产方式过渡。这个过渡的实质是资本主义生产关系适应生产力社会化的要求而做的自我调整，这种调整为社会主义提供了"现实的形式"和完备的物质基础。当然，这种扬弃具有一定的限度，不能最终改变资本主义的根本性质。

第三，社会主义相对于资本主义而言仍处于弱势。社会主义从诞生、发展，到改革、完善，直到最终战胜资本主义，要显示出其巨大优越性，需要一个很长的历史时期。尤其是当代社会主义国家均是在经济文化相对落后的国家首先取得胜利的，由于这些国家物质基础先天薄弱，落后的社会主义国家要赶上并超越发达的资本主义国家，创造出高于资本主义的劳动生产率，在短时间内是很难实现的。经济文化比较落后的实际国情决定了如我国这样

---

① 刘儒：《当代资本主义专题研究》，红旗出版社 2019 年版，第 417—418 页。

的发展中国家全面建成社会主义现代化，只能经历一个由量的积累到质的变化的长期历史过程。虽然经历了 70 多年的建设发展，但我国仍处于社会主义初级阶段的实际国情并没有发生改变。毛泽东指出："对于建设社会主义的规律的认识，必须有一个过程。必须从实践出发，从没有经验到有经验，从有较少的经验，到有较多的经验，从建设社会主义这个未被认识的必然王国，到逐步地克服盲目性、认识客观规律、从而获得自由，在认识上出现一个飞跃，到达自由王国。"[①]

作为一个崭新的社会制度，社会主义要靠工人阶级及其政党去探索，且这种探索是在同资本主义的竞争和较量中进行的，这也不可避免地加剧社会主义革命和建设的复杂性、艰巨性和长期性。一方面，社会主义国家在革命和建设过程中，没有现成的经验可资借鉴，只能从本国实际出发，在探索中不断前进。既然是探索，就难免会出现种种挫折和失误。20 世纪 80 年代末 90 年代初的东欧剧变、苏联解体，在很大程度上就是由苏联、东欧国家执政党的失误造成的。另一方面，社会主义制度的诞生打破了资本主义一统天下的局面，为挽救自己灭亡的历史趋势，资本主义必然千方百计反对乃至消灭社会主义，经济上封锁、政治上制裁、意识形态上渗透都是西方资本主义势力压制社会主义的手段。在两种社会制度的竞争中，资本主义目前拥有的一些优势，也对社会主义的发展构成了一定的挑战，从而使社会主义取代资本主义的进程更加曲折漫长。

总而言之，不论资本主义如何变化，只要资本主义的基本矛盾仍然存在，资本主义的灭亡命运是不可改变的。人类社会的发展过程是不断的由低级向高级的进步，从原始社会到奴隶社会、到封建社会、到资本主义社会、到社会主义共产主义社会乃至后共产主义社会，是一个永无止境的历史演变过程。推动这一历史进程的基本动力仍是生产力与生产关系、经济基础与上层建筑的矛盾，这种矛盾存在于一切社会形态之中，贯穿于每一个社会形态的始末。

当代资本主义的发展也决不是如西方右翼学者所鼓吹的那样，历史终结于资本主义，尽管这种断言在 20 世纪 80 年代末 90 年代初因苏东剧变有过一定的现实基础，但决不能称为被实践证实了的真理，因为苏东的剧变不是社

---

① 《毛泽东著作选读》下册，人民出版社 1986 年版，第 826 页。

会主义制度的失败，而是苏东社会主义模式的失败，是一种具体的社会主义建设发展模式的失败。社会主义的建设发展模式具有多样性，不能仅局限于苏东国家的建设发展模式。中国特色社会主义的伟大实践就证实了社会主义模式可以而且必须要多样化，从本国实际情况出发，来建设适合本国国情的社会主义。这样，从历史唯物主义出发，通过分析资本主义的基本矛盾，在理论上就可以肯定资本主义的灭亡是绝对的。

资本主义作为人类历史长河中的一个短暂的阶段，它的产生与发展同样也是来自社会基本矛盾的推动，资本主义取代封建主义而解放了生产力，促进了生产力的发展，但资本主义的生产关系仍旧包含着剥削、压迫与不平等，只不过是用一种隐蔽形式的剥削代替了另一种赤裸裸的剥削而已。尽管资本主义自我鼓吹是人类最美好的制度，是最完善的社会形态，但从对资本主义的深入分析中，可以使得这种谎言不攻自破，资本主义不是如福山所说的是历史的终结，也不是人类社会生产过程中最优越的形式，随着社会生产力的发展，资本主义必将被新的生产关系所取代，这是不容置疑的，因为资本主义社会的基本矛盾"包含着现代一切冲突的萌芽，新的生产方式越是在一切有决定意义的生产不满和一切在经济上起决定作用的国家里占统治地位，并从而把个体生产排挤到无足轻重的残余地位，社会的生产和资本主义占有的不相容性，也必然越加鲜明地表现出来"①。这样资本主义的生产方式就陷入了难以克服的冲突之中，资本主义基本矛盾运动必然带来一个社会经济后果就是周期性的经济危机的爆发，从本质上而言，这种经济危机的不断产生就表明了生产力的发展要求，摆脱它作为私人资本的那种属性，"要求在事实上承认它作为社会生产力的那种性质。"②而要解决这一矛盾就必须用生产资料的公有制代替生产资料的资本主义私有制，使生产关系与现代生产力的社会本性相适应。自从1825年资本主义第一次经济危机爆发之后，以后每隔十年左右的时间，在资本主义世界便会出现一次经济危机，并且危机的破坏程度越来越严重，涉及的范围越来越广泛。这种生产过剩的危机导致在资本主义社会一面是工厂加速生产、产品滞销；一面是人民大规模失业、购买力下降，这

---

① 《马克思恩格斯选集》第3卷，人民出版社1995年版，第621页。

② 《马克思恩格斯选集》第3卷，人民出版社1995年版，第751页。

两者之间的矛盾在资本主义制度灭亡之前是不会被解决的。随着这种危机向纵深的发展，带来的破坏力也与日俱增，尽管资产阶级会利用种种手段来维护已经走向末路的生产关系，但是这只是暂时的，在日益严重的经济危机打击下，资产阶级的抵挡是徒劳的，不能长久的，资本主义不可避免地要趋向于灭亡。这样，在实践的基础上就可以确认资本主义的灭亡是肯定的。

通过上述的分析，从理论与实践两个角度对资本主义的发展命运进行了阐述，得出了资本主义是必然要灭亡的，只是时间的长短而已，除此之外，资本主义绝没有第二种出路可选。资本主义越发展，它的生产力与生产关系的不相适应性就越显著，当积累到一定程度的"量"变时，那么不可避免的"质"变就会实现，到那时，新的生产关系自然会取代资本主义的生产关系。因此而言，资本主义灭亡是必然的，社会主义代表人类的发展方向，是历史的客观规律决定的，是不以人的意志为转移的，资本主义任何挽救其衰败的措施，不会也不可能阻挡其走向灭亡的步伐，也不会改变人类发展的大方向。尽管社会主义在苏联与东欧出现了重大挫折，但这绝不意味着社会主义的失败，更不可能是社会主义历史的终结，社会主义作为一种崭新的人类社会实践，在发展的道路上不可能一帆风顺，人们对社会主义的发展规律的认识也是渐进的，逐步掌握的，在这期间，不可避免地要发生挫折，这是历史的必然，完全不必要因此而沮丧，而丧失对社会主义共产主义的信念。

变是永恒的，不存在不变的事物。无论资本主义社会如何变化，只要它的基本矛盾还存在，那么"两个必然"与"两个决不会"的规律或迟或早必定发挥作用，这是无法改变的历史规律，从这个意义上说，马克思主义仍是我们认识世界和改造世界的强大理论武器，马克思恩格斯通过对旧社会的批判发现新世界，从而大大加深了社会主义国家对社会历史发展规律的认识，能够使得我们坚定社会主义共产主义信念，正确对待前进道路上的曲折与反复，不断地推进生产力的发展，直至走向人类光明的未来。

对于进入新时代历史方位的中国特色社会主义，我们所要做的就是根据我国正处于社会主义初级阶段的基本国情，我国仍然是世界上最大发展中国家的客观实际，在牢牢把握住我国社会主要矛盾已经发生改变的基础上，客观地来认识当代资本主义的历史进程，既不能动摇"两个必然"信念，也就是说不能丧失对当代资本主义发展趋势的根本把握，否则就会迷失方向；同时也不能忽视"两个决不会",不可全盘否定当代资本主义的发展,否则就会脱离实际,招致实践上的失败。特别是在当前全面建设社会主义现代化国家的新征程上,我们必须做一个坚定的社会主义者不动摇,坚信"两个必然"与"两个决不会"的正确性,认真地审视当代资本主义存在的不可解决的基本矛盾以及尚未发挥出来的潜力,在此基础上,一心一意做好自己的事情,一步步地发展社会主义,发展自己。

后 记

　　本书由中央党校（国家行政学院）研究生院副院长、教授、博士生导师陈江生任主编，中央党校（国家行政学院）进修部组织员、教授、博士生导师张汉飞任副主编。在形成提纲后，经主编同意，主要由张汉飞从党校系统延请作者分工承担本书各章的撰写工作。具体为：第一章（杨明文、单良艳），第二章（王能应、李瑞雪、习超群），第三章（蒋茜），第四章（朱俭凯），第五章（吕伟），第六章（张丽丽），第七章（张珏芙蓉），第八章（梁来成、诸琦睿、王鑫），第九章（吴童），第十章（鲁长安），第十一章（李津燕），第十二章（赵云姣）。各章作者经过反复修改交稿后，由陈江生、张汉飞完成统稿。朱正平、王伟龙、胡松、诸宗缘参与了统稿工作。

　　本书的编写得到了中央党校（国家行政学院）马克思主义学院同仁们的帮助；在提纲的形成过程中，吸纳了中央党校（国家行政学院）马克思主义学院院长、教授、博士生导师张占斌同志的许多宝贵意见，这里一并表示感谢！

本书编写组

2021 年 3 月 30 日